借錢

從利息、債務
到金融商品，
2000年的演變真貌

BEGGAR THY NEIGHBOR

A History of Usury and Debt

Charles R. Geisst

查爾斯・蓋斯特——著　蔣小虎——譯

目錄

第八章　消費債務革命

前言

發現美洲大陸之後，人們渴求資產，情願付息。這時，神學家不得不對說教布道重新定位。倘若人們真到了嗜錢如命、甘願付息的田地，教會倫理就免不了改天換地。

——美國作家及律師理查．亨利．丹納（Richard Henry Dana），一八六七年

就在凱撒大帝遭遇暗殺的七年前（即西元前五一年），時任西里西亞（Cilicia）省長的羅馬哲學家西塞羅（Marcus Tullius Cicero）和羅馬某省的年輕官員布魯特斯（Marcus Junius Brutus）展開了一場辛辣激烈的唇槍舌戰。這位資深的政治家斥責輕狂的布魯特斯濫用自己在賽普勒斯（Cyprus）的行政權力搜刮民脂民膏、中飽私囊。據西塞羅收到的消息，布魯特斯在賽普勒斯以高出羅馬法律規定最高數額四倍的利息發放貸款；更令人忍無可忍的是，他居然匿名躲在某個代理人後面，而代理人為了收回貸款，心狠手辣，不擇手段。西塞羅就此事警告布魯特斯，布魯特斯卻置若罔聞，依舊我行我素。結果是，布魯特斯腰纏萬貫地回到了羅馬。

西塞羅因此創造了一個新名詞，後來成為羅馬律法的基石。之後的一千八百年間，這段故事口筆相

傳，亞當・史密斯（Adam Smith）在《國富論》（*Wealth of Nations*）中也有所引用。依照羅馬律法，單利（simple interest）是合情合理的，複利（compound interest）則有違天理。不少古代文明都出現過利息重疊的現象，然而，只有羅馬人將其定為非法。

自古以來，幾乎所有社會都嚴禁重息，更貼切地說是嚴禁高利貸。欠債納息是歷史最悠久的金融行為，不過自其誕生以來，就被斥為貸方企圖搜刮借方的剝削行為。不管借貸是以現金或其他物品的形式進行，窮凶極惡的貸方總是採取「以鄰為壑」之策，直至借方被逼到丟掉擔保，甚至家破人亡的境地。人們對單利只是稍有微詞，而徵收複利卻是罪大惡極，但此舉又無法約束。

這個問題在古代社會顯而易見，隨著時間的流逝反而漸漸模糊起來。數百年來，民法——包括某些國家的不成文法（常被稱為自然法）——明確規定嚴禁高利貸。不過，眾人喊打的貸方依舊招搖過市，很快就在傳奇和文學作品中占有一席之地。某種程度而言，理論和實際互不協調地並肩同行，導致自羅馬隕落到宗教改革時期，歐洲各國的經濟模式各自發展。尤其是在中世紀初期，教會認為凡是利息均為高利貸，複利被稱為「猶太人利息」，旨在說明其有違基督教倫常的陰森黑暗特質，它是身為社會局外人的貸方的剝削工具。

蹚過漫漫歷史長河，利息和高利貸經歷了從古代罪大惡極到當代繁榮商業的變遷，但在不少社會下仍貼著非法標籤，例如美國不少州仍保有嚴懲犯罪性的利息或「貸款鯊魚」（loan sharking，指高利貸行為或放高利貸者）的法律。然而，也是在這些地方，人們對這類行為置若罔聞，除非經濟不景氣、資本短缺或高度通貨膨脹，才會有人興師問罪。這也許就是為何高利貸依舊是全球公開嚴打的典型。羅馬淪陷後[1]，資本短缺的時期遠遠多過經濟持續增長且全面繁榮的年歲。因此，在舉步維艱的日子裡，嚴禁高利貸的呼聲變得尤其激昂尖銳，而此絕非巧合。
今時今日，高利貸就是收取超額利息的貸款，但以歷史演進角度而言，此定義相對新潮。起初，拉丁語「usura」便指利息，具體數額因地而異；超額利息就是利息之上仍有利息，或者說是「usurae usurarum」，即疊加在未償還借貸本金之上的利息。
在古代社會，尤其是中世紀，收取超額利息是罪大惡極的。依照希伯來氏族的傳統，猶太人相互借貸時不得收取利息，甚至連單利也不能收。但諷刺的是，猶太人卻可以借錢給非猶太人，而且教會更認可他們的貸方身分。此漏洞讓猶太人得以與倫巴底人（Langobardi）和卡奧爾人（Cahors）搶占市場。
猶太人出現之前，倫巴底人和卡奧爾人是中世紀歐洲的主要貸方，奇怪的是，竟然無人出面指責。到了十四世紀，多虧了倫巴底人，歐洲金錢市場迎來了新的發展。當時，在西歐從事信貸業務的義大利銀行家成了皇親國戚的出資人，業務一路向北拓展到了英格蘭。他們和愛德華三世（Edward III）打交道時吃了大虧，但在財政匱乏或能力不濟的國家卻是一帆風順。儘管高利貸禁令普遍存在，但人們對貸方睜一隻眼閉一隻眼，如果期限到了，貸方甚至會向國王施壓，而身為猶太人貸方就沒有這般幸運了。
這種赤裸裸的自相矛盾恐怕要歸咎於傳統、宗教和法律的綜合影響。倫巴底人是一支野蠻氏族，西元六世紀時征服了羅馬，而卡奧爾人則是定居法國的西哥德人（Visigothi）後裔。兩者的祖先社會皆崇尚以物易物或以物代錢，因此，兩支氏族都無須在法律明令禁止利息或高利貸。羅馬帝國後期的自然法，則是以文明開化社會的普遍性為大前提，但不包括野蠻部落。兩支氏族的後代繼承並發揚了借貸之法，無人揚

1　西元四七六年，西羅馬帝國的末代帝王被日耳曼僱傭軍統帥廢黜，宣告了羅馬帝國的滅亡。

聲反對，直到西元八〇〇年，查理曼大帝（Charlemagne）征服了倫巴底人，可惜風俗傳統於此時已經底定。

野蠻人入侵將不少羅馬律法條文打入歷史冷宮，直到十二世紀人們重拾學習熱情，遺失數百年的書籍才重見天日。亞里斯多德（Aristotle）的思想成為許多人的主要參照，包括中世紀哲學家兼神學家聖湯瑪斯．阿奎那（Thomas Aquinas）等牧師。借貸行為因此更加撲朔迷離，因為學者接受了亞里斯多德關於金錢的教誨：金錢為死物，沒有內在特質，只可做交換之用；金錢不可自我繁衍，因此高利貸不可為。大家遺漏或忽視了西元一一三〇年發現的《查士丁尼法典》（*Justinian's Code*），其中明確禁止「anatocismus」（西塞羅所創名詞，即利息疊加）和「alterum tantum」（以利息使債務加倍），即今天所說的「複利」。不過，儘管羅馬律法對普通利息和高額利息具有差別對待，但在中世紀教會的法律中，連普通利息也是明令禁止。

到了中世紀，義大利數學家斐波那契（Fibonacci）開始討論複利問題，從此，複利成了一道數學題。考慮到關於高利貸的禁令，他小心翼翼地避免觸及貸款價值，只聚焦於未來價值問題，這不在中世紀哲學家熟悉和討論範圍之內。他針對某貨幣單位的未來價值提出問題，最廣為人知的即是：假設不斷繁衍，一對兔子能產下多少後代？兩百年後，名氣不輸其下的帕喬利（Luca Pacioli）首次討論了複式簿記法，同樣也對高利貸問題諱莫如深。不過，斐波那契的確解決了貨幣貶值的問題，這在十三世紀的貴族眼中是符合政治路線的議題。

人們極容易信口斥責歷朝歷代利息控制標準不一的現象。中世紀時，教會嚴禁放貸收息，這和伊斯蘭世界頗為類似，然而在十二至十九世紀，借貸（走勢）卻起落頻繁。評論家對此各執一詞，不過對於必須控制利息這一點倒是不謀而合。即便是自由市場經濟理論之父亞當・史密斯也提議控制利息。然而，隨著借貸邁入十九世紀，除了不同文化和政治動機的刻意反對，人們對高利貸的態度趨於穩定。

「以鄰為壑」（beggar-thy-neighbor）如今常用來描述一種國際貿易策略，意指某個國家透過限制性的貿易措施或政策，試圖從貿易夥伴國身上占便宜。這主要源自重商主義思想，可以追溯到殖民國家剝削遠方殖民地、確保自己出口大於進口的年代。但是，在這個重商主義時代之前，「以鄰為壑」所指更多是和借貸有關。世界各地的夏洛克（Shylock）[2]都在剝削安東尼奧（Antonio），基督教的公平原則和仁慈精神卻要求貸方視借方為手足和鄉親，不傷其性命。不過，能這麼做的人寥若晨星。夏洛克才不是什麼鄉親父老！他借錢給非猶太人，這是婦孺皆知且由來已久的事實。在莎士比亞的這部戲劇中，波西亞（Portia）在法庭成功地為安東尼奧辯護，使其免受夏洛克的刁難，有趣的是，布魯特斯的第二任妻子也叫波西亞。莎士比亞對羅馬歷史如數家珍，此名稱恐怕不是巧合。

數百年來，圍繞著借貸的對罵聲此起彼伏。貸方和早期的銀行家，不論是猶太人、倫巴底人、卡奧爾人，還是聖殿騎士團（Templars），他們都很清楚，自身在歐洲各國的金融技能和外域地位飽受羨慕、妒忌、譏諷、嘲笑，最終恐怕還會招致一些強權的打擊報復。最後，他們不少人透過收取複利來彌補商業風險，或將利息變相成隱藏的折扣優惠費用。至於他們所面臨的風險，可絕非虧損這麼簡單，他們可能會遭受驅逐出境、關押審訊或沒收財產。文藝復興之前，北歐不少知名銀行家都來自遙遠的他鄉，此現象充分

2 此處提及的人物均為莎士比亞《威尼斯商人》（*The Merchant of Venice*）中的角色。夏洛克是靠放高利貸致富的猶太人，安東尼奧是向夏洛克借錢的威尼斯商人，由於借貸到期時無力償還，夏洛克要從安東尼奧身上割下一磅肉。

證明大家總是向外國人借錢，因為就是借方可以欠債不還，還不必擔心受罰判罪。

借貸的歷史（研究）常分為兩派，一派圍繞著借貸評頭論足，另一派將目標瞄準在不同社會對利息的法律態度。自羅馬帝國初期以降，始於共和國終於帝國，羅馬一直保持著所謂的「法定利息」。監管利息的條文涵蓋在法典之內，起初是《十二銅表法》（Twelve Tables），而後是《查士丁尼法典》和《法學彙編》（*Digest*）。《法學彙編》包含了不少知名演說家和哲學家的著作，是羅馬對過去數世紀有關借貸思想的完美編整。這些律法在範疇和細節方面各有千秋，但都明確指出貸方向借方收取利息的最高限額，它們沒有禁止利息，但希望能制定切合實際的利息標準。借用亞當・史密斯的觀點：社會越是繁榮富裕，利率就越低。

曾有人說，放貸收息的演進不過是一場思想史。放貸是一種歷史悠長的思維，充滿神秘和不連貫性，幾乎只存在於經濟歷史學家的腦海之中。的確沒錯，但別忘了，它是三千年來在不同社會中，最強大的概念之一。身為自然法的一部分，它反應出超越古代、中世紀、現代社會等時空的公平、公正觀念。利息的威力，尤其是複利，令人捉摸不透。借貸和利息蒙受了數百年的譴責與非議，儘管誰也不確定，批評者究竟是否真能明白兩者之間的差異。直至近代，複利本身才引發了某些爭論。英國經濟學家凱因斯（John Maynard Keynes）意識到，德國在支付第一次世界大戰重建款項時會出現複利問題。據傳，愛因斯坦（Albert Einstein）戲稱此為「世界第八大奇蹟」——居然有東西能繁衍出大大高於眼前價值的未來價值！十八世紀，英國牧師理查・普萊斯（Richard Price）試圖以複利收回數量可觀的英國國家債務。如今，美國的貸方必須上報自己對顧客未支付差額收取的年度百分利率，然而，聯邦立法者對這些數字不聞不問。一九八〇年代初，數家美國大型銀行為了逃避因收取高額利息招致的起訴和控告，不惜人力物力，甚至到尚未推行反高利貸法的其他州設置信用卡中心，信用卡的利息是按日或月疊加計算，金額更高。

但丁（Dante）斥責高利貸者為惡魔、厲鬼，無數作家引經據典，痛斥借貸陷阱。在十九世紀初的愛爾蘭，牧師耶利米・奧卡拉漢（Jeremiah O'Callaghan）拒絕為一名垂死之人做聖禮，除非那人放棄自己收取的高利貸，此事的最終結果是牧師被驅逐至北部佛蒙特（Vermont）的荒郊野嶺。天主教終於重新審視高利貸禁令。十八世紀，教皇悄無聲息地向義大利各主教寄出信件，而不是依照慣例頒發教皇通諭，一百年後，人們對那道禁令淡然漠視。歷經數世紀的口誅筆伐，看到了固定收入的投資回報如此豐厚誘人，人們終於還是按捺不住。

儘管各類金玉良言層出不窮，但比起推出合理有效的法律，全盤否定似乎更為直截了當。十九世紀初，英國政府終於廢除了《高利貸法》（usury laws）。然而，美國卻出現了不少相關爭論：嚴禁高利貸有損企業發展，退出舞臺的應當是這類法律。關於這一點，沒人能夠提出有力的辯駁證據；可是鑑於貸方常把借方逼入絕境的事實，又無人敢完全同意這個做法。結果，美國的《高利貸法》繼續存在了一百年。事實上，數十年之後爆發了重大的信貸危機，不過推崇高額舉債經營和自由市場利率的支持者們似乎並未方寸大亂，很顯然，他們沒有意識到，一七二〇年英國的南海泡沫、一九二九年的華爾街崩盤以及十九至二十世紀美國絕大多數的經濟崩潰，都是因為高額借款和舉債經營波及股票市場而造成。

美國的《高利貸法》出自殖民時期，轉變緩慢。絕大多數有實際意義的法律為州法而非聯邦法，其改變皆隨各自喜好，或為數不多幾個州一起修改，從未整齊劃一地大幅度更動。美國內戰之前，經濟之變的主題由原來的敵對競爭轉向了公平、公正。一九二〇年代，改變之舉終於有了成效，各州開始上調利息最高限額，其實就是換成另一種要求嚴禁高利貸的方式。因為，如果普通貸方可以收取高額的利息（多數州的規定是30%以內），那麼放高利貸者就沒有了立足之地。這一點尤其重要，當時，消費貸款的主要來源是高利貸，而毫無節制的放貸導致了嚴重的社會問題。所以，利息最高限額上調後，放高利貸者面臨著嚴酷的考驗：一是未經註冊的貸方，其收取的利息低於100%；二是有組織的犯罪集團，收取的利息高於1000%。但是，「大蕭條」和「二戰」使提高利息限額的進程延後。一九二九年的華爾街崩盤和大蕭條也是根源之一，消費疲軟、務求低利息的時期偏偏碰上了利息居高不下。

自十八世紀初期牛頓（Isaac Newton）首次提出有效複利利率的計算公式以來，圍繞著複利的絕大多數謎團便開始清晰易懂。二十世紀無疑成為利息的分水嶺，信用卡公司和其他消費借貸公司發明了連續性利息，即最常用的名目利率（nominal rate）。雖然如今眾多人皆已掌握了計算方法，但是，複利本質令數世代一頭霧水的狀態，卻依舊沒變。利息疊加在現有本金之上，即原始而悠久的「利息積累」促進了消費貸款的繁榮，人們心甘情願地借錢購物以改善生活。但是，當權者覺得此舉於大眾民生有害無益，所以總在遏制消費。不少歐洲國家推出了《禁奢法》（sumptuary laws），且貫徹了一千年。如今看來，那些禁止皮草衣領和昂貴緞帶的法律，可謂頑固不化、壓制人性，不過許多政府之所以會嚴禁，主要是為了防止下層階級借錢消費。和當今社會不同，其出發點是防止因貸款造成入不敷出的後果，而非盡所能地擴大貸款和接受市場檢驗；其目標是借錢的人，而非發起人。照此推論，已經成文的限制高利貸的法律效果不太好，未能很好地保護黎民百姓。

雖然由利息、借錢和高利貸引發的爭辯不絕於耳且歷時悠長，可是借錢讓發達國家多數人口的現代生活更易掌控，此話若放在三百年前恐怕是瘋人瘋語。湯鼎聯合養老保險金（tontines，又稱為唐堤式養老金）[3]，這類投機方法在十七世紀初露端倪，衍生出後來的年金和人壽保險，其發展伴隨著政府股票市場的發展。大規模的長期投資計畫首次成為可能。歐洲人口不斷飆升，不動產逐步變得更加稀少，因此，數載之後，金融資產代代相傳與保證收入，成為經濟整體發展的關鍵。拿破崙戰爭之末，在英格蘭，財富無關土地，大家可以活得寬裕，過去數百年皆是如此。比起父輩，固定收入投資和人壽保險讓生活更加無憂。

然而，金融崩潰和恐慌頻頻上演，多數要歸咎於過度舉債經營和資產價值通貨膨脹。近期的金融危機告訴我們，信貸市場是把握資本市場的核心要素。現代金融技巧嫻熟、別出心裁，有關債務、償還、過度消費危機的數百年歷史準則被推翻，然而二十一世紀仍舊重蹈覆轍，一如當初——借方手頭拮据，貸方不願再推出可以刺激經濟發展的其他生產性貸款。

在古代，布魯特斯發現在賽普勒斯借錢給他人大有可圖，羅馬允許在羅馬之外的其他省分收取高額借款利息。一九八〇年代初，花旗銀行（Citibank）為躲避當地的《高利貸法》，將自家信用卡業務撤出紐約，非常機敏靈巧地移到另一個能夠接受此業務的州，為當地創造就業機會，這種做法後來稱為「監管套利」（Regulatory Arbitrage），即甩掉某個監管，轉而投靠另一個更為友好包容的監管。這個誤導性的名詞掩蓋了理應受到細緻監管的借錢行為。不為人所知的一點是，布魯特斯的代理人會將頑抗的借方囚禁起來，不准吃喝，直到有人餓死。今日，陷入絕境的借方會承受更多信貸，直至徹底崩潰，宣告個人破產，不過這種做法在十九世紀才登上舞臺。在此之前，破產意味著欠錢不還的借方本人乃至其全家老小都須面

3 又稱聯合養老保險金，參與者共同使用一筆基金，每當一位參股者過世，剩下參股人將得到增額，最後一位在世之人或過了一定時間依然在世之人，獲得剩下所有金額。

對牢獄之災。

過去三十五年間，西方金融異類在伊斯蘭世界橫空出世。基於當地先哲經典之作普遍禁止利息，《伊斯蘭教法》（Sharia）結合現代結構性金融，推出了所謂的「伊斯蘭金融體制」：金融工具之設計和貫徹遵從《古蘭經》和伊斯蘭教教令。任何金融工具和投資必須遵守一套嚴苛的倫理標準，這套標準刻意對利息避而不談。新市場和小額借貸同步發展，此舉最早源自孟加拉國，旨在擴大面向窮人的營運資本、增加小型企業貸款力道，後來在全球推行開來。小額貸款的雛形也體現了伊斯蘭教教旨，不過，在金融社會萬花筒的另一端，這和倫敦金融城孕育出的模式背道而馳。在此之前，沒有人考慮大規模借錢給窮人，最為類似的舉動也要追溯到中世紀末期義大利北部城邦的機構「蒙特」（monte，即公共放貸機構）。今時今日，僅存的「蒙特」是義大利一家大型銀行。創立二十年後，它打破慣常的借貸模式借出了一筆巨款，結果差點崩潰破產——那筆借給哥倫布（Columbus）的貸款從未收回，只能一筆勾銷，成為史上最著名的欠債不還案例。

今天，收取利息、過度舉債經營見慣不怪，可是在二十世紀，新金融手段的誕生，一方面推動了社會繁榮發展，一方面也帶來了巨大風險。一九七〇年代，資產證券化逐漸普遍，由此迎來了借貸革命，使得信貸走向民主化。為了整合貸款，將之從資產負債表上消掉，世襲的貸方放寬了既有的經營標準。門檻降低意味著更多人能夠獲得抵押貸款，因此不可避免地造成了二〇〇七和二〇〇八年的房地產泡沫。放貸不再需要貸方心思縝密，貸款被認為是可替代、可銷售的。擴大信貸，然後轉給證券化的投資人，比起早先嚴詞拒絕評價太低的借方要容易得多。

這種手段也導致信用卡廣泛使用，發放幾乎不考慮償還能力，當然，這也合乎發卡人的心意。採用多樣性的原則一般伴隨著證券投資，信用卡發卡人得以向邊際借款人甚至窮人提高信貸，他們的出發點是，向借款人收取高額利率以提高自己證券化賣出的貸款總額收入。和其他依靠過度舉債經營、玩手段的借款人一樣，他們的論據是除非出現災難性事件，否則休想撼動其金融體制，而這類事件發生的機率是1%，然而，其中遺漏的要點之一，便是對這些手段的過度依賴極大幅度地提高了災難發生的機率。

回顧利息和借貸的歷史變遷，人們很容易會認為，近代的貸方和金融掌舵手若非遺忘了，就是根本沒有意識到前人慣常的做法，於是注定重蹈覆轍。一九八〇年代末期，墨西哥的大規模金融重組，成功秘訣在於採用了源於四百年前的都鐸王朝（House of Tudor）之做法。債務危機蔓延，關於利息和借貸的辯論持續升溫，因為借貸的剝削成分依舊存在。更沉重的名詞：債務，在市場化金融產品中鮮少提及，一方面而言，對於借方，「信貸」是恩從天降，而非一記警鐘。雖然外部包裝不同，但一旦信貸超過界限，結果就是債務。

時至今日，沒有人會認同古代先哲所謂的「利息生而不公，故當扼殺」，伊斯蘭世界另當別論。沒有信貸機構，發展現代資本主義只能是痴心妄想。不過，不論時間或地域，金錢之夢永遠美麗動人。坐收高額利率比起勤勞工作自然更輕鬆愜意，義大利銀行家、英國商人，包括莎士比亞的父親（一位殷實的商人和政府參議員）早就心知肚明。高利貸的極端反對者也心中有數，十六世紀，英格蘭知名作家湯瑪斯·威爾森（Thomas Wilson）便是其中之一，他試圖影響國會對利息最高額度的辯論結果。他坦言：「三十年風霜雨雪，人世滄桑，我凡事親力親為，小有資產。雖然我涉水不深，但仍切身體會放貸收息實乃最佳穩定之法。放眼四海，此乃謀利最豐、傷神最少之生意。」

二〇〇七年美國信貸市場危機爆發的數年之前，發生了一次有關借貸和利率的波折。在幾世代中，房地產或生產目的之借貸與消費借貸涇渭分明，而房屋淨值貸款（the home equity loan）推出之後，金融的新發展模糊了前兩者的界線。房屋所有人為了隨心所欲地花錢對房屋進行二次抵押，或借用對不動產行業的術語：「解鎖」。借來的錢主要都用在消費，因為房屋抵押利率比信用卡的利息低。結果，抵押危機來襲，房屋價值一落千丈，消費者消費額急遽下滑，房地產資本價值嚴重貶值，導致無數借款人喪失抵押品贖取權，只好宣告個人破產。

很多情形下，房屋淨值貸款只是一種金融產品，體現了借貸行業的發展。同時，它無視消費者的債務，只關注房地產，因而揭露了借貸程序的薄弱環節。一旦兩者交會，八十年前拉開序幕的債務革命將一次在陽光下攤開。房屋持有人的消費幾乎占了GDP的80%，相對於一九二〇年代則是67%。一旦消費者以房屋抵押滿足消費需求，便啟動了一種「食人消費」，破壞了「自身原有」與「消費增加」之間的平衡。此結果讓我們見到，超出還款能力的借貸，並非單純只是一種我們可以自己決定要不要避免的老舊規律。

在啟蒙時代之前，嚴禁高利貸素來是歐洲自然法的一部分，然而，由於雨果．格勞秀斯（Hugo Grotius）等法學家，撰文高呼理性戰勝道德審判及古代律法的殘餘思想，這些禁令形同虛設。《高利貸法》已經存在了數世紀，歷來的判斷依據並不固定，在討論利息和不公平借貸時都會提及。即使在公共政策領域，自由市場和自由競爭理論會被打入冷宮，然而高利貸仍舊活力滿溢。關於設置利息最高額度的爭論尚無定局。儘管人們刻意忽視，但利息過高依舊是棘手的問題，借用美國最高法院大法官波特．史都華（Potter Stewart）所說：「高利貸的確難以定義，不過一看便知。」

〔第一章〕

聖人與罪人

上帝、自然、理性、所有聖典、所有法律、所有作家、所有博士、所有大公會議都反對高利貸。哲學家、希臘人、拉丁人、律師、牧師、天主教、異教徒，不同國家說著各種語言的人們，均視高利貸與偷竊無異。

——英國牧師羅傑．芬頓（Roger Fenton，曾參與欽定版《聖經》翻譯），一六一二年

❖導讀

收取利息，一直被視為工業革命之前全球歷史第二悠久的行業，但它損害大眾福祉，違背人們應該互助、互愛的道德觀念，和其他社會所排斥的行為根本並無二致。宗教準則認為它和賣淫嫖娼、縱火謀殺一樣罪大惡極，不過，世俗社會對它倒是睜一隻眼閉一隻眼。中世紀時，放高利貸者常常擠在城鎮貧民區，就像妓女總聚在紅燈區一樣。關於利息的理論和實踐則總是大相逕庭，不過一般而論，社會宗教氣氛越濃厚，對收取利息的打擊就越嚴厲。

起初，高利貸和利息總被混為一談，並未做系統的區分，宗教性文獻只有「高利貸」一詞，意思就是利息，後世才將兩者區別開來。啟蒙運動時期，兩者可以交替使用，只不過「高利貸」後來成為帶有貶義的專有名詞。由於拉丁文在歐洲的使用頻率逐漸降低，「利息」一詞漸漸被賦予了其他意思，但怎麼也甩不掉中世紀時染上的色彩。近千年來，「利息」一直帶有無益於經濟繁榮的解讀。

「利息」的拉丁文詞源是「usury」（即現今的「高利貸」）或「usura」；中世紀時演變為「usuria」，這

是現代拼寫的源頭。此名詞帶有貶義，歷朝歷代皆是如此，因為中世紀的教會一方面嚴禁收取利息，一方面又允許合理範圍內的「正常交易」。但是，不論在哪種商業模式下，鑑於古代社會的四分五裂，以及宗教傳統的不同，人們對收取多少利息是「合理」，而收取多少利息是「剝削」，從未有令人心悅誠服的定論。缺乏統一的信貸市場也表示利息因地而異，甚至相差巨大。

與「利息」、「高利貸」等明確概念混在一起的還有「公平、公正」的概念，借錢之舉因此也蒙上了厚重的政治色彩。在以物易物的經濟體制下，利息以實物支付，所以計算相當棘手。假設，一位商人借給一位農夫一袋種子，什麼才該是正常利息？該還多少？以哪種物品償還？種子長大後成了莊稼，哪個價值更高？這些問題的解決方式都是因地而異。當金錢成為交換媒介後，人們隨即圍繞著利息展開了「多少是正常？多少是過度？」的唇槍舌戰，但普通利息和現在並無二致。隨著金錢使用範圍的擴大，倫理道德也加入戰局——只要還錢額度超出借錢額度，就被視為高利貸，因為放貸是好逸惡勞的產物，還要收取高利息，簡直叫人忍無可忍！

讓我們再次回到那個老問題：到底多少才算「高利息」？用最簡單的話來說，但凡為了必要消費而借貸並收取利息，都是有違公正，理由就是借款人如果不借錢就無法生存。所以，這類借貸全屬剝削，這種觀點的歷史最悠長，《舊約》便有提及。

絕大多數古代和中世紀的評論家與作家，一旦批判高利貸，就免不了引據《申命記》（*Deuteronomy*，譯註：《希伯來聖經》第五本）。書中提到，「萬不可向兄弟姐妹放高利貸；不論是金錢、食物或任何東西，利滾利皆不可取。若為生人故，此舉可取；若為手足者，萬萬不可。上蒼聖主將庇佑其子民蒼生，不論身處何方，緊握手中物。」不過，此處的「手足」是特指同一族人，也就是猶太人可以對非猶太人收利息，但不能對同族的猶太人收利息，後世稱為「申命記雙重標準」。[1]

《詩篇》（*Psalms*，古代以色列人受感上帝的詩歌集）裡也有類似的警戒訓示：「上帝之民，不可放貸收利，亦不可剝削無辜。若有此行徑，將遭上帝遺棄。」這些教化，尤其是關於借錢給自己族人的訓誡，成了古代和中世紀家庭手工業最普遍且最古老的基石。

約瑟夫（Josephus，西元一世紀著名的猶太歷史學家、軍官及辯論家）認為，貸方應該為「遇到手頭拮据的借方」知足感恩，而非圖謀放貸收取利息。然而，儘管先哲有言，但早期借款合約依舊可見借款還息我行我素。希伯來人將利率定為12%，尼希米（Nehemiah）在西元前四四四至四三二年擔任猶地亞（Judea）長官期間，曾頒令12%的利率以解決紛爭，此做法延續了近兩千年。[2]

猶太人遵守《申命記》的教誨，只借錢給非猶太人，此傳統則沿襲了數百年。但是，他們後來發現，歐洲的執政者先是紆尊降貴地找他們借錢，等該還錢時，又義正言辭地說教會禁止放貸收息。因此，自從和借錢扯上關係，猶太人既有所得，亦有所失。很顯然，世俗法一般不會禁止借錢，但宗教卻成了欠債不還的有力擋箭牌。

借錢給有迫切需求的族人，即使要收取利息，也必須少之又少，用今日術語而言，就是僅僅為了抵消借款成本。至於利息的最低額度是多少，誰也說不清。要是利息收高了，就如同貸方乘人之危，將借方逼入絕境，或者企圖使其身敗名裂，無異於加害族人，因此將遭到全族上下斥責，懲罰手段也因人而異，不過最常見的是驅逐流放。在古代和中世紀，借方欠錢不還，經證實有損貸方利益，也會被嚴厲懲處，不過貸方需要出示證據表明自己的確受到了損失，而且也沒有收取高額利息。此時，利息和高利貸的區別顯而易見。

利息和借錢的討論包括一項重要問題，即如何準確地計算利息，尤其是在羅馬帝國時期。如果仔細審視由古至今的計算方法，便不難發現，「利率」的定義和計算方法始終不同地在變化。部分尚存文獻表示，利息的計算單純以月為基礎，利息總額就是月度金額乘以貸款月數。利息高的貸款（拉丁文為「mutuum」）一般都是時間超過一年的中長期貸款。由於古代社會缺乏有組織的銀行體系，因此也找不到嚴格的標準償還條款，一切都由貸方說了算。套用現代術語的話，貸款人是私營，即資金源頭是富裕的個體和商人。

在羅馬的法律體制中，聲名赫赫的《十二銅表法》試圖用法律約束貴族和平民的借錢行為。一般狀況是貴族借錢給平民，然後平民哭天喊地抗議繳利息。羅馬歷史中也不乏禁止或控制利息的故事。西元前四五〇年，十人委員會（Decemviri）某次推出一條法案，規定「任何人不得以超過1：12的比率收取利息」[3]。按照西元前六九五年國王努瑪（King Numa）推行的十二月曆法，法定年利率為8.33％，而按照十八世紀孟德斯鳩（Montesquieu）的計算，月利率為1％。不過這或許有些誇大其詞，因為絕大多數貸款都是平均一個月。1：12的利率主要源自農業，指的是一磅重的莊稼，利息為一盎司；償還時間為每月首日；利息按年計算，不累加[4]，累加稱為「年度複利」（anatocismus anniversarius，拉丁文）。在羅馬共和

---

1 參考班傑明．尼爾森（Benjamin Nelson）的《高利貸的觀念：從部落時期的兄弟情到普遍的分別心》（*The Idea of Usury: From Tribal Brotherhood to Universal Otherhood*），第二版，第一章。芝加哥大學出版社（University of Chicago Press），1969。

2 紐費德：「利率和尼希米書第五章第十一節」，《猶太季刊》，44 (1954) :196。

3 《十二銅表法》，表8，18 A。請參考耶魯法學院，阿瓦隆專案，http://avalon.law.yale.edu。

4 儘管當時推行單利，但很多借方為了還舊債，不得不借新債，實際上是在支付兩筆利息，因此即便貸方無心，可還是收取了

國和帝國更迭的那幾年，利率上漲到12%（usarae centesimae），之後百年維持不變，而後經過數次調整，然而，到了西元四世紀，君士坦丁大帝（Constantine）再度採行該利率。雖然利率相對較低，但欠債不還的懲罰依舊殘酷嚴厲。依照當時的法案：「一旦債務成立，或法庭頒令，則必須在三十天的法定緩和期內償還欠款。如有拖延，債務人將被逮捕，押入法庭。如果不服法院判決，或庭上無人擔保，債權人有權帶走債務人，或將其捆綁在木樁或鏈條上，或令其背負高於十五磅的重擔，一切遵從債權人之便。」其他對於該法案的解讀表示，只要債權人高興，甚至可以對債務人動用凌遲之刑，以及將其子女賣為奴隸。

儘管借貸利率和拖欠懲罰的規定明定於眼前，但並非放諸四海皆準。布魯特斯在賽普勒斯從事數目可觀的借錢生意時，利率高達48%，遠遠超過官方規定的12%，他甚至僱用中介、隱藏身分，以逃避羅馬參議院的監管。歷史學家亞庇安（Appian）也記載了西元前八九年的一件案子，當時債務人和債權人各執一詞，鬧到了羅馬的地方法庭。債務人拒絕還錢，理由是一道比《十二銅法表》更早的法令，規定嚴禁任何形式的高利貸。雙方無法達成和解，法官只好放任他們繼續糾纏。債權人想到自己無故因為某項過時的法令而追不回錢，怒火中燒，在古羅馬廣場上殺害了法官。參議院懸賞緝拿凶手，可惜無果而終。[5]

拉丁文的「usura」意指單利，「usurae usurarum」則是複利，羅馬法將後者稱為「anatocismus」，這是大約西元前五一年西塞羅從古希臘文的「利上加利」引入拉丁文的名詞。該詞早已進入羅馬的立法與司法體系，但幾個世紀之後，卻因查士丁尼的緣故，遭到官方的嚴禁。誠然，被禁的原因並非利上加利這麼簡單，「anatocismus」是累加在借款原額的額外利息，讓借方深陷債務漩渦，情況之嚴峻遠遠超過複利出現之前，這種結局實在令人大為不快。[6]

「anatocismus」帶來的嚴重後果稱為「alterum tantum」，即「翻倍」。當利率遠超出許可範圍時（官方規定為12%），這是最精準的措詞。將未支付的利息疊加在本金之上，並非羅馬特有的現象，古代印度也是如此。一般認為，羅馬法學家烏爾比安（Ulpian）身處的三世紀，當時的「翻倍」和「複利」普遍遭禁，然而在《查士丁尼法典》的監管之下卻死灰復燃。[7]

「翻倍」和「複利」體現了羅馬人對於借貸利率範圍的初期拓展，這與數百年之後的情形大同小異。當時官方規定的利率是12%，進而形成利率下限，而利率上限則是「alterum tantum」，即「本金翻倍的利率」。利率上限很高，清楚地告訴我們借方將面臨的災難性後果，同時也反應出官方利率總遭受漠視踐踏。依此思路，我們也一樣探究了「72法則」（Rule of 72）的起源，此經典數學法則可以快速計算出本金翻倍所需的年數：只須以72除以利率即可。

如果短時間內就能使金額翻倍（例如一、兩年），便絕對違背借貸精神。但即便在複利情況下，貸方將借方交納的利息再借給他人，也無甚不妥。收取複利是指，由於利息累加、利率較高、償還時間較長，

複利。請參考威廉・斯密、威廉・維特及G・E・馬林登編輯，《古希臘羅馬風俗詞典》第三版（倫敦：約翰和莫里出版社，1901），836。

5 請參考萊因哈德・齊默曼：《義務的法律：文明傳統的羅馬基礎》（牛津：克拉倫登出版社，1996），167-168。

6 西塞羅曾試圖居中調停布魯特斯的代理人和欠他錢的賽普勒斯人。賽普勒斯人提出，將錢存於某座廟宇妥善保管，但代理人斯卡普提斯不同意將每月貸款利率定於1%，而是要求4%。西塞羅無力讓兩方意見達成一致。他寫道：「在場人士無不驚呼，斯卡普提斯真是厚顏無恥，1%的複利都無法令其心滿意足……我覺得他大言不慚，不過心計了得，他不是對穩定有保障的1%頗感不滿，就是對風險較高的4%虎視眈眈。」請參考馬庫斯・圖利烏斯・西塞羅《書信選集》，P・G・沃爾史翻譯（牛津：牛津大學出版社，2008），60號信件，第132頁。

7 維瑟—菲茲傑拉德，〈雙倍—翻倍〉（Dam Dupat-Alterum Tantum），《比較法和國際法期刊》，7(1925): 176。

使得借方所欠的利息居然高出了本金。這才是人們對複利忍無可忍且最終嚴禁的原因。但是，嚴禁複利卻未能斬草除根。複利，尤其是半年性複利，在十三世紀早期就在斐波那契的數學作品首次亮相，不過具體運算方法模棱兩可。

暫且不論利息如何計算，其長期存在於商貿交易之中的事實，似乎與宗教嚴打嚴禁的主張背道而馳。不過，金錢借貸和物品借貸兩者所收取的利息差異鮮明。人們常視利息為貸方好逸惡勞和借方走投無路的惡果，因而危害甚大。貸方借出一筆錢，不管借方是以金錢償還或物品償還，在絕大多數古代和中世紀學者眼中，都是一種奢侈的做法，因為貸方沒有創造價值或有意義之物，卻占盡了好處。當時的農民和市民過一天是一天，幾乎沒有儲蓄和經營資本，因此，這種觀念在勉強餬口的經濟形勢下屢見不鮮，儘管後來數百年間貿易揚升，對商貿投資資本的要求漸漸增加，但這種想法早已根深蒂固。

除了《聖經》和羅馬部分文獻，亞里斯多德也被視為利息問題的哲學權威，尤其受古代和中世紀教會人員推崇。他的老師柏拉圖（Plato）並未提及利息問題，不過也曾說過：「不應……借錢收利息。法律不會保護索要利息或本金的人。」[8]羅馬衰落後，亞里斯多德的著作從歐洲消失，直到二十一世紀才被阿拉伯學者再度引入。亞里斯多德的思想因此在十三世紀的經院哲學家（Scholastic philosophers）之間盛行起來，集大成者當屬湯瑪斯·阿奎那。亞里斯多德以獨一無二的視角審視利息問題，被不少中世紀學者和經院哲學者尊稱為「先哲」。《舊約》、氏族派系或清規戒律對高利貸均持貶低態度，而亞里斯多德則是從哲學角度看待此問題。他認為，收取高利貸對借方不公平，是對借方的肆意剝削，因而是最有違自然的謀利手段，「毋庸置疑，卑鄙無恥的放高利貸者惡貫滿盈，以錢生錢，斂財牟利，扭曲了金錢原本的用途」。[9]也就是說，金錢是死物，只可用作交換媒介，不該成為自我繁衍之物，其正當用途是促進貨物或服務的交易，若放貸收利有違公正，就算進行借貸，也不能收取重利。這倒不是說古代雅典人不允許借錢收利，而是由此能得知當時輿論發聲者的影響深遠，長達數世紀。在他們眼中，此舉損害了借方，滿足了貸方，萬萬不可取。

不少古代社會，例如古希臘和古羅馬，《高利貸法》還受到道德、社會、經濟環境的影響。這些社會推出了旨在控制崇尚流行的貴族或下層階級大肆消費的《禁奢法》，法律規定了個人能夠擁有的奢侈品數量。羅馬禁奢的第一條法令便是《奧比亞法》（Lex Oppia），於西元前二一五年施行。這項法令內容頗豐，其中一條規定甚至是一位婦女可以持有的飾品數量。一般認為，《禁奢法》主要用於扼殺非貴族階層不切實際的痴心妄想，只有貴族才有資格打扮得華麗奢侈，商人和平民百姓勿癡心妄想。不過，購買奢侈品和借錢關係密切，因為向富裕公眾人物看齊之人，多數須依靠借錢才能達到目的。很多時候，《禁奢法》和《高利貸法》有名無實，但反應出一種焦慮，許多人擔心借錢僅僅只是為了消費，而非生產目的，浪費了寶貴資源，尤其是在金融危機時期之中。《奧比亞法》實行之時正值與迦太基帝國（Carthage）進行第二次布匿戰爭（The Second Punic Wars），羅馬打了勝仗，而該法規定也鬆懈下來。和《高利貸法》的演變一致，淡出舞臺的《禁奢法》依然會在後世再度上演。

---

8 柏拉圖：《法律篇》，選自《柏拉圖對話集》，班傑明．喬維特翻譯（牛津：克拉倫登出版社，1953），742c。

9 亞里士多德：《政治》，厄尼斯特．貝克翻譯（紐約：牛津大學出版社，1962），x，4。

教義和借錢的糾葛

由於亞里斯多德的文章直到十三世紀才轉譯成拉丁文，我們很難確定早期宗教主導的羅馬是否已經知悉任何有關他的理論。但是，即便少了他的理論，現存的文獻對於高利貸已有鮮明的反對立場。擁有舊約聖經與羅馬立法作為權威支柱，早期教堂開始為初期教律編撰高利貸禁令。新約聖經則完全沒有任何明顯的相關律條，除了馬太福音（16:28）某一頁提到了當時盛行每月12%的利率，雖然之後的教堂詩歌有要求此權。早期教堂神父更著重於舊約聖經內容，尤其是《申命記》。

西元三二五年六月十九日，君士坦丁大帝身穿奪目的金邊紫袍，走進尼西亞會議（Council of Nicaea），恭敬地坐在三百多位主教後面。會議按照羅馬元老院的形式進行，由優西比烏（Eusebius Caesariensis）宣讀祝辭、侯休斯（Hosius）主持討論。該會議是基督教歷史上第一次世界性的主教會議，為期兩個多月，八月二十五日圓滿結束。該會議最為人所知的要屬在異端阿里烏派（Arian）的面前堅持「三位一體論」（Trinity），並頒布了影響深遠的《尼西亞信經》（*Nicene Creed*），以及二十項有關紀律的教會法，其中包括了牧師不得參與放貸收息的規定。

會上提出：「不少神職人員因嗜財如命，將教義聖文拋至一邊，誰都不得以錢生利，若月利率達1%……必當從名單劃除其名，驅出教會。」[10]也就是說，牧師要是利慾薰心、放貸收息，就將面臨被驅逐的風險。這是君士坦丁對《十二銅法表》提出的借錢利率重申。按照教規，如果平均總利率超過50%，也將遭遇同樣的懲處。1%是當時通行的平均月利率，而50%一般是針對四年以上的貸款，背後的潛規則是：月利率低於1%或平均總利率低於50%，是可以接受的。這句簡單的話同時也透露出另一個訊息，即所謂的「高利貸」就是指高出平均可接受標準的高額利息，和現在的解讀如出一轍。但是，這項問題卻始終含糊不清：如果牧師的借貸利率低於普通利率，將會如何？

嚴禁高利貸一旦進入尼西亞教規中，就上升到了教義的地位，而不再是慘遭宗教譴責的罪惡經濟行為那麼簡單了。在羅馬老百姓看來，第一次尼西亞會議具有相當於民法的作用。法學家當然不願承認在羅馬人民眼中宗教教義比民法更有地位，但他們卻贊同，如果民法與教規背道而馳，肯定是民法出了問題。[11]

由於蠻族和穆斯林的入侵，歐洲外部的教會開始四分五裂，迦太基已經不再屬於基督教世界，因此極有必要重新確立。西元三四五年，迦太基會議（Council of Carthage）將嚴禁高利貸的教規擴散至普通信徒。相似地，蠻族入侵高盧（Gaul）之後，七八九年艾斯會議（Council of Aix）重新搬出故有條款，採用驅逐流放的懲罰措施。[12]而後，查理曼大帝（Charlemagne）也再度重申。隨著西方帝國的隕落，「usura」（利息）和「usurae usararum」（利滾利）兩詞的界限漸漸模糊，最後只剩下利息。

一百多年以後，羅馬教會出現了史上第一位傑出的教宗聖良一世（Pope Leo the Great），在位的二十年間，嚴禁教會人員從事放貸收息，同時提出有此行為的信徒將背負「收髒錢」的罪惡。儘管並未直接禁止普通信徒的收息行為，但堅持嚴打依舊帶來了預期的效果。因為此時，收取高利貸已然成了如同謀殺與通姦一般天理不容的事，歷經數世紀仍未得翻身。

10 第一次尼西亞會議，一七號教義，《教會委員會法令》，諾曼・P・坦納編輯（華盛頓，哥倫比亞特區：喬治城大學出版社，1990），1:14。

11 R・W・卡勒爾及A・J・卡勒爾：《西方中世紀政治理論史》（愛丁堡：威廉・布萊克伍德出版社，1903），1:79ff。

12 迦太基會議一二號教義與艾斯會議三六號教義。

古代和中世紀對借錢收息的態度根源在於時間。現代社會幾乎都認可富蘭克林（Benjamin Franklin）提出的基本教誨，即「時間就是金錢」。然而，在羅馬帝國末期、中世紀，乃至文藝復興時期，時間都被認為是上帝恩澤人間之物。換言之，時間是公共財產，不能在個人之間交易。按照時間長而收取金錢有違道德倫常，此提法的創始人是早於阿奎那的法國神學家兼哲學家奧克斯雷之威廉（William of Auxerre）。他認為，凡夫俗子不可算計上帝的恩賜。在宗教改革之前，羅馬教會（Roman Church）是上帝在西方世界唯一的代言人，所以一切以羅馬教會為準。從無到有創造東西是上帝的權力，而不是金融界所能辦到的事；借錢收息是藐視上帝和教會的罪行，不容姑息！然而，這裡忽視了一個事實，即當時的宗教機構正在大搖大擺地收取和支付利息，而且數額可觀。

君士坦丁將基督教推崇為官方宗教的兩百年後，在查士丁尼一世（Justinian I）的統治下，東羅馬帝國迎來了新的黃金時期。國王委任一群律師廣泛審閱既有的法律，並根據時事所需進行調整和編纂，最後頒布了三部法律，分別是《查士丁尼法典》、《法學彙編》和《法學總論》（*Institutes*）。其中，西元五三四年彙編完成的《法學總論》是一部教材，也是當時最全面的羅馬法律文獻。收取高利貸被歸類於「用益權」（usufructs），意思是非合法繼承人企圖占有所有人的財產，簡單地說，就是坐享他人的財富和勞動。但是，用益權的描述卻是：使用並獲取非本人財產之利益，但未對該財產造成實際性損害。[13]聽起來像是把收取高利貸視為合法行為了。書中明確表示以高利率收取利息，只要未破壞原來的資產或抵押物，均獲允許。該書秉承了古代和中世紀的思想，認為可以收取利息，但不得傷害借方，不得危及其人身和財產安全，否則就是違法行為。在當代，償還行為不得讓借方破產。不過，借錢利率並沒有統一的標準，端視借方身分。一般說來，借給普通個人是6%，借給商人是8%。同時，依照各地區的情況與金錢用途，利率也會有所變化。但無論如何，嚴禁利滾利。當然，依舊有人施行複利，不過不會在貸款合約載明，美其名曰「保護借方」。

牧師不得放貸收息的禁令一直持續到九世紀。西元八〇〇年的聖誕節，教宗聖良把皇冠戴在查理曼頭上，宣布他是羅馬人的皇帝，德國史上的第一帝國神聖羅馬帝國（Holy Roman Empire）登上歷史舞臺。在三個多世紀前被毀滅的西羅馬浴火重生，由基督教王朝執掌，而君士坦丁堡的東帝國被孤立，不再被西歐人視為名副其實的帝國。查理曼大帝抓住機遇，將兩大古老勢力連為一體，政教合一，自身則肩負起國王的職責，有權決定教會及民間事務，借貸自然也歸由他管理。

為了鞏固政權，查理曼大帝朝義大利進軍，打敗了倫巴底人（Lombards），這支日耳曼族自六世紀查士丁尼逐漸衰落時，便一直占據著義大利北部。最早進入義大利的倫巴底人並不是基督教徒，他們信奉亞流主義（Arianism），這與當時羅馬教會的教義背道而馳。在體驗了《查士丁尼法典》和《狄奧多西法典》（*Theodosius*）的苛刻之後，他們著手編撰自己的法律，對待借貸行為的態度極其開明，例如：「某人向另一人借錢，並達成協議，如果債權人要求五年內還錢，而債務人無力償還，則協議必須延長至十年；如果要求十年內還錢但無力償還，債務人可要求延長至二十年；如果地方首領或法官提出償還要求，協議得到證明，則債務人或其後代應當償還。如果十年之內協議未獲兩次延期，且首領或法官未在二十年內明確提出要求，則之後債權人不得再提此事，無權起訴債務人，除非遭監禁。」[14]如此人性化地對待債務人，或

13 查士丁尼，《法典》，J．B．莫伊勒翻譯，第五版（牛津：克拉倫登出版社，1913），第IV號，第47頁。

14 選自《利烏特普蘭德國王法令》，凱瑟琳．費雪．德魯，《倫巴底法律》（費城：賓夕法尼亞大學出版社，1973），151。

許是受了細緻入微的羅馬法律影響，相較於查士丁尼之前的法律，仁慈太多了。也許是因為倫巴底人的社會並不是以金錢經濟為基石，結構相對簡單，比起羅馬，似乎還處在原始階段。

和教宗聖良及查士丁尼一樣，查理曼大帝也將借錢收息的禁令從神職人員擴展至普通信徒。他以摯友教宗哈德良一世（Pope Hadrian I）生前彙編的《哈德良法典》（*Hadriana*）為基礎，制定了禁止普通信徒從事放貸收息的法令。身為歐洲最強硬統治者的查理曼，於在位時期，透過文論和宗教會議繼續強化禁令。面對新政權下各類氏族法律不一的狀況，法令彙編無疑可以便捷地將名目繁多的法律納入統一框架之下，包括借錢和收息。而且，禁止收取利息的法令效用非常顯著。西元八五〇年，帕維亞（Pavia）召開了一次宗教集會，邁出漫長變遷之路的第一步。那次集會中，人們要求將進行放貸收息的普通教徒逐出教會；放貸者死後，借方應當獲得賠償。很明顯地，查理曼大帝的威懾開始影響借錢收息的變遷，這也使得嚴禁重息成為歐洲貿易發展歷程不可忽視的障礙之一。

爾後，教會文獻關於借錢之處，人們把收取利息與偷竊相提並論。這些文本出現的時間與歐洲貿易復興吻合，這無疑對貿易的全面發展構成了嚴重阻礙，不過，也恰是因為這種復甦，引發了關於借貸的新爭論。豐盈可觀的借貸利潤充滿了誘惑，實在令新興商界人士難以抵抗，從而促進了中世紀末期和文藝復興初期銀行機構的發展。

商人透過正常交易累積財富時逐漸發現，比起正常商貿行為，放貸更能賺錢，於是借錢開始流行。富裕階層擁有更多花錢享受自由的時間（古希臘人稱為享受閒暇），這是社會進步的標誌。不論是在中世紀或現代社會，比起辛苦以勞力餬口，提供金融服務能夠創造出更多的閒暇。自羅馬帝國鼎盛時期以來，首度出現如此多的商人可以隨心所欲地探索新領域。種種現象令擁有無上地位的教宗坐立不安。

猶太人、當鋪和金融業

中世紀的歐洲，借貸事業可謂蒸蒸日上，很多人單靠放貸收息就能維持生計。不過，如此見不得人的勾當總須一些冠冕堂皇的名號，因此，當時的私人借貸大多透過當鋪進行，以至於當鋪在數百年來蓬勃發展。話雖如此，但當鋪當時的名聲不太好，通常位於城鎮孤立地帶，周邊居民往往是猶太人、當鋪老闆及風塵女子。所有當鋪標誌無一例外都是懸掛著三顆金色圓球，這成了中世紀借貸業的身分標誌。

如今日一般，向當鋪借錢必須有抵押物。中世紀的稗官野史特別喜歡講述借方一無所有的故事，例如借方無力支付高額利息，償還不了貸款，最後連抵押物都贖不回來等等。當鋪服務社會各階層，對百姓和皇室一視同仁，不過主要仍以窮人和下層階級為主，只要有東西可以抵押，生計有了問題的家庭都能從當鋪借到錢。由於其目的並非生產性質，因此不屬於資本營運貸款。當鋪在歐洲遍地開花，被廣大民眾視為衣食父母，儘管利率高得嚇人——年利率往往超過50%。當鋪老闆絕大多數是猶太人，後來他們在消費貸款領域遊刃有餘。其事業成功催生了一種新型金融機構，尤其是在義大利，進一步推動了個人金融的革命，也讓借貸更為人性化。

極具諷刺意味的是，人們開始意識到營運資本的必要（尤其是義大利城鎮居民），居然是因為一道宗教命令。方濟會（Franciscans）認為當鋪不可或缺，如果收取的利率在合理範圍之內，那麼，這無疑是對普通大眾極有價值的服務。在沒有服務個人的銀行和金融機構的時代，當鋪是私人借錢的最後選擇。十四世紀初，方濟會修士聖普西安之杜蘭德（Durand of St. Purcain）提出新倡議：在既有的國家借錢形式之外設立國家放貸機構，與私人放貸並行。多數城邦的慣常做法是，當商人和富人公民欲借錢時，必須向當權者交納大約5％的利息，當權高官顯貴因此白白占了便宜。設立公共放貸機構的構想引發了翻天覆地的變革。這些公共貸方可以按照名義上的5％利率或更低的利率借錢給大眾，同時不用擔心背負任何罪名。此方式依舊需要抵押品，不過比起私營的當鋪或貸方，成本更低，逼債的程度也更輕。

在拉丁文，國家借方最初被稱為「mons」，新設立的「公共放貸機構」則是「montes」。十五世紀後半葉，「montes」演變成「montes de pietatis」，字面之意為「憐憫之山」。絕大多數公共放貸機構依舊服務窮人，但部分逐漸演變成了銀行。方濟會迅速和教宗呈水火之勢，商品經濟急速騰飛，教皇卻依舊想繼續嚴禁借錢收息，很快地，教會風光不再。

另一項商品經濟的重大發展是匯票（bill of exchange）的逐漸認可。這些媒介對於國際貿易有著舉足輕重的作用，透過匯票，不同國家的雙方無須跨國運輸價值不菲的貨幣，就能進行放貸或兌換，也大大降低了運輸風險。人們能更放心且更便捷地和外國人展開貿易合作，同時也打開了歐洲的大門，中東的思想和改變逐漸進入歐洲。

西元十和十一世紀，貿易在西歐復甦，這是十字軍東征的起因，同時也是結果。一〇九六年，教宗烏爾班二世（Pope Urban II）發起了第一次東征，一〇九九年攻下耶路撒冷，達到巔峰。造成最主要的影響之一便是使羅馬和君士坦丁堡的東帝國重新建立聯繫，並且開啟了與阿拉伯世界的往來。於是，貿易在三種截然不同的文化之間展開。

在新的國際形勢下，猶太人扮演了關鍵的角色。他們曾經居無定所，從不指望融入某個特定的社會，反而因此擁有了國際性的視野。放貸一直是猶太人的獨門手藝，不過當時的放貸已不似十二至十三世紀那般重要，因此，當時不少王國欲將猶太人驅逐出境。[15]西元四世紀末期完成的《狄奧多西法典》區分了異教徒、分裂者與遵守新帝國宗教信仰（天主教信仰）的高貴公民。該法典將矛頭指向違背三位一體論的摩尼教（Manichean）異端分子，並且明確指出：一旦違背教義，任何人（包括猶太人）都將面臨相應的民事懲處。隨著教義的發展，所謂的「他者」漸漸特指猶太人等「倒行逆施」的放貸者，他們因而處於社會邊緣地帶。猶太人在賺錢和借貸方面尤其精明，大眾常對他們懷著滿肚子的狐疑。中世紀時，人們茶餘飯後總免不了說說猶太人殺害基督徒的事情，漸漸地，各種罪惡滔天的事全都推到了他們身上，每當有人煽起民憤民怨（尤其是在宗教裁判所），猶太人的生命就受到脅迫。如此環境之下，不止一名猶太商人被指控屠殺嬰兒等惡劣罪狀，罪名通常都以如何有利原告的方式羅織。

到了十字軍東征時期，猶太人的放貸業務競爭激烈。並非所有放貸者都是猶太人，很多放貸者來自義大利北部、法國南部和低地國家的倫巴底人區域，「倫巴底」一詞後來更特指放貸者或當鋪老闆。可是，在借方眼中（尤其國王和貴族眼裡），放貸者全是猶太人。無關宗教信仰，很多政權都喜歡將放貸者統稱為「我的猶太人」。十三世紀前，英國的法律稱放貸者為「國王的猶太人」。這般「他者」的旁人立場，使得貸方和客戶之間能維持一定距離，一旦政治上出現任何徵用財產的風聲，這種距離對貸方有益，讓他們可自求多福。「猶太人」逐漸成為放貸者的代名詞，儘管帶有濃重的種族色彩。西元一二一五年，英國國王約翰（John）在蘭尼米德（Runnymede）簽署《大憲章》（*Magna Carta*），其中兩章特別提到猶太人和放貸：「若向猶太人借錢，不論多寡，在償還債務之前離世的人，如果繼承人尚未成年，則不得收取利

15 羅伯特・洛普茨：《中世紀的商業革命》，950-1350（劍橋：劍橋大學出版社，1976），61。

息……如果債權屬於我們（國王），則除了所借本金，絕不收取任何他物。」[16]

部分放貸者則是卡奧爾人，他們是西哥德人（Visigoths）的後裔，定居於後來的法國南部。和倫巴底人不同，這支氏族的《西哥德法典》（*Visigothic Codeor Forum Judicum*）明確規定了貸款收取的最高利率。這與《十二銅法表》驚人相似的法典要求：

> 任何人放貸收息，一個金幣（solidus）的年利息不得超過三個銀幣（siliqua），每八個金幣的年利息為一個金幣，債權人有權依照上述規定要求債務人償還本金和利息。若有書面協議，債權人向債務人索取的利息價值超過上述限額，該協議將視為非法，無法生效；若有任何一方違反法律規定支付或收取高額利息，則利息不退還。[17]

此法條等於規定最高年利率為12.5％，即便另外簽立書面協議，也不得違背此規定，當然這間接顯示多數西哥德人並非文盲。該法典貫徹執行了數百年，其理論與《十二銅表法》接近，語言措辭也很類似。然而，卡奧爾人的實際行徑明顯與《西哥德法典》背道而馳，在法國是聲名狼藉的放貸者，另一方面這也代表了並非所有利率上限都會被遵守。嚴格來說，法國的卡奧爾人在擁有西哥德傳統的西班牙獨自為政，因此大可宣稱，自己只不過是適應布魯特斯的放貸原則，採用當地通行的利率而已。

和倫巴底人一樣，西哥德人最初也屬阿里烏派，直到安定下來才皈依天主教。所以，他們並不承認尼西亞會議或《尼西亞信經》嚴禁神職人員從事放貸收息的規定。在羅馬人眼中，他們何止是刁民蠻族，更是異端分子，因此在自然法理論形成階段，他們游離於教會規定之外也屬正常。他們從事放貸行業，可以說是天賦異稟。十一世紀以後，這兩支蠻族後裔與猶太人正面展開了激烈的競爭。在英格蘭，「長腿」愛德華於一二七五年嚴禁猶太人放貸，一二九〇年下令將猶太人趕出了英格蘭。一百年後，法國也大規模地驅趕過猶太人一次，不過驅逐力道最強的恐怕要屬西元一四九二年的西班牙。

猶太人風光不再，手上握有必備資源的只剩下倫巴底人，放貸自然風險重重。考慮到借錢給高官顯貴需要承擔很高的風險，絕大多數放貸者收取的利率基本是15至18%，而借錢給普通商人的利率則是5至25%。於是，國王更加震怒，並認為沒收放貸者的財產是再公正不過的舉動。

兔子問題

十二世紀的歐洲正處於充滿朝氣與活力的時代，十字軍東征、城市崛起、民族國家建立，羅馬藝術在此背景之下達到了最高峰，歐洲商人與東帝國及伊斯蘭世界也有了更加頻繁的往來，後人稱之為「十二世紀的文藝復興」，它象徵著貿易和知識的全面重生。然而，儘管貿易正改變著歐洲的政治經濟面貌，但教會對放貸收息依舊不肯鬆口。不過，支付投資者和存款人利息實是必須，否則如何補償風險成本？因此，收取利息的方式變得更加別出心裁了。

16 《大憲章》：第十章。六世紀末期首批入侵義大利北部的原始倫巴底人發展出了一套成文法，部分是基於《查士丁尼法典》。但是，在這些蠻族早期法律中，並未提及高利貸。西元七七四年，查理曼大帝擊敗倫巴底人，因此併入法蘭克帝國。之後，「倫巴底」成為放貸者的代名詞。從十三世紀開始，北歐絕大部分的倫巴底人都是以當鋪起家。

17 S．P．司各特：翻譯，《西哥特法典》（*Forum Judicum*），（波士頓：波士頓圖書公司，1910），第5冊，第8章。

格拉提安（**Gratian**）推行的教義彙編《格拉提安教令》（*Decretum Gratiani*）探討了借方和貸方之間的關係，認為如果雙方是敵人，就沒有公平正義可言，因此允許放貸收息。這就好比法律允許大家殺死敵人，那麼自然沒有理由反對收取重利。一般而言，如果借方未能償還債務，將會淪為貸方的奴隸，待債務償清，這種主僕關係才算了結。[18] 對放貸收息的各種特例和細節之描述，充分反應了教義的細緻繁雜，同時也折射出貿易事務借鑑三段論邏輯所導致的不連續性。

《格拉提安教令》問世百年之後，出現了一種更務實的方法。波隆那之阿佐（**Azo of Bologna**）針對《法學總論》和《查士丁尼法典》展開了一項著名的研究工作，他指出，雖然收取利息違背上帝旨意，但應「根據現實社會的實際所需」採取容忍姿態。[19] 儘管上述兩類法律似乎不兼容，然而即便是教義的維護者也認為，只要民法不明目張膽地違背教會法，兩者可以並存。這種認知尤其重要，因為在十二世紀初期，新誕生的「股份制」（**compagnia**）成為歐洲新型合作模式，逐漸取代源自希臘羅馬的「合夥制」（**societas**）。很顯然，新模式遠比舊模式靈活。在合夥制之下，合夥人的投入可以是勞力或資本，每位合夥人都要承擔同等的責任和風險。而在股份制之下，合夥人交易的資本更為繁雜精細，包括合作經營賺取的收入、額外投入的資本與其他投資者的存款。存款其實就是利息，不過在合作經營的過程中稱為「酌情支付款項」，透過這種方式，躲避了放貸收息的禁令。

另一項躲避重利禁令的高明手段，則是確保償還貸款或投資時，金額超過原借款數，但對利息隻字不提。其他辦法還包括借方向貸方「送禮」，或借方故意弄錯還款日期，讓貸方合理估算損失後索取賠償。[20] 合作經營的資本來源之靈活，也吸引了更多外界投資者，對業務擴展至關重要。多數情況之下，股份制和合夥制的合作夥伴是家人親戚或各種有關聯的夥伴。經營不善的後果則相當嚴重，很有可能被打入大牢，甚至家破人散或變成奴隸販售。[21]因此，對合作夥伴深入了解是商業活動成功的前提之一。

高利貸禁令使得商業機構小心翼翼地檢選措詞，但即使教會三令五申，依舊擋不住貿易迅速發展之勢。教會了解此情形，也試圖應對合作制度。十三世紀，湯瑪斯・阿奎那提出：「將金錢以某種合作形式委託商人或工匠，金錢所有權並未因此轉移給後者，仍屬於原所有人。受委託的商人或工匠使用這筆款項時，風險由原所有人承擔。如果盈利，鑑於所有權歸屬，原所有人有權要求獲得部分盈利。」[22]其將一方合夥人定位為代理人，而非商務交易的當事人，此方式實為當時的創新之舉。

拖欠貸款的懲處因地而異，有的要求歸還欠款、服刑或將債務人販售為奴隸。不過，傳統上擁有政治難民而非財政難民的管轄區域，一般都可以申請減免。於是，債務人躲開債權人的庇護所出現了，主要是在教堂或聖地。但是，請求庇護對於債務人並非一勞永逸，因為一旦尋求庇護，其財產將不再受保護，而且在債權人的要求之下，會被民政機構取走。庇護漸漸盛行，尤其是在倫敦，而居住條件較好的庇護所自然最受歡迎。一座城市總有幾家特別受債務人青睞，其中一家是建於一〇五六年的聖馬汀大學院教堂（Collegiate Church of St. Martins le Grand），特為尋求庇護人士打造，直到大約五百年後，亨利八世

18 約翰・T・諾南：《高利貸的學術分析》（劍橋，麻薩諸塞州：哈佛大學出版社，1957），101-102。
19 R・W・卡勒爾及A・J・卡勒爾：《西方中世紀政治理論史》，1：79。
20 埃德溫・S・亨特及詹姆斯・M・莫雷：《中世紀歐洲商業史1200-1550》（劍橋：劍橋大學出版社，1999），73。
21 羅伯特・S・洛普茨：《中世紀的商業革命》，73-75；喬納森・B・貝斯金及保羅・J・米蘭提：《公司金融史》（劍橋：劍橋大學出版社，1997），38。
22 湯瑪斯・阿奎那：《神學大全》，英國道明會教省神父翻譯（紐約，本齊格兄弟出版社，1948），Q.LXVII，第2：7號文章。

（Henry Ⅷ）將教堂悉數瓦解，這座庇護所才退出歷史舞臺。另一處庇護所與加爾默羅（Carmelites）白衣修士（White Friars）有關，與中殿（Middle Temple）毗鄰，由派翠克·格雷（Patrick Grey）在一二四一年建立。

十二世紀，貿易往來和私人交易都已開始明目張膽地收取利息，從表象到本質，利息都似乎與高利貸毫不相干。收取利息只要不傷害借方即可，也就是說，借方應當能在合理的時間內償還貸款，不至於讓自己身陷囹圄或一無所有；另外，貸款必須用於生產目的。以技術而言，貸方的主要業務不應該只有放貸，如此方能避免被扣上高利貸的罪名。貿易和工業日漸繁盛，貸款需求增大，利率一路飆升，英格蘭的個人貸款利率為40至120％不等，義大利的商業貸款則在20％上下浮動。[23]個人貸款利率超高，放貸者一般都是當鋪老闆。需求增多一方面讓當鋪變得舉足輕重，另一方面也讓其身陷險境，因為教會對貸款的態度明確：絕不姑息！這種一刀斬斷的嚴禁，無疑是打擊和阻撓經濟發展，因而爭論焦點仍是不為人重視的放貸者收取高利息問題，漸漸掌握權力的當鋪自然招來了教會的極度不滿。

西元一一三九和一一七九年，教宗英諾森二世（Pope Innocent II）和教宗亞歷山大三世（Pope Alexander III）分別召開了第二次與第三次拉特蘭會議（Lateran Council），毫不留情地斥責收取高額利息的行為，並強調違者將不得接受聖禮。然而，在世俗社會，即便統治者對教會旨意唯唯諾諾，終究是在商言商。第三次拉特蘭大公會議也不得不承認，「高利貸之罪惡紮根已深，許多人完全無視《舊約》和《新約》的禁令勸誡，不思從事正事，理所當然地一門心思放貸收息」。[24]對此，最嚴重的懲處就是將放貸者逐出教會。

西元一二一五年，中世紀最聲名顯赫的教宗英諾森三世（Pope Innocent III）主持了第四次拉特蘭會議，會上提到：「基督教越是對放貸吃息坐視不理，猶太人就越無法無天，用不了多久，他們就會耗費掉基督徒的所有心血。」[25]教會對猶太人態度十分強硬，甚至可以說是蠻橫——猶太人既要滿足借方或世俗當權者的需求，又被迫在衣著打扮異於基督徒，而且不得擔任公職。透過衣著辨別猶太人成了中世紀分辨放貸者和非信徒的慣用之法。

借貸實踐史最濃墨重彩的年代之一便是西元一二〇二年。一位曾雲遊四方的義大利人斐波那契撰寫了《計算之書》（*Liber Abaci*），將阿拉伯數字帶入了歐洲。歐洲傳統的數學計算主要使用羅馬數字，一旦遇到個位數以上的運算，這套系統便無用武之地。《計算之書》不僅介紹了小數、平方根、比例、整數和分數的運算法則及具體應用，也為利率計算提供了方法。在此之前，對借貸的口誅筆伐持續了數個世紀，但依舊欠缺計算利息的標準。

斐波那契原名李奧納多．皮薩諾（Leonardo Pisano），他的父親是一位義大利外交官，出生於一一七〇年左右。「斐波那契」的原文是「Fibonacci」，字意很廣，最常見的兩種解釋是「大笨蛋」和「閒晃者」。不過，他和「笨蛋」二字完全不沾邊。某次在前往北非看望外交官父親時，學會了印度阿拉伯數字體系，於是撰寫了這部百科全書式的數學著作。一二〇二年的歐洲尚未出現印刷術，因此，《計算之書》以手寫稿問世，並且很快引起了中世紀數學家的注意，尤其是神聖羅馬帝國腓特烈二世（Frederick II）皇

23 西德尼．霍莫及理查德．塞拉：《利率史》，89。
24 諾曼．P．坦納：《教會委員會法令》，223。
25 諾曼．P．坦納：《教會委員會法令》，265。

室貴族。斐波那契向腓特烈二世的顧問解說的某道問題，正是著名的「兔子問題」。[26]「一對兔子一年生出三百七十七對兔子」的答案令在場所有人士目瞪口呆，腓特烈二世立刻成為資助人。而歐洲則迎來了一場數學革命，也讓人們得以一瞥當時對利息的認識。

《計算之書》成為中世紀學校的必修，其中的方法多數用來解決實際問題，年輕的男子則從中學習商業技巧。書中一道涉及複利的問題，尤其引人注目：「假設某人有一枚貨幣（denaro），每五年可增加一倍，那麼一百年後，他有多少枚貨幣？」斐波那契的解答很簡單：每五年增加一倍，一百年就增加二十倍，無須使用方程式，純粹計算就可得出終值為1,048,876枚貨幣。[27]當應用在貸款問題，未來欲達到相同數值的利率約為14.355%，而且只能透過半年複利。也就是說，一枚貨幣（現值）的半年利率為7.1775%，經過兩百個半年後，才能獲得上述終值。顯然，中世紀的商人已有複利的概念，首度文字記載的案例出自斐波那契，儘管只是計算了結果，「利率」二字並未出現。

也因此浮現一個重大問題：斐波那契的例子隱藏了複利的計算方法，如果此方式可以被接受，勢必將引起堅決反對「利滾利」的教會權威的憤慨。更重要的是，以複利為例變成中世紀放貸者消耗敵手價值的手段：當權者手頭缺錢時，就進行貨幣貶值。對此，斐波那契舉了迪納厄斯銀幣（Denarius）的例子。

這種硬幣一直是羅馬帝國的主要貨幣，出現在大約西元前二一一年的羅馬共和國，也就是第二次布匿戰爭期間（譯註：第二次布匿戰爭歷時十六年，西元前二一八至二〇二年，是古羅馬和迦太基三次布匿戰爭最長也最有名的一場戰爭）。當時的羅馬皇帝卡拉卡拉（Caracalla）之所以推行此銀幣，主要為了應對不斷增加的軍團開銷。起初，迪納厄斯銀幣重量為四．五公克，但此重量設定只維持了很短的時間，西元前二世紀就已減到了三．九公克。到了尼祿（Nero）統治時期，由於銀的貶值，迪納厄斯銀幣再度減少到了三．四公克。西元三世紀後期，羅馬皇帝又降低至三公克，最終被安東尼安幣（Antoninianus，譯註：原為銀幣，後改為銅幣）取代。

斐波那契在其著作以大篇幅討論「合金錢幣」（alloying monies）的問題，儘管乍看是數學練習題，實際上卻說明了如何讓貨幣貶值以達到預期的結果，否則以實用數學而言實在有些突兀。私人投資者解決貨幣貶值的方法之一就是複利，即利用規律的利息疊加來彌補貶值的損失。例如前文提到的數學題，若依照年度複利計算，一年後只能得到669,138枚貨幣，也就是說，幸好可以用半年複利計算，才有了額外的379,738枚貨幣。在貴族眼皮子底下勒緊腰帶過日子的中世紀商人對此可是心知肚明。

在十六世紀採用格里曆（Gregorian Calendar）之前，歐洲通用的是儒略曆（Julian Calendar），因此斐波那契的利率計算也以此曆為基礎。當時，計算利息須根據新一年的日曆略作調整，這也催生了史上第一分利率表。另一方面，啟發斐波那契撰書的阿拉伯數學體系，則大大激勵了一群果斷勇敢的開拓者，他們進一步成為歐洲首批跨國銀行家。

---

26 李奧納多．皮薩諾．斐波那契：《計算之書》，勞倫斯．E．西格勒翻譯，（紐約，斯普林格出版社，2003），404。

27 李奧納多．皮薩諾．斐波那契：《計算之書》，438。斐波那契還提出了一套數字理論，即斐波那契數列。按照此數列，某數字是前兩個數字的相加。例如：0，1，1，2，3，5，8，13，21，從第二個1開始，每個數字都是前兩個數字的相加。證券和貨幣貿易商皆採用此數列，因此為二級市場的金融產品定價找出理論依據。隨著數列不斷延長，以後面的數字除以前面的數字得出計算結果1.619，這是中世紀著名的黃金比率，盧卡．帕西奧利對此有詳細論述。

上帝的銀行家

十四世紀早期，政教衝突愈演愈烈。西元一三〇二年教宗博尼法斯八世（Pope Boniface Ⅷ）發布的訓令《一聖教諭》（Unam Sanctam）最能反應兩派衝突之激烈。教宗在談到宗教和世俗權力時總結道：「倘若世俗權力犯下罪過，當由宗教權力拍案定奪……但若最高宗教權力犯下罪過，有蓋棺定論的權力者唯上帝，絕非凡夫俗子。」[28] 如此極端捍衛教宗的權力無疑將法國飛利浦四世（Philippe IV）和英國愛德華二世（Edward II）變成了教宗的奴僕，而飛利浦還是愛德華的岳父。

博尼法斯的強硬立場讓政教關係陷入了歷史低谷。飛利浦震怒，下令劫持教宗，教宗不久之後便一命嗚呼。國王的擁護者推選克萊蒙五世（Clement V）擔任教宗，教宗法庭遷至亞維儂（Avignon），克萊蒙是歷史上首位遭遇「巴比倫囚禁」（Babylonian captivity）的教宗，此現象更持續了一百多年。因此，克萊蒙實際能做的唯有對皇帝唯唯諾諾。當教宗權力和軍隊勢力結合，新興金融階層可謂大難臨頭。

以某種程度而言，十字軍東征是借貸行為的分水嶺。這支龐大的隊伍以前所未有的規模搶占國際銀行業，遠遠超越了遍布全球的猶太人，成為歐洲首要放貸者。東征期間，這群人不斷占據優勢地位，一個個成為銀行家暴發戶，然而，當戰爭結束，又再度退回了原形，轉變成十四世紀大規模政教權力鬥爭的犧牲品，而它們便是聖殿騎士團（Knights Templars）。

聖殿騎士團原是一支宗教軍事隊伍，誕生於西元一一一九年新征服的耶路撒冷，由兩位法國騎士雨果・德・帕英（Hugh de Payens）和聖歐莫之格佛雷（Godfrey of St. Omer）成立。西元一一二八年，特洛伊會議（Council of Troyes）正式認可了聖殿騎士團，聖伯納德（St. Bernard of Clairvaux）更制定了行為準則。

聖殿騎士團由耶路撒冷國王鮑德溫二世（King Baldwin II）出資，創立宗旨是保護從歐洲前往耶路撒冷的朝聖者。鮑德溫將他們安排在所羅門聖殿（Temple of Solomon）遺址，這是唯一留存至今的哭牆（Wailing Wall）。這支隊伍起初名為聖殿貧苦騎士團（Poor Soldiers of the Temple），靠行乞為生，卻以極高的熱情堅守苛刻的條例。他們的行為準則是「絕對服從」和「禁慾主義」，隨著軍事力量增強，他們在歐洲的名望蒙上了一層神話的色彩。據點與教堂也漸漸遍布歐洲，英國、西班牙、法國及德國都有他們的蹤跡。

自創建之初起，聖殿騎士團其實就以教堂為據點，發展出了一張非常巧妙的融資網絡，並衍生成為歐洲首批銀行網絡。他們的集資能力也一樣具傳奇性，在歐洲無人能及。因此，這支最初倚靠乞討為生的隊伍，成為人人皆知的耶路撒冷復興宗教騎士團體，並推動了第四次十字軍東征。此後，匯票、票據和外幣的使用便捷許多，聖殿騎士團也算是苦盡甘來。

不過，聖殿騎士團的國際業務也並非沒有缺點。耶路撒冷失守之後，他們將耶路撒冷的部分業務轉到了法國南部，飛利浦四世（Philippe IV）因此如芒刺在背。聖殿騎士團是一支錯綜複雜的軍事組織，有別於歐洲封建主義一貫的組織模式。身為騎士團體，他們有權宣戰，有權簽訂和平協議，有權不聽從任何皇室安排打仗，因為除了教皇，他們不效忠任何人。[29]雖然飛利浦四世以治國無方著名，但劫持博尼法斯八

---

28 西德尼．Z．厄勒及約翰．B．莫拉爾：《古往今來的教會和國家》（倫敦，伯恩和奧茨出版社，1954），92。

29 亨利．查爾斯．利：《中世紀的宗教法庭》，瑪格麗特．尼可爾森縮寫，（紐約，麥克米倫出版社，1961），693。

世成功讓教宗從此對世俗權力俯首稱臣，這無疑讓聖殿騎士團手足無措。偏偏此時謠言四起，說他們富可敵國，諸如飛利浦四世等經濟拮据的皇室對他們嚴加關注，因為一旦騎士團在法國站穩腳跟，得到其財富只不過是時間問題。

在英格蘭，聖殿騎士團入駐艦隊街（Fleet Street）之前，先在倫敦霍爾本（Holborn）安頓，所有教堂都仿照耶路撒冷聖殿的圓形風格而建。今日，律師學院（Inns of Court）的中殿便坐落於此。騎士團不斷發展壯大，逐漸成為英國社會根基的一部分，與財政及皇權密不可分。聖殿騎士團在倫敦的業務讓愛德華二世獲益匪淺，尤其在猶太人驅逐出境之後，騎士團不僅提供金援，更提供建言。倫敦的神殿成為國王和富商的金庫，此處如同資金保險櫃，因為由騎士團打理，神聖不可侵犯。英國國王約翰的皇家珠寶首飾和部分重要文件也都存放於此。籌措為十字軍東征的資金也特地交給聖殿騎士團保管，儘管曾經出過一點小意外（一名騎士曾挪用十字軍款，雖然得到了國王的饒恕，但騎士團並未放過他）。[30]愛德華二世實在不敢隨意動彈聖殿騎士團，因為自身和他們唇齒相依（至少初始階段如此）。然而，當聖殿騎士團在法國的人數增多，勢力漸大，才開始出現問題。

法國國王覬覦聖殿騎士團的財富，但若以武力鎮壓無疑會破壞他們一手創建的國際銀行體系。騎士團是銀行家，熟稔匯票與票據，但不直接放貸，其收益主要來自外匯交易，而不是吃高額利息。他們就是借助此方式避免了可能遭受施放高利貸的指控，因為教義允許從外匯交易獲取利潤。經院哲學派的神職人員（教義的捍衛者），對此做法也無從詬病。因此，當騎士團遭受打擊且財產被沒收之時，仍然無人指控他們施放高利貸。[31]

聖殿騎士團誕生於十字軍東征的政治浪潮，在十三世紀末至十四世紀初，再度捲入風起雲湧的政教鬥爭。中世紀時，諸如額我略（Gregory）教宗和亨利國王在卡諾薩（Canosa）的較量屢見不鮮，不過幾乎每次都是教宗占上風。羅馬不僅有擁護教宗的振言文獻，更一次次據此勸告國王們仿效君士坦丁大帝心甘情願地將帝國獻給教會，把政治權力呈予教廷（Holy See）。文獻稱：「我們認為將帝國和國王權力遷至東部地區是合理之舉……。依照我們神聖帝國法令及其他聖潔法典所建立的各種制度體系，均不得遭人踐踏破壞，直至世界末日。」[32]儘管到了十五世紀，人們發現這其實是洛倫佐・瓦拉（Lorenzo Valla）偽造的，但在當時卻被視為宗教史上重要的一環，至少在羅馬人看來，這象徵著宗教擁有至高無上的權力。但是，教皇博尼法斯被飛利浦如此羞辱，使得權力天平傾向了國王。

一三〇七年年初，以精明能幹著稱的「美男子」飛利浦廣發密函，下令各地官員逮捕法國的聖殿騎士團。十月十三日，法國的聖殿騎士團歷史上最黑暗的星期五——一百三十八位騎士在毫無徵兆之下被捕，其中包括國王的朋友大團長雅克・德・莫雷（Jacques de Molay）。他們的財產被沒收，並進行了道明會（Dominican Order）的審訊。在嚴刑拷打之下，受刑者交代了各種罪行，重傷死亡的人也不少。效忠飛利浦的神職人員捏造了多項指控，包括邪神崇拜和變態性行為等，不過沒有放高利貸。飛利浦早已虎視眈眈，但處理匯票在當時不算高利貸行為，因此，比起放高利貸罪名，其他罪名似乎更具說服力。同時，飛利浦向克萊蒙五世大力施壓，後者只得遵照吩咐，煽動其他管轄區的國王效仿飛利浦，嚴厲打擊聖殿騎

30 艾利諾・費瑞斯：《聖殿騎士和英國王座的經濟聯繫》，《美國歷史評論》，8（1902）：6。
31 請參考雷蒙德・德羅弗：《學術、高利貸和外匯》，《商業歷史評論》，41（1967）：257-271。
32 西德尼・Z・厄勒及約翰・B・莫拉爾：《古往今來的教會和國家》，22。

士團。

不過，愛德華二世顯然對岳父的舉動有所不滿，表示自己不會對抗聖殿騎士團。騎士團遭審判為異端邪教時，英國民法已嚴禁使用酷刑，少了這般迫害，騎士團至少能保住小命。愛德華二世一面還極力遊說卡斯提（Castile）、亞拉岡（Aragon）、那不勒斯（Naples）和葡萄牙國王，都別迫害騎士團，可惜失敗了。克萊蒙要求愛德華遵守基督教法，而英國法律也必須服從基督教法，因此，愛德華占了下風。西元一三〇八年，他終於下令逮捕英國聖殿騎士團並沒收其財產。為讓騎士團認罪伏法，宗教審判者在英格蘭短暫動用了酷刑，不過很多騎士在移交到審判者手上之前就已經逃走了。

騎士團富可敵國，囊中羞澀的國王及盟友教宗心中實難因此安穩。西元一三一二年，克萊蒙頒布教宗訓令《至高之聲》（Vox in Excelso），表示儘管難以證實，但他堅信聖殿騎士團的罪名全部成立。克萊蒙的說辭無疑是中世紀教宗的一大汙點，後世數百年都飽受詬病。其實早在二十五年前，飛利浦就宣布騎士團的財產沒有法律效力，只是當時尚未落實決策。

克萊蒙和聖殿騎士團的事件之後，直接造成一三一一年的維也納會議取消，並且允許放貸收息的世俗法。會議的初衷是解決騎士團問題，但措詞卻明顯表示騎士團和放貸問題的密不可分，正是導致教會各階層問題百出且衝突頻頻的根源。會議宣布：「基於此，出於根除這些罪大惡極行徑之目的，經本次神聖會議之批准，我們裁決，所有地方法官、首領、長官、執政官、審判長、顧問或其他將來執政各地區的任何官員必須嚴格遵守……如果收取高利貸，或在此情形下，未依要求悉數歸還借款，則驅出教會。」同時還宣布，如有人支持放貸收息無罪，也將面臨嚴重懲處。一旦沾上異教徒罪名，招惹宗教審判，任何人受到的處分絕對不會手下留情。

克萊蒙和飛利浦擊垮了聖殿騎士團的基石，不過維也納會議結束時，大團長莫雷還活著，他認了宗教判定的較輕罪名，從而躲過了嚴懲。[33]但是，他與另一位資深的騎士傑佛瑞·德·查尼（Geoffroi de Charney）於一三一四年判定為「重蹈異教覆轍」，在巴黎的木樁上燒死了。[34]和其他騎士團成員一樣，火慢慢地燃燒著，只有這樣，才能讓大眾膽顫心驚，殺一儆百。至此，騎士團終於潰不成軍，在此之前喪命之人也已超過半數。他們的財富原本要回歸羅馬，結果卻統統落入飛利浦的口袋。飛利浦吞噬騎士團之後，國家財力瞬息猛漲，然而也僅是曇花一現。中世紀極具傳奇的一幕突然結束，而且慘不忍睹。教皇及盟友狼狽為奸，霸占了深得歐洲放貸者青睞的騎士團之財物，而猶太人也被逐出了法國和英國，歐洲放貸者因此苦不堪言。

當然，聖殿騎士團的突然隕落也有積極作用，至少為其他放貸者和銀行家的崛起創造了必要條件，也推動了歐洲早期銀行體系的建立。義大利城鎮的商人伸開觸角，除了經營常規業務之外，也開始放貸。十三世紀初期，在聖殿騎士團借錢給教宗之初，邦西諾里（Bonsignori）和托洛梅伊（Tolomei）等從商家族已經在佛羅倫斯（Florence）南部的西雅那（Siena）開創了銀行事業；佩魯茲（Peruzzi）和斯卡利（Scali）等家族也在佛羅倫斯紮穩了腳跟。不過，梅迪奇銀行（Medici Bank）直到十五世紀才在佛羅倫斯建成，其名望和地位可謂舉世無雙。銀行業確實具有風險，但一般而言，借貸給商人的風險顯然比借錢給

33 請參考戴斯蒙德·斯沃德：《戰爭的教士：軍事宗教命令1》（倫敦，企鵝出版社，1972），第12章。

34 譯註：此判決令雅克·德·莫雷成為某種意義上的烈士，而他一直是共濟會的「守護神」，共濟會成立於十八世紀早期，和聖殿騎士團頗有淵源。

當權者要小一些。

中世紀末期出現了一種具有時代特性的金融手法，即所謂的「乾交易」（dry exchange）。具體說來，就是存在國際匯票交易關係的借方和商業貸方，用不同的貨幣進行標價；貸方收到匯票後，將匯票交給借方在海外的分支或代理人，獲取交易部分的金額。由於金錢本身沒有跨洋過海，所以稱為「乾交易」。[35] 如果計算得當，貸方就能賺取匯率差價，而這一開始看起來並不存在利息。這種借貸方法首次出現是在倫巴底銀行家之中，當時正值教會嚴厲打擊高利貸的頂峰，這恰恰成了他們逃避罪責的慣用漏洞。

「聖賢」的借錢觀

儘管後來教會在高利貸問題方面受到亞里斯多德思想的影響，直到十二世紀末，柏拉圖一直是絕大多數中世紀思想家主要的哲學啟發源泉。流傳在西方的亞里斯多德著作支離破碎，得益於穆斯林哲學家阿威森納（Avicenna）和阿威羅伊（Averroes）的傳播，其著作才廣為人知，兩位哲人在十二世紀末對歐洲學者耳熟能詳。雖然十字軍東征未能順利在中東拓展基督教，倒是為東西方貿易和文化往來做了一些實質貢獻，於是讓人們對不少希臘學者哲人有了重新認識。亞里斯多德最具影響力的著作《政治學》（*Politics*）的希臘原文由穆爾貝克之威廉（William of Moerbeke）於一二六〇年翻譯引入，此書也是亞里斯多德最後譯介的作品之一。威廉是阿奎那的朋友，也是道明會修士。在阿奎那將其納入教會思想之前，高利貸禁令一直缺乏穩固的哲學基礎。但一旦能向世人證明，就連亞里斯多德都貶斥高利貸，那麼理論或教旨都有充分權威打壓嚴禁。

在亞里斯多德眼中，高利貸是一種有關家庭組織的行為，屬於內部情事，關乎民間社會發展。公平正義要求貸方不得占借方便宜，應在保證雙方公平的情況下，向借方伸出援手。亞里斯多德認為這不僅是家庭經濟學的根基，也是所有社會制度的根本。通行於家庭的原則理應普及至全社會。公平正義源自家庭。如果單一經濟問題的核心都有失公正，那麼，這些放到整個社會也將一無是處。

中世紀討論借貸收息問題最響亮的基督教思想家，要屬阿奎那，他對亞里斯多德亦步亦趨，對「聖賢」的核心概念——公平、正義——頂禮膜拜。

和多數中世紀的神職人員一樣，一二二五年出生的阿奎那家境殷實，父親藍道夫（Landulph）是阿奎諾伯爵（Count of Aquino），他安排年幼的阿奎那接受道明會的教育，但在阿奎那十五歲那年卻又反對兒子加入道明會。為了制止阿奎那入會，家人煞費苦心，甚至花錢僱傭妓女引誘他。但是意志堅定的阿奎那不顧家人的反對，還是加入了道明會。道明會派遣阿奎那到科隆（Cologne）向大阿爾伯特（Albertus Magnus）學習，雖然得到了「憨牛」的綽號，但很快地，他的智慧之光開始閃現。而後，他在巴黎大學（University of Paris）攻讀並獲得了教會博士學位。其間，他與法國國王路易九世（Louis IX）關係很好，偶爾共進晚餐。西元一二七四年，他已然成了一位聲名遠颺的傳教士，教宗額我略十世（Gregory X）派他參加第二次里昂會議，可惜在路途間離世，只留下未完成的傑作《神學大全》（*Summa Theologica*），萬幸的是，已完成的部分已足以成為教會神學奠基著作。

---

35 請參考雷蒙德．德羅佛：《梅迪奇銀行：組織、管理、運作和衰落》（紐約，紐約大學出版社，1948），82-83，其中包括乾交易機制實例。另可參考西德尼．霍莫及理查德．塞拉：《利率史》，75-76。

阿奎那在《神學大全》把數世紀以來圍繞著高利貸的種種論調做了一番總結。一直以來，支持借貸收息的絕大多數言論都是以「支付高額利息是自願之舉」為中心，而阿奎那認同亞里斯多德關於借出去的錢本身不具繁衍性的著名論斷。他在《神學大全》寫道：「收取高利貸本身就有違公平、正義，因為此舉是在販售不存在的東西。」[36] 因此，放貸者還必須為此贖罪。「凡為人者，若以不公平之手段獲得某物，必當奉還；同理，以放貸所獲之金錢，也必須退還。」[37]

在阿奎那眼中，自亞里斯多德之後，金錢的用途就一直很明朗，「金錢的合理及首要用途在於消費或商業交易。」[38] 此處並沒有點明財富是如何積累、儲蓄，不過大致可以推斷，賺錢和存錢都應該透過貨物及土地的交易，而不像現代社會透過投資獲取回報。雖然這看似是阿奎那解讀亞里斯多德思想的一大缺漏，但實際情況要複雜得多。

阿奎那對現實商業活動倒也不是一竅不通，至少他知道商業的存在相當自然，日常交易其實也牽扯收益。於是，他借用亞里斯多德的另一個觀點，即可以向物品——包括放貸——索價，但買賣雙方均不能因價格吃虧。如果能確保這一點，價格就是公正的。也就是說，售出價格可以比物品本身的價值高，但不得超過持有人應得的價格。[39] 此概念圍繞著商業交易的公平問題思考，但究竟有多少價值就另當別論。

假設一件物品的售出價格是持有人所應得，那麼持有人就必須先進行一項估算，這項估算在現代稱為機會成本（opportunity cost）。倘若這件物品對於持有人而言，價值比標示售價高出10%，則有理由在銷售時多收取10%。但是，除此之外，這個理論就沒多少說服力了，因為調整和估測價值的方法粗糙含糊，而市場缺乏制定價格的標準。不過，其實教會的力量取代了市場調控。

但是在中世紀，利率似乎不會影響機會成本的估算。現今銷售證券時，為了補償賣方在下一輪利息支付日期之前遭受的機會損失，買方要支付高額利息，而在中世紀，利率的概念似乎毫無意義，至少對教會人員來說是如此。價值的衡量不取決於利息，因時間流逝而收費也不允許。

阿奎那還描述了用益權。他提到，《法學總論》將用益權視為可接受的行為。根據他對羅馬法的解讀，《查士丁尼法典》之所以認可高利貸是因為它被歸類於「半用益權」，換言之，直至當時，世俗法（不是教會法）接受此形式，倒不是因為公平，而是可以防止貸方占借方便宜。羅馬法代表了基本的公平概念，可是沒有拓展性亦無確鑿性：「我們借錢予人或做好事，都不該寄希望於人，而當寄敬畏於上帝。」[40]換句話說，利息本身不是問題，違背亞里斯多德各項標準的是收取或徵收高利貸。阿奎那特意挑出這段話，因為《查士丁尼法典》對中世紀法律變遷帶來了廣泛影響。這部法典當時依舊舉足輕重，但丁為國王在天堂安排了歸宿，而放高利貸之人只能被打入地獄。

阿奎那將政治和倫理疊加，嚴格控制放貸收息，他的著作廣泛應用於最高等哲學和神學教育。但是，他也承認，貸方收高利息違背法律，可是如果借方將錢用在正當之途，那麼借方是無罪的。不過，和亞里斯多德不同的是，阿奎那的觀點充斥著十三世紀所盛行對非基督徒的鄙視。面對非基督教徒，他嚴格劃分放貸者和猶太人，儘管當時的宗教法宣稱要一視同仁。

---

36 湯瑪斯・阿奎那：《阿奎那政治著作選》，J・G・道森翻譯，（牛津，布萊克維爾出版社，1959），173。

37 湯瑪斯・阿奎那：《神學大全》，Q. LXXVII，第1號文章。

38 湯瑪斯・阿奎那：《阿奎那政治著作選》，175。

39 湯瑪斯・阿奎那：《神學大全》，Q. LXXVII，第1：3號文章。

40 湯瑪斯・阿奎那：《神學大全》，Q. LXXVII，第1：7號文章。

但是，猶太人好像不受放貸收息禁令的制約，因為依照《申命記》，他們可以借錢給外族人。在當時的政治環境和宗教特性之下，阿奎那難免從流，提出猶太人應當與基督徒一樣受禁令制約。鑑於有人尋求《聖經》的漏洞，於是整個社會高喊「四海皆兄弟」。大家都是兄弟姐妹，自然就能禁止放貸行為了。這增強了教會對猶太人及其他非基督教信徒的掌控。

然而，儘管輿論紛紛揚揚，猶太人依舊我行我素，而且放貸的名號越發響亮。雖然西方傳統下的高利貸歷史，起源是《舊約》的評頭論足，但直到十三世紀，猶太人才是歐洲的首要放貸者。到了阿奎那的時代，他們早已打出銀行家的名聲，他深知教義和實際遲早會分道揚鑣。借貸將繼續，因為歐洲人口增長態勢使其成為必然。

對於讓猶太人免受基督教法律制裁的模棱兩可態度不同，《神學大全》傳遞的其他觀點相對明晰。允許猶太人放貸的另一緣由是要避免更大的罪惡——基督徒迫於無奈不得不從事高利貸。教義在此問題方面也是南轅北轍，然而現實所迫，必須「拯救」基督徒，讓他們再陷入如此罪大惡極之行徑。

阿奎那在寫給布拉貝特公爵夫人（Duchess of Brabant）的一封信中，甚至提出讓當權者制裁猶太人的想法。布拉貝特公爵臨死前要求將領地內猶太人的財產盡數沒收，公爵夫人特為此事寫信請求阿奎那幫助。阿奎那答覆：「城邦當權者有權沒收他們的財物，就如同有權處理自家物品一樣，唯有不得奪走其基本生存必需物品。」[41]雖看似苛刻，但亞里斯多德對放貸者的觀點與其倒也是一脈相承。因收取利息而得自他人的財富都要充公，但不能讓放貸者身無分文，就如同不能讓借方陷入財政危機的考量。阿奎那特別熱衷於號召猶太人，將收取的高額貸款退還借方，而且堅稱如有違之，必定嚴懲不貸。唯一讓猶太人稍稍寬慰的是，放貸收息的懲處一律適用，不論宗教信仰。

這些措施也並不是阿奎那獨創，他不過是順應潮流。一百年前，英格蘭北部建起數座熙篤會（Cistercian）修道院，由林肯之亞倫（Aaron of Lincoln）出資建造，他是英格蘭最富有的猶太金融家之一。亞倫死後，亨利二世（Henry II）將其絕大多數的土地和財產據為己有。然而，即使繼承了兩萬英鎊的財富（幾乎是安茹王朝〔Angevin〕一年財政收入的一半），亨利還是在一次資本嚴重損失之後，債務纏身。[42]不到數年，理查一世（Richard I）執政期間，約克（York）爆發大屠殺，許多位於英格蘭北部的猶太人遭受財產充公。到了阿奎那的時代，總是阮囊羞澀的愛德華一世（Edward I）頒布《驅逐令》（Edict of Expulsion），正式將猶太人驅逐出境。

在現實生活中，教會對放貸等各類違法亂紀的態度讓懺悔者不知所措。西元一二一五年第四次拉特蘭會議強制要求，每年至少有一次懺悔告白。放貸收息之罪顯然分為不同程度，究竟放貸者未來的命運又會是如何呢？十四世紀，虔誠懺悔成為教會的例行事務，於是輔導牧師和神父傾聽懺悔者告白的各式手冊便應運而生。除了一長串違反清規戒律的罪惡，懺悔者手冊還特別指出放貸收息之罪惡必須嚴懲。手冊之一的《意識之罪》（*Ayenbite of Inwyt*）便載明了七種借貸收息的方式，與阿奎那和亞里斯多德的分類大致相同。其中一種方式是將利息併入借款本金，企圖掩蓋收取利息的事實，「更無法容忍的是，債權人甚至索求額外財物，而且常常將利息納入本金一起計算。」[43]反應了當時人們對複利已有了解，雖然仍相當淺薄。

---

41 湯瑪斯．阿奎那：《阿奎那政治著作選》，85。

42 喬瑟夫．雅克布：《安茹英格蘭的猶太人：文件和紀錄》。

43 丹．麥克爾：《意識之罪》，理查．莫瑞斯編輯，（倫敦，早期英語文本社會出版社，1866），35，44。W．J．阿什利以現代英文援引，《英國經濟歷史理論簡介》，163。

針對利息的討論，都以公正價格與貸方不擇手段收取高額利息的各種伎倆為主。最受人鄙視的是「緊急時借給鄰居小錢的條件是鄰居以勞力償還，出借的一便士，須以價值三便士的勞力付出償還。」[44]至少在懺悔室，教會依舊遵循《舊約》，視放貸收息為赤裸裸的剝削。高利貸的標準懲戒，似乎隨著時間和社會對高利貸的態度一同變遷，事實證明這是中世紀普及教義的有力管道。《意識之罪》只是教會的數百本手冊之一，為懺悔和改過提供一些標準指引。放貸很明顯地是受到關注的滔天大罪，應對方式必須統一，尤其當從事放貸的基督徒越來越多之時。

阿奎那對此問題的態度也不能說是苛刻死板，至少反應了時代的變遷。神職人員不能從事放貸收息，對於從事放貸的基督教徒，教會自有一套解決辦法，而教會又時常被當權者玩弄於股掌之間。猶太人不走尋常路徑，因國防問題而總是缺錢的世俗統治者，也不得不紅著眼讓他們從事放貸。教會將放貸收息定義為比滔天大罪遠遠更為嚴重的罪過，這主要是因為有阿奎那著作的支持。

阿奎那對利息的主要貢獻在於一直讓借貸處於注目焦點。然而，不論教會如何打壓放貸行為，更不論放貸者時常突然不幸落得傾家蕩產的下場，中世紀的商業依舊緩慢地匍匐前進，信貸機構也無視各類警告逐步崛起。文藝復興時期，銀行家對時間的看法與教會的傳統解讀，產生了實質的區別。時間逐漸以金錢衡量，至於如何累加計算，又是另一個問題了。

44 丹・麥克爾：《意識之罪》，35，44。

〖第二章〗

歡迎夏洛克

中世紀後半葉，隨著貿易不斷發展，借錢做生意已成必然，也越發常見。因此，經院哲學派開始不得不編造各種差異，以區分借錢事業，以及為借錢而付出錢的「利息」。

——古斯塔夫·卡索（Gustav Cassel），一九〇三年

❖ 導讀

中世紀末期和文藝復興之初，歐洲官方仍舊把放貸收息看作違背人性的罪惡行徑，然而，義大利和歐洲各地都正上演著轟轟烈烈的商業革命，借錢已經成為社會化的現象。放貸屬於教會的管轄範疇，教宗自然成為首位金融監管者，不過教會行使權力的方式可謂謹小慎微，甚至吝嗇，只敢承認利息對商業而言是不可或缺的。

西元十五世紀，人們對於學習的熱情重新被點燃，對金錢和借貸的討論熱烈也達到了歷史新高。放貸收息依舊是人們關心的話題，不過已不像阿奎那那時備受矚目了。金錢不可自我繁衍的觀念正悄悄地轉變，相關的解讀也不再一味負面和消極。

關於金錢的新概念為早期借貸爭論注入了新血。西元一五八八年，義大利作家伯納多·達文扎蒂（Bernardo Davanzati）為金錢做了無懈可擊的辯護。在佛羅倫斯學會（Academy of Florence）的一次演說中，他稱讚金錢是「一項偉大發明，是造福世世代代的工具，如果用於非正途，錯的應該是用錢之人，而非金錢本身。」

想把金錢用在「非正當」的目的，還必須深入了解金錢的本質，例如流通數量。在文藝復興之前，一國貨幣的數量被認為是恆定不變。到了文藝復興時期，當時的觀點是貨幣供應和社會產品總量相關，產品增多，對貨幣的需求也將增大；如果流通數量沒有相對的增長，將會造成通貨膨脹。銀行家和政治家發現只要能計算出流通數量，就能防止不少當權者慣用的充實國庫伎倆——通貨膨脹，這是當時最熱門的經濟話題，不過文藝復興時期的學者一般稱之為「貶值」。

美洲的金銀礦藏進入歐洲之前，貨幣的價值相對穩定，除非當權者刻意貶值。而後，歐洲物品價格上漲，西班牙增加貿易進口，又再度推高了價格。達文扎蒂曾問：「如果現下銀條數量是一〇九枚，而之前是當作一〇〇枚來使用，難道不是說，現在能用一〇九枚支付原本價值一〇〇枚的東西嗎？」[1]

中世紀末期，身為國家必備工具的金錢越發引人注目，不過直到金錢被視為促進貿易的合法手段時，人們才普遍接受並理解利息在商業發展中的地位。西元六〇〇至一〇〇〇年，不少金錢經濟體在羅馬衰落之後崩潰，社會甚至倒退至以物易物，因此，從金錢角度討論放貸收息問題似乎是多此一舉。不過，中世紀的學者不會純粹為了討論金錢而撰文，他們開始探究金錢在國家中的地位，最常見的就是金錢在政治實體扮演的角色。國家是具備生命力的有機體，而非法律堆積而成的統治機器；政府是大腦，人民是身體，金錢則是血液。最早提出此理論的是十四世紀的帕多瓦之馬西流士（Marsilius of Padua）和奧雷姆之尼可拉斯（Nicholas of Oresme）。儘管依照現代人看來，兩人都不能算是經濟學家，但他們關於國家有機體的

1 伯納多．達文扎蒂：《論錢幣》，約翰．多蘭德翻譯（倫敦，奧沙姆和約翰．丘吉爾出版社，1696）；原著為一五八八年。早期針對經濟體的貨幣數量概念催生了後世的數量論，不過在文藝復興時期，此概念顯然與貶值問題的關係更密切，而非通貨膨脹。

理論卻推動了「金錢是國家血液」的主張。一四八五年，法國三級會議（Estates General，譯註：法國中世紀階級代表會議，包括教士、貴族和市民三階級代表）採用了這一主張。[2]

中世紀末期，人們對高額利息的態度大致沒有變化，不過大家也就是嘴上厲害，商業和貿易還是自顧自發展著。斐波那契在《計算之書》對複利的討論從某種意義層面而言是金融史的嚴峻考驗，因為它反應出利息的論述和計算曾採用相對複雜的手段。儘管古代和中世紀的人們總是唾罵和批判放貸收息，但放貸收息卻非常普遍，這也是古代和中世紀最奇怪的悖論之一。所謂「一人不事二主」，理論上而言，人們應該對教會忠誠，而不是債權人，尤其是當債權人是猶太人或某支極不受重視的家族時。

現代利息的論述是依賴利率和複利計息頻率進行計算，而中世紀和古代對利息的討論從未明確提出利率，只談到必須償還的數額，這是不爭的事實。早期數學家和銀行家似乎早就知道這一點，卻從未言明，斐波那契所舉的例子就是印證。1個單位貨幣，半年利率為14.355%，以五年計算，最終得出2個單位貨幣，然而，他從未提及累加與利率。另一項問題他也避而不談，即14.355%的利率究竟是否過高？如果描述利率可以使用百分比，那麼，借貸問題的討論會容易許多。但若以貸方期待之結果描述，那就困難多了。上方例子將會變成：借出去1個單位貨幣，希望五年後收回2個單位貨幣，這樣算不算高利貸？中世紀神職人員和銀行家唯一的解決辦法，就是坦誠這樣比收回1.5個單位貨幣的回報更多。如果不借用百分比，此問題將模稜兩可。為何有的借方的利率為14%，有的借方利率卻更低？當時學者沒有討論信用風險，因此整個過程美其名就僅是主觀判斷。中世紀判斷風險的標準是借方的人品與借貸雙方的熟悉程度。若是利息高過平常額度，任何人都會因為差別待遇哭訴高利貸。

如果收取利息的是職業貸方或「顯性高利貸者」，中世紀的結論就會是：不論未言明的利率是多少，一律視為高利貸。相反地，如果回報利率是出於盈利合作事業，答案就沒這麼斬釘截鐵了。誰支付回報？如果是透過借錢向他人剝削，那便是高利貸。如果是海上商貿之類的盈利貨物交易，那麼答案便並非如此清澈了，因為其中牽扯複雜交易，如何判斷其道德本質有待深入思考。教會權威從不會費心思量這類交易，除非演變成法庭相見。即使如此，各方也一定小心謹慎，萬萬不可讓人覺得自己違背了宗教法。

不過，若是以此斷定擁有兩千多年歷史的借貸一行，從來無人思及信用風險，似乎有違情理。或許最佳佐證還是第一個例子。《申命記》提到，猶太人不得向其他猶太人收取利息，只能向非猶太人。當今現代對這段話的解讀應該是，比起借錢給自己人，借錢給非猶太人風險更高，所以允許高利貸。猶太人受制於同一套法律管轄，但非猶太人就不同了。在家族社會，大家心照不宣，非家族成員必須支付一定費用，而在家族內部則視為一種慷慨贈予。

因此，高利貸的收取完全靠主觀判斷。缺乏信用風險標準概念，且明確利率的做法又尚未推行，那麼，當某人只須支付1.5個貨幣單位，支付2個單位貨幣之人就可以宣稱遭遇高利貸。亞里斯多德簡要論述了不公平待遇，顯然當時尚未倡導公平、正義。複利出現之後，高利貸變得更加戲劇化，因為眾人皆知利息支付越頻繁，就越有失公平。當時尚未利用百分比統計複利收入。直到推行了更標準化的利率計算方法，大家才開始深入認識高利貸，不僅是單利，還包括以計息頻率表達的複利概念。然而，即使有了這些進步，中世紀的利息概念依舊一路延續至十九世紀。

2 傑拉·約翰遜，「金錢等於血統隱喻，1300-1800」，《金融雜誌》，21，1966，119。

對此，伯納多・達文扎蒂也提到：「毋庸置疑地，每個國家都應擁有定量金錢，就像每具身體都該有定量的循環血液。」[3]他同時指出，金錢不能由富人完全掌握，如此一來，下層的金錢流動就有被截斷的風險；而且，流通的貨幣也不能任由財政虧空的國王隨意貶值，一個健康的政治實體想要預防疾病，就必須要求各個環節都能良好運作。

達文扎蒂言簡意賅的發言為當時的經濟思考指出了方向。西班牙人發現美洲的數十年後，金銀礦進口導致了通貨膨脹，物價上漲讓教會頭疼不已，但也改變了其對放貸的看法。如果價格上漲，利息是否會亦步亦趨？如果前所未有的新探索改變了經濟環境，放貸收息的禁令又將何去何從？

雙關語策略：盈利不是利息

中世紀末期和文藝復興初期，貴族的舉動也是放貸變遷的關鍵影響之一。除了國王與貴族的信用低，皇室金庫裡的錢財價值也保不住。放貸因此漸漸步入新的發展階段，而其罪惡性終於打開了一個缺口。

西元十四世紀，法國知名牧師奧雷斯姆尼可拉斯（Nicholas of Oresme）在《論金錢的首創》（*Treatise on the First Invention of Money*）一文中指出：放貸不過是金錢的第二罪過，金錢的第一罪過是改變。他所說的「改變」並非調整外觀或指定價值，而是像飛利浦四世刻意貶低價值或用其他貨幣代替等行為。皇室是金錢最邪惡的敵人，他們除了將猶太人逐出自家領地，還使錢變得不值錢，臣民同時因為苛捐雜稅而生活艱困。在中世紀借貸和銀行歷史中，猶太人和聖殿騎士團被視為牛鬼蛇神，而國王則是絕大多數金錢危機背後的煽動勢力。

西元一五一二至一五一七年，第五次拉特蘭會議召開，這是最後一屆討論放貸問題的宗教會議，儘管教義對此似乎已經沒有更多可以論述的空間。不過，值得一提的是，會議特別提到了深受窮人歡迎的公共放貸機構。有人指控這是國家組織收取利息，並對借錢的窮人帶來傷害，教會也曾竭力反對公共放貸機構。然而，此次會議教會對這項指控的回應卻令人大吃一驚：「無論如何，它們都不該受到譴責。相反地，這類放貸恩澤天下，應當嘉獎推廣……」[4]支持背後的原因絕非出於教義，而是出於現實考量，由此可知數世紀的商業發展終於對教會產生了積極影響。教會把這些機構稱為信貸組織，並表示只要支付的利息是為了抵消借貸成本，且不會對借方造成傷害，就不算高利貸。也就是說，公共放貸機構是非盈利性組織，不過，當時採用的方式為低利息的當鋪營運。

這些公共放貸機構規模最龐大的，當屬今天的義大利西雅那銀行集團（Banca Monte Dei Paschi Di Siena）。西雅那銀行集團在西元一四七二年成立於古城西雅那，旨在秉承借錢給窮人的傳統。二十年後，該機構踏出了最初的經營範圍，提供了哥倫布（Christopher Columbus）一四九二年大航海所需資金貸款，然而這筆錢未能收回。發展至今，西雅那銀行成為全球最古老的銀行，以核心資本計算，其全球排名第六十七，義大利國內則排名第四。

當時的西雅那銀行為何選擇僭越界限，我們不得而知。不過，銀行服務的大量需求以及高額回報，很快便影響了義大利北部城邦的公共放貸機構。

---

3 伯納多．達文扎蒂：《論錢幣》。

4 諾曼．P．坦納編輯，《教會委員會法令》（華盛頓哥倫比亞特區，喬治城大學出版社，1990），6：626-627。

數學領域和致力學習的熱情，推動了商業實踐的發展和細化。雖然當時義大利的貿易學院大多已開始教授斐波那契的著作，但許多商業行為並未規範化，依然沿襲自羅馬帝國。直到十五世紀末期，此狀況才得到改變。

一四九四年，首部廣受認可的記帳方法論著《算術、幾何、比例總論》（*Summa de Aritmetica, Geometria, Proportioni, et Proportionalita*）問世，為商業史的里程碑之一。從十三世紀初起，複式簿記經歷了近三百年的發展，第一次有了整體統一的方法，能夠更精準地體現成本和收益。儘管構思比較簡單，目的也很單純，但在當時確實極具創新意義，因為它為廣大商業人士提供諸多便利。

《算術、幾何、比例總論》的作者義大利數學家帕喬利出生於一四四五年，曾在帕多瓦大學接受教育。他的第一份工作是為威尼斯富商安東尼奧・羅比亞希（Antonio Rompiasi）的孩子擔任家庭教師。除了教學，他還幫忙富商打理生意，對日常貿易事務非常有見地。這部作品是以義大利文撰寫，因此義大利商人都能讀懂。

帕喬利特別以一個章節闡釋威尼斯式記帳體系，並解釋了如何計算公司盈利。不過，此書並不純粹以務實為出發點。帕喬利在整部作品一邊不厭其煩地論述盈利，一邊又強調相信上帝的重要性，好讓他的核心思想看似不那麼世俗。然而，此舉明顯是為了避開借貸及盈利等更棘手的問題。他著重地討論了若商人想盈利，就必須能力不凡，並成為十五世紀管理類書籍的典範。他毫不掩飾自己對商人的偏愛：「在偉大的共和國裡，良心商人之言辭最為可貴，他們言而有信」。[5]

儘管傳統上喜歡將帕喬利視為複式簿記的功臣，但義大利之外的商人早在數世紀之前，就以各種方式實行了此模式。早在帕喬利的一百年前，喬叟（Chaucer）就曾提及。他在《坎特伯雷故事集》

（*Canterbury Tales*）講述了僧侶約翰爵士（Sir John）向商人借了一筆錢，這位商人對這筆債緊追不捨。僧侶沒有直接把錢還給商人，而是給了他妻子。這則〈船長故事〉如下：

那天您大發慈悲心，
感恩您願借錢予我。
我祈求上帝保佑您，
然我已還錢給令正，
悉數還清在您錢櫃。
令夫人心知又肚明，
那可是夫帳婦來記。[6]

喬叟這篇作品顯然是玩笑幽默，雖然用了雙關語，卻反應了複式簿記的實際應用。更明顯的關鍵是，喬叟時代的借方和貸方一般會使用記帳棍，放貸時將棍子折斷成兩半，等還清欠款時，又重新接起。這也許能夠解釋我們之前提到的僧侶之複式簿記概念，不過帕喬利對於複式簿記的應用遠比記帳棍複雜精確。

帕喬利後來為米蘭公爵盧多維奇．斯福爾扎（Ludovico Sforza）工作，很快地，米蘭成為歐洲百

---

5 盧卡．帕喬利，《古代複式記賬：盧卡斯．帕喬利的論文》，約翰．B．蓋斯比克翻譯（休士頓，學者圖書有限公司，1914），73。

6 傑弗里．喬叟：《坎特伯雷故事集》，奈維．克格希爾（Neville Coghill）將其翻譯為現代英文（倫敦，企鵝出版社，1951）。

花齊放、精緻典雅的地方。帕喬利在米蘭結識了達文西（Leonardo da Vinci），兩人一拍即合，成為合作夥伴。一五〇九年，他吸收古希臘數學家歐幾里得（Euclid）的思想，出版了《神聖比例》（*Divina Proportione*），並由達文西繪製插圖。這部著作共三冊，主要論述文藝復興時期廣泛應用於建築和設計且深受達文西推崇的黃金比例（golden ratio）。帕喬利最終回到了家鄉，於一五一七年逝世。

帕喬利之後，用來幫助商人和金融學生的文獻增多，十六世紀的法國商業因此得以發展。不論教會的態度如何，十四本商業計算書籍中，仍有十本是指導讀者如何計算利息。不過，這些手冊以盈利或利潤掩蓋了利息，同時也討論了複利問題，即償還本金時收取的金錢額度。有些人喜歡把複利稱為「猶太利息」，暗示的其實是：一位虔誠的基督徒不會向同胞收取複利！但是，不論如何解讀，既然計算方法有了標準，就算在沒有明定利率的情況下，也能算出究竟能得到多少利潤。

以下是一則西元一五六五年的例子：某人投入一千里弗（livre，譯註：古代法國貨幣單位），六個月後賺到三百五十里弗，如果按照同樣的利潤計算，借出四千五百里弗的十一個月之後能拿多少錢？[7]答案是七千三百八十七里弗，其中四千五百里弗為本金，兩千八百八十七里弗則是利潤。在這項案例中，單利為每年70%，不論貸方信仰哪種宗教，絕對都算得上是超高利率，不過如果說成「回報很可觀」，便聽似無可厚非了。果然是高招！

自西雅那地區的銀行機構隕落後，得益於這些創新，義大利銀行業迅猛發展，再一次證明了就算和金錢打交道是種罪惡，廣大人民仍然甘之如飴。

梅迪奇銀行在佛羅倫斯總部之外的其他義大利城市都設有分支，甚至包括倫敦、比利時布魯日（Bruges）和日內瓦，打好了建設本土化機構的道路。究竟金錢的社會作用為何？許多學者百思不得其解。儘管當時提出的理論過於基礎和簡單，卻為大家提供了某種視角，讓我們得以了解，為何自羅馬帝國以來，每每論及借貸收息人們便義憤填膺。

梅迪奇神話

西元十二世紀中期到十三世紀中期，佛羅倫斯人口增加了五倍，雖然總數未超越中世紀的巴黎和米蘭，但增加速度卻是空前，遠遠超過羅馬和倫敦。比起巴黎和米蘭等城市，佛羅倫斯或許缺乏強大政權和悠久歷史，但很快地，財富彌補了這些方面的不足，這主要歸功於新興的銀行業。

十三世紀末，銀行主要集中在小城市西雅那，位於距離佛羅倫斯南方約四十公里的一座山上。當時眾多銀行家族都在為教宗和皇室貢獻，然而放貸容易，收回卻非常困難。在付出沉痛的代價之後，西雅那的銀行家終於發現法律只是為了統治者而制定！

西元一二九八年，當時最重要的銀行家族邦西諾里家族破產，義大利金融中心轉至佛羅倫斯。很快地，佛羅倫斯的銀行貿易被三大倫巴底銀行家族占據，他們分別是佩魯茲（Peruzzi）、巴爾迪（Bardi）和阿奇亞奧里（Acciaiouli）。尤其是富可敵國的巴爾迪家族，據傳，其資產相當於英王愛德華三世一年的收入，而愛德華三世也是巴爾迪的顧客之一。不過，由於利息禁令，他們的主要收入並非來自於存款付息和高利率放貸，而是今天所說的「收費銀行業務」。收費業務不同於放貸利率高於存款利率的差價銀行業

7 娜塔莉．澤蒙．戴維斯，〈十六世紀商業生活的法國計算〉，《觀念史雜誌》，21，1960，23。

務，它是指辦理外匯、匯票或黃金交易時收取固定費用。這種做法非常普遍，連羅馬也不得不認可，因為教宗老是缺錢，而收入來源又太多，必須依賴兌換機構進行貨幣轉換，或為各教區撥付補助。

自十三世紀起，猶太人銀行界就在義大利定居了，而且大多數在羅馬和部分大城市。銀行家承蒙教宗庇護多年，但也免不了產生摩擦，每當利益受到威脅，猶太銀行家就會向教宗聖座積極遊說，雙方倒也相安無事。

就是在此時期，近代資本主義的基礎在佛羅倫斯得以建立，複式簿記的使用、信用借貸形式的開創、轉帳和匯兌的發展，佛羅倫斯的商貿一片欣欣向榮。這些銀行機構和梵蒂岡（Vatican）關係不錯，但與部分惡名昭彰的當權者借方就沒如此友好了。他們的財富既成就了響亮的銀行家名聲，也讓其更容易受到打擊。在英國和法國的百年戰爭期間，由於巴爾迪和佩魯茲兩大家族與英王愛德華三世往來密切，因此盡數宣告破產。

當時，為了打贏法國，愛德華四處尋找支付軍費的資金來源。他禁止英國出口重要貿易商品羊毛，主要買方法蘭德斯人（**Flemish**，現今比利時和荷蘭接壤地區）的衣物製造商因此受到致命打擊。他用麻袋裝著英國製造的羊毛作為抵押，借錢支付戰爭費用。他也試圖授予富裕的英國羊毛製造商行業壟斷權，以換取經濟利益。可惜，這些計畫最終皆告失敗。愛德華大致清點之後發現自己的債務數字竟然是七萬英鎊！其中，巴爾迪五萬英鎊，佩魯茲兩萬英鎊，在當時如同天文數字，相當於數百萬義大利達克特金幣（**ducat**）。[8]巨大的戰爭開支使愛德華視義大利人為消耗犧牲品，他把兩個家族的銀行代表囚禁在倫敦塔，隨後又將其逐出了英國，終結了兩大家族銀行不求盈利的傳奇故事。

很多小型銀行機構未能存活，勢單力薄的它們無力承受政壇更迭，以及十四世紀中期黑死病席捲歐洲的人間浩劫所帶來的社會波動。天災人禍沉重地打擊了歐洲的信貸市場。十四世紀末，佛羅倫斯的「三大家族」最終悄然落幕、銷聲匿跡。但是，銀行業的需求卻日益加大，很快地，另一個名聲顯赫的佛羅倫斯大家族填補了這片空白，在一片蕭條與動盪中，梅迪奇銀行大放異彩，成為最矚目的新勢力。

十三世紀初，梅迪奇家族離開故鄉——義大利穆傑洛的加弗吉奧羅村，想去佛羅倫斯碰碰運氣。他們居住在聖羅倫佐教堂四周，從聖羅倫佐步行到老市場（Mercato Vecchio）只需幾分鐘。那裡是商業中心，一大早通向大廣場的街道便車水馬龍，熱鬧非凡。梅迪奇家族從事貨幣兌換的業務，到了十三世紀末，已然成為當時有名的貿易家族。不過，他們真正擺脫「貴族」或「商人」的名頭，並列入佛羅倫斯主要家族的名單，則是在一二九六年阿迪尼格奧・德・梅迪奇（Ardingo de Medici）當選為行政長官之後。

佛羅倫斯是獨立的共和國，其領導者是行政長官，由抽籤選出，任期兩個月。然而，抽籤名單逐漸被部分重要家族操控。梅迪奇家族注定長期受到景仰，繼阿迪尼格奧之後，古奇奧・德・梅迪奇（Guccio de Medici）和阿偉拉多・德・梅迪奇（Averardo de Medici）也曾當選行政長官。

在十四世紀初，佛羅倫斯共和國已經進入了不安定時期，經濟長期蕭條，接著黑死病來襲，近三分之一的歐洲人死於那場鼠疫。此時，梅迪奇家族已經發展壯大，核心家族的族系達到二三十之多。利用佛羅倫斯三大家族破產所造成的空白，梅迪奇家族開始進軍銀行業。他們建立了獨立小公司，兄弟們以合夥人的身分聯合，共同提供最初的資金，每天一起打理銀行，忙於外幣兌換、小額存款，以及羊毛商人和紡織

8 埃弗拉姆・羅素：《巴爾迪和佩魯茨的社會以及他們和愛德華三世的交易》，《愛德華三世統治下的金融和貿易》，喬治・安溫編輯（曼徹斯特，弗蘭克卡斯出版有限公司，1918），130。

商人的季節性貸款。漸漸地，相對精明或相對幸運的幾家小公司，平安度過了政治和鼠疫的衝擊，成為梅迪奇家族力量的基礎。

一三九七年，喬凡尼・比奇・德・梅迪奇（Giovanni di Bicci de Medici）在佛羅倫斯成立了總公司，他身為來自羅馬的銀行家，把營運北移到佛羅倫斯。毫無疑問地，羅馬及羅馬教廷（教宗法院）和所有出席者的支持，為銀行提供了很好的收益來源。佛羅倫斯成為歐洲銀行業的重要都市，為投資提供了最好的機會。

梅迪奇銀行的啟動資金是一萬弗羅林（Florin，此貨幣平均每枚約3.5公克），其中五千五百弗羅林由喬凡尼提供，其餘由兩位合夥人提供。在第一年的交易中，銀行獲得了大約10％的利潤。據說，喬凡尼在老家加弗吉奧羅買了農場，資產因此多元化，以應對變化無常的世界金融。隨後，梅迪奇銀行看重佛羅倫斯的羊毛加工業，又提供三千弗羅林建立了布料生產工廠。不過，喬凡尼是謹慎的銀行家和投資者，即使在銀行最繁榮的時期，也沒有像沒落的三大家族一樣廣泛擴展業務，而是在佛羅倫斯周邊買下了許多土地。他不僅創立了梅迪奇銀行的業務法規，也為家族打下了堅實的財富基礎。這家銀行機構接下來的繼承管理者，則是更為人所知的科西莫（Cosimo）和羅倫佐（Lorenzo）。

梅迪奇銀行很快成為業界翹楚，它與教宗及不少歐洲具影響力的商人都有合作，在義大利與歐洲各地均設有完善的分支網絡。和先前的聖殿騎士團、巴爾迪家族、阿奇亞奧里家族一樣，梅迪奇銀行也沒有直接放貸，而是運用一套非常精密的匯票制度，用「盈利虧損」掩蓋利息，意即將利息包含在匯票成本。

梅迪奇銀行的各個分支也按照此模式營運，看起來只是從事收費業務，而不是放貸。期間也許兼營當鋪，但對象並非急需現金的窮苦百姓。喬凡尼曾貸款給原來的約翰二十三世（John XXIII，或譯為若望二十三世），以教宗鑲嵌珠寶的頭冠為抵押品。後來取回這件抵押品的是後繼者馬汀五世（Martin V），他也是此家族銀行的優質客戶。

十五世紀初，銀行的實際運作在歐洲漸漸站穩腳跟，匯票和放貸組織的地位已經不可撼動，商人圈子出了不少銀行家，不過很多都維持商業銀行家（merchant banker）的身分，此術語沿用至今。雖然相關業務無處不在，但仍是以義大利人主導市場，他們是名震歐洲的專業金融家。得益於義大利銀行家的慷慨捐贈，文藝復興時期的藝術和建築得到了蓬勃發展。科西莫捐錢資助修道院修葺，希望教會出訓令赦免梅迪奇過往的罪行，很顯然，他是在為自己和後代免遭可能的利息指控而努力。[9]類似的捐贈在十五世紀的義大利屢見不鮮，巴黎聖母院就是放貸者捐錢建造而成，精明如教會自然也知道該從哪兒尋求完成崇高偉大事業的經費。

中世紀末和文藝復興時期開始發展的義大利銀行網絡，推動了歐洲金錢市場的進步，絕大多數義大利城市都有銀行中心，只有羅馬情況比較特殊。當時，教會的行政機構羅馬教廷（Roman Curia）是銀行的主要客戶，因此，梅迪奇特派專門服務羅馬教廷的銀行專員，為了開展業務，他們甚至須陪同教宗出差，但通常是在義大利境內。[10]

總之，梅迪奇竭盡所能地避免利息問題，但想要逃開佛羅倫斯的政治審核談何容易！想要保住財富，必須得到掌權者的肯定，然而此家族不容小覷的財富讓掌權者又疑又怕，即使梅迪奇借助自身與教宗在經

---

9 請參考蒂姆·帕克斯：《梅迪奇的財富：十五世紀佛羅倫斯的銀行業，形而上學及藝術》（紐約，諾頓出版社，2005）。

10 雷蒙德·德羅弗：《梅迪奇銀行興衰史》，1397-1494，124。

濟和政治層面的雙重關聯，也難保安穩。

梅迪奇盛極一時，可惜壽命不長。西元一四六四年，科西莫去世，整個家族（乃至佛羅倫斯）都被他的兒子皮耶羅（Piero）掌管至一四六九年；接著又交給科西莫的孫子羅倫佐執掌至一四九四年；最後在皮耶羅二世接管不到數日之間便宣告徹底破產。

銀行厄運的開端是經濟嚴重衰退，黑死病和百年戰爭的影響延續了一個世紀，這是梅迪奇家族和佛羅倫斯遭遇的最大災難。西元一四二二至一四七〇年，佛羅倫斯從事國際業務的銀行從七十二家減少至三十三家；到了一四九四年，只有六家倖存。[11]在這次經濟衰退中，不少曾與梅迪奇銀行有過業務往來的公司紛紛破產，皮耶羅和兒子都無力回天。曾經由科西莫掌管的這家銀行，經歷了轉瞬即逝的絢爛，雖然「偉大的羅倫佐」是此家族在政壇的知名人物，可是繼承者都不擅長銀行業務，錯用了家族銀行一手遮天的權力，結下的梁子遠遠多過交上的朋友。

除了時代的商業難題之外，佛羅倫斯的政治氣氛也是銀行破產的一大原因。一四九〇年代初期，梅迪奇家族沒落後，熱愛焚燬且手段殘暴的布道者薩佛納羅拉（Giorlamo Savanarola）控制了這座城市。這位極端的牧師主張苛刻嚴厲的天主教精神，對銀行家及教宗的金融伎倆不屑一顧。由於當時經濟蕭條，他所宣揚的樸素天主教思想頗得人心。

一四九四年，羅倫佐的兒子皮耶羅二世執掌了家族銀行，就在此時，年輕的國王查理八世（Charles VIII）率領的法國軍隊打進了佛羅倫斯，皮耶羅二世不願投降，所以撤出佛羅倫斯。家族資產由此被鳩占鵲巢，銀行成了一盤散沙。十八年後，梅迪奇家族才重回故里。

近一個世紀的輝煌、歐洲有史以來最成功的銀行網絡，自此化為烏有。然而，它的營運模式並沒有被遺忘。歐洲信貸機構再次出現空缺，促使許多荷蘭和英國的小商人開始放貸給客戶，儘管仍是一波三折，但歷史的車輪終於開始步入國家銀行體系的初始發展階段。

新潮流：利息的合法化

文藝復興使得人們對金錢和利息的傳統觀念產生了進一步的質疑。一五一七年，路德（Luther）將自己的文章釘在威登堡教堂（Wittenberg Cathedral）的門上，儘管沒有全盤接受放貸收息，但至少勉強默認了利息的存在，他顯然也意識到利息是商業和宗教生活的有機組成部分。人們能夠容忍利息，但要滿足「借錢用於生產」和「借方有權決定償還條款」兩項條件，唯有如此，貸方才能名正言順地收取5至7％的低利息。

加爾文（Calvin）比路德開明一些，他所擁護的倫理道德被馬克斯．韋伯（Max Weber）譽為「資本主義核心」。加爾文反對亞里斯多德的「金錢不可繁衍」的觀點，他認為如果把錢用在能夠帶來收入的土地，便算是具有生產性，因此可以收取利息。為此，他還舉了一個例子：

富人A坐擁大量固定的土地資產，但缺少現錢；B雖不及A富裕，但擁有大量流動現金。A想向B借錢，B作為債權人，可以直接把A的土地買下來，也可以把某塊土地作為擔保（抵押），直到A

11 雷蒙德．德羅弗：《梅迪奇銀行興衰史》，1397-1494，374。

把債務還清為止。既然如此苛刻的契約都可視為公平，那麼，B收取利息的行為為何要受譴責？說穿了，這不過是愚弄上帝，是小孩子的把戲！[12]

換言之，貸款是達到目標的最佳方案，但如果將土地抵押，麻煩更多，潛在危機更大，收取利息反而快捷便利，那麼，為什麼要譴責利息呢？

路德承襲了《申命記》的傳統觀點，而加爾文則與《申命記》背道而馳。他認為，「猶太人不得借錢給其他猶太人」的禁令只不過是古代猶太人的政策[13]，而不是普遍性的宗教法規，隨著時代的變遷，必須接受借貸和利息，那些金科玉律也必須改變。不過，他也贊同收取合理利率，不得傷害借方，兩位改革者在這方面的想法一致。

加爾文主義者非常謹慎地解讀接受合理利息的態度。在荷蘭，倫巴底銀行家收取30％左右的高額利息，他們不得參加聖餐儀式，妻子有責任將丈夫從罪海拯救出來。在此背景之下，不少教會拒絕接受這些銀行家的捐贈，認為捐款背後的惡行累累。然而，改革後的基督教提出了一個極具價值的論點：高利貸是指消費貸款的高額利息，合理利息是指借方能夠利用貸款獲得收益的生產性貸款的利息。[14]這是改革者做出最具實質性的讓步，從而催生了資本主義精神。

大約在一五四五年，新教徒與羅馬分道揚鑣，對商業帶來了不小的影響，刺激了英國國會。亨利八世（Henry VIII）執政時，他著手解決借貸帶來的問題。國會頒布了一道法令，規定10％為合法利率，任何以高於此利率收取利息之人，將面臨相當於三倍利息的罰款。

國會的措施讓商業得以繼續發展，也為借貸之爭注入了新血液。不過這道法令的壽命不長，很快就被另一道於一五五二年頒布的法令取代。愛德華六世（Edward VI）當政時期，不僅廢除了10％的利率，而且規定收取利息為非法行為。到了一五七一年，新的法令又恢復了10％的利率，並且規定任何超出法定利率的合約均無效，同時，如果有人放貸利率低於10％，也要接受懲罰。

這道新法令導致英國關於新利息上限的案子層出不窮，法學家愛德華·柯克爵士（Sir Edward Coke）旁聽了部分案子並評論道：「那些窮盡心思的放貸者，或明目張膽，或暗度陳倉，以收取高於10％的利息，但最終，那些狡猾的狐狸沒能逃避法律的追究，他們不過是自欺欺人罷了。」[15]當然，仍有部分貸方能夠繞開法律，比如利用延期償還日期，以收取更多利息。

都鐸王朝（Tudor dynasty）時期，貨幣貶值和放貸收息等問題同時出現。亨利一面貶值英鎊，同時又試圖限制利率，因為如果利率超出官方上限，就會破壞貶值政策，進而影響貨幣政策。在此方面，亨利沿襲了許多中世紀當權者的做法，不過限制利率一般被稱頌為向公平正義邁出的一步，而非是向銀行家和放貸者低頭。貨幣貶值是創造收入的慣用手段，不過亨利不必重蹈覆轍，落入傾家蕩產的結局。

新法令為放貸收息進行了新的界定，但「利率10％」是現代說法，當時的說法是「一百鎊中的十鎊」，而不是「10％」。無論如何，這道法令為皇室帶來了一些收入。一五七八年，光是犯罪者的罰款就

12 康拉德·亨利·莫爾曼：《利率的基督教化》，《教堂史》，3，1934，9-10。
13 班傑明·尼爾森：《高利貸的觀念：從部落時期的兄弟情到普遍的分別心》，第二版，（芝加哥大學出版社，1969），75-76。
14 康拉德·亨利·莫爾曼：《利率的基督教化》，11。
15 唐納德·O·瓦格納：《焦炭和經濟自由主義的興起》，《經濟歷史評論》，6，第一期，1935：33。

達六千六百英鎊，且悉數落入了皇室手中。[16]舉報者也得了不少好處，因為揭發不合規定的放貸者能獲得獎金。

自金雀花王朝（Plantagenet）以來，英國時常推出禁奢法，下令奢華飾品為貴族特權。愛德華一世和愛德華三世時期，數次頒布禁奢法。一五七四年，伊麗莎白女王再度推出法令，女王頒布該法令做出的評論，值得留意。女王陛下的部分指示是，「遊手好閒之人企圖身穿華服扮成紳士，這些人刻意炫耀，不僅是在浪費自己，也是在糟蹋父輩留給他們的財產和土地，還讓自己債務纏身，身陷囹圄，難逃法律制裁，並難免進行違法亂紀之事，他們原本可以效忠祖國，現在卻為非作歹」。[17]此擔憂得到後代法庭及評論員的響應，其中包括兩百年之後的亞當·史密斯。

十六世紀中期，捲入借貸漩渦的貸方之一為約翰·莎士比亞（John Shakespeare），他是戲劇家威廉·莎士比亞的父親。約翰為羊毛商人，也涉足放貸，當時許多英國小型商人皆是如此。因此，身為詩人和戲劇家的莎士比亞在撰寫《威尼斯商人》（*The Merchant of Venice*）之前便對此行業擁有切身經歷。莎士比亞父親的放貸事業並不順利，曾數次被指控放高利貸，步入法庭也至少一次。一五七〇年，來自雅芳河畔史特拉福（Stratford-Upon-Avon）的約翰被指控施放兩次高利貸。其一，他對一五六九年的一筆貸款收取20%的利率（每100英鎊貸款收20英鎊），另一次為25%（每80英鎊貸款收20英鎊）。兩次情況，他都被指控違反一五五二年的法令進行高利貸。按照這道法令規定，任何利息都是非法。一年之後，這些指控依舊有效，因為利率仍舊高於一五七一年法律規定的10%額度。都鐸王朝時期，如果成功在法庭證實高利貸，舉報者通常能得到違法者繳納的一半罰款。但是，約翰·莎士比亞的兩次指控只進過一次法庭，未經審判就了結了案子。[18]

不過，威廉對於利息的論述更為眾人所知。《威尼斯商人》展現了對待高利貸的所有傳統態度觀念。安東尼奧（商人）找夏洛克（猶太人）借錢，他認真聽了夏洛克的要求，在知道這些條件一定不合理的狀態之下同意了。夏洛克提出苛刻的要求，因為認為遭受安東尼奧的不公待遇。夏洛克對安東尼奧說道：

施以援手，我願為之。
同去公證，你我言定。
絕不反悔，你情我願。
到期之日，若你欠債，
未照約定，償還借款，
一如所定，則欠之款，
以你肉還，重量一磅，
從哪切來，從哪割走，
任憑我願，你當服從。[19]

---

16 湯瑪斯．威爾森：《關於高利貸的演講》，R．H．道尼編輯並撰寫導讀（重印本，紐約，奧古斯都．M．凱利出版社，1965），163。

17 著裝令，頒布於格林威治，一五七四年六月十五日；伊麗莎白一世第十六號令。

18 D．L．湯瑪斯及N．E．伊萬斯：《國庫裡的約翰．莎士比亞》，《莎士比亞季刊》，35（1984）。

19 《威尼斯商人》：第一幕，第三場，約翰．多佛．威爾森編輯（劍橋，劍橋大學出版社，1958）。

安東尼奧立即答應，根本沒有預料到未來會有無力償還借款之日。之後，夏洛克準備行使自己的合約權利，從他身上割肉，波西亞的辯詞力挽狂瀾。喬裝打扮的她辯駁說，夏洛克當然可以行使他的權利，不過根據法律，他不能讓對方流一滴血。這顯然是引用放貸不得構成傷害的傳統觀念。夏洛克氣急敗壞，知道自己輸了，只好作罷。儘管父親吃了不少苦頭，威廉．莎士比亞還是沿用了利息的傳統定義，而並未提及黃金法則。幸運的安東尼奧，傳統贏了。不過，這裡流血的喻意非常明顯，雖然和中世紀的普通概念有所出入。在威廉．莎士比亞眼中，讓安東尼奧流血，夏洛克也休想逃過一劫。如此說來，流血象徵著風險，而放貸者一定不願冒此風險。

在更為正式的法律界，經院派對借貸普遍的排斥主要因為十六世紀法國法學家查爾斯．杜穆蘭（Charles Dumoulin）。查爾斯出生於一五〇〇年，他的多數評論直截了當，對神父的素養深表懷疑，尤其是阿奎那。他對傳統教義不屑一顧，對借貸的接受態度就是最佳佐證。他曾寫過一段義憤填膺的描述，對經院派極盡嘲諷，但也承認了信貸風險：「經院派的博士們，不只是神學家，還有那些宗教專家和法學家，他們根本不懂放貸，也不懂法律限制利率的意義。由於他們既沒有法律知識，又沒有實際經驗，所以錯誤百出。試問，有誰放貸是單純為了提供放貸服務，而不是補償損失或防止被占便宜，不是為了在分享債務人的同時，想著有可能獲得的收益？」[20]

就某層面而言，這段話極具時代特色，這是文藝復興時期的典型態度，反應的是對當下的關心和對過去的排斥。查爾斯之所以不加掩飾地作此評論，是因為他自視甚高。他曾說：「我不向任何人屈服，也不接受任何人指示！」一五六四年，他因為撰文抨擊特倫特會議（Council of Trent）而入獄一段時間。他還對格拉提安評頭論足，令教宗火冒三丈。不過，他在一五六六年臨終前和羅馬重修舊好，就如同多數銀行家，他一樣希望自己來生不要受苦。

儘管十六世紀中期《高利貸法》逐漸鬆動，但湯瑪斯・威爾森（Thomas Wilson）卻對高利貸進行了嚴厲的斥責。威爾森出生於一五二五年，畢業於伊頓公學（Eton）和劍橋大學國王學院（King's College），是一位功成名就的學者和外交官。瑪麗女王（Mary）執政期間，他離開英國前往義大利，結果因為自己的政治信仰而被指控為異教徒。義大利政府下令要求他返回英國，他不服從，遭宗教審判入獄一年，越獄之後直到一五六〇年才回到英國。

威爾森後來為英國皇室多方效力，在司法部工作，還多次參與國會，完成了不少外交使團任務。他強烈譴責高利息，指出這與安特衛普（Antwerp）金錢市場的正常市場利率截然不同。十六世紀下半葉，英國出口大幅增加，圈地不斷，物價飆升，英國西南部的錫礦產量增多，紡織成為主要的製造業。為了滿足激增的資金需求，英國銀行體系漸漸成形，不過主要從業者還是形形色色的商人。顯示相較於義大利的銀行業，英國的銀行業仍舊處於家庭小規模階段，不夠精細和發達。[21]威爾森的觀點恰恰契合了都鐸王朝不斷發展的經濟狀況。他認為，超高利息和真正的利息有著天壤之別，前者違背公平和自然，後者卻代表著公平和自然[22]；國家出面將利息合法化，並設定最高額度，這才是萬全之策。

---

20 卡羅魯斯・莫利納烏斯：《合約和高利貸的論文》，阿瑟・埃利・蒙洛編輯，《早期經濟思想》（紐約，戈登出版社，1975），114-115。雷蒙德・德羅佛發覺，經院派針對高利貸等問題的詭辯，對於他們在學術界和法律界的地位提升無甚幫助，反倒拖累了其他方面的精神成就。請參考雷蒙德・德羅佛：《學術、高利貸和外匯》，《商業歷史評論》，41（1967）：271。

21 湯瑪斯・威爾森：《關於高利貸的演講》，87。

22 湯瑪斯・威爾森：《關於高利貸的演講》，155。

十六世紀末期，傳統觀念再度向各形式的利息發難，主要集中在歐洲大陸。班乃迪克汀．亞豐索．維拉古特（Benedictine Alphonsus Vilagut）於一五八九年在威尼斯出版的《高利貸文集》（*Tractate on Usury*）中，把各類高利貸批判得體無完膚。他認為凡是超過原來貸款額度的都算作高利貸，放高利貸者不能參加聖禮，不得葬入教會墓地，甚至不能贖罪。只有主教才能決定是否接受放高利貸者的財產捐贈，神父沒有決定權。為了不讓維拉古特一枝獨秀，六十年之後，在威尼斯的奧諾拉託．利奧塔迪（Onorato Leotardi）以同一標題撰寫反高利貸著作，這次是將放高利貸者等同於謀殺犯。他們的罪過可不止偷竊那麼簡單了。

不過，雖然有國會法令和威爾森的努力，英國仍然把所有的利息都視為高利貸，這觸發了十七世紀為期三十年的爭辯。一六一二年，羅傑．芬頓義正言辭地提出要求嚴禁利息，認為利息「能帶給我們的益處有限」，收取任何形式的利息都是違背法律。十三年後，羅伯特．菲爾默（Robert Filmer）堅定不移地支持日常業務涉及利息的商人。他認為借貸與利息對商貿至關重要，只有苛刻的利息才有失公平。菲爾默更論述了利息和早期的英國年金問題。這種關聯性不言而喻，如果沒有利息，國家如何撫養孤兒？「如果沒有借貸這些或公或私的麻煩事，國家政策也別想為孤兒做好事。」[23]這一論述撇開了道德神學觀念，首次將公共政策納入考慮範圍。

芬頓認為，在高利貸問題上，伊麗莎白女王制定的法律太過人性化，而愛德華六世（Edward VI）全盤禁止，則更切中要害。他還給出了十多種證據，「即便是無宗教信仰、從未聽說過反高利貸聖典的學者」，例如亞里斯多德，也認為這有違德才，嚴加斥責。然而，他有關利息的論證有些模棱兩可。伊麗莎白時代一百收十的上限不足以令他接受只有高過10％的利率才算作高利貸，不管法律如何界定，任何利息都是高利貸。他秉承了長期以來將所有利息等同於高利貸的傳統，暗示伊麗莎白法律從根本（道德）上說來有失妥當，這讓同時代的另一位知名學者發話，而此人極少和經濟學問題扯上關係。

菲爾默猛烈抨擊反對高利貸的觀點，芬頓首當其衝，菲爾默認為他的對手在高利貸定義和應用方面有點小題大做。他的批評為後世的爭辯明確了方向。利息和高利貸的定義問題縈繞數世紀一直懸而未決，菲爾默抓住芬頓思想的這個問題。「他也沒說明何為高利貸，只不過是羅列了其他各式人物的描述，卻不言明他的態度。」[24]菲爾默進一步解釋高利貸能帶來的好處，不過卻未能給出一個全面實用的定義，這在當時屢見不鮮。能和社會譴責對立，然後留待後世制定定義，他心滿意足。他的辯駁部分帶著政治性。菲爾默是保皇主義者，他撰寫的《父權》（*Patriarcha*）淋漓盡致地論述了君主制的起源和優點。芬頓在評論都鐸王朝利率上限與高利貸法案道德觀的衝突時，對君主制多少有些憤憤不滿。如果將高利貸視為合理利息，就等於認可其高效性和實用性，從而也就站在了君主制這一邊。換言之，菲爾默的政治觀念不符合時代發展潮流，難以普及，然而卻與早期的新教傳統一脈相承。路德因為憎恨教宗及其各類金融罪行，主要是買賣聖職，所以連帶鄙視高利貸。

培根（Francis Bacon）也為借貸搖臂助威。培根出身顯赫，曾為伊麗莎白和詹姆斯一世（James I）效力，可是他和哥哥安東尼（Anthony）仍時不時面臨財政困難，所以不得不求助於貸款。坊間盛傳，他哥哥就是《威尼斯商人》中的安東尼奧的原型。培根對待金錢的態度相當現代。他以英國鄉村紳士特有的風度說道：「金錢如糞土，只可用之棄之，別無它用。」他本人與放貸者打過交道，因此對其人其事的評論

23 羅伯特．菲爾默：《提問辯難》（倫敦，漢弗萊莫塞萊出版社，1653），26。

24 羅伯特．菲爾默：《提問辯難》，113。

也非常實際。「因為總有借貸需求，如果不能自由放貸，人心必然不滿，因此必須允許。」、「有些人對銀行等新興行業滿腹懷疑，妄下定論；不過也有極少數人認為借貸有實際用途。」[25]培根在借貸問題方面不同尋常之處在於，他提議設立兩種利率：5%，與5%以上；後者對象為商人，以更高的利率放貸給商人必須得到批准。比起同時代的人，他的想法更為靈活，然而當時官方銀行的懷疑心態反應了舉國上下對此看法的普遍不信任。

雖然圍繞著借貸和利息的矛盾爭議及理論爭辯持續不斷，但在十六世紀時，一個特殊的機遇大大推動了利息的合法化進程。一五八二年，一位荷蘭工程師及數學家公開了首張利率表，從而讓銀行家一直秘而不宣的計算方法曝光，由此迎來長期債務合約的市場化，並推動了金融改革。

銀行家陰謀的破產

西蒙．史蒂芬（Simon Stevin）於一五四八年出生在布魯日。他曾在安特衛普的商界當過記帳員，之後在布魯日市政府擔任稅務員，後來以三十五歲的「高齡」進入大學，當時，他已在科學界頗具聲望。一五八二年，就在湯瑪斯．威爾森去世一年後，史蒂芬出版了《利率表》（*Tables of Interest*），將銀行家藏了數年之久的利率計算方法公諸於世，也讓教會在一定程度上看到了複利的作用。

事實上，義大利和荷蘭的銀行家使用利率表的歷史足足數百年，但他們從不公開，這就像每個行業都有自己的約定俗成和潛規則。史蒂芬的公布無疑是造福百姓的舉動，因為稍具計算基本能力的人，都能按照公式算出結果。

同年，新公曆取代了原來的儒略曆，從而改變了年利息的計算，這絕非巧合。斐波那契時期，人們採用的是儒略曆，每年有365.25天。然而隨著時間的推移，到了一五八〇年，春分已經比理論上的時間晚了近十天。新公曆修正了此誤差，很快地便被歐洲絕大多數天主教會採用。而英國和它的美國殖民地直到一七五二年才採用新公曆。在兩套曆法並用的時期，由於一年的天數不同，複利的計算發生了變化，導致歐洲商界出現了一些問題。

利率表一經公開就在商人間流傳開來，史蒂芬的表格包含了年金的折現值表和年金終值，利率從1到20%不等。在之後的兩百年裡，更多的實用性表格工具不斷湧現，為日常商務提供了便利。教會對利息的官方立場並沒有改變，不過，各類表格的不斷出現和頻繁使用，至少說明了人們對教會的顧忌已經被更務實的「在商言商」觀念所取代，甚至連十六世紀的新教領袖都開始包容利息，只不過態度沒那麼明顯罷了。

史蒂芬對數學的實際應用最大的貢獻之一，便是引用了小數。如果沒有小數，恐怕複利表的全面發展和高效利用只是痴人說夢。史蒂芬在使用小數時，用了特殊的標記符號，表格中的各個項目在現值前面少一個點，所以，這些現值看起來就像一連串毫無意義的數字。或許現代讀者無法立刻理解這種用法，不過其實和現代的現值終值表一樣。

威爾森的論述基本以道德宗教為主導，而史蒂芬則圍繞著數學。史蒂芬的表格列出的利率數高達20%，在威爾森看來毫無疑問是高利貸。他們幾乎同時效力於各自所在的荷蘭市政府，不過至於威爾森

25 法蘭西斯．培根：《散文，或勸告公民與道德》（印第安納波利斯，博布斯美林出版社，1905），179。

是否知道史蒂芬或他的作品，那就不得而知了。但是，兩人都意識到，西班牙人從美洲將黃金進口到歐洲造成了通貨膨脹。商品比以前價格更高，單是此狀態就足以說明，金錢的使用絕不能恣意而為，姑且不論道德層面的問題，至少現實情況就說明了這一點。

威廉．韋伯斯特（William Webster）追隨著西蒙．史蒂芬的步伐，於一六二〇年出版了英國首套利率表，其中包括年金的計算。不過，礙於伊麗莎白規定的利率上限，韋伯斯特使用的利率沒有超過10%。

關於通貨膨脹，最務實的論述者要屬著名的法國政治理論家尚．布丹（Jean Bodin）。其最知名的著作是出版於一五七六年的《國家六論》（*Six Books of the Republic*），除此之外，他還寫過一篇簡論，討論了歐洲在發現美洲六十年後出現的通貨膨脹問題。相比於他的政治論調（先是擁護人民政府，後又偏向君主制），他對通貨膨脹的觀點更能激起讀者的群憤。他認為，通貨膨脹是資源管理不善的後果，是西班牙和法國國王製造出的問題。他對西班牙的態度非常明確：「現實是，西班牙人原本只能從法國獲取必需品……。然而，如今跑到世界另一端掏金、運香料，並和我們做買賣。」[26]這和可以在本國挖掘礦物的北歐及英國形成了對比。

從美洲進入西班牙的金銀推動了西班牙的進口，間接對歐洲其他地方的產品價格帶來影響，尤其是和西班牙有貿易往來的國家。但即便如此，西班牙北部的利率並沒有大幅飆升，甚至還低於先前幾百年的限額——十六世紀，西班牙面對親王的貸款利率為6至18%，而在十四世紀是15至18%；面對國家的貸款則依舊維持在6至15%，不過十五世紀義大利各城邦陷入內戰時，利率有所上升。[27]

也就是說，銀行支付存款或收取貸款的利率沒有因為物價的上漲而做出相應的調整，由此，借貸引發了一連串的問題。在通貨膨脹腐蝕現有的生活水平之前，歐洲必須找到新的收入來源，為自己注入新的財富增長，如此才能在連年征戰和利息偏見的背景下維持生存。

荷蘭奇蹟

荷蘭律師雨果・格勞秀斯的著作補充了新教改革者對借貸的挑戰，此人在一五八二年史蒂芬出版利率表格的一年後出生。格勞秀斯心智早熟，十一歲便就讀萊頓大學，三年便畢業。三年之後，他陪同一名荷蘭外交使團來到法國，在法國期間，奧爾良大學授予法學博士。法國國王盛讚他為「荷蘭奇蹟」。格勞秀斯而後從事法律工作，並撰寫法律著作，其中《荷蘭法學入門》（*Introduction to the Dutch Jurisprudence*）成為法學院標準教材長達一百五十年之久，在一九〇一年之前南非也是採用該著作。不過他最知名的則是國際法論著，這些著作開啟了學科新疆界，再度將高利貸擱置一旁。

格勞秀斯的經典著作《戰爭與和平的權利》（*The Rights of War and Peace*）是法學界閱讀最廣的作品之一，在國際習慣法之外，其重要性堪比威廉・布萊克史東（William Blackstone）的《英國法釋義》（*Commentaries on the Laws of England*）。格勞秀斯的基本論點是，凡是違反國際法律秩序的國家，都要依照已接受的戰爭法律，受到其他國家的軍事懲罰。格勞秀斯列舉了各式法律類型，其中包括自然法，他堅

26 尚・布丹：《馬來特魯瓦有關一切事物的可貴與由此引發賠償悖論的回覆》，《早期經濟思想》，阿瑟・埃利・蒙洛編輯（紐約，戈登出版社，1975），130。

27 西德尼・霍莫及理查・塞拉：《利率史》，第四版，霍博肯（新澤西州，約翰威利父子出版社，2005），132。

稱自己的觀點與基督教一脈相承。他對高利貸的態度無疑是敲響喪鐘，要終結衛道人士對高利貸和放貸者的處置。出於律師對抽絲剝繭的嗜好，他駁斥了阿奎那與教會神父的觀點，間接承認了債務資本的價值。論及高利貸，他直言：「那些允許使用金錢或其他物品獲得補償的世俗法，和自然法或天啟法並不矛盾。」他發現了信貸風險，於是補充說明，「在荷蘭，普通貸款利率為8%，向商人收取12%的利率並不違背公平，因為風險更大。」但是，如果利率超過風險範圍，那麼，放貸就成了「一種敲詐或剝削行為」。[28]信貸風險正式進入高利貸討論之中。

同樣重要的，反高利貸法在「高級法」中漸漸式微，尤其是在湯瑪斯眼中的自然法體系中，他將其等同於上帝永恆之法。這是有史以來首次力圖證明，收取利息絕不違背民間社會習慣做法，這類做法是格勞秀斯本人對自然法的觀念基石。利息只不過是針對貸方所要承擔風險的一種自然補償。格勞秀斯傾向於將收取真正意義上的高額利息視為公民行為不當，僅此而已。雖然這為解讀問題帶來了更多靈活性，不過還算不上是對所有高利貸傳統觀念的一記喪鐘。

格勞秀斯深知《申命記》對高利貸的闡釋，他進一步提出，猶太人不得向其他猶太人收取利息的禁令與其說是道德戒律，倒不如說是政治規定。因為猶太人可以透過放貸收取非猶太人的利息，這些文字只能證明，高利貸絕非違法之舉。這純粹是對《舊約》禁令的法律解讀，而非宗教闡釋，這進一步撼動了數世紀之久的宗教聖典權威性。同樣地，他以類似方式批評了羅馬人：「加圖（Cato）、西塞羅和普魯塔克（Plutarch）等人對高利貸的譴責並不適用於問題本質，而只是觸及普通偶然事件和結局。」[29]換言之，共和國時期的羅馬人沒將問題說得令人心服口服，但是後人卻對這些觀念染色著墨。

格勞秀斯剝離了高利貸身上的自然法：永恆法。他將高利貸從當代自然法理論的困境中拯救出來，但仍算不上大功告成。十七世紀，高利貸禁令依舊有效，商業社會的利息和複利仍然存在，長達數世紀的衝突尚未完結。在接受高利貸的戰鬥中，格勞秀斯絕非獨自一人作戰。同時代的另一個人為打破放貸的陳腐枷鎖，走得更遠，陷入四面楚歌的公眾輿論。

十七世紀，針對格勞秀斯的評論屢見不鮮。相對深刻犀利的要屬德國哲學家、法學理論家山繆・普芬道夫（Samuel Pufendorf），他放棄了神學，轉而投入法學研究。一六七〇年之後，他的重要著作相繼問世。他在自己的自然法著作論述了格勞秀斯關於高利貸問題的闡述：「格勞秀斯反對高利貸其名，但允許其實。他認為，有些事情看似高利貸，但本質截然不同：債權人將自己的錢借出去會有損失，理應獲得補償；而他可能收穫的收益，也應當予以尊重。」考慮借貸還要衡量機會效益和損失，這一提法無疑更加堅定地指出了高利貸的存在價值，因此再也沒有實際理由對其嚴禁。他繼續問道：「對於口中說著拒絕施放高利貸，卻從中得利之人，誰人不笑話？」[30]

一六三八年，克勞迪亞・薩爾瑪西斯（Claudius Salmasius）撰寫的《論高利貸》（*On Usury*），為後世更著名的經濟學家開闢道路。他認為，經濟活動不僅必要且合法，必須鼓勵。利息對商業至關重要，放貸也應當鼓勵。他更具現代衝擊力的觀點是，如果允許銀行家競爭，而不是對高利貸法律東躲西藏，利率就會降低。為了在競爭中勝出，他們就不得不提出盡可能低的利率。這是首度明晰標示之一，代表經濟概念

28 雨果・格勞秀斯：《戰爭與和平的權利》，A・C・坎貝爾翻譯（紐約，瓦爾特當尼出版社，1901），第2冊，第12章，第20段。
29 雨果・格勞秀斯，《戰爭與和平的權利》，第2冊，第12章，第76頁。
30 山繆・普芬道夫：《自然和國家法》（牛津，1710），第5部，第7章，第406頁。

已經超越了貨幣貶值和高利貸《聖經》解讀的局限，從而以競爭和銀行業務為推動標準。

克勞迪亞・薩爾瑪西斯（Claudius Salmasius）其實是克勞迪・薩瑪斯（Claude Saumaise）的拉丁文，這位法國學者於一五八八年出生在法國布根地（Burgundy）。曾在法國學習，而後又去了德國海德堡大學（Heidelberg）深造，他研習經典，信奉新教主義。值得一提的是，在初期的學術生涯裡，他曾為早期反教宗學者編輯文章，後來出版了最知名的學術著作，這是一部論述羅馬歷史學家普林尼（Pliny）思想的重要作品。後來他在萊頓從事教學工作，主要工作就是學術評論，因此著書論述高利貸對於他而言再自然不過，儘管他因此遭到因循守舊人士的蔑視。但是，此書的確令荷蘭教會接受放貸者，他們因此能擔任聖職，從而結束了該國長達數世紀的禁令。

英國國王查理一世（Charles I）於一六四九年罷黜，薩爾瑪西斯和約翰・米爾頓（John Milton）兩人為查理一世的功過著文互斥。坊間流傳，薩爾瑪西斯收了一百枚金幣，對查理被弒一事大加指責。另一方，米爾頓代表的是廢黜並將查理一世斬首的奧利佛・克倫威爾（Olive Cromwell）和反皇派，回敬薩爾瑪西斯。一六五一年，米爾頓以拉丁文撰寫了一篇文章反駁，米爾頓諷刺道：「誰給了薩爾瑪西斯好處，教唆他如此油腔滑調，和我們打文字戰？這就是他的貪慾，那一百枚雅克布斯金幣就是流亡國王（查理二世）錢包裡的重要東西。」[31]這無疑是暗示收買薩爾瑪西斯的就是查理二世。這場爭辯戰中，反對君主制政府的米爾頓勝出，而薩爾瑪西斯則帶著他對高利貸的開明觀點黯然失色。十七世紀對政府合理模式的唇槍舌戰在某種程度上模糊了高利貸爭議，利息的世俗化再度另待時日了。

綜觀史蒂芬、格勞秀斯和薩爾瑪西斯的著作，可清楚看出十六至十七世紀荷蘭對高利貸爭辯的貢獻不可小覷。路德和加爾文或許開啟了對高利貸禁令的辯駁，然而卻是這些精通數學、法律和經典論文的世俗學者，延續了早期改革者的強大動力，此時，新教倫理也開始普及。史蒂芬在數學領域頗有造詣，他出版的首部利率表著作與未來很多金融創新改革都發揮了同樣作用，曾經的神秘莫測終將為大眾所知，也進一步揭開了高利貸神話的古老謎團。

東印度公司的探險

經年累月的貿易增長改變了人們對放貸和利息的態度，但仍有一事讓人疑惑，即是早期的民主思想家和保皇黨，這兩方政治的「兩極」都在提倡放貸收息。不少人一面堅守著保皇黨的陣營，一面提倡把合理利息作為政府和商業運轉的潤滑劑；同時，主張人民政府的思想家也認為收取利息是廣大非貴族階層改善生活的一種管道。

這絕不是偶然，而是表現出當時主導的經濟理念。文藝復興後期，歐洲官方積極推行重商主義政策，強調出口須超過進口，到處尋找金條。當黃金成為全世界衡量財富的標準，經濟政策的重心自然而然盡全力奪取最多的黃金，尤其是在美洲被發現與西班牙大量進口金屬之後。貿易國家因此必須重視國際貿易，同時積極維持貿易和擴張之間的平衡。因此，高利貸法的自由化與重商主義政策並駕齊驅、結伴而行。

不過，歐洲官方歷經了數百年才意識到這一點。籍由貨幣貶值從自家國人奪取財富並不是長久之策，相比之下，發展貿易顯然比沒收財產更得人心。依照文藝復興時期的觀念，淨出口國最富裕。此想法必然

31　麥利特・休斯與約翰・米爾頓：《完整的詩歌和主要的散文》（紐約，奧德賽出版社，1957），160。

要求激進的擴張政策，有時還伴隨著迫不得已的結果。政府必須大力推行重商主義政策，利用增加國內生產來平衡進口，否則將會大難臨頭。布丹對西班牙的評論可謂一針見血。進口黃金固然令人豔羨，但如果黃金是用來購買基本生活用品和成品，唯一的結果只會造成所有商品全都變得昂貴。

為了生存發展且不引起國內物價飛漲，政府必須靈活運用重商主義政策。多數推行重商主義的君主制政府，把壟斷權獨家授予某些商人和貿易公司，若想獲得獨占權，就必須繳納更多收入。這是當權者濫用特權的一大實例，而獲得獨占權的個人或機構則把這一切視為至高無上的榮耀。

十六至十七世紀的君主們永遠阮囊羞澀，一如往昔，幸好他們還找到了這條生財之道。但是，這讓共和黨人士及早期的民主思想家極度不滿，因為不少提議借貸自由化的人士也多多少少開始稱頌君主制。

一五九九年，伊麗莎白一世授權建立東印度公司（East India Company）以創造新財富，這應該算是早期重商主義最經典的案例之一。東印度公司是首家致力於探索歐洲以外地區的聯合性股份公司，擁有一百二十五名持股人，七萬兩千英鎊資金，一六〇〇年開始營運。公司對持股人進行了劃分：第一階層持股人購買的股票金額在五百至兩千英鎊，他們甚至在最高法院占有一席之地，有權直接干預公司事務，對公司有最高決定權的董事也從這群人中選出；第二階層持股人絕大多數是貴族和富商，他們期盼能夠大賺一筆。這種聯合股份制公司至今依舊被認可，而在當時則是對利息禁令的一記重擊。

東印度公司透過海運保險合約和低利率的公司債券來籌集資金，因此，資金實際上是股票和債券的混合。由於一六二四年英國的官方利率降至8%，一六五一年又降至6%，[32]所以公司首次遠航後，債券的利率低於都鐸王朝時期規定的10%，而持股人在每次成功遠航後能獲得大約20%的分紅。顯而易見，在初始階段，股票持有人明顯比債權持有人更占優勢。一六八七年，詹姆斯二世投資了七千英鎊，從此英國君主也成了公司的投資者。

在起步階段，公司為每次遠航發行了單獨的風險股票。一六〇〇至一六一二年，該公司在中東黎凡特和遠東組織了十二次探險。一六一二年之後，公司向北繞過危機四伏、航行時間過長的好望角，積極探索前往東方的路線。十二次遠航以單獨風險投資為組織形式，銷售給投資者的股票名義價格為每股一百英鎊，每次遠航籌集的資金大約在四萬至八萬英鎊，完成遠航後就結算持股人的盈虧。這十二次遠航並未賺進龐大獲利的只有兩次，其餘十次的盈利都高達200％。[33]顯然，有了聯合股份制公司，貸方再也不用像原來那樣閃躲，也不會有人緊抓收取利息的問題不放。

東印度公司早期的董事之一湯瑪斯·曼（Thomas Mun）於一六一五年當選，一六四一年退出。剛步入成年之時，曼就成為一位貿易商，在中東和義大利累積了豐富的商業實戰經驗。一六三〇年，他撰寫了當時最為有名的重商主義文論《英國對外貿易的財富》（*England's Treasure by Forraign Trade*），不過，此書在二十年後才正式出版。他言簡意賅地道出了重商主義基本原則：「必須透過對外貿易以充實財富和國庫，一定要嚴格遵守該準則；每年銷售外國人士的貨物價值一定要超過我們對貨物的消費價值。」[34]財富的創造依靠順差，但並不一定要君主持有大量現金盈餘。曼指出，每當國王有錢就會到處宣戰。

聯合股份制公司的誕生為金融業帶來了新曙光，中世紀禁止利息的觀念漸漸消磨。利息逐漸得到理論

---

32 西德尼·霍莫及理查·塞拉：《利率史》，131。

33 喬納森·B·貝斯金及保羅·J·米蘭提：《公司財政史》（劍橋，劍橋大學出版社，1997），71。

34 阿瑟·埃利·蒙洛，《早期經濟思想》，第171頁。

和實踐的雙重認可，這也得益於十七世紀的西歐利率相對較低。不過，放貸收息仍然是個問題，甚至到了二十世紀，依舊是立法之爭的一大主題。

馬克思後來評議，從歷史的角度來看，合理的利息推動了經濟的發展。而資本主義最偉大的評論家則認為，宗教改革時期的商業理念已經改變，在之後的資本主義發展歷程中，人們開始對新教倫理津津樂道。

荷蘭，生意人的天堂

起初，歐洲官方為了能將金銀收進教會和政府的金庫裡，大多都在生財之道設了關卡，猶太人和西雅納的三大家族，以及神話般的梅迪奇都未能倖免。但隨著貿易的發展和資本的累積，重商主義成為經濟政策的重心。就如同英國王室，荷蘭官方也開始為商業護航，從而創造了令許多歐洲國家眼紅的經濟奇蹟。

荷蘭政府非常開明，凡是和商貿沒有直接關係的行政服務，幾乎都可以外包，除了市政廳辦公大樓最初是以承租方式，連打仗都可以僱兵。此舉的最大優勢在於控制了行政成本，避免了戰爭引起的苛捐雜稅，從而為資本運作創造了相對穩定的環境和空間。因此，荷蘭政府能夠專心推動資本擴張，集中力量於經濟建設。

十七世紀初，荷蘭對貨幣進行了改革，將各省五花八門的貨幣都統一為荷蘭盾，爾後又對幣值進行了確定。這種金幣信用度非常高，在之後的一個多世紀裡，英國和亞洲之間的貿易都用荷蘭盾付款，連波蘭的糧食生產商都希望買家用荷蘭貨幣結算。而同期的西班牙為了增加財政收入，卻發行了大量的劣質銅幣，結果便是西班牙從殖民地採來的白銀源源不斷地流進了荷蘭。

統一貨幣和穩定幣值為儲蓄擔保做足了準備，政府又以發行國債籌集資金。可以說，國家信用是發展的重要資本，而這點是荷蘭最早發現的。英王詹姆斯一世的兒子出世時，荷蘭送了一只純金打造的箱子作為賀禮，裡面裝滿了由阿姆斯特丹證券市場發行的債券。在當時的人們看來，那可是能夠不斷獲得溢價的「純金」！

另一方面，荷蘭政府也認為企業最重要的工作是發現市場、適應市場需求，從而建立了一個新貿易體系。因此，荷蘭的公司發展迅速，與荷屬東印度公司相比，英屬東印度公司的資本小得多。一個法國人曾說：「在荷蘭，貿易使國家獲利，也使個人獲利，兩者並行不悖。投資和貿易是自由的，沒有任何事情對商人而言是絕對禁止的，只要他們遵循利潤法則即可。」貿易的自由使荷蘭成了「生意人的天堂」。

由於風險投資的狂熱刺激及政府的大力推動，荷蘭人將金融創新的聰明才智發揮得淋漓盡致。銀行、證券交易所、國債市場、代理人、信用制度、有限責任公司等，荷蘭堪稱現代經濟制度的奠基者。銀行為證券交易提供了結算的便利，推動了資本上千倍的擴張。

一六〇九年，阿姆斯特丹創辦了能夠提供高品質貨幣的貼現銀行，只要交易雙方都擁有該銀行的帳戶，就可以直接轉帳，甚至取現，從而避免了貨幣轉換及價值波動帶來的風險。而且，買賣雙方只見金錢不見人，有票據就能付錢，因而消除了身分限制，使得結算和資本運作遠遠更為便利。

由於荷蘭的銀行提供的貨幣和票據兼具安全性與便利性，加上荷蘭商人在世界市場的迅猛擴張，阿姆斯特丹很快地成為歐洲儲蓄和兌換的中心，並在之後近九十年的時間裡，一直處於領先地位。一六四〇年之後，阿姆斯特丹成為世界貴金屬貿易中心。一六八三年，阿姆斯特丹的銀行建立了新貸款制度，規定可以用金塊或硬幣作為抵押，獲取最長六個月的貨幣貸款。此制度創新取得了巨大的成功，繁榮的貴金屬貿易讓阿姆斯特丹的匯率能夠保持穩定，反過來又鞏固了其在國際貿易的主導地位。到了一六六〇年前後，阿姆斯特丹無庸置疑地成為多邊交易體系的核心角色，並且一直保持到一七一〇年左右。

荷蘭的另一個金融創新在金融市場方面。同樣是在一六〇九年，阿姆斯特丹成立了世上第一家證券交易所。政府官員、大資本家及普通老百姓都能參與，共同享受高風險帶來的高利潤。一六〇五至一七二〇年，荷屬東印度公司的紅利回報為22%，其中，一六七〇年，荷屬東印度公司的紅利分配利率高達40%，交易所的股票牌價猛躥至510%。一六一二至一六五四年產生的利潤總額約九百七十萬弗羅林，平均每年四十四萬弗羅林，和股東們的收益相比，這實在是少得可憐。一七二四年以後，公司不惜借錢給股東發紅利，一六九九年的一項帳目顯示，最初的六百五十萬弗羅林的投資創造的價值約等於六十四噸黃金。整個十七世紀，荷蘭累積的資本比歐洲各國總和還要多，對外投資是英國的十幾倍。

阿姆斯特丹的證券交易所是國債買賣的主要場所，也是歐洲最主要的債券市場，此處還可以觀察到外國債券價格的起伏。一張西元一七四七年的證券行情表上，包括四十四種證券、三種荷蘭的股票、二十五種尼德蘭的公債券、四種英國的公債券，以及六種德意志的公債券。一七九六年，交易所還有三十九種外國債券的交易，儘管英國退出了，但波蘭、西班牙、美國、瑞典等國卻相繼加入。荷蘭在歐洲、東印度和美洲的外國債券總資金超過三億四千萬荷蘭盾，難怪有人曾說，荷蘭就是一間由各國艦隊守衛的帳房。

整個十七世紀，實際掌控「歐洲央行」的是荷蘭人，連羅馬皇帝都認為如果歐洲少了荷蘭的資金將無法生存。然而事實上，真正的「歐洲央行」是十幾名阿姆斯特丹的頭等批發商。他們聚在一起研究信貸業務，如有需要，當場就能讓兩億多弗羅林在全歐洲流通。因此，說阿姆斯特丹是「十七世紀的華爾街」並不為過。

年金投資的首度現身

商業發展了，匯票使用廣泛了，國際貿易自然也就蒸蒸日上了，不過地域風險依舊陰魂不散，使得部分商業交易存在著高風險，其中之一就是海上運輸，尤其是在國際碼頭。教會還嚴禁借貸，如果連借貸都插上一腳，這些風險對商業活動造成的影響將更加麻煩。

傳統上，海上交易須有合約制約，交易機構的資本家和實際運輸機構均須履行合約。如果借貸與合作夥伴關係形成衝突，受損的就是經濟發展。路程越長，風險就越大，海上貿易就越不可能展開，因為雙方都擔心會成本受損，而且如果全軍覆沒，極有可能會遭到借貸收息罪名的起訴。

到了十四世紀初期，合作夥伴制依舊是商業拓展中最常見的風險共擔方式。當時，歐洲商界還未出現保險，不過呼聲已經越來越高了。令人忍俊不禁的是，第一套保險合約上明確地寫著：鑑於利息禁令的障礙，在定義合作夥伴制時刻意使用模稜兩可的措詞，以避免提及利息。

為了不違背禁令，海運合約通常會註明貸方和借方，或者銀行和運輸商為合作夥伴關係，如有違約，由債務人負責。不過，這些合約不會明確指出沒有出現意外情況時的責任承擔問題。因此，貸款和利息悄無聲息地進進出出。

合約刻意留下的漏洞，無意間促成了早期某種金融創新的形成，最後推動了保險合約的發展，同時也為即將開始的跨海探險開闢了道路。早在十三世紀，人們似乎就已經意識到此漏洞。阿奎那曾指出：

「妄圖以公正價格更高的價格銷售物品，而刻意遮遮掩掩，這和欺詐鄰居、令對方損失慘重同樣罪大惡極。」[35]不過，造假非法的合約是一回事，靈活避開教會對利息的諸多法律則是另外一回事。合作各方意識到自己面臨的風險，自然不會對阿奎那言聽計從，如此才能使保險合約更加可靠。

極具諷刺意味的是，中世紀極受歡迎的一種金融產品卻沒有被利息的是是非非纏住，那就是年金，此現象主要得益於政治上的重要性。當時，年金作為一種資金籌集管道深受好評，借方不是窮人這一點，也使得它更容易被廣泛接受。年金能夠避開利息禁令，原因有二：具備牢靠的金融合約、符合羅馬法對受益權的定義。

年金是指在特定的年限之內償還固定額度的貸款，在中世紀常被稱為「人口調查」。年金的借方往往是政府、貴族或其他具組織規模的機構，從貸方一次性地借一筆款，並簽署合約，在約定的年限或在貸方有生之年，按照一定的利率償還貸款。貸款前提是借方有收入，一般是可耕種土地的收成、稅收或徵收的其他費用。

西蒙．史蒂芬的利率表讓人們對十六世紀已然成熟的金融手段有了初步理解。他對年金終值的計算基於實踐。自中世紀起，歐洲便將年金銷售給希望獲得穩定收入的投資者。不過，和其他涉及利率的做法一樣，年金的一大特點是年金本身缺乏明確的定位，只是為某段時間向接受方支付一筆錢，時間一般按年計算。史蒂芬的表格為該問題做出的貢獻在於解釋了數額疊加的利率。

正常情況下，定期支付的金額是固定的，支付時間貫穿人們的一生，或者略短。當時戰爭頻繁、政治動盪，所以年金時限越長，風險就越大，不過就算是時限較短的年金，出售條件也是一樣。梵蒂岡認為年金是合法的投資形式，教宗馬汀五世（Martin V）和教宗加里斯都三世（Calixtus III）分別在一四二五年和一四五五年頒令批准。[36]教會僧侶和富人一樣，將手中因捐贈得來的大量錢財用於年金投資。然而，他們總是找不到信得過的銀行機構，因此，只好把錢投給政府或貴族，這是少有值得信賴的長期投資，不至於讓投資者遭遇首批風險。年金漸漸成為首度出現的「寡婦和孤兒」投資管道（譯註：「寡婦和孤兒產業」後來特指風險較低的投資領域）。

另一方面，年金也是歐洲用於籌集長期資本的首次嘗試。早在十四世紀，布魯日便制定了一項計畫：市政府發行的年金將主要用於孤兒院的地產投資，以確保孤兒有穩定的收入，直至法定成年年齡；[37]之後，市政府將拿回本金，自主使用。這項計畫非常人性化，也極具金融眼光——償還期限取決於孤兒的年齡及有權繼承財產的法定年齡。償還期限因此能夠估算，年金也能有效運作。然而，期限太長的年金就讓借方付出風險，因為會受到買賣雙方各種因素的影響。

十七世紀，年金在英國和荷蘭更為盛行，很快就成為股票市場形成之前政府融資最常用的方法。這多虧了統計學和機率論的發展。在十七世紀以前，今天所說的「精算統計」完全依賴於羅馬法學家烏爾比安約在西元二二五年制定的表格。這份表格顯示了預期壽命，以六十年為基準判斷一個人的壽命。據說此表格和當年帝國向軍團前成員支付年金有關，部分成員四十多歲時便退休，也得到羅馬批准。不過這種計算本身的生命力也不可小覷，直到十九世紀，義大利北部的托斯卡尼（Tuscan）政府依舊將其運用於

35 湯瑪斯．阿奎那：《神學大全》，英國道明會神父翻譯（紐約，本齊格兒弟出版社，1948），Q.LXVII，第1：3號文章。
36 西德尼．霍莫及理查德．塞拉：《利率史》，第76頁。
37 埃德溫．S．亨特及詹姆斯．M．莫雷：《中世紀歐洲商業史1200～1550》（劍橋，劍橋大學出版社，1999），208。

官方目的。不過，這些表格並未包括後來所稱的機率論分析，機率論是直到十七世紀才由愛德蒙．哈雷（Edmund Halley）、約翰．葛蘭特（John Graunt）和威廉．佩第（William Petty）總結提出。他們的依據其實是壽命的分析。這數百年間，儘管平均壽命發生了巨大的變化，西歐出現各類人口因素影響壽命，但無人試圖修正或挑戰烏爾比安的理論。

機率論的提出對歐洲金融的發展至關重要。如果缺少購買者平均壽命的正確判斷，年金何以存在？這表示絕大多數年金都不成功，尤其是期限較長的。沒有精算學，年金的成功就只能依靠低利率。很多情況下，相較於銀行家或政府的存款利率，依靠土地收入的年金利率高不了多少。荷蘭為接受者提供的年金利率尤其低。這倒不失為一個好辦法，因為年金支出利率越高，借方的風險就越大，反之，利率越低，風險也就越低，給接受者的錢也就越少。同時，借方還能成功避開高利貸的罪名，因為他們的收入源頭是生產性財產。

雖然在提供長期年金方面，英國落後於荷蘭，但英國很快便開始蓬勃發展。就像在斯圖亞特（Stuarts）王朝之前，英國的銀行也不及荷蘭和義大利，但到了十七世紀末就迎頭趕上。一六八八年的光榮革命（Glorious Revolution）使得詹姆斯二世下臺，將威廉三世（William III）推上英國王位。威廉來自低地國家，和他一起來到英國的還有精通長期金融的專家顧問，英國財政由此開始提供年金。只要人們相信政府或其他機構提供的盈利能夠長久，那麼，長期金融產品市場就將繁榮發展。當英國驕傲地宣稱，自一〇六六年以來自己「從未被侵犯」時，這已經不是僅僅國家榮耀而已了，這個「宣言」其實也是極佳的年金行銷策略。

年金後來成為最有保障的通用借錢法，利用此方法，義大利城邦為各項名目籌資，英王亨利一世招募了一支軍隊，但德國政府禁止此種作為，理由是這會讓銀行家占盡便宜。放到現代來看，當時那種相對古老的年金形式其實類似於收入債券（又稱收益債券）的多次交易。在中世紀，最常見的籌資目的是打仗，雖然利息具有剝削性，但為了招募並養活軍隊而抵押領地或城堡是合情合理的，尤其是當為了完成上帝旨意時，此做法就更無異議了。

按照當時的標準，年金的長期利率其實低於短期利率。這與現代社會的「風險回報」關係背道而馳，原因在於：一個不受獨裁控制的國家（算是某種程度的國會政府），就算發生政權更迭，其發行的年金至少還有繼續支付的可能性，甚至可能會比之前略高一些；而受獨裁暴君統治、沒有民主機構做支撐的國家就難說了。即便是威廉三世，一開始年金也賣不出去，因為人們擔心斯圖亞特王朝會復辟，當這種顧慮消散後，年金銷售前景也迅速明朗。

就整體而言，在十七世紀，歐洲從羅馬帝國沿襲的利率期限結構，呈負面傾斜趨勢。從宏觀角度而言，解釋了為什麼義大利銀行機構原本如日中天，後來卻一落千丈；為了獲得最大盈利，這些機構選擇和國王、親王合作，因為這些人能夠支付高額的利息，然而，他們絕非最合適的信貸風險人。當政治動盪，就會出現高利貸，中世紀絕大多數時候及文藝復興早期均是如此，也就是說，低利率和政治穩定性密切相關。

儘管莎士比亞在《威尼斯商人》非常巧妙地描述了對待借貸的傳統態度，但到了十七世紀末，歐洲絕大部分地區都開始展開雙臂歡迎「夏洛克」。合理的利息和高利息涇渭分明。古老的高利貸禁令開始改變，不過仍有人執著不放。資本主義精神成為商界主宰力量，之後將會讓貿易的重商主義體制主宰社會三百年之久。當面對割掉對方一磅肉，但不能讓對方流一滴血的無奈抉擇時，夏洛克很知趣地溜走了，因為他深知為了要回錢而衝撞傳統是徒勞無益的。對方扭轉了蓄意傷害的局面。一百五十年後，波西亞的辯護自然將更具技巧。不幸的是安東尼奧，十六世紀的威尼斯尚未推出《破產法》，若是如此，他也就不用擔心債權人對自己造成身體傷害。

其實，儘管一開始並不是明目張膽，但自放貸出現之日，人們就已經展開雙臂歡迎放貸者了。歐洲的貿易飛速發展，重商主義政策進一步推行，「以鄰為壑」的概念已經擺脫其雛形，並成為一種體制，納入國家官方政策，而不再局限於有待商榷的放貸行為。不過，對此術語的古老闡釋並未消失，在關於借貸和利息的爭辯中仍不時被提及。

〔第三章〕

戰爭和債務

自亨利八世（Henry Ⅷ）以降，國家的財富和收入持續增加，而且，速度並非漸行漸緩，而是越走越快。

——亞當・史密斯，一七七六年

❖導讀

宗教改革後，由於貿易和海外擴張的快速發展，關於借貸和利息的禁令漸漸崩潰，儘管之後的數個世紀，這些禁令依舊是某些人的情感和道德寄託。可是，現實在借貸之爭中勝出，資本主義開始走出教會教義的陰影。

以自由化解讀利息和貸款方面，荷蘭絕對功不可沒。就現實層面而言，史蒂芬的利率表讓普通民眾首次發現了銀行家的陰謀；從更高層面而言，格勞秀斯讓借貸擺脫了湯瑪斯式的闡釋，與此同時，也儘量讓其受制於自然法。兩人的功勞加在一起，形成一股新動力，為早期資本主義和放貸發展注入了力量。貸方被視為貿易不可或缺的一部分，而不再是「邊緣人」。大家可以名正言順地討論金錢，無須遮遮掩掩，或者把金錢說成迫不得已的罪惡。就連「資本主義」本身，都是用複利來定義的——錢生錢。

雖然早期的新教改革者對待借貸的態度與十六世紀天主教徒沒有實質的區別，但人口因素開始將「放貸」一詞中的那枚釘子拔出來。改革者承認了高利貸和合法利息之間的不同；天主教雖然沒有正式宣布，但也默認商業的必要性，但整體而言對借貸仍舊不依不饒。歐洲人口迅速增加，對外擴張需要資金，這顯然比起對金錢的批判更為重要。只要奪人性命的黑死病退去，社會趨於穩定，對資源和製造的需求就會急遽飆升。一五五〇年，英國的人口恢復到瘟疫爆發之前，幾乎在同一時間，人們重新審視《高利貸法》。

對人口增加的關注開始影響人們對借貸和利息的爭議。擴張壓力緩解了對借貸和負債的批評，尤其是考慮到如果發展停滯就會陷入饑荒和資源短缺的困境中。人口是當時的熱門話題。蘇格蘭著名牧師兼學者羅伯特・華萊士（Robert Wallace）是英國人口學家兼政治經濟學家湯瑪斯・馬爾薩斯（Thomas Robert Malthus）的學術引導者。華萊士在一七六一年評論：「如果對比我們最了解的國家之古代和今天，多數國家的古代人口遠超過今天。這或許會給我們一種感覺，那便是只要照顧周全，就能養活大量人口。但是我認為，人口會比宣傳的高出十倍，此話絕非虛言。」[1]華萊士的社會論點比馬爾薩斯更加理想，然而所能期待的結果不言而喻。社會必須發展，也有足夠的空間承載發展，但是人口成倍增加，最終會導致食品和資源供不應求。發展需要投資、擴張和承擔風險，然而這些行為空前地需要放貸的支持。

其實人們很早就開始思考人口問題。一六六六年，英國趕走了最後一場瘟疫，政府和企業家都希望未來能夠穩定。然而，壽命變長將帶來潛在的人口危機，在此背景之下，愛德蒙・哈雷對死亡率的研究推動了年金市場的發展。年金的賣方依舊需要支付高額利率，不過，這種行為已經普及到國家層面，範圍也越來越廣，為戰事和擴張籌集資金。最後，股票市場也發展起來。

隨著平均壽命的延長，年金逐漸盛行，新產品也應運而生。此現象充分顯示金融界已然重拾自信。不

1 羅伯特・華萊士：《人類、自然和天意的多種層面》（倫敦，米勒出版社，1761）；（重印本，紐約，凱利出版社，1969），6。引用文字節錄自一九六九年版本。

過，並非所有人都樂意接受那些創新，因為新產品包含了投機成分。

其中，最有名的創新要屬以羅倫佐・唐提（Lorenzo Tonti）命名的唐提式養老金，此人是一位頗具開拓想性的拿玻里（Neapolitan）醫生兼冒險家，他所制定的養老保險金制度旨在幫助支撐法國金融。他向法國首席大臣馬薩林紅衣主教（Cardinal Mazarin）提出提議：從不同年齡的人籌資，根據年齡層分組；國家每年向最年輕的一組人支付4％的利息，並支付平均年齡較長之人較多利息；如果有人去世，同組的存活者將平分回報，因此個人拿到的錢自然更多；等到一組中最長壽的成員逝世，該組原本應得的資金餘額將歸為國家所有。

馬薩林也是義大利人，出了名的好賭。他對此提議非常喜愛，不過，由於財政大臣科爾伯（Jean-Baptiste Colbert）的反對，提案最終還是遭到拒絕。唐提還曾嘗試各類集資方式，例如彩票制度，可惜也未獲得官方採納。一六九五年，唐堤去世時一貧如洗，然而他的提議存活了下來。法國人不採納，荷蘭人和英國人卻欣然接受，經過改良，在他有生之年就有好幾個養老金專案問世，只不過並未提及唐堤之名。現在，我們只能以此名稱緬懷。不過，正如中世紀，戰爭陰影從未消散，絕大多數唐提式養老金都旨在為軍事行動籌集資金，而不是讓受益人享有穩定可靠的退休金安享晚年。

唐提式養老金是一個關於機率問題的金融案例。在十七世紀後半葉，機率是一個熱門話題，科學界、政治界和宗教界都喜歡談論機率。瑞士數學家白努利（Jakob Bernoulli）撰文論述機率論，對於推動金融和風險管理發揮了不可或缺的作用。詹姆斯・哈林頓（James Harrington）和約翰・米爾頓則著文討論了「輪值共和」政府的作用，要讓能力相當的各個政府定期「輪值」，這有賴於機率。很多無法預測、難以解釋的事件依舊推給了宗教，於是機率事件又和上帝意志扯上了關係。機率的探討還觸發了投機行為，直至機率的科學論述擊敗傳統觀念，投機才從高效金融規劃中剝離出來。唐提式養老金對於自認會比同組成員更長壽的投機分子非常具有吸引力。

荷蘭不少城市都採用了唐提式養老金，不少計畫還推廣到了國外，尤其是英國。[2]一百年間，荷蘭與英國的這些制度逐漸被國家資助的年金計畫取而代之。不過，「唐提」一詞還是保留下來了。不同地方開始推出類似的金融計畫，包括獨立之前的美國，不過由於含有投機成分，政府並未實施。此名稱還與早期美國股票市場有著千絲萬縷的聯繫。紐約證券市場開始運行時，貿易商聚集在紐約市唐提咖啡館（Tontine Coffee House），之前各項交易都是在華爾街戶外進行。咖啡館的建設資金依靠的正是銷售養老金，參股者就是支付部分訂金的貿易商。按照最初的計畫，房產將留給最後活下來的七位組員，並在內戰之前財產權到期。澳洲奧巴尼（Albany）也有一家名稱相似的咖啡館。[3]

唐提式養老金採用了並不科學的人壽表格規劃養老金，往往是根據一小群人的觀察，或是從教會獲得的出生及死亡紀錄。回報因此充滿投機性，不太可靠。而後，國家資助年金於十七世紀問世，需要更為科學而廣泛的精算表格，以提高可信度。首位值得表彰的貢獻者是愛德蒙·哈雷，現代人較熟知的是以他名

2　艾德溫·W·克普夫（Edwin W. Kopf）：《年金的早期歷史》，《壽險精算協會會議記錄》，12，1927：第244–245頁。

3　咖啡館也推動了倫敦一家著名交易所的形成。倫敦勞合社（Lloyds of London，又稱為勞依茲保險交易中心）為保險交易場所，於一六八八年在倫敦愛德華·勞依茲咖啡館（Edward Lloyd）創建，個人（或以「姓名」）可在此預定購買海上保險財團產品，與當今做法別無二致。英國內戰期間，咖啡首度被視為令人神魂顛倒之物，這實屬偶然，當時，牛津大學貝利奧爾學院（Balliol College）一位名叫內森尼爾·科諾皮歐斯（Nathanael Konopios）的年輕人品嘗了第一杯咖啡，無意間開啟了一個漫長悠久的傳統。

字命名的彗星，即哈雷彗星。當年金表格和具科學性的人壽表格呼應時，年金的銷售便有了更紮實的基礎。

哈雷是天文學家，二十二歲時就成為皇家學會（Royal Society）的成員。他的工作是造幣廠的副主管和皇家天文學家。一七〇〇年，威廉三世命令哈雷指揮一艘艦船前往南大西洋和南極，研究當地地域情況，並彙報季風走向，為航海數學研究做出了重大貢獻。回到英國後，哈雷成為牛津大學的幾何學教授，儘管在幾年前，他爭取牛津大學的天文學教職時被拒絕了。在年金方面，他以德國布雷斯勞市（Breslau，譯註：現屬荷蘭）的觀察研究和檔案分析的基礎，對年金計算和具體做法進行了改革。他在自己論述年金的著作中指出：「購買者能活多久，就要為這一段時間支付相應的費用。計算必須以年為單位，所有年分繳納的價值總和將等於此人壽命時長的年金價值。」[4]即預期壽命較長的年長購買者和年輕購買者必須支付不同的保險費用，此概念無疑是唐提式養老金機率的反駁；唐提式養老金的支付原則是同組成員比誰活得更久。（後世對哈雷表格的引用請參見附件。）

不過，在當時的英國，不論年齡長幼，政府仍向所有的年金購買者收取相同的標準費用，從購買到支付的時間差也相對較短，大約為十四年，亨利八世執政期間又將時間縮短至七年。哈雷的研究表示，應該在較長時期以後再支付，而且要根據年齡估測給予。[5]一旦採用新方法，政府將省下一大筆可觀的資金。不過在哈雷有生之年，政府依然故我地發行著代價昂貴的年金。

一六八八年的光榮革命之後，威廉三世登基，對英國財政施加了不小的壓力。籌錢之舉勢在必行，新政府全力思考籌集現金的新管道。英國利用壽命估測的成果，於一六九二年向公眾銷售首支年金，但與唐提式養老金如出一轍。政府的目標是向公眾銷售一百萬英鎊的年金，承諾回報可觀；銷售獲得的資金主要用於英法戰爭；利息先由政府掌控，七年後將會支付七萬英鎊給仍活著的年金購買者；如果年金沒有全部銷售出去，則購買者每支付一百英鎊將獲得十四英鎊的回報。此年金屬於人壽年金，由於沒有全部售出，一年後政府又開始兜售另一種年金，條件相似。但是，兩次都沒有劃分年齡層，因此年輕的年金購買者自然受益更多。直到下一個一百年，人們才利用壽命表格，並以一萬名購買者為基礎，估算可能支付的額度。

新的計算方法扭轉了利息之爭的情勢，因為做法顯然是為借方省錢。由於從購買到支付的時間間隔延長了，並且購買者支付的保險金也根據個體年齡有所調整，因而整體來說，需要支付的回饋資金減少了，而回饋低就意味著利息低。

哈雷活到了八十六歲，無奈的是，原本能夠更長壽的他，偏偏不聽醫生勸告，飲了一杯酒。一七四二年，哈雷去世。當時的食品中毒並不常見，至少對於貴族階層和高等知識分子來說更是難得一見。在哈雷之前的約翰・葛蘭特（John Grant）撰寫的《死亡率報表》（*Bills of Mortality*）成為壽命的標準參照，並列舉出各類死亡因素，《死亡率報表》首次出版於一六六二年，據其計算，二十二萬九千人（他的統計樣本人數）中僅有十四人會因中毒致死（不論何種中毒）。哈雷一直熱衷並付出大量心血的百分比，最終還是沒有放過他。

---

4 愛德蒙・哈雷：《人類死亡率程度估計》，1693年，重印於《數學世界》第三冊，詹姆斯・紐曼編輯（多倫多，通用出版有限公司，1956），1440。

5 彼得・拜恩斯坦：《反對上帝：風險的不同尋常的故事》（紐約，約翰威利父子出版社），1998，87。

儘管都鐸王朝設立了利率上限，但利率最終還是下調了。詹姆斯一世執政期間，一六二四年，利率從10%降為8%；查理二世復辟後的一六六〇年又降至6%；安妮女王（Queen Anne）在位時期的一七一三年甚至降至5%。不過，法學家和國會議員仍舊堅稱，儘管降低上限，高利貸依舊有待商榷，例如英國最高法院首席法官引用羅傑・芬頓提出：所謂非法不是指那些「不咬人」的放貸，而是那些「吃人」的放貸（特指猶太人）；選擇「踐踏自己良心」之人就會接受10%的利率，而非遭受譴責。[6]

整體而言，果真如此，教會將是最大受益者。查理二世復辟時期，英國政府推出將官方利率降至6%的法案，其中提到，「調低原來一百收十的利率是英明之舉，能促進貿易，利用改善畜牧業提高土地使用，於國於家將大有裨益。」[7]重商主義者已經意識到低利率的好處，大門如今敞開，迎接視野更為開闊的高利貸觀點。不過此進程實在緩慢。

查理二世復辟之後，英國的金融開始初具規模。政府銷售長期匯票，並承諾將在約定年限內完成支付。這些東西成為金邊證券（gilt-edged backing）的前身（英國財政部證券）。當時，英國財政部由喬治・唐寧（George Downing）為首的委員會管理。在唐寧的管理下，英國財政部脫離了國庫。因此，英國國家債務越來越重，對資金的需求每年急遽增加。

唐寧曾在克倫威爾麾下的軍隊和國會任職，還曾以英國外交官的身分前往法國和荷蘭。他的功績包括在荷蘭人的啟發下重組了英國財務部、在倫敦建造唐寧街（緊鄰倫敦市的某處房產）。他還協助撰寫《航海法》（Navigation Act）。他的孫子出資建設了劍橋大學唐寧學院（Downing College）。這位外交官為捍衛英國重商主義政策立下汗馬功勞，被查理二世封為從男爵。唐寧於一六八四年去世，不久，世界上第一家國家中央銀行——英格蘭銀行（Bank of England），登上舞臺。

債務人監獄

在十七世紀的英國，債務人監獄（debtors' prisons）已經屢見不鮮了。不論是否涉及利息問題，只要債務人無法償還債務便須入獄。這是當時的慣常做法，不少知名人士都受過折磨。

一六九一年，《壓迫者的痛訴》（*Cry of the Oppressed*）問世，嚴厲譴責債務人在監獄遭受的不公平待遇。作者摩西．彼特（Moses Pitt）曾被關至倫敦惡名昭彰的弗利特監獄（Fleet Prison，或艦隊監獄），他列舉了債務人監獄的種種罪行，其中包括看守者施暴強姦、強迫犯人吃老鼠苟活、和豬關在一起搶食等。

英國著名小說家丹尼爾．笛福（Daniel Defoe）也待過債務人監獄。包括海洋保險冒險業務等事業，皆宣告失敗了，欠下了高達一萬七千英鎊的債務，他根本無力償還。一六九二年，他被人追債，不禁感慨萬分，「沒有比破產者更悽慘無助……（我國法律）為債權人的邪惡和報復開了方便之門……。而債務人卻沒有絲毫申訴的機會。」[8]笛福在倫敦弗利特監獄關了幾年，當然，他原本也可以到債務人避難所尋求庇護，當時倫敦便有數間，都是中世紀避難所的「遺物」。但是，法律依舊視尋求庇護之人為罪犯，只有宣告破產，將債務全部還清，才能重新在社會立足。債務人監獄的存在無疑是歷時已久的悖論：債務人入獄，無法從事生產活動，又如何還錢呢？

此問題從未得到解答。儘管國會議員詹姆斯．奧格爾索普（James Oglethorpe）等人也曾努力過，但

---

6 J．B．C．莫雷：《從古至今的高利貸史》（費城：利平科特出版社，1866），50。

7 法令，查理二世第十二號令。

8 奈傑．斯特克：《模棱兩可的逮捕：十八世紀倫敦債務人避難所的地址變遷》，《社會歷史》，25（2000）：316。

十八世紀初期，國會通過的保護債務人措施最後幾乎都失敗了。即使在五十年後，債務人監獄依舊屹立不倒，而且「生意興隆」。

笛福對「破產者」一詞的使用符合十七世紀標準。一五四二年，亨利八世執政時期，英國推出了一部法律，被認為是英國首部《破產法》。[9]該法律規定：只有貿易商才能經由財政部長宣布破產。這裡的「貿易商」是指為盈利而買賣商品的商人，而不是指從事無形資產交易的人。具體而言，如果貿易商無力償還債務，債權人就可以上告至財政部長，部長有權沒收債務人的財產以償還貸款，或命債務人入監，直到把錢還清。該法律的宗旨是為債權人提供補償。此做法和保護破產人免受債權人傷害的現代觀念恰好相反。這也就是為什麼英國儘管出現了《破產法》，但實際上債務人卻仍備受折磨。

伊麗莎白一世和詹姆斯一世執政時期，英國推出了後續的《破產法》。這些法律拓展了原來的規定，伊麗莎白制定的法律區分了「破產者」和「資不抵債者」；後者原本指的是無力償還債務的非貿易商。之後的兩百年裡，政府制定了各種措施，希望既能保護破產者，又能安撫債權人，不過債務人始終處於不利地位。

債務人受苦受難，銀行業卻因破產者的不幸遭遇而蓬勃發展。不少商人發現放貸和日常業務一樣能賺錢，法院也樂意和債務人站在同一陣營，其中不乏債務人因此致富。一六九二年，一位名叫約翰·坎貝爾（John Campbell）的蘇格蘭商人在倫敦的河岸街（Strand）開一家店，店鋪的標誌是三個皇冠，簡直如同從前當鋪三個金球標示的「銀行版本」。坎貝爾主要經營金器，以及存錢、貸款和兌票等銀行業務。其身後有位強大贊助人——阿蓋爾公爵（Duke of Argyll）。很快地，坎貝爾就開始為安妮女王辦理銀行業務了。這家店後來演進成為整個英國王室理財的顧資銀行（Coutts and Company），坎貝爾家族和皇室的密切關係維持了近三百年。

「慷慨」的英格蘭銀行

小型銀行在英國興盛起來，但大型銀行依舊尚未出現。十七世紀末期，英國的財政危機四伏。自一六二五年起，英國經歷了兩次內戰，政局動盪不安，國庫極度虧空。一六八九年，威廉一世娶了詹姆斯二世的女兒，由此入主英國，但他接手的實為一場爛攤子，加上與法國國王路易十四正在打仗，威廉一世不得不絞盡腦汁，四處求錢。一六九二年，首支唐提式養老金計畫問世，政府承諾將從一七〇〇年開始向購買者支付10％的利息。不幸的是，該計畫只籌得10萬英鎊。於是第二個唐提式養老金計畫接著誕生，並將利率提高到了14％，最終籌到了約九十萬英鎊。兩年後，由於和法國的戰爭依舊持續，英國政府再度向公眾籌錢，並提出更多優惠吸引投資者，因此，當時發行的政府債券時限為16年，利率為10％。然而，錢遠遠不夠！

就在英國政府一籌莫展之際，以坎貝爾為代表的小銀行家證實，依靠存款、放貸就能過著小康生活。英國政府意識到機會來了，而籌集小銀行家難以企及的大筆資金，就必須依靠一個強而有力的中央機構。一六〇九年，阿姆斯特丹銀行成立，為荷蘭吸引了大量儲蓄，英國人敏銳地注意到，若要在商貿領域超過荷蘭，就必須擁有更多資金來源。柴爾德（Josiah Child）是一位商界大亨，在英屬東印度公司任職。他非

9　亨利八世第三十四、第三十五號令，第二章。

常欽佩荷蘭銀行業的做法，他認為許多荷蘭商界的輝煌成就是因為「他們善加利用銀行，這無疑大有裨益，據傳，銀行為社會帶來的收益每年至少有一百萬英鎊，恐怕這不是空穴來風。」[10]儘管柴爾德是積極的重商主義者，但他也提議設置利率上限，理由是低利率是社會富裕和健康的表現，此觀點的提出早了亞當．史密斯一百年。

經過激烈討論，一六九四年，在英國國王特許下，世上第一個私有的中央銀行英格蘭銀行成立了。此舉的實現少不了另一位「冒險者」的努力，就是蘇格蘭商人威廉．派特森（William Paterson）——英格蘭銀行的規劃者。派特森意識到，國王總是缺錢，若是能建起一家覆蓋全國的銀行，就一定能拿到為皇室服務的獨家特權。他向樞密院（Privy Council）遞交了建立國家銀行的申請，最終得到國會的批准。

當然，反對的聲音也不小。首先是詹姆斯二世的擁護者，他們擔心此舉將進一步鞏固威廉和瑪麗的地位，因而強烈反對設立國家銀行；其次，小銀行家們也不願有新人和自己競爭，因為一旦新銀行占了上風，他們就不得不提出更高的存款利率。但是，反對無效，在陣陣對罵中，國會通過了建立新銀行的提議。

派特森擔任銀行行長，不過一年後便辭職了。他後來帶領探險隊去了巴拿馬（Panama），可是結局慘淡，他空手而歸。他和唐提一樣，在銀行發展史上未獲得應有的嘉獎，甚至連創建者名單裡都沒有他的名字。他、唐提與喬治．唐寧三人代表著對金錢和銀行的務實態度，這都是源自於商業實踐，而許多高利貸和中央銀行的反對者根本從未有過這些切身體驗。

新銀行不僅辦理存款、放貸業務，還發行紙幣。由於擁有特許權，不受《高利貸法》的制約，支付和收取的利息往往超過其他私人銀行。諸如東印度公司等壟斷型貿易公司也要收取12%的利息，並宣稱這是因為自家業務絕大多數是在海外展開。很明顯地，體制化的利率遠遠高出高利貸法定上限。一七一六年，國會正式批准該銀行可以酌情支付利息。[11]官方高利貸利率上限僅適用於該國普通百姓的小型交易。

支持者意識到，用紙幣取代金屬硬幣大大有利建立信用，而且銀行首批顧客無疑將獲益最多。正在流通的硬幣之金屬含量令人擔憂，很多時候還會被人民又削又割，難以量化，無疑令官方傷透腦筋。紙幣可以讓貸款變得更加統一，而且可以交易大量金額。威廉三世寬鬆的金融態度為銀行營造了友好的政治環境。據估計，一六九〇年，皇室年收入達到一百六十萬英鎊。其中三分之二用於英法戰爭及鎮壓蘇格蘭和愛爾蘭的叛亂。[12]威廉急需一筆戰爭貸款，不過鑑於他的信用背景堪憂，機會渺茫。

英格蘭銀行向社會招募董事和股東，只要能認購兩千英鎊以上，就有資格成為董事。最後，包括派特森在內的十四人成為董事，另有股東一千三百三十人。

新銀行的第一個目標是籌集一百二十萬英鎊，並以8%的年利率借給英國政府，同時，政府需要另付四千英鎊的管理費。也就是，政府每年只要花十萬英鎊，就能借到一百二十萬英鎊的現金，而且永遠不用還本金！對當時的英國政府和皇室成員而言，正是雪中送炭。為了「報答」慷慨解囊的新銀行，英國政府允許其獨家發行國家認可的銀行券（Bank Note）。這些得到國家認可的銀行券就是國家貨幣，即英鎊的前身。換言之，英格蘭銀行擁有了獨家發行貨幣的權利，但不得超過其自身資產總額。

---

10 喬什亞·柴爾德：《關於貿易和金錢利息的簡要觀察》（倫敦，伊麗莎白·卡爾弗特和亨利·摩特洛克出版社，1668）。

11 喬治一世第三號令，第八章。

12 A·安德利亞德斯：《英格蘭銀行史》，克利斯塔貝爾·梅勒迪斯翻譯（倫敦，F·S·金父子出版社，1909），55。

英國政府用公債向英格蘭銀行借錢，而英格蘭銀行則用自己發行的銀行券購買國債。國債是未來稅收的憑證，意味著政府的稅收將落入新銀行的腰包。如果政府想買回流通在外的國債，就必須用金幣或銀行券。如此一來，英格蘭銀行成功地把皇室的私人債務轉化成了國家的永久債務，而抵押品就是勞動人民的稅收。從此，國王有錢打仗了，皇室有錢享受了，政府也有錢做自己喜歡的事了，而銀行家們則獲得了大量可觀的利息，可謂皆大歡喜。

在英格蘭銀行出現之前，股票沒有相應的市場，而英格蘭銀行的早期發展無疑推動了股票交易。在南海公司（South Sea Company）創立之前，英格蘭銀行是最大的金融機構，自然也成為新加入的股票買賣商的首選，在南海泡沫時期，這些人將英格蘭銀行和南海公司的股票價格越推越高。這種新職業並不令人豔羨，尤其是在一七二〇年泡沫破碎之後，引起了廣泛恐慌。反對者總將股票買賣戲稱為「荷蘭金融」，因為概念源自於荷蘭，是英格蘭銀行和新君主的代名詞。詹姆斯二世頑固的擁護者認為這家銀行不過就是新國王的隨從，阻礙了他們重回斯圖亞特王朝的道路。

笛福也嚴詞批評股票買賣及第一間交易場所——倫敦交易巷（Exchange Alley in London）。他將紙幣和信貸批評得體無完膚，充分反應自身和債權人之間的舊恨。在他眼中，「破產者和乞丐讓股票買賣更加撲朔迷離，我們現在可以想見一張寫有五十七人姓名的黑名單，這些人十年之內將飛黃騰達，霸占巨大地產……。他們工於心計、玩弄手段、巧借醜聞不斷的股票買賣，其中的齷齪難以看清。」[13]不過，無人在乎他的抱怨。股票買賣很快就成功紮根，也成為倫敦股票市場的發展里程碑。

英格蘭銀行和政府之間還有一項屆滿條款，要求政府每十二年必須更新特許權。[14]由於戰爭的資金需求源源不斷，這種更新從一開始就注定是有必要的。十八世紀初期，英國陷入了西班牙王位繼承戰爭

（War of Spanish Succession）的泥淖，於是，特許權被延長了一段時間。那是到當時為止歐洲代價最大的一次戰爭，戰爭的起因是西班牙國王查理二世駕崩，有人圖謀篡奪皇位。英格蘭銀行再次以高於官方標準的利息，吸引了大筆資金以支撐戰爭開支。

最值得玩味的是，由於英格蘭銀行的遠見卓識，國家貨幣和永久國債從此捆綁在一起，貨幣發行得越多，也就意味著國債越多，而經濟發展和償還利息必然要求更多的貨幣供支配。錢從哪兒來？當然還是向銀行借！所以，英國政府的赤字「一路高歌」，自一六八五至一七〇〇年暴漲了十七倍，從原先的八十萬英鎊飆到了一千三百八十萬英鎊，而在此期間，英國政府的財政收入只增加了一倍多。到了二〇〇五年年底，英國政府的欠債達到了五千兩百五十九億英鎊，占英國GDP的42.8%。

泡沫化的南海公司和英國

英格蘭銀行為政府和人民提供資金，充當中間人的角色。除了稅收，政府的其他收入主要源於擴張和貿易。海外貿易公司為謀取財富增添了一抹冒險主義色彩，但若連結至債務管理問題，結果可就沒那麼令人振奮了。

英格蘭銀行為投資者制定的利率最後降至5%，但並沒有被英國舉國上下接納，仍舊需要另一個機構

---

13 丹尼爾·笛福：《股票批發商之惡》（倫敦，出版社不詳，1701），26。

14 屆滿條款納入金融監管的初衷，為賦予法律永久效力之前對該法律進行一段時期的試用。英、美兩國的金融監管均有。

為戰爭籌資。於是，南海公司在一七一一年成立了。

新機構獲得了以皇室名義在南太平洋擴展的獨家特許權，但此公司在創辦的六年之內並未到過海外。到了一七二〇年，有人提出將所有國家債務集中的想法。南海公司向國會提出，自己願意認購三千萬英鎊的國債，作為回報，國家必須一次繳付，並以每年5%的利率為剩下部分支付利息。面對此情況，英格蘭銀行當然不高興被搶了上風，於是也另提建議，可惜被拒絕了。不久，國會通過並接受了南海公司的建議，於是，該公司的股票價格以迅雷不及掩耳之勢，從一百二十五英鎊上漲到了兩千英鎊，六個月內平均漲幅超過500%，最高漲幅達到了1400%！

在當時，收取高額回報已經漸漸普遍，而不像一百年前如此十惡不赦。換言之，依靠投機獲取高收益不再專屬於經營風險的商人們了。這也滋生了奢靡之風，不少作風墮落的英國紳士為了維繫奢華的生活，常常債臺高築，而南海股票的發售使得他們有了新的取財管道，而且不用工作，何樂而不為呢？投資者趨之若鶩，其中包括半數以上的參眾議員，就連國王也禁不住誘惑，認購了價值十萬英鎊的股票。在南海公司的帶動下，整個英國的股份公司都成了投機對象，人們不顧這些公司的經營範圍和狀況，瘋狂地購買股票，唯恐錯過大撈一筆的機會。社會各界人士都捲入了這個漩渦，包括軍人和家庭婦女，甚至還有物理學家牛頓。一七二〇年五月，牛頓買入了南海公司的股票，並在早期的上漲階段及時賣出，獲利五千英鎊。但後來，他又重新買入，最後虧損了兩萬英鎊。事後，他不得不感嘆：「我能計算出天體的運行軌跡，卻難以預料到人們如此瘋狂。」

泡沫發展到最高潮時，南海公司的名稱及標誌一度成為最時尚的裝飾品。衣服、馬車和家用設備等，全都貼著「南海」二字，以彰顯股票持有者緊跟最新投資潮流。亮晶晶的泡沫還催生了一些前景堪憂的小型投資計畫，其中一個計畫是，購買者支付兩個堅尼（guinea，譯註：舊英鎊，一堅尼相當於二十先令），就能得到一張一百堅尼的憑據，當天晚上，販賣此投資之人便帶著兩千堅尼的非法所得逃之夭夭了。[15]還有一個投資計畫宣稱投資者可以進口墨西哥的驢子。

南海公司編造虛假訊息，為投資者描繪了一幅金光閃閃的致富之圖。然而，隨著公司經營的真相揭穿，泡沫很快就破滅了。一七二〇年六月，為了應對各類股份公司的大泡沫和各路賣方層出不窮的小泡沫，英國國會通過了《泡沫法案》（Bubble Act）。其實提出《泡沫法案》的正是南海公司，目的是遏制市場競爭，因為當時各類聯合股份公司推出的投資計畫如雨後春筍。依照該法案，所有聯合股份公司在交易前，都必須獲得皇室特許權。這無疑是英國歷史上首部金融監管法。不少公司被迫解散，而大眾終於清醒過來。

然而極具諷刺意味的是，對一些公司的不信任逐漸擴展到了南海公司身上。自七月起，外國投資者首先拋售南海股票，國內投資者也紛紛跟進，南海股價一落千丈，其跌落速度可媲美上漲速度，眾多投資者慌了手腳。一家英國報紙報導：「據說，一位薩福克（Suffolk）的騎士得知股票跌到八百，立刻自縊身亡了，因為他掏了一萬一千英鎊給南海公司，他怕自己餓死街頭。」[16]

那位薩福克騎士自殺一個月後，即一七二〇年九月，南海公司的股價跌至每股一百七十五英鎊，從貴族到普通商人，社會各階層無不受其影響。然而，受創最重的還是南海公司自身，程度略輕的是英格

---

15 安德利亞德斯：《英格蘭銀行史》，第133頁。
16 《蘋果蜂週刊》，一七二〇年八月二十七日。

蘭銀行。英格蘭銀行並未直接被南海公司拖下水，不過也確實遭遇了存款流失的困境。泡沫煙霧散開後，南海公司還有些許盈利，不過國會可沒有輕饒南海公司的董事會和財政大臣；財政大臣關進了倫敦塔，公司部分董事的財產被沒收。不少評論員和批評者將所有責任都推給了幾近癲狂的投機，與法國把責任推給約翰・羅（John Law）如出一轍；他提出的地產銀行計畫（land bank scheme）引發了密西西比泡沫（Mississippi Bubble）。

《泡沫法案》也希望能保護公民不被假冒的年金計畫矇騙。政府推出的唐提式養老金和年金，自首次誕生以來，買賣雙方都在故弄玄虛。曾出版過小冊子的阿貝爾・伯耶（Abel Boyer）在創始於一七一八年的月刊《大不列顛政治局勢》（*The Political State of Great Britain*）中，披露了無數起詐騙事件。年金購買者開始偽造他人死亡，讓自己能盡快領到錢，另一方面也有些死者親屬隱瞞死亡消息，以繼續領錢。唐提式養老金更是引起一群人密切關注，他們研究購買者的家族史，然後對壽命更長者下注。更令人髮指的是，甚至有人為了加快精算統計數字，花錢僱凶。這般惡行延續了兩百多年。到了二十世紀，阿嘉莎・克里斯蒂（Agatha Christie）的謀殺案小說《命案目睹記》（*4:50 from Paddington*）中殺人動機就扯及唐提式養老金。即便到了一七一九年，英國年金行業仍舊混亂不堪，不少年金計畫未能及時支付購買者。當時，有人提議將所有國家債務全部納入南海公司，年金自然也納於其中，因為這是國家收入的一大重點。

當時，南海公司為了補償心有不滿的年金購買者，用股票代替未支付或拖欠的金額。在泡沫時期，受益人能拿到價格不斷飆升的股票自然心滿意足，然而當泡沫破碎時，許多年金計畫也跟著化為泡影，結果爆發大範圍的財政災難。很多年金一開始就無視嚴謹的死亡率表格和年金表格，提出了每年25至50%的回報率，這根本不具可持續性或不現實。前幾百年裡，收取高額利息就是透過「以鄰為壑」的策略實現，而在現實生活中，回報高利息帶來了同樣的結果。可見，現代金融詐騙在當時就已經誕生。

十八世紀初期，英國出現了兩家人壽保險公司。一七〇五年，友好終生保險公司（Amicable Society for Perpetual Assurances）成立，該公司承諾，一旦投保者去世，公司將支付一定費用的投保回報。五十年後，公平人壽保險公司（Equitable Life Assurance Society）也成立了，為五十五歲以上的人士提供保險。公平人壽保險公司還採用了最新的壽命估算方法，保單條款也依據申請人的健康狀況而定。它與友好保險公司一樣，也推出了年金計畫。儘管政府推出人壽保險計畫已經有數百年的歷史，不過就某種程度而言，那只是國家的籌資計畫，而非補償。

說穿了，私人年金就是為了逃避高利貸法而進行的借錢行為，而借錢最常見的形式就是一個人從另一個人借一筆錢，例如一千英鎊，並承諾每年還一百英鎊，直至死亡。因此，貸方自然要衡量借方的年齡和健康狀況後，才能決定是否借錢；萬一借方剛借不久就一命嗚呼，貸方連本金都收不回。為了避免這種潛在的損失，貸方就為借方購買人壽保險。換言之，私人年金和人壽保險不過是某些人掩蓋借貸真相、收取高額利息的一種手段。

十八世紀中後期，英國公共財政狀況越發複雜，政府發行了更多的統一公債（consols），但缺乏穩定性，其中最著名的要屬發行於一七五一年3%利率的統一公債。政府的初衷是設立永久性年金，因而沒有到期日，其收益計算也非常簡單。這項公債後來成為英國最有名的證券，直至十九世紀被另一個統一公債取代。「永久性」向政府施加的壓力並沒有想像中沉重，因為統一公債還有一個特點：如果利率降低了，可以召回。[17]

唐提式養老金及其變體在英國依舊勢頭不減，還在愛爾蘭盛行起來，尤其是給薪階層，許多人熱衷於投機，甚至落得身無分文之下場。一家英國報紙評論：「從唐提式養老金的數量就可看出，經紀人肯定能從中獲益不少。」[18]唐提式養老金是為逃避法律制裁而推出的最早金融產品之一，但秘密為人發掘之時，已經過了數年之久。一七七七年，英國國會通過了保護無辜者免受欺詐的《年金法》（Annuity Act），規定不得向未滿二十一歲之人銷售唐提式養老金。該法律更要求年金必須申請註冊，私人年金計畫因此開始減少。

私人彩票在英國也很普遍，但是，因為禁不住誘惑的人們常常希望一夜暴富而把血汗錢盡數投入，再加上出現部分詐騙醜聞，於是法令明文禁止了。唐提式養老金表面看起來是為將來打算，但仍舊是一種賭博手段。普通投機者最大的樂趣是賭自己比同組成員更長壽，然而對唐堤式養老金背後的預期壽命和死亡數據並不清楚，不過唐提式養老金還是會為購買者帶來一些好處。

曾有讀者寫信給倫敦的一家報社，提出疑問：那麼多勞動人民購買唐提式養老金，絞盡腦汁地想要變成富人，此與私人彩票如出一轍，那麼，禁止私人彩票的法律是否也同樣適用於這類養老金呢？然而，報社給出的答案卻是否定：「任何一種合約，若兼有付出和回報，就是好的……。因此，禁止私人彩票的法律只能針對所指事物，不可做延伸或類比的解讀，也不應牽扯唐提式養老金。」[19]

公眾的熱情充分顯示在南海泡沫破碎之後，英國人依舊對此類投機冒險行為趨之若鶩，並且將持續下去。政府面臨的挑戰是，如何為公眾制定能夠帶來穩定回報投資的同時，創造一些社會效應。不過，鑑於英國財政搖搖欲墜，這可不是輕而易舉之事。

漂洋過海的《高利貸法》

雖然遭遇了投機、泡沫和詐騙，但高利貸依舊在經濟爭辯占據一席之地。英國對待利息的態度很快就漂洋過海到了殖民地，又在那裡存活了兩百年，有的地方因此引發了爭論和監管，其殘酷嚴厲更是有過之而無不及。這些法律直接搬到了殖民地，高利貸氏族性的古老禁令再度浮現。

英國在新世界殖民地沿襲了母國對高利貸的態度，甚至錦上添花。高利貸法移植時做了些許改動，以適應新殖民地的法律，而後又做調整與新國家憲法融合。因此為後來美國推出的高利貸法埋下了根基。多年以來，英國的高利貸法有習慣法補充，不過兩者都被殖民地時期的美國吸收。成為將來的大麻煩。

習慣法跟著英國殖民者進入最早的十三個殖民地，絕大多數殖民地的立法者在更早之前就已經採用了更為正式的高利貸法。最早採用高利貸法的是一六四一年麻薩諸塞州（Commonwealth of Massachusetts）的殖民地立法機關。該法提到：「一年債務每一百英鎊收取八英鎊乃最高上限，一旦超過，不論總金額，一律應處罰則，僅匯票除外。」顯然是秉承了詹姆斯一世制定的上限。不過，法律並未提及對放高利貸者的具體懲罰。至少有一位十九世紀的學者堅信，《高利貸法》的本質是氏族性，因為新移民思想和背景大

---

17 十八世紀絕大多數時期，統一公債的收益一直低於官方高利貸上限利率。請參考西德尼・霍莫及理查德・塞拉：《利率史》，第四版，（新澤西州霍博肯，約翰威利父子出版社，2005），157。

18 《每日郵報和廣告客戶》，一七九一年七月十八日。

19 《聖詹姆斯年代紀事報》，一七九二年三月二十日。

同小異，法律對懲罰措施隻字不提，表示此禁令和希伯來人的非常相似。[20]將匯票排除則清楚證明，早期殖民者希望做生意，從而證實商貿在早期殖民的作用。

麻薩諸塞州一直維持8%的利率，直至一六九二年下調至6%。其他立法機構紛紛效仿。同一年，馬里蘭州（State of Maryland）將最高利率調整為6%，和貿易有關的交易維持8%，例如香煙生產或海上運輸。馬里蘭州對最初的伊麗莎白時代法律亦步亦趨，若要以更高利率進行高利貸，則須處以三倍賠償。賓夕法尼亞州（Commonwealth of Pennsylvania）在一七〇〇年將6%定為永久利率，紐約州則是在一七一七年，康乃狄克州（State of Connecticut）是在一七一八年，南卡羅萊納州（State of South Carolina）是在一七一九年。當前兩個州將6%設為上限時，南卡羅萊納州的利率較高，為10%。不過，紐約開了先河。最早為規定6%利率的使用年限五年，到期則失效，成為美國立法史上首個屆滿條款之一。後來該利率上調為8%，一七三七年再度調回。

其餘的殖民地開始仿效，6%是最常見利率。喬治亞州（State of Georgia）由國會議員詹姆斯・奧格爾索普（James Oglethorpe）於一七三三年建立，這塊殖民地最大特徵是為英國的債務人提供庇護。此倡議由英國學者提出，奧格爾索普幫助他們組織了一次考察，最後在這塊殖民地安頓下來，並以喬治二世的名字命名。奧格爾索普願意相助，正是因為他的一位摯友因高利貸問題關押在弗利特監獄，爾後染上天花去世。喬治亞州於一七五九年通過《高利貸法》，維吉尼亞州（Commonwealth of Virginia）在一七三〇年、紐澤西州（State of New Jersey）在一七三〇年、北卡羅萊納州在一七四一年、德拉瓦州（State of Delaware）在一七五九年，以及羅德島州（State of Rhode Island）在一七五九年也都通過法律，規定6%的利率。只有紐澤西州相對較高，定為7%。[21]6%的標準做法一直延續到《高利貸法》開始廢除，從一九八〇年代開始。

喬治三世執政期間，在美國之外，國會將印度的利率設定為12%，西印度群島和愛爾蘭設為6%。這些殖民地的法律和英國法律一樣，非常全面，同樣也適用於貼現貿易票據和匯票。如果各方之間匯票再貼現，則是違反高利貸上限，美國殖民地絕大多數法律都會盯上這種做法。海洋合約由於運輸風險更大，往往未囊括其中，或者上限更高。中世紀以來，這種做法的運行越發嫻熟，利用刻意偽造海洋合約，掩蓋利息。

殖民地對不同貸款的區分比兩百年後簡易得多，最高單利即便不是全部，也至少是絕大多數貸款的官方最高上限。漸漸地，財產概念越發複雜，單一標準利率開始難以承受自身壓力。二十世紀出現了消費者利息，雖然根基不穩，但風險模式將發生改變，隨之改變的還有最高利率。不過到了此時期，放貸依舊是相對簡單的事，其中牽扯的利率也仍舊以《高利貸法》為主要參考標準，不過市場利率不僅可以也確實大幅偏離這些框架。借貸必須有抵押物，一旦借方欠債不還，就會沒收抵押物。

高利貸法在美國殖民地使用廣泛，同樣廣泛的，還有對高利貸法的排斥。絕大多數殖民地將高利貸視為民事糾紛，而非犯罪行為，懲處較輕，而且幾乎從未落實。人們慣常的做法是尋找例外情況與逃避《高

---

20 約翰・A・博勒斯：《高利貸和高利貸法的論文》（波士頓，詹姆斯門羅出版社，1837），19。博勒斯的結論是，麻薩諸塞州的法律適用於同一教區或社區的人民，沿襲了古代希伯來傳統。

21 J・B・C・莫雷：《古往今來的高利貸歷史》，70ff。莫雷在著作討論了從屬國法律與殖民地法律的關聯性。他用一定篇幅論述了一個事實，即美國印第安原住民沒有關於借貸的法律，其生活習慣非定居而是來回遷移。因此，英國法發揮效力，其他權威機構的法律則無效。可見最高利率和長期固定（不移動）資產的關係，在十八世紀已非常普遍。

利貸法》的方法。逃避方法之一便是「乾交易」。這是源自中世紀的一種交易手段，借方簽了匯票，可交易的第二方細節卻刻意隻字不提，借方和貸方因此就能使用不同利率。匯票在兩方同時執行。此時，借方就能利用巧妙安排，向貸方支付更高的利息。之後又出現了另一種常見做法，即回購交易（repurchase transaction），借方向貸方銷售某個抵押物，接著以超出《高利貸法》規定的高價買回來。這兩種手法均難以識別，因為它們都是借貸雙方協商一致的結果。重重煙霧彈之下，《高利貸法》有名無實。[22]

不過，《高利貸法》在美國殖民地盛行的原因，絕非仿照母國法律這麼簡單。而這些法律在未來更比英國的更為長壽，英國《高利貸法》在一八五四年被廢除。它們的成功是得益於一部原本看似不可能成為暢銷書的書籍，偏偏在美國殖民地大受追捧，銷售量和英國不相上下。從一七五五到一七六五年，威廉．布萊克史東的《英國法釋義》問世，彌補了大西洋兩岸習慣法彙編材料的空白。雖然他對高利貸問題的論述稱不上推陳出新，也算不上一針見血，不過卻為美國往後兩百年的《高利貸法》奠定了基石。

布萊克史東編撰《英國法釋義》時，尚非知名法學家或倡導者。他是一名平庸的律師，一七六三年回到牛津研習法律。他的研究匯成了洋洋灑灑四部著作，成為當時有史以來最著名的英國法律研究書面資料。就很多方面而言，他的成就和格拉提安在教義方面的研究頗有類似。布萊克史東後來成為國會議員、女王參事和法官。他和其他許多知名評論員不同，當他坐上法官之位時，早已名聲顯赫。

他對高利貸的論述和當時英國主流法律完全吻合，沒有新穎之處。希伯來人禁止高利貸，經院派則以亞里斯多德「不可繁衍」的觀點為佐證，徹底嚴禁各類利息，基於此，布萊克史東提出：「摩西戒律顯然出於政治目的，而非道德考慮。它只嚴禁猶太人不得從自己族人收取利息……。除非允許金錢借貸，否則貿易無法發展，如果使用金錢禁止額外費用，誰還願意借錢出去；或至少無處借錢了。」[23]古代嚴禁高利貸是民智愚鈍的產物，與商貿發展背道而馳。此評論雖然未引起太多注目，卻是當時的社會主流思想，並且為美國在二十世紀制定反對高利貸的國家法律奠定基石。

英國殖民者帶來了利息計算方法也是意料中事。雖然西蒙・史蒂芬的表格自一五八二年就被引入歐洲大陸，不過，英國在九十年之後才制定了類似的全面表格，並採用了英鎊等其他計量單位計算現值和終值。雖然威廉・韋伯斯特的表格首先在英國出版，不過並未採用小數計算終值，而是用英鎊、先令和便士計算。該表只涵蓋了5至10％的利率。另一套名為《放債人》（The Money Monger）或《放貸者曆書》（Usurer's Almanacke）的表格，於一六二六年在英國出版，並採用了8％的利率，詹姆斯一世執政期間將利率下調至此標準。史蒂芬的表格按照1％的增量涵蓋了1至20％的利率。[24]結果，另一種簡易便捷的版本開始盛行，並且在殖民地大受歡迎。英國出口的表格原本是以「計算手冊」（快速計算表格）出版，專供中學男校學生使用，由詹姆斯・霍德（James Hodder）於一六七一年在倫敦出版。霍德是教師與校長，出版過一本名為《霍德小數算術》（*Hodder's Decimal Arithmetik*）的著作。一七一九年，該書修訂版在波士頓出版，成為首部在美國殖民地出版的英國計算手冊（參見附錄）。

---

22 參考羅伯特・E・萊特：《自由的漢米爾頓：美利堅合眾國的金融和創新》（紐約，普雷格出版社，2002），20-26。

23 威廉・布萊克史東《英國法釋義》，威廉・凱利・瓊斯編輯（舊金山，班克羅夫特惠特尼出版社，1916），第2冊，第30章。

24 史蒂芬早期表格例子請參考附件。

從重商主義到「看不見的手」

十七至十八世紀，反對高利貸的道德及神學觀念漸漸稀薄，大眾已經普遍接受高額利息。人口得到了增長，生活水準也在升高，而連年的戰事，尤其是三十年戰爭及英、法之間無止無休的衝突，使人們越發意識到經濟金融對人民福祉的作用，因而對經濟金融事務付出更多心思。同時，也出現了更多基於人口因素的新觀念。

法國關於放貸和利息的爭辯和幾百年前一樣熱烈。孟德斯鳩為該問題增添了一抹現代特色，他認為：「借錢出去不收利息，自然是一件品德高尚的善舉；然而，這無疑只是宗教的清規戒律，不是民法的實踐。」[25]儘管當時整個社會越來越世俗化，但宗教氛圍依舊很濃厚，身為貴族的孟德斯鳩所體現的不是宗教，而是世俗的商業觀點。「貸方要面臨遭受懲處的危險，自然要獲得些許補償。」[26]孟德斯鳩再度挑出海運貸款，強調其風險高於其他貸款類型，必須支付更高的回報以補償貸方。丹尼爾・笛福的破產遭遇就是最佳證明。若是中世紀的商人和貿易商對教會苛刻的禁令言聽計從，那麼，探索和發現只會是痴心妄想，因為如果沒有合理補償，誰會願意承擔不斷增加的海上遠航風險呢？

圍繞著新的金融產品和年金計畫，利息的發展又邁進了一大步。當時著名的數學家兼哲學家達朗貝爾（Jean Le Rond d'Alembert）對利息做出了具有決定意義的論述。達朗貝爾與狄德羅（Denis Diderot）共同撰寫了《百科全書》（*Encyclopedia*），該著作於一七五一至一七七二年在法國問世。達朗貝爾在《百科全書》對高利貸問題提出了睿智的解讀。他的觀點之所以今天依舊為人所知，是因為其採用了利率表，為數學欠佳的讀者提供了圖象化的規則解讀。可稱為闡釋單利和複利的里程碑，最終為高利貸爭論的技術層面提出了貢獻。當時，這些規則除了數學界，其他人知之甚少。他指出：在貸款的不同階段，單利和複利會對借貸雙方帶來不同影響；在借貸時間少於一年，針對同筆貸款、同等利率，借方以複利支付的實際金額須少於單利的情況；當利息正式和本金掛勾，相比較於等到年末，如果提前還完貸款，那麼實際金額相對較少。這是因為單利計算將應付金額平分成兩部分，或按季度分為四部分。相反，根據折現表，複利現值更高，該表格將用於計算償還金額。

如果某人借了一百英鎊，為期三年（按年疊加），利率為6%。若按照複利計算，一年後利息是六英鎊，兩年後將變成十二點三六英鎊，三年後則是十九點一〇英鎊。但這裡的要點在於六個月後必須提前償還貸款。根據利率表，例如西蒙．史蒂芬的表格，如果前六個月後就還貸款（前提是合約允許），那麼以複利終值為基礎的折現表格顯示，實際支付的利息為二點九二英鎊（使用小數標示，以零點九七零八英鎊現值為基礎）。相反，如果依照單利，實際應支付利息為三點〇〇英鎊。因此，按照複利支付的金額實際上會低於單利計算。但是，如果超過一年，結果就完全相反。因此，結論非常明顯清楚：債務人的優勢只在第一年，之後，債權人的優勢逐年遞增。[27]

達朗貝爾採用的例子屬於高利貸，因為其假設條件是貸款期限內，利率會增加三倍，「從道德層面絕不允許高額利率，這個例子不過是為了方便解釋計算過程。」為了支撐論點，才使用了高額利率，換言

25 孟德斯鳩：《論法的精神》，湯瑪斯．奈金翻譯（倫敦，諾斯與維蘭特出版社，1773），第22卷，第20章。
26 孟德斯鳩：《論法的精神》，第22卷，第19章。
27 《反雅各賓派評論》，一八〇六年十二月一日，第457頁。

之，在計算欠款或應支付金額方面，正常利率會造成不同結果，不過由於這普通常見，也許並不會讓讀者大吃一驚。英國一家反對君主制的報紙引用了達朗貝爾對高利貸的論述，於是哀嘆道，這套方法「對這個國家的商界人士恐怕起不了多少實際意義，因為他們對複利幾乎一無所知。」[28]《百科全書》出版時，達朗貝爾遭人指控，罪名是宣稱複利實際上有利於借方。這顯然不符合他所給出的例子。計算手冊和基本利率表已經廣泛使用，因此實在難以想像十八世紀末期，沒人見過例子中的表格且進一步煽風點火。複利似乎仍舊是世界第八大奇蹟之後的另一神秘事物。

從更廣泛的層面來說，人們勉為其難地接受了高額利息，背後的引導其實是重商主義。重商主義者認為，與鄰國的貿易中占上風才是國家目標，後來，這種做法在國際貿易中被稱為「以鄰為壑政策」。但是，此概念更多是源自古代和中世紀，而非國際貿易。即便對有來往的國家和貿易夥伴進行「以鄰為壑」過於醒目，但人們將高利貸視為高額利率從而接受，後來國際貿易又對同一過程睜一隻眼閉一隻眼，兩者存在的關聯人們早已遺忘。

重商主義依賴於高額利息，尤其是在航海和貿易領域，很多評論家都認為，如果沒有高額利息，放貸將會演變為風險更高、成果更低的行為，絕對無法創造多餘的價值。

蘇格蘭哲學家大衛・休謨（David Hume）毫不留情地批判了重商主義。雖然休謨不像同樣來自蘇格蘭的威廉・派特森和約翰・羅是金融實踐者，但他對利息的評論極其務實，完全基於貨幣數量理論。重商主義的概念是，相較於一個國家用貨幣來衡量國內財富和商品供應量，進入一個國家的貴金屬數量並不那麼重要。如果經濟體強盛，則利率會一直偏低。相反地，高額利率是經濟體衰弱的表現。「高利息有三大源頭：極高的借貸需求、財富有限無法滿足該需求、商貿帶來的高額利潤。這些源頭都清楚顯示，商貿及工業發展受到限制和金銀的短缺沒有關聯。」[29]反過來就是低利率的情況。休謨將利率水準納入歷史背景。在早期社會，不公平現象普遍，富人向窮人收取高利息，那麼高額放貸利率顯而易見。此概述體現了中世紀和羅馬一千年歷史的實情。

一七七六年，休謨去世，亞當．史密斯恰好在當年出版了《國富論》。社會普遍認為這本著作為重商主義時代劃上句號，從而開啟了以市場為動力的貿易時代。綜合觀之，休謨和史密斯就利率問題進行了深入且全面的論述，反應了兩人對重商主義作用的類似觀點。史密斯偏向擴張和技術，雖然他的論述也是歷史性的，不過另外沿襲了一種技術性觀點。他解釋道，從歷史來看，十六世紀初期的通貨膨脹是因為從新世界進口貴金屬所導致。進口之後，歐洲總體利率下降，與預期背道而馳。儘管可以透過諸如休謨採用的貨幣量化理論為高額利率正名，不過，史密斯以古老的貶值作為例證。但是，此論述也是遵循了剛剛誕生不久、恰好風靡的重商主義理念。他認為，如果「現在的一百英鎊相當於當時的五十英鎊，那麼，現在的五英鎊就相當於當時的二英鎊十先令（即二點五英鎊，二十先令為一英鎊）。因此，如果降低利率，從原來的10%下調為5%，在使用某筆資金時，現值等於當時價值的一半，則利率也是等於以前利率的四分之一。」[30]

進口黃金絕不是西班牙僅有的現象，英國也受其影響。查理二世執政期間，人們在幾內亞（Guinea）

28《反雅各賓派評論》，一八〇六年十二月一日，第458頁。

29 大衛．休謨：《文集：道德、政治、文學》，尤金．F．米勒編輯（印第安納波利斯，自由基金出版社，1987），ii，iv，6。

30 亞當．史密斯：《國富論》（倫敦，尼爾森父子出版社，1852），第2冊，4，14。

和西非發現了大量黃金，並帶回英國。查理為此特意鑄造了一種硬幣，堅尼（英文拼音為guinea），意圖用這種黃金硬幣取代原來的一英鎊以下的二十先令銀幣。一七一七年，牛頓擔任造幣廠主管，他發現一堅尼所含的黃金實際為一鎊八便士（兩百四十便士相當於一鎊，十二便士相當於一先令）。皇室迅速頒令，一堅尼等同於一鎊一先令，但若是依照重量計算，一堅尼實際上還缺四便士。[31]而就在同一年，大不列顛的國債全部放到南海公司。

牛頓在一七二〇年出版的《通用算術》（*Universal Arithmetick*）解釋了複利的威力。書的標題遠比實際內容簡要。說到解決年金問題時，他的假設是：「如果每年保險金數額為a英鎊，並在之後五年支付，並以現金c購買，按照每年一百英鎊的複利計算，結果會是多少？」[32]和其他計算手冊不同，牛頓並未給出答案，只列出了解決問題的多項式（參見附件）。至於牛頓對複利的解讀是否影響了收取利息的實際做法，則難以斷定，不過當今利滾利依舊活躍，凡是從事金融和經濟規劃之人都會考慮這一點。

這部著作的此部分有著特殊意義，因為它是首部且現存論述複利計算的出版物。牛頓似乎非常了解斐波那契的作品，因為他提出的假設和斐波那契頗為類似。牛頓沒有解答終值，而是列出了能夠解決中世紀古老謎團的等式，計算回報率才是真正算出終值的必要條件。牛頓堅稱一堅尼的黃金量有缺，此說法也可追溯到斐波那契，他在《計算之書》以一章的篇幅說明同一問題。這不過是當時的一種計算方式，但造成的影響卻超出了實際計算領域。

亞當．史密斯不僅論述了利息問題，同時也評議了湯瑪斯．曼在一百五十年前撰寫的一部重商主義著作。「曼的著作《英國得自對外貿易的財富》（*England's Treasure by Foreign Trade*）成為政治經濟的根本準則，不僅在英國，其他各貿易國家均是如此……內陸或國內貿易被視為是對外貿易的補充附屬……。若是僅依靠此方式，國家不會變富，亦不會變窮。」[33]史密斯和休謨或許有不同意見，不過重商主義卻推動了國家財富的積累，這和許多國家意圖在國際舞臺大展宏圖的野心非常契合。接受高利貸是不可分割的一部分。

高利貸問題方面，史密斯相較於前人為利息引入了更為現代和基礎的方法。他認為，利率最高額度應該高於市場最低標準，如此一來，貸方才願意繼續放貸。「必須遵守法定利率不得過度高於市場最低標準。如果英國的法定利率高達8％，甚至10％，原本用來放貸的大部分錢都會被借給奢侈鋪張及投機者，他們會非常樂意接受如此高的利率。」[34]姑且不論這種借貸極可能會拖欠不還，還可能與需要資本投入的有用計畫搶奪資金。史密斯的方法為可容忍利息「上下限」（collar），提供了一個框架，此概念將在後世進一步調整。他所提到的願意支付高額利率的墮落之人，主要是擁有土地的英國貴族鄉紳，多數遊手好閒，聲名狼藉，從放貸者借錢維持自己的消費水準，他說這些人的舉動是「高利貸的敲詐勒索」。

史密斯對資本的討論區分了現金和長期投資基金，即他所稱的「股票」，或簡單貨幣（simple money）。以前的反高利貸文章往往忽視這一點。若要實現生產目的，資本顯然需要利息，不過利率必須低。生產力和資本能營造良好的社會氛圍，讓人們看到此過程能夠完備，而不是出於非生產性動機的單純收益積累或放貸。這還可以參考史密斯在《國富論》提到的「看不見的手」。這股力量引導個人自我利益

---

31 約瑟夫・休謨・弗蘭西斯：《英國銀行史》（芝加哥，歐幾里得出版有限公司，1888），39。
32 艾薩克・牛頓：《通用算術》，拉夫森翻譯，（倫敦，塞涅克斯出版社，1720），84。
33 亞當・史密斯：《國富論》，第175頁。
34 亞當・史密斯：《國富論》，第147頁。

步入大眾福祉，後世兩百年間對此概念進行了多樣化的解讀，最常見的是隱喻為自由市場。不過，其宗教成分也難以忽視。如果看不見的手是上帝指揮人間事務的世俗代理，那麼，便可解讀為要求容忍但控制有限度高利貸的力量。史密斯注意到充滿經濟道德教條的高利貸歷史醜聞四起。如果能同時造福商貿和社會，大家自然會包容。換言之，成功調用資本是大勢所趨。一百年前，保皇黨羅伯特・菲爾默以略欠分析的眼光做出了本質上相同的論述。共識在於，利息是資本計畫的有機組成部分。極高的利率專門針對高風險業務，以及地痞無賴。合理利率對於投資活動而言至關重要。

對利息的討論漸漸聚焦在商業投資，債臺高築的陰暗面有增無減，尤其是在英國更貧困的階層。奧格爾索普的努力以失敗告終，不過這番心血倒也沒有白費，至少還有一小群人念念不忘。一七七二年，詹姆斯・奈爾德（James Neild）和威廉・多德（William Dodd）在倫敦一座教堂成立了茅草屋頂協會（Thatched Roof Society），旨在幫助小額債務人從牢房釋放。他們四處募捐以為小額債務人支付欠款，從而救出牢獄。他們更在報紙刊登廣告，向富人募捐。捐款人名單迅速增多。當金額累積到一小筆錢後，很快就可以從不同牢房救出五位債務人，這些債務人總計欠款二十八先令。組織營運一年之後，他們共救出六百位成人，近一千兩百位兒童。總支出為八百英鎊。

此項善行有個不為人知的動機。多德牧師從劍橋拿了數項學位，曾經過著奢侈揮霍的生活，大半輩子嗜賭。當代人都稱之為「義大利麵牧師」（Macaroni Parson），因為他對異國商品趨之若鶩。他也像許多當代富裕階層一樣，熱衷賭博。他某次用了彩券獲獎的一千英鎊蓋了一座小教堂。和自己的債務相比，他幫助的債務人之欠款簡直是小巫見大巫。多德牧師自己的麻煩遠高於他們的總和。

絕大多數受關押的債務人都是小額欠款，有些不過才十八先令。只要債權人到法庭提出要求，就可以將債務人打入大牢。債務人的妻兒也必須一同入獄。但是，社會階層的另一端，類似景象卻出現了截然相反的結局。一七九三年，威爾士親王弗雷德里克（Frederick）花錢如流水，債臺高築，遠遠超過其年收入。債權人追討欠款，但因為法律禁止便不能使親王入獄，不過他們可以要求國王或國會還錢。一七九五年，弗雷德里克欠債已達八十萬英鎊。欠款雖然最終還清，但也使皇室蒙羞。然而，多德牧師就沒這麼幸運了。一七七七年，多德牧師步入顏面掃地的結局，他被判犯了偽造罪。某份經過牧師簽署的文件載明其意圖以非法手段籌集四千兩百英鎊，並希望能還掉部分債務。此案件落到山繆・強森（Samuel Johnson）手上，他收到請願書，兩萬三千人聯名支持多德，但事與願違。由於偽造罪是死罪，多德最終被當眾絞死。多德牧師雖逝世已久，但是後人依舊在人道主義道路上奮鬥。

到了十八世紀後期，欠債成為嚴重的議題，然而，將猶太人當作放貸軸心的成見延續了數百年不變。一七七七年，英國作家謝爾頓（Sheridan）的戲劇《造謠學校》（School for Scandal）在倫敦首次公演。該作品圍繞著一個地主家族，家中部分成員急需貸款。摩西（Moses）是劇中一位非常友善的猶太放貸者，另外還有一個稱為「保費先生」（Mr. Premium）的角色。當兩人與此家族見面時，借貸要求立刻蜂擁，生意不請自來。

英屬殖民地的怒火

十八世紀，隨著新大陸的發現，大西洋取代地中海，成為歐洲、非洲與美洲「大三角貿易」的必經之路，義大利和德國北部的傳統商業城市因此衰落，而英國、法國與荷蘭興起。一五八八年，大英帝國擊敗西班牙無敵艦隊，開始了對北美洲的殖民統治，並建立了哈得遜灣公司和新英格蘭殖民地。

老敵手英國和法國，從百年戰爭開始打了數百年，從十七世紀初到十八世紀中葉，兩國更是為了爭奪霸權不斷開戰。最後，英國憑藉強大的海上力量，奪取了法國在印度、加拿大和密西西比河以東的大片領土，一躍成為世界一流的殖民大國。並在和荷蘭的戰爭後，代之以成為主要的船運國，建立起龐大的商船隊和海軍。到了一七六〇年代，除了原本的十三個殖民地，英國在北美洲擁有了大片土地。絕大部分的殖民者都將自己視為英王統治的臣民，和居住在大不列顛島上的人們擁有相同的權利與義務。

然而，儘管法國戰敗，英國同樣也幾乎耗盡了人力和財力，政府的財政狀況進入警戒程度。因此，一七六〇年起，英國實行了一系列經濟政策，藉此從殖民地取得更多財富。在英國政府和人民眼中，這些政策都是絕對正當，因為法國戰敗、英國耗損過度，只有英屬殖民地的人們得到了好處，即俄亥俄河沿岸的開發權。

一七六四年，英國首相喬治．格倫維爾（George Grenville）頒布了《糖稅法》（Sugar Act）和《貨幣法案》（Currency Act）。前者禁止北美從國外進口甜酒，對進口的糖和各類奢侈品徵稅；後者嚴格禁止殖民地自行發行紙幣，並強迫當地政府必須以黃金和白銀支付向英國政府繳納的所有稅收。兩項政策使殖民地陷入了經濟困難，種種抗議接踵而至，包括聯合抵制英國商品等。同時，殖民地人民認為有權對自己徵稅的只有自己的議會，而非英國國會。當時最流行的口號之一是：「沒有代表權，不能徵稅。」（No taxation without representation）最初數年，各殖民地各自為戰，屬於地方性活動，然而格倫維爾的政策逐漸將分散的抗爭活動集結了起來。一場聲勢浩大的革命也就此拉開了序幕。

一七六五年，格倫維爾為了北美駐軍的軍費開支，頒布《印花稅法》（Stamp Act），要求殖民地的印刷品，如法律文件、許可證、商業契約、報章、小冊子、紙牌等，都必須貼上印花稅票才可流通。激起了殖民地人民的極大憤怒，於是，「自由之子」與「通訊委員會」等秘密反英組織相繼出現，各地都發生了反英事件，例如抵制英貨、趕走稅吏、焚燒稅票、武裝反抗等。這一切引起了英國政府的恐慌，他們立即派軍隊鎮壓。反英的怒火在殖民地延燒，一場爭取獨立和自由的鬥爭即將在北美大陸拉開序幕。當年十月，「印花稅法會議」向英國國會遞送了正式抗議書，面對反抗高潮，英國國會撤銷了《印花稅法》。但在一七六六年的《宣示法案》（Declaratory Act）中，英國意有所指地聲明：國會對殖民地擁有合法權力，「不論任何事務」。

一七六七年，英國國會又想出了新花樣，通過了財政大臣唐森德提出的《唐森德法》（Townsend Acts），其中第二項《唐森德稅法》規定對一些進口到殖民地的日常用品徵稅，包括玻璃、顏料、鉛、紙和茶。殖民地人民針對這些從英國進口的商品發起了聯合抵制。一七六八年六月十日，一艘隸屬於殖民地商人約翰·漢考克（John Hancock）的船隻「自由號」由於涉嫌走私，被波士頓的海關局查扣。面對憤怒的抗議行動，波士頓海關局向倫敦報告：「波士頓已經處於暴動狀態」。緊張的局勢不斷升級，加上駐紮在波士頓的英國軍隊胡作非為，反抗的暗流逐漸壯大。一七七〇年三月五日，英國士兵在面對情緒激昂的民眾時開槍，射殺了五個人，這就是波士頓慘案（Boston Massacre）。《唐森德稅法》被迫撤銷，但作為某種象徵性的政治宣示，英國政府保留了對茶葉徵稅的規定。然而，對革命者來說，只有自己的代表才有權收稅，在此原則之下，哪怕只有一項稅收，都足以令人民奮起反抗了。

一七七三年，英國政府為了傾銷東印度公司積存的茶葉，通過了《救濟東印度公司條例》，賦予東印度公司在北美殖民地銷售囤積茶葉的專利權，並且免繳高額進口關稅，只徵收些微的茶稅，並明令禁止殖民地販賣「私茶」。該條例引起北美殖民地人民的極大憤怒，因為日常走私茶占消費量的九成。波士頓革命分子山繆・亞當斯（Samuel Adams）領導的「自由之子」打扮成印第安人，偷偷潛入三艘船上，將船上的貨物搗毀，並將三百四十二箱茶葉傾倒入港口。這就是有名的「波士頓傾茶事件」（Boston Tea Party）。

英國政府的一系列經濟政策未能帶來預期的豐厚收入，未能解決長久以來的財政危機，卻加劇了殖民地人民的反抗，終於在一七七五年爆發了美國獨立戰爭（American War of Independence）。再者，由於法國、西班牙及荷蘭的加入，這場戰爭的範圍遠遠超過了英屬北美洲。一七八三年，法英在印度庫德羅爾展開海陸拉鋸戰，英國人敗北；九月三日，英王代表與殖民地代表於凡爾賽宮簽訂《巴黎和約》（Treaty of Paris），英國正式承認美利堅合眾國獨立。

償債基金和「利滾利」

因為唐提式養老金和還不完的債務，以及美國革命的後果，英國陷入了激烈的討論。一七八〇年，英國的債務接近兩億五千萬英鎊。由於失去了北美殖民地，其在國際上的影響力每況愈下。好在隨著戰爭的結束，英國獲得了短暫的和平。絕大多數政治家都希望和平能夠長久一些，節省龐大的軍費開支，從而使政府有所盈餘，減少赤字。

一七八三年，年僅二十四歲的小威廉・彼特（William Pitt the Younger）首次出任英國首相。他面臨重大問題之一就是巨額國債。為此，他制定了新型國家償債基金。其實早在一七一九年，英國就推出過償債基金，但結果不盡如人意。新政策計畫以稅收和新唐提式養老金為主，每年抵消一部分債務，並用收入買回尚未支付的政府債券。[35]償債基金的最大特色是利用複利累積計算法。

這個想法簡單，卻也漏洞百出，其一就是彼特對利率和複利的解讀。他在一七八四年的一次演講中提到：「就國家而言，高利率基金優於低利率基金，4％勝過3％，5％勝過4％。在各項財政金融工作中，我們必須時刻謹記償還。逐漸償還並消除債務是政府的明智之舉。」[36]他對基本概念的理解似乎有些模稜兩可，不過他對高利率的評價是出於政治的考慮，鑑於極大的債務壓力，眾人都期待高利率。採用比舊債更高的利率向公眾借錢，這做法實在怪異，而唯一能讓此舉名正言順的理由，就是政府用於回購政府債券的錢來自政府的盈餘，而不是依靠借錢或新稅收。此做法的前提是英國的內政外交一帆風順，因為一旦爆發戰爭，該計畫就會受到牽連，逐步抵債的過程也將被打亂。

不過，這個構思並非彼特原創，他是借鏡自牧師理查・普萊斯。普萊斯於一七二三年出生在威爾士，父親是牧師。早年，普萊斯觀點奇異，不願遵循正統，被牛津和劍橋大學拒之門外。他曾執筆論述道德問題，這讓他深信「利滾利」有弊有利；不過，利滾利的術語幾乎已從法學詞彙中消失了，現在的標準措辭是「複利」，儘管本質一致但態度已明顯轉變。一七六五年，普萊斯因為一部機率著作成為皇家學會的成員，之後，他開始專攻年金和利息問題，並出版多部著作進行論述，試圖分析英國的年金問題和保單持有人的預期壽命。普萊斯堅持認為複利可以成功地減少國家債務。

---

35 一七九〇年，亞歷山大・米爾頓採用美國政府銷售唐提式養老金的做法，從而減少國家債務。他的思想是基於部分英國的論點。請參考羅伯特・M・詹寧斯、唐納德・F・斯旺森及安德魯・P・特路德：《亞歷山大・米爾頓的唐提式養老金提案》，《威廉和瑪麗季刊》，45（1988）：107-115。

36 卡爾・B・科尼：《1786年理查德・普萊斯和彼特的償債基金》，《經濟歷史評論》，4（1951）：243。

一八〇七年出版的《新百科全書》（*New Encyclopaedia*）如此描述「利滾利」：「總之，箇中不公即在本金利息上再加利息，這不是一件容易的事。等到了還款日，把收回的本息一併當做新的本金，繼續借給同一人或另一人；如果重新簽了合約，新舊利息就加在一起了。」[37]債權人透過這種方式提高利息是被允許的。

複利已經被圍攻了數世紀之久，普萊斯終於找到了其用處，至少從理論上行得通，而被英國財政機關採納則是適用性的真正考驗。大西洋兩岸有不少普萊斯的讀者，其道德、神學和金融的大雜燴不僅令讀者產生了共鳴，也令一直期待找尋債務問題新方法的英國政府頗為認可。普萊斯利用著書大讚複利的優點。為了說明主旨，他寫道：「在救世主誕生之時借出一便士，如果按照5%的複利計算，截至目前的一七八五年總額將超過兩億的固態黃金價值，而如果按照單利計算，最多不會超過七先令六便士。」[38]這就是他對政府為何使用複利償債基金的基本解釋。

普萊斯支持美國獨立，和富蘭克林（Benjamin Franklin）等美國著名人物一直都保持聯繫。美國獲得獨立後，國家金融一片混亂，因此，美國國會還曾邀請普萊斯執掌國家金融，但他婉言拒絕了。[39]不過，他在一部關於美國福祉和未來的著作提到，十萬英鎊的償債基金就能使這個新國家免受債務困擾，因為如果支付十七年，按照複利5%計算，將減少三百萬英鎊的債務。普萊斯不過是把年金估算轉而用在國家謀利；如果執行正確，國家就是為自己支付年金，而且成果良好。一七九一年，普萊斯去世，在此之前，耶魯大學授予其神學博士學位，以表彰其著作與對美國的影響。他同時也是一神協會（Unitarian Society）創立者之一。

彼特借用了普萊斯關於償債基金的構思。西元一七八六年，英國國會和喬治三世（George III）通過並接受了償債基金，財政部正式採納該計畫。不過，彼特並未公開承認普萊斯的貢獻，而是獨占了這項榮耀。複利需要時間才能減少赤字，但英國僅享受了數年和平，拿破崙戰爭就爆發了，原本打算用於年度支付的資金全轉為他用。儘管該計畫並沒有如預想般為國家減少5%的債務，但在當時已立下不小的成就。

第六大歐洲力量

十七世紀末期，銀行業盈利可觀，私人銀行家開始崛起，禁止詐騙的法律相當嚴明苛刻，這多少保護了銀行家們，但也不是沒有信貸風險和競爭對手。在美國革命之前的數世紀中，銀行業的某個狀況一直不曾變過，即銀行家更傾向於大客戶或大型機構，因為小客戶貸款往往僅是為了生活且常素行不良。

到了十八世紀中期，幾個主要貿易國家的海外商務以及殖民地發展，都需要多元業務與影響力大的銀行家。南海公司的海外探索和對外貿易不算成功，尤其是在接收了國家債務後一蹶不振。歐洲聖殿騎士團和梅迪奇銀行所扮演的角色後繼無人。英國乃至整個歐洲急需如同探險家的銀行家們，以便順利展開跨國業務。

十八世紀末期，這般角色最後落在了兩家私人銀行集團。當時，「集團」一詞是對私人銀行公司的非

37 請參考《新百科全書》（倫敦，弗諾、胡德和夏普出版社，1807），720。
38 理查·普萊斯：《美國革命重要性觀察》（都柏林，懷特等人出版，1785），11。
39 卡爾·B·科尼：《1786年理查·普萊斯和彼特的償債基金》，第244頁。

官方最高尊稱，兩家私人銀行皆被稱為「集團」，可見其社會影響力之大。之後的兩百多年，兩大集團在國際叱吒風雲，為英國和法國的權力崛起做出了不可磨滅的貢獻，並對十九世紀後的美國經濟產生了重要影響。這兩大集團，就是霸菱集團（House of Baring）和羅斯柴爾德集團（House of Rothschild）。

對絕大多數人來說，霸菱家族並不陌生，因為其所擁有的霸菱銀行（Barings Bank）是英國歷史最悠久的銀行之一。然而，就在上世紀結束前的五年，即一九九五年，這家背景顯赫的老牌銀行甚至來不及長嘆一聲，就由英國中央銀行宣布破產。消息一傳出，亞洲、歐洲和美洲地區的金融界立即產生了一連串震盪。在東京股市，英鎊對馬克的匯率跌至近兩年的最低點；倫敦股市也出現暴跌，紐約道瓊指數下降了二十九個百分點！不過，在這之前，它已經走過了兩百三十三個年頭。

霸菱銀行由約翰．霸菱（John Baring）和法蘭西斯．霸菱（Francis Baring）兩兄弟於一七六三年創立，當時該銀行的名稱是「約翰和法蘭西斯霸菱公司」。兄弟倆的父親是從德國移民至英國的商人。法蘭西斯比約翰活躍一些，在他的帶領下，公司步入了多元化發展的道路，並在國際金融界取得了巨大的成功。一七七六年起，霸菱銀行逐漸轉變為商業銀行，一方面為客戶提供資金，一方面自己也做買賣。當然，和其他商人一樣，它也要承擔相應的風險。霸菱銀行的業務範圍相當廣，無論是到剛果開採銅礦還是在澳大利亞販賣羊毛，抑或開掘巴拿馬運河，它都可以為之提供貸款。

十八世紀末十九世紀初，在改良蒸汽機的帶動下，一系列技術革命引起了從手工勞動轉變為動力機器生產的重大飛躍，隨後，工業革命從英國傳播到整個歐洲大陸。霸菱集團的崛起幾乎是和英國工業化同步進行。不過，霸菱銀行不開發普通客戶的存款業務，因此資金來源比較有限，只能靠自身的力量謀求生存和發展，但這並沒有阻止霸菱銀行前進的步伐。

霸菱銀行有個強勁的競爭對手——羅斯柴爾德銀行，不過各國政府、各大公司和許多客戶仍以霸菱銀行作為首選。一八〇三年，剛剛誕生的美國從法國手中購買了南部的路易斯安納，購買資金就出自霸菱銀行，由此，霸菱銀行成了英國向美國投資的主要樞紐。霸菱銀行的投資金額巨大，投資領域主要是基礎設施，例如鐵路。十八世紀末十九世紀初，美國人非常懼怕霸菱銀行的勢力，因為它在許多人眼中代表著喬治三世的利益；在美國獨立之時，這個國王的精神狀態令人擔憂。十九世紀中期，霸菱銀行在美國發展了許多頗具影響力的交易，並資助了當時的美國中央銀行及不少私人公司。一八四八年墨西哥戰爭後，霸菱銀行安排融資，以協助美國向墨西哥政府購買德克薩斯州；在美國內戰期間，霸菱銀行還協助美國政府向俄羅斯購買阿拉斯加州。直到一八九〇年代，英國依舊是美國的主要資金來源，不過那時，霸菱銀行在南非的投資損失慘重。

一八一〇年，法蘭西斯・霸菱去世，他的兒子亞歷山大・霸菱（Alexander Baring）繼承了父親的衣鉢。亞歷山大在成為國會成員之後，經常公開號召廢除英國的《高利貸法》。十九世紀初期，不少反對高額利息的名人都和他站在同一陣線，其中包括大衛・李嘉圖（David Ricardo），使得他的呼籲更具分量。亞歷山大在下議院說道：「《高利貸法》傷害了法律原本想保護的人。」[40]隨著反對聲的高漲和工業革命的展開，英國終於在一八五四年下令廢除《高利貸法》。

在亞歷山大領導霸菱銀行時期，該銀行參與了一項非常重要且意義深遠的交易——向英國政府提供融資，以對抗拿破崙。一七九八至一八一四年，英法兩國正值交戰，亞歷山大為英國首相小彼特擔保國家有

---

40 詹姆斯・貝奇・凱里：《高利貸法概要和歷史》（倫敦，理查詹姆斯肯尼特出版社，1835），176。

足夠的軍費支持漫長的戰爭。因此，在拿破崙戰爭時期，霸菱銀行被視為排在數個歐洲強國之後的「第六大歐洲力量」。一八一五年的維也納會議上，英國、法國、奧地利、普魯士及俄羅斯等代表都認為，如果沒有霸菱銀行的擔保，就沒有一條具持久影響力的和平條約。

十九世紀初期至中期，霸菱銀行在國際金融界的地位如日中天。一八三〇年代後期至一八四〇年代的歐洲經濟蕭條，霸菱銀行是歐洲大陸規模最大的銀行。一八三九年，英格蘭銀行陷入了財政危機，霸菱銀行的湯瑪斯・霸菱（Thomas Baring）協助支撐央行。一八四七年，霸菱銀行又拯救了陷入相同困境的法蘭西銀行。一八八六年，霸菱銀行發行「吉尼士」證券，手持申請表的購買者就像潮水一樣大量湧進銀行，最後不得不出動警力維持秩序。許多人排隊數小時才終於買到了股票，第二天拋出時，股票價格已經翻倍。

然而，霸菱銀行由於較為冒險的政策，以及過度認購阿根廷及烏拉圭的債務，致使自身陷入了嚴重的財政危機，其直接影響了英國一八九〇年恐慌（Panic of 1890）的形成。幸好英格蘭銀行所組建的財團及時施以援手，危機才得以化解。之後，霸菱銀行行事作風變得嚴謹，並逐漸成為英國統治集團的一員。二十世紀初，霸菱銀行榮幸地獲得了一位特殊客戶：英國皇室。由於貢獻卓越，霸菱家族先後獲得了五個世襲的爵位，稱得上世界紀錄了，霸菱家族顯赫的地位也因此有了堅實的基礎。儘管嚴謹的作風阻礙了銀行的發展，但也因此得以拒絕向在第一次世界大戰戰敗的德國提供融資，從而避免了「大蕭條」的巨額損失。

兩百多年來，霸菱銀行在證券、基金、投資、商業銀行業務等方面，取得了長足的發展，成為倫敦金融中心位居前列的集團化證券商，就連英國女王的資產都委託管理，因而素有「女王的銀行」之美稱。該集團一九九三年的資產為五十九億英鎊，負債為五十六億英鎊，資本金和儲備金為四億五千萬英鎊，海內外的職員約有四千名，盈利達一億五百萬英鎊；一九九四年，該集團的稅前利潤高達一億五千萬英鎊。在倒閉之前，霸菱銀行管理著三百億英鎊的基金資產、十五億英鎊的非銀行存款，以及十億英鎊的銀行存款，在世界千家銀行的核心資本排名中，位居第四百八十九位。但即便擁有如此悠久的歷史、顯赫的背景、豐富的經驗、雄厚的資產，霸菱銀行終究成為過去。儘管破產之後的霸菱銀行仍以「霸菱銀行有限公司」之名繼續運作，但其實早已易主。

羅斯柴爾德的金融帝國

與霸菱銀行同一時期崛起的另一個銀行集團，就是久負盛名的羅斯柴爾德集團。羅斯柴爾德家族從十六世紀起定居在德國法蘭克福的猶太區，兩世紀左右間默默無聞，直到十八世紀才開始發跡。這個古老家族開始興旺則是因為梅耶．阿姆謝爾．羅斯柴爾德（Meyer Amschel Rothschild）。

一八〇〇年之前，戰爭席捲了歐洲的大多數國家，即便是沒有處於戰爭中的國家，也都忙著為戰爭準備。在這樣背景之下，各國開支無可避免地大幅增加；另一方面，由於貿易銳減及農產品欠收等原因，歐洲各國稅收普遍減少，國家收入大幅下跌。整個十九世紀，幾乎所有歐洲國家都會偶爾出現財政赤字，其中部分國家甚至始終處於入不敷出的境地。

儘管與國家收入相比財政赤字的數額較小，但也不容易在財政上實現填補。對大多數國家而言，借貸的代價很大，因為在投資者眼中它們是不可靠的債務人，所以往往需要支付較高利息。一般而言，預算赤字通常是由以下這些方式填補：其一是透過通貨膨脹（國家貶值流通貨幣）；其二則是以出售皇室資產，比如土地或辦公場所，來增加收入；最後，還有就是徵收新的稅項。

但是，當時有一個例外，德國的小公國黑森—卡塞爾（Hesse-Kassel）統治者始終保持一定的收入盈餘。原因之一在於，他向其他國家提供僱傭兵，由此獲取收入。梅耶·羅斯柴爾德參與管理該國統治者龐大的投資組合。這是梅耶從最初硬幣交易商轉變為銀行家邁出的第一步。

一七九三至一八一五年，再次發生的戰爭主宰了一切，戰爭對財政帶來的作用非常複雜。第一，歐洲所有參戰國皆因戰爭出現巨額開支，經濟都陷入了通貨膨脹的泥沼；第二，戰爭又為商人帶來了一些機會，他們可以利用紡織品、金銀等進行高風險的交易，或者幫助流亡的統治者管理已有的投資，由此獲得巨額利潤；第三，英國給予歐洲大陸盟友的經濟援助，有力地推進了跨國交易系統的變革，因為在此之前跨國交易系統並未處理過數額如此龐大的款項。就是在這樣動盪不安的局勢下，羅斯柴爾德家族抓住機遇，實現了關鍵躍進，從兩家規模不大的公司（一個位於曼徹斯特的布料出口公司，和一個位於法蘭克福的小型商業銀行），一躍成為跨國金融合夥人公司。

梅耶的三兒子內森·梅耶·羅斯柴爾德在英國的職業生涯起步於紡織品出口，一九七八年創建了羅斯柴爾德父子公司（N.M. Rothschild and Sons）。這家公司後來成為不少歐洲投資商的中介，還將業務擴展至北美地區。套用現代說法，羅斯柴爾德父子公司從事的業務屬於商業銀行性質，其中一項業務便是為歐洲大陸投資商進行美國投資代理。一八一二年戰爭之後，這家公司和霸菱銀行展開競爭，發展到美國的直接投資，絕大多數是州政府和市政府的債券。在內戰期間，它還幫助美國財政部吸收大筆資金。

但是，羅斯柴爾德父子公司當時還不能被視為家族公司，它正式成為羅斯柴爾德銀行集團一員，是在一九〇五至一九〇九年之間。羅斯柴爾德銀行集團由幾位家族成員掌控。唯一經營到今天的只有倫敦分行。一八二〇至一八六〇年代是羅斯柴爾德家族的鼎盛時期。當時羅斯柴爾德集團擁有五間分行，分布於不同的地區，包括由內森管理的倫敦分行；在德國法蘭克福則有羅斯柴爾德父子公司（M.A. Rothschild & Sohne，一八一七年後改名為M.A. von Rothschild & Sohne。老羅斯柴爾德去世後，這家公司由長子阿姆謝爾接手）；法國巴黎，五子詹姆斯創立了羅斯柴爾德兄弟公司（de Rothschild Frres）；另外還有兩間法蘭克福總行的分行，即次子薩洛蒙管理的奧地利維也納羅斯柴爾德銀行（S.M. von Rothschild）和四子卡爾掌管的義大利那不勒斯羅斯柴爾德銀行（C.M. von Rothschild）。

直到一八六〇年代，五家銀行之間的關係都非常緊密，無論從哪一方面來說，它們都屬於同一個跨國銀行。甚至在二十世紀初的第一個十年裡，羅斯柴爾德集團都是這種合夥人體系。法國的羅斯柴爾德成員與倫敦分行有著休戚與共的金融聯繫，英國的羅斯柴爾德成員與巴黎分行也是榮辱共生。與現代跨國公司不同的是，羅斯柴爾德集團一直是一間家族公司，所有經營決策權都嚴格控制在合夥人的手裡，並且一直到一九六〇年，合夥人只能由羅斯柴爾德家族的男性成員擔任。

利用家族成員分布在歐洲各地支行的優勢，羅斯柴爾德兄弟總能在第一時間獲得最新政治與經濟情報，並提前採取行動。一八一四年，拿破崙與歐洲聯軍對抗，戰局變化無常，英國的證券交易很不景氣。一八一五年六月十八日，世界軍事史最著名的戰役之一滑鐵盧戰役爆發。這不僅是拿破崙與威靈頓兩支大軍之間的生死決鬥，也關係著英國成千上萬投資者的身家性命。如果英國戰敗，公債價格將跌落深谷，反之，則將直上雲霄。內森以便捷的消息網絡，提前一天得到了情報，他不動聲色地回到倫敦股票交易所。當時，關於戰役結果的謠言滿天飛，焦急的人們普遍感到恐慌，因此大肆拋售英國公債。內森趁機大批買入，最後穩穩賺了一大筆，使家族財富一下子增加了二十倍！

羅斯柴爾德家族在多地開辦銀行，從事證券、股票交易和保險業務，投資工商業、鐵路和通訊業，並滲透至鋼鐵、煤炭與石油等行業，是一八一五年之後該世紀的「金融巨人」。如同霸菱銀行，這個家族也在國際舞臺活躍了兩百多年。

恐慌和通貨膨脹

十八世紀下半葉，英國嚴峻的經濟形勢導致投機加劇，社會越發動盪不安。十九世紀初，英格蘭銀行不得不為英國政府提供三百萬英鎊的貸款，以滿足其開支。

英國國內的主要問題是物價上漲。商人因為今天所稱的「哄抬物價」而被判刑的案子在法院檔案中俯拾皆是。在當時，這種行為被稱為「囤積」（forestalling）。其中一件案子中，一名叫拉斯比（Rusby）的貿易商以每桶四十一先令的價格購買了三百六十桶燕麥，同一天，他以每桶四十四先令的價格售出了一部分。陪審團很快就判定有罪。法官凱尼恩爵士（Lord Kenyon）對陪審團說道：「你們的判決為我國帶來的利益是其他任何一個陪審團都難以企及的。」[41]

這話顯然誇大其詞。自一七七三年到十八世紀末，英國生活成本激增。早期一份生活成本表顯示，一籃家庭主要必需品，例如一擔乾草、蠟燭和一擔煤，在一七七三年的價格為八十四便士，而一八〇〇年漲到了四千五百一十四便士，換言之，漲幅高達537%，亦即平均年增長20%。[42]通貨膨脹引發了諸多問題。黃金短缺，於是很多人將堅尼硬幣熔掉，以獲取其中的黃金。物價上漲也導致社會動盪，人們紛紛把責任推到貿易商和中間商身上，因為大家親眼目睹這些人蠶食百姓而致富。很多時候明明是政府之失，卻怪罪於商業行為，人們覺得抬高物價是貿易商對同胞犯下最不可饒恕重罪之一，而事實上，主要罪過在於政府政策，例如限制性關稅。

自亨利八世到國會廢除《高利貸法》之間的三百年，英國可謂大起大落，這也與美國形成映照。人均壽命大大延長，新型金融產品陸續問世，人們對於借錢和利息的態度也發生了顯著改變。與此同時，戰爭依舊是實現穩定經濟發展的主要障礙，這和當年都鐸王朝別無二致。資本主義披著重商主義的外衣現身了，英國開始了工業革命。

亞歷山大·漢米爾頓（Alexander Hamilton）撰文論述了製造業進入美國農業經濟之後帶來的影響，他以英國為榜樣，很多政治家和商人矢志不渝地支持廢除《高利貸法》。理查·普萊斯早已指出複利有利亦有弊，十九世紀面臨的真正問題在於，是否有人認真體會這番話。

---

41 約翰·阿史頓：《十九世紀英格蘭的黎明》，第五版（倫敦，費舍爾安文出版社，1806），17。

42 約翰·阿史頓：《十九世紀英格蘭的黎明》，第17頁。其中還包括所得稅，為十年後的新增內容，從而大幅度提高了總體成本。

〔第四章〕

偉大的試驗

現代信貸體制的發起人，其出發點不是對普遍意義的利息資本施以詛咒，恰恰相反，是對其毫無遮掩的認可接納。

——卡爾・馬克思，一八六七年

❖ 導讀

社會逐漸繁榮，進入了工業時代，對貸款和財產的需求也在增加。英、美兩國的高利貸禁令面臨著巨大壓力，因為很多人認為此禁令是發展的絆腳石。十八世紀經歷的風風雨雨充分證明，信貸銀行能夠讓貸款變得更加便捷。然而，縈繞著高利貸和債臺高築的道德醜聞揮之不去。希望維持高利貸禁令的人仍舊以消費貸款做擋箭牌，而要求鬆綁禁令之人就搬出商業貸款據理力爭。最後一個有待商榷的問題是：如果取消了利息上限，這些禁令是否還有掌控權？

經歷了四千年之久的禁令和譴責，面對社會經濟的飛速發展，取消利息上限的實驗已經勢在必行。在滑鐵盧之前，法國就在貫徹《拿破崙法典》（Napoleonic Codes）一項內容時，刻意迴避了法國《高利貸法》，明顯傳達了放鬆放貸利息監管限制的想法。英國睜大眼睛看著法國如何摸著石頭過河，它不安地打量著法國，希望能得到些許啟發——如果英國鬆開對利率的管制，任由其達到「自然」標準，一切將會遇到什麼遭遇？

大西洋兩岸這場偉大實驗遠比看起來更觸目驚心。如果英、美兩國廢除《高利貸法》，兩方社會都將面對不可小覷的不可確定性。消費貸款和商業貸款的利率將發生什麼樣的變化？後者的答案更明顯一些，因為多年以來，商業貸款很大程度都游離於《高利貸法》之外，而對個人消費貸款的影響就難以估量了。或許，利率會調整到自然標準，且不會對借方構成危害。大多數立法者均有共識，改變乃大勢所趨，唯一的疑問是時間。

得益於理查．普萊斯尚存的影響，十九世紀對複利的論述增多。這個世紀的絕大時間裡，美國和英國的法庭時常須直接面對傳統做法的挑戰。總體而言，大西洋兩岸的法庭規定，只要借方心裡知道，這種做法就可以接受，但是貸方不得恣意妄為。和先前一樣，人們認為利滾利不過是逃避《高利貸法》、借方付出代價以補償貸方的另一種方式罷了。因此，即使英國和美國部分州廢除了《高利貸法》之後，高利貸的問題依舊存在，因為借方認為，比起單純的高利貸，計算複利會讓自己損失更大。

市場發展也讓立法者壓力倍增。自十七世紀引入股票買賣之後，投機為《高利貸法》的執行帶來了更多棘手的問題，因為許多投機商都是透過借錢為股票籌資。自英格蘭銀行建立以來，英國早已習慣了抽象資產的交易。南海泡沫雖然澆了投機一盆冷水，但人們的投機熱情並未熄滅。股票買賣發展昌盛，投機商漸趨龐大，他們就像曾經的貸方一樣，認定投機活動肯定比賣命工作舒坦愜意。相較於英國，美國的投機活動與土地的牽扯頗深。

美國人也體驗過股票交易的滋味。一八〇〇年之前，尚在襁褓中的美國市場還遭遇了兩次恐慌。和英國人民一樣，美國人民眼睜睜地看著知名公眾人物跌入投機漩渦，落入一敗塗地、名利兩失的結局。新型股票交易取代了實物貿易，這讓原本就令人一籌莫展的問題更加棘手。在十九世紀初期，高額利息的概念已經奄奄一息了嗎？還是仍在複雜的現代生活存有一席之地？數十載光陰緩緩流轉，翹首期待高額利息嗚呼哀哉的人們會發現，其實二者並存。

十八世紀，舉債經營的概念登上了金融界舞臺。一旦股票商、冒險家和正經商人意識到它創造利潤的潛質，那麼一切將成定局、無法挽回。儘管《高利貸法》尚存，倫敦還是出現了多家私人銀行，它們能夠提供更多貸款。英格蘭銀行發行紙幣讓此過程更加順利。所有因素都一同為信貸機器啟動做準備。個人依舊靠著借錢維持生計，而企業家借錢投資或投機的規模愈來愈大。債務仍舊是金融體系的核心問題，收取高額利息的做法一如往昔。

雖然後來採取了一些新措施，希望能引入或改革《破產法》，以減輕債務人的負擔，可是欠債不還的懲罰依舊很嚴厲。將拖欠債務的借方關入大牢的可操作性越發受到質疑，更何況其中還有一些知名的美國人，他們都是著名欠債難還之人。如果受人信任的公務員都憑藉金融知識，借來大筆金額從事投機活動，那麼牽涉人類本性的高利貸爭辯是偏向延續還是廢除《高利貸法》？

到了拿破崙時代末期，信用度的概念和三百年前大同小異。不論是個人貸款或商業貸款，聲望口碑和社會地位依舊是決定一個人能否獲得貸款的主要因素。那時尚未出現信用評級機構和債務報告機構，因此，歷經時間洗滌的傳統做法——「言而有信」，是借貸雙方具備社會約束力的不成文契約。十九世紀末期，約翰．摩根（John Pierpont Morgan）在決定是否可以貸款給某位客戶時，首先考慮的是對方的人品，這無疑反應了當時普遍認同的原則。借方之言是償還貸款或與貸方公平交易的承諾。當然，和數世紀以前一樣，抵押物是免不了的，不過成功獲得貸款的首要因素依舊是聲望口碑。欠債不還的借方將遭到社會的排斥，對於商人而言，無法融入社會是難以置信的事。償還債務是財政事務的重中之重，所以《高利貸法》自然而然地保持了其莊重性，即便是借錢給有風險的借方時，收取高額利息也是毫不遮掩。

美國的《破產法》

隨著商業活動和投機活動的增加，紐約的咖啡館較之往日更為人頭攢動。唐提咖啡館可謂車水馬龍，戶外的貿易商和股票商則聚集在華爾街和百老匯街（Broad Street）做生意，簡直就是當年南海泡沫時期倫敦交易巷的翻版。投機鋪天蓋地，可惜不得善終。

美國獨立後不久，第一波股票市場恐慌就爆發了。威廉・杜爾（William Duer）是紐約的公眾人物，他是大陸會議（Continental Congress）的參與者。其祖先生活在英國，一七七三年，他定居紐約，自此再未返回英國。杜爾曾擔任不同政府職務，其中之一是國家財政委員會（Board of Treasury）秘書，他因此得以深入審視美國的金融。一七八七年，他開始進行土地交易投機，借了一大筆錢用於早期的股票投機，這些股票買賣在華爾街的路邊市場完成。然而，短短五年之內，市場就顯露出崩潰的跡象。

杜爾欠債過多，最終破產，開始遭到了債權人的起訴，而後被關進了紐約新監獄（New Gaol），那裡關押著不少當時知名破產者。美國國會自成立以來，每年其實都會收到不少《破產法案》，但經過反覆斟酌，最終都沒有批准。美國改革者試圖改變債務人入獄的做法，類似英國人自笛福和奧格爾索普時代的改革努力。一位曾因欠債未還而被關進新監獄的律師公開斥責這套制度。威廉・凱特塔斯（William Keteltas）號召推翻關押債務人的做法，並從監獄發表了數本著作，最早的一部是一八〇〇年的《無望之望》（*Forlorn Hope*）。[1]不過這些努力已經幫不上杜爾了。他在監獄裡待了整整七年，得益於亞歷山大・

1 布魯斯・H・曼：《債務人共和國：美國獨立時期的破產》（劍橋，麻薩諸塞州，哈佛大學出版社，2002），102。

漢米爾頓出面斡旋，他得到了一段緩刑。不過，他於一七九九年在監獄去世，最終沒能重見天日。

杜爾在一七九二年的破產對紐約造成了大規模的金融損失，導致股票商自行簽署了《梧桐樹協議》（Buttonwood Agreement），使得股票市場首度出現正規組織，最終演變成為紐約證券交易所。這次行動也促使國會於一八〇〇年（距離杜爾死亡僅一年）通過了首部《破產法》。

威廉・杜爾是當時第二大聲名遠播的債務人，其過世之前儘管曾做了眾多努力，但國會從未通過任何一部《破產法》。美國獨立之後的幾年間，企業家和投機商人數龐大，宣告破產意味著將來休想捲土重來。簡言之，宣告破產對他們不利，逃過此法宿命總勝過任人宰割。

在共和國早期，聯邦派和傑佛遜派的爭辯焦點就是破產，因此拖慢了國會推出任何法律的進程。聯邦派和亞歷山大・漢米爾頓認為，為了幫助無力償還的債務人擺脫債務必須制定《破產法》，商界也才能重煥生機，取得進步。此構思是基於製造業和信貸建設過程。另一方面，傑佛遜派首先將美國定位成農業經濟體，任何一部《聯邦破產法》都會將各州的權力轉移至華盛頓，他們擔心此舉會扼殺生計。類似的爭議在同時期的英國也出現了。在抨擊《高利貸法》之後的數十年間，一旦其他主要學者和作者的觀點反應出大眾的態度，這些爭辯便成功地讓《高利貸法》被反覆提及。

這場世紀之交的爭辯推動了聯邦《破產法》的誕生，其間最常被提及也最惡名昭彰的案例要屬羅伯特・莫里斯（Robert Morris）。當時，許多州都有各自的《高利貸法》和《破產法》，而通過《聯邦破產法》的進程則是在杜爾事件之後才有了快速進展。當時的主要破產都涉及投機性的大肆借錢，但還沒來得及盈利就付諸東流了。貸款收取多少利息並不是首要問題，本金額度才是。

在一七九〇年代末期，羅伯特・莫里斯還不是舉債經營和財政不善的人物。作為一名商人，他極熱衷於冒險，據說他是一八〇〇年之前的美國首富。莫里斯出生在利物浦，十三歲那年（一七四七）和父親移民來到美國。他向費城一位名叫查理・維林（Charles Willing）的商人學習，後來變成合夥人，成立了維林莫里斯公司（Willing, Morris and Co.）。莫里斯精通航海運輸和地產，很快便富甲一方。他曾以賓夕法尼亞代表團成員的身分參加大陸會議，就職於賓夕法尼亞委員會（Pennsylvania Assembly）並簽署《獨立宣言》。然而，他為大眾做出的貢獻因為多項指控而蒙上了陰影，有人指責其公司有濫用公共基金的現象，尤其公司提供政府海上運輸服務。

一七八一年，新政府重創連連，莫里斯因金融才幹而聲名顯赫，被任命為財政總監（superintendent of finance）。為了擺脫人們對利用財政漏洞的指責，他有時會無償貼補新政府。一七八四年離任時，聯邦財政實際上小有盈餘，而身為美國獨立時期閃亮人物之一的他，就此奠定了名聲。

美國獨立後，莫里斯的事蹟仍在延續。作為美國制憲會議（Constitutional Convention）的成員，《憲法》簽署之後，他從賓夕法尼亞被選為參議員。他向國會提議，仿照英格蘭銀行建立一家美國國家銀行，但遭到了國會的否決。於是，他自己出資兩千五百萬美元，在賓夕法尼亞創建了北美銀行（Bank of North America）。一七九五年，他從參議院退休，從此和幾位合夥人投身地產投機。他們在華盛頓哥倫比亞特區購買了上千塊土地，希望首都開始建設時能大賺一筆。他還在紐約西部購置了上百萬英畝的土地，在南部也有一些地產。他抵押地產，以獲得更多的貸款，不過很快就觸底了。他沒有現金，無力還債。那時，他的銀行欠款總額為十萬美元。

莫里斯只好躲在家裡，不過很快就被逮捕，並於一七九八年進入費城的普倫街監獄（Prune Street Prison），直到一八〇一年才獲釋。據估計，當時他已經欠債超過三百萬美元。雖然財政情況不樂觀，想擺脫破產幾乎難於登天，但他在牢獄期間仍竭盡所能避免被宣布破產。他的債權人超過一百人，大多已經放棄窮追猛打地逼他還錢了。最終，他極不情願地宣告破產，並在一八〇一年年末重見天日。依照《破產法》，他的債務得以免除，債權人也不得再起訴他。[2]一八〇六年，莫里斯去世。

讓莫里斯重回自由身的《破產法》（Bankruptcy Act）在一八〇〇年通過。這部聯邦法和英國的《破產法》相似，二者均認為破產不是出於債務人自身的意願，而必須由債權人提出，且債務人欠債應超過一千美元。該法律並非以保護破產者為目的，而是旨在保護債權人，防止商人故意欺騙或掩藏資產，意圖欠債不還。不過，這部法律和英國的《破產法》在實際應用也有不少差別。[3]

由於債務人監獄不斷遭人詬病，英國的發展步伐也加快了。只有貿易商才能宣告破產的古老想法一如往常，非貿易商的個人如果無法還債，一旦債權人提出要求仍須入獄。不過，在英國廢除《高利貸法》的前幾年，情況發生了改變。一八〇八年年初，凡是因為欠債而被關押之人，如果已經入獄一年，且金額在二十英鎊以下，則必須釋放，理由是服刑的時間已經抵消了小額債務。對於大眾來說，反對關押小額欠款的債務人是理所當然，不過真正推動法律進步卻需要數世紀。

《高利貸法》的唇槍舌戰

自擊潰拿破崙起，英國金融界出現了躍進，社會大眾信心十足，工業革命推動了國民財富增長，為了適應市場的靈活性，原本各類監管限制必須廢除。

一八〇二年，銀行家兼商人亨利・桑頓（Henry Thornton）為反對《高利貸法》提出了強有力的經濟依據。桑頓和不少同行一樣，生於商業世家，年少時期就為父親打理銀行業務。他還是一位著名的經濟學學者，是十九世紀最具影響力的貨幣數量論的支持者之一。和許多商人一樣，他對《高利貸法》很反感，認為這些法律違背了市場利率。不過，他的解讀和同時代人略有不同，他認為當《高利貸法》規定的利率低於市場利率時，才會引發問題。他寫道：「在《高利貸法》的故意干涉下，借方很輕易地獲得了貸款。由於支付的利息太低，所以拚命申請貸款。」[4]桑頓的著作裡能找得到亞當・史密斯關於高利貸上限及該上限與市場關係的論述，代表對高利貸的解讀終於擺脫了道德術語，從而進入經濟範疇。

一八一五年以後，英國國會經常收到要求廢除《高利貸法》的提案，但總體進展十分緩慢。國會議員亞瑟・昂斯洛（Arthur Onslow）數次提議要求廢除《高利貸法》，每一次都鎩羽而歸。一八一六年，昂斯洛又交出數個提案，財政大臣提醒他，英國財政自滑鐵盧之後便脆弱不堪，當下的制度實在不宜變革而面臨未知的變數。[5]對《高利貸法》的不滿情緒越發高漲，而未知的恐懼卻讓國家裹足不前。與此同時，人們紛紛開始討論，沒有《高利貸法》的社會本質將會發生什麼變化。

希望廢除《高利貸法》的人可謂意志堅定。昂斯洛堅持不懈地提議廢除，不少聲名赫赫的同僚為他背書，其中一位就是大衛・李嘉圖，他原是股票經紀人兼放貸人，後來成為經濟學家。李嘉圖出生在葡萄牙

2 有關根據《破產法》解除債務，請參考大衛・A・斯克爾：《債務主權：美國破產法歷史》（普林斯頓，紐澤西，普林斯頓大學出版社，2001），6-7，98-99。

3 布魯斯・H・曼：《債務人共和國：美國獨立時期的破產》，第223頁。

4 亨利・桑頓：《大英帝國的票據信用本質及成效詢盤》（費城，詹姆斯亨佛瑞出版社，1807），243。

5 《泰晤士報》，一八一六年五月二十四日。

猶太人家庭，繼承父親的衣缽在倫敦成為股票經紀人，其間，他收入頗豐，在滑鐵盧戰役期間，他是認定法國必勝的少數英國人之一，他購買的英國政府債券在戰爭前以極低的價格賤賣。一七九九年，二十七歲的他仍是經紀人，那時他便閱讀了史密斯的《國富論》，並很快地迷上了經濟學。他開始撰寫文章，雖然他和桑頓一樣，都沒接受過大學教育，但他的觀點獨到而犀利。

李嘉圖發現政府不少政策是建立在錯誤的經濟根基上，於是，他開始和政府唱反調。他反對的法案之一是《玉米法》（Corn Laws），該法律規定了保護主義關稅，限制小麥進口到英國。一八一五年，他在一篇題為《論玉米低價對股票盈利的影響》（Essay on the Influence of a Low Price of Corn on the Profits of Stock）的文章中提出「邊際報酬遞減定律」（the law of diminishing marginal returns）。他還提倡今天所說的「比較優勢」（Comparative Advantage）。兩個概念都成為現代經濟理論的基石。李嘉圖家財萬貫，據估計，他擁有六十萬英鎊，因此得以在四十二歲時便退出金融圈。五年後，他以愛爾蘭波塔靈頓（Portarlington）代表的身分進入國會。

在李嘉圖去世的兩年前，即一八二一年，推崇自由貿易和市場力量的他和阿瑟·昂斯洛聯手反對當時的《高利貸法》。昂斯洛提交了新的提案，國會不少握有地產的貴族提出了質疑，李嘉圖便指出：廢除《高利貸法》並不會提高現有利率標準；雖然時有發生一些不如人意的事，但借貸雙方的競爭最終會使利率調整到穩定標準；英、法戰爭期間，儘管有《高利貸法》，但利率還是上漲到了15%，這只會阻礙市場力量發揮作用。[6]這番辯詞頗具說服力，可惜提案仍未通過。

之後，昂斯洛再度向國會提議廢除《高利貸法》。李嘉圖再次為之辯護。他堅稱，對待金錢的方式應該如同其他商品，買賣雙方既然可以為商品討價還價，那麼牽涉金錢時也應當有同樣權利。此外，他還提出，《高利貸法》帶來的唯一結果就是將放貸業務送給肆無忌憚之人，這些人故意逃避法律，並以此大獲其利。[7]然而，最終勝出的還是支持《高利貸法》之人。《高利貸法》將再繼續存世三十年，而李嘉圖不久便逝世了，爭辯的重任留給了後人。

在生命最後的時光裡，李嘉圖評論過英國財政部為收回政府債券而推出的償債基金。他在信件中與法蘭西斯．普拉斯（Francis Place，譯註：一七七一至一八五四年，英國社會改革家）討論了償債基金的運作機制。一八二〇年，他為《大英百科全書》（*Encyclopaedia Britannica*）就英國公共債務的融資制度撰寫了一篇文章，他認為要實現融資的目標，各國應該補償開支，而非催生貸款。這部百科全書在他去世四年後才出版。在經歷了長達一百年的零星運作之後，償債基金終於在一八二九年廢除了。

不過，當時的首要經濟問題是，是否該廢除《高利貸法》。支持廢除的理由之一是《高利貸法》毫無作用，從事更加複雜放貸交易的金融服務公司很常逃避這些法律。一位署名為「高利貸的敵人」的讀者怒氣衝衝地寫信給倫敦《泰晤士報》（*The Times*），他在信中揭露倫敦某家人壽保險公司推出的一款保單放貸產品，年利率竟然高達20%！這位讀者認為任何熟悉行業做法的人「都會承認自己從未見過比這更赤裸裸的高利貸，然而這家公司的董事會成員竟然都是紳士貴族。」[8]類似的情況美國也報導過。這就證明，金融服務業善於逃避《高利貸法》，從而推出高額利息的貸款。就像數世紀前，人們也利用金融手段巧妙

6 大衛．李嘉圖：《大衛．李嘉圖工作及書信》，皮耶洛．斯拉發及M．H．多布編輯，第五卷，《演講與證明1815-1823》（印第安納波利斯，自由基金出版社，2005），一八二二年四月十二日。

7 大衛．李嘉圖：《大衛．李嘉圖工作及書信》，第五卷，一八二三年六月十七日。

8 《泰晤士報》，一八四七年六月二十五日。

地規避《高利貸法》使其名存實亡，此時只不過隨著報紙業的發展和普及，所有人都能夠看得一清二楚了。也許可以說是通訊的發展，推動了廢除《高利貸法》的運動。

李嘉圖逝世後，昂斯洛再度向國會提交了廢除《高利貸法》的議案。其中一位國會代表要求保持《高利貸法》的方式，是以歷史的角度闡釋其重要性：「試想，在推行《高利貸法》之前，這個國家是什麼模樣？我們沒有自己的船艦，須從漢薩同盟（Hanse Town，譯註：西元十二至十三世紀，中歐神聖羅馬帝國與條頓騎士團諸城市之間形成的商業與政治聯盟）購買船隻，而他們就擁有《高利貸法》。自從貫徹《高利貸法》以來，我們迎來了繁榮發展的時代，財富、工業和生活蒸蒸日上，實現了一個國家的所有期待。」[9]圍繞著是否廢除《高利貸法》的討論不絕於耳，不過，《高利貸法》最終依舊沒有被連根拔起。

一八三二年，國會通過了《改革法》（Reform Act），投票權將根據地產權擴展到地產所有人。許多人因此開始購置地產，或是借錢建屋或買地，建築相關單位因此更為繁忙。小銀行吸收存款，然後為會員提供抵押服務。在各類事件的聯合作用之下，不少男性為了贏得些許政治地位開始借錢。金融服務業相時而動，國會也應機而變，於一八三五年通過了一項法案，設立了貸款協會，對向個人提供小額貸款的通用銀行進行了限制。

五年後，《貸款法》出現了實質性的修改。正常情況下，貸款金額只能在十五英鎊以下。一八四〇年《貸款協會法》的特別之處在於包含了一份分期信貸表格，規定合約各方應該償還多少貸款。貸款的應付利息用於貼現，因此貸方首先得到的是利息。分期計畫有不同的方案，借方的償還期間為十一至六十六天不等，每週償還的貸款本金也相應地發生變化。償還時間越長，利率就越高，不過該法律規定，利率不得超過「一整年一百英鎊收取十二英鎊的利率標準」[10]。12%已經明顯超過當時5%的高利貸上限。然而，

《高利貸法》卻能讓放貸者免於懲罰。這不僅是首次為小額借款人創造僭越《高利貸法》的信貸可能性，也是分期計畫雛形的首次亮相。不過這項計畫距離成功或完美尚相當遙遠。貸款協會不是雙向機構，亦非慈善機構，而是純粹為利潤而生，但他們的投資者總是虧本。12%的利率包括了管理開支及其他成本，從而超出了官方的高利貸上限。但是，這些協會總是經營不善，而且，十五英鎊的額度也被認為太小，無法盈利。為了扭轉形勢，有人提議建立共同協會為存款人提供合理支付，以此確保將來有更加穩定的可貸款資金。[11]

西元一八四四年，國會通過了《破產債務人法》（Insolvent Debtors Act），廢除了欠債低於二十英鎊須入獄的做法。多數公民盛讚此舉為一大進步，不過貸款協會有不同的想法。這些協會的貸款金額低於二十英鎊，因此他們要求關押債務人的權利大受影響。商界對這部新法怨聲載道，認為此舉會讓居心叵測的借方鑽法律漏洞——就算借錢不還，也不用擔心關大牢。不過事實上，儘管關押債務人的做法遭到了公眾的強烈譴責，這種行為還是相當普遍。狄更斯還是孩子時，他的父親約翰就曾在債務人監獄關押過一段時間。後來，狄更斯把監獄的景象寫進了作品，後世也因此得知摩西．彼特和丹尼爾．笛福的慘狀。

9　下議院辯論：《高利貸法廢除法案》，一八二四年二月二十七日下議院辯論，第十卷，cc551-71。
10　維多利亞第三、第四號令，第一百一十章。
11　E．W．布拉布魯克：《友好的社會和相似的機構》，《倫敦社會數據雜誌》，38（1875）：197。共同協會本質上是指歸儲戶所有的銀行，換言之，如果失敗，每一位儲戶的存款都將面臨風險。結果，共同協會的放貸政策非常小心謹慎，以此盡可能保住儲蓄基礎。

部分國會議員指出，現行的《高利貸法》引發了許多無據可循的情況，其中最強而有力的論據就是抵押物的利率無法統一。例如，某位商人申請貸款，並以某件商品作為抵押，那麼其被收取的利率將非常高，可能達到40%；但如果抵押物是土地，則利率可能不會超過5%，因為這是法律所規定。最終，此論點勝出，從而為廢除《高利貸法》掃清了障礙。不過，這也展現了房地產和貿易商生意管道的差異：其一是神聖不可侵犯，另一則是充滿商業風險。《高利貸法》廢除之後，這種區別對待依舊存在。

經過數十年的唇槍舌戰，英國終於在一八五四年廢除《高利貸法》，為長達三百年的高利貸禁令劃上句號。而在這十年前，匯票就不再受利率上限的限制。法律規定：「英格蘭、蘇格蘭、大不列顛和愛爾蘭國會制定的各項法規及部分條文……，以及所有現行禁止高利貸的法律全部取消。」[12]立法者同時也廢除了政府推行的年金計畫。不過，由於當鋪受另一套法規的監管，並未受影響。

在英國，越來越多法條在處理破產案件時，不再區分貿易商和非貿易商。一八六九年的《債務人法》及《破產法》也不再因為債務判處某人入獄，除非債務人未履行法庭判決。將債務人關進大牢的做法已經逝去，只要破產者沒有涉嫌詐騙，就可以申請個人破產。對待債務和債務人的新態度終於改變了十五世紀就誕生的英國法律。但是，這些進步並不代表信貸將會變得廉價，因為具備放貸資本的人覺得失去監押的追索權，自己完全處在劣勢，換言之，放貸風險似乎更高了。

不過，儘管《高利貸法》已經不存在，但一八七〇年《泰晤士報》一則法庭案件的報導寫道：「人類往往對60%有偏見。」在米勒（Miller）與庫克（Cook）的案子中，原告米勒是一位二十來歲的年輕小夥子，他起訴貸方庫克：只借了五百英鎊（數額不算多），但庫克收取的利率卻超過60%。法院站在米勒這一方，庫克因此鬱鬱寡歡。最後利率被降至5%，回到十六年前《高利貸法》尚未廢除時的情況。副大法官在結案時說：「並不是每筆交易的需求都能促使雙方你情我願。」[13]

《高利貸法》在美國的複雜處境

美國廢除《高利貸法》的情況頗為複雜，有些州在廢除後的不久又恢復了。支持保留《高利貸法》的絕大多數人都認為，每一個發達國家都有《高利貸法》，每一個聯盟州都有《高利貸法》，這既能保護經濟又能造福公民。另一方面，推崇廢除《高利貸法》的人往往是金融機構和富人，一旦廢除，他們將獲得更可觀的貸款利息。

一八一九年，據倫敦《泰晤士報》報導，新罕布夏州（State of New Hampshire）立法機構的一位議員評論：「邊沁（Bentham）的著作對美國造成了深刻的影響。其有關高利貸的論著在美國一版再版，視野開闊、思想自由的美國人普遍接受了他提出的原則。」[14]邊沁舉了一個例子：密西西比立法機構通過一條法令，在貸款合約各方都同意的前提下，不再限制利率，只有在沒有合約時才限制利率。美國的發展趨勢是，口頭協議下維持《高利貸法》，同時允許合約雙方有更多的自由空間。

滑鐵盧之後，英國和美國針對是否廢除《高利貸法》的爭議持續了數十年。美國持續觀察英國，以吸

---

12 維多利亞第十七、第十八號令，第八十八章。
13 《泰晤士報》，一八七〇年七月十五日，第10頁。
14 《泰晤士報》，一八一九年二月十七日。

取經驗。《紐約每日時報》（*New-York Daily Times*）在英國廢除《高利貸法》的前後，曾發表一系列探討紐約《高利貸法》的文章。其中一位支持廢除《高利貸法》的銀行家署名為「邊沁」，他和該報的讀者不厭其煩地討論紐約的《高利貸法》毫無意義，號召應予以廢除。而要求廢除的最高呼聲來自以農業為主和以金融服務為支柱的州。

內戰以前，除了加州，美國各州均有《高利貸法》，利率普遍為6%左右。這是仿照了荷蘭的做法。荷蘭人從未制定國家層級的《高利貸法》，而是讓各省自行處理。結果，評論家總說荷蘭始終缺乏有效率的國家《高利貸法》。美國的情況也大同小異。不過，如果超過利息上限，美國各州的處罰措施大相逕庭。普遍的處罰是沒收債務和利息。田納西州等唯有兩個州的處罰是坐牢；紐約州的最高罰款可達一千美元，且放貸者有可能面臨牢獄之災。相較於殖民時期的做法（如果當時有的話），這些懲罰措施更為嚴厲，而且更多是以商業為基石，而非道德觀念，但其實很少實際執行。

隨著人口和國家財富的增長，這些老朽的禁令就像《申命記》一樣落後，跟不上正在發展的經濟，例如麻薩諸塞州早期的法律。

法律問題方面的曲折並不是盲目地認為法律過時這麼簡單，這和力圖吸引資金投入大有關係，尤其是海外投資。十九世紀的美國還是非常依賴外國投資的淨進口國。一八五二年，俄亥俄州試行取消較低的利息上限，規定最高利率為10%，以此吸引外國資本。當地一家報紙評論：「的確，部分經紀人和立法者似乎認為，這裡能成為傳說中的金山，所有黃金都匯聚於此。」[15]可惜，地方政治形勢和該地信用度低的惡名，讓國外與東海岸的投資者望而卻步。

威斯康辛州也出現了類似的情況。一八四九年該州取消了《高利貸法》。其推動力主要來自農民。和其他一些拓荒地及農業州類似，這裡土地便宜，但對放貸卻有諸多限制。於是，人們要求廢除《高利貸法》以增加抵押貸款。[16]可惜這次實驗並不成功。威斯康辛州參議員沃爾克（I.P. Walker）寫道：「該做法的倡導者聲稱，提高貸款競爭以及放開利率限制，將吸引更多資金流入本州。這當然會促進金錢流入，可惜不是資金。」[17]貸方非常歡迎幾乎接近50%的高利率，但不願將資金投入收入較少的當地計畫，而偏好進行消費性的短期投資。高回報意味著高風險，如果投資週期太長，貸方收不回應有的回報，因此他們只願意重拾以前的高利息消費貸款業務。於是，貸方被說成又在玩高利貸者的老把戲。

其他州則密切關注小額借方和消費貸款。一八五二年，路易斯安那州的立法機構廢除了《高利貸法》，即便財產所有者破產，價值為一千美元以下的住宅，以及價值兩百五十美元的家具都不在沒收範圍之內。不過，該州參議院在休會一年之際，斷然否決了投票。

一名國會前議員，同時也是印第安納州的法官，揭發了放高利貸的另一伎倆，在《高利貸法》的支持者之間引起軒然大波。他表示在擔任法官期間，曾親眼目睹許多債務人由於沒有高利貸上限的保護而喪失了抵押贖回權，損失慘重。他認為：「放高利貸者總是要等利息積攢到幾乎等同於債務人資產總價值時，或是等債務人的擔保人或背書人提出要求之時，他們才提起訴訟要求還錢。」[18]這番言辭非常接近最早的

---

15 《紐約每日時報》，一八五二年五月十三日。

16 勞倫斯．M．佛里德曼：《美國法律歷史》，第三版（紐約，標準出版社，2005），412。

17 約翰．維普：《嚴苛的高利貸法：艱難時代的最佳辯護》（波士頓，代頓和溫特沃斯出版社，1855），3。

18 約翰．維普：《嚴苛的高利貸法：艱難時代的最佳辯護》，第3頁。

利滾利本質，只不過此時已經不再使用這個字眼。[19]複利自然推動了此過程，換言之，除非等到能夠徹底占有抵押物，或能夠賣出地產支付膨脹的債務，否則貸方不會對借方採取行動。

美國內戰之前，大西洋兩岸對複利問題都十分關注，不過討論通常僅局限於法院。英、美兩國的法院都有規定，任何收取複利的借方都必須意識到此問題，如果各方同意，就可以作為合法條件。至於複利頻率則鮮有提及，不過據推測，正常情況下應該是半年利息。如同數世紀之前，如果存在高利貸上限，複利不過是另一種逃避上限規定的手段，不過鑑於上限本身就備受詬病，即便嚴禁複利也毫無實際意義。將未支付的利息疊加在需要償還的本金上，人們對這種做法的憎恨自西塞羅時代就有增無減，可是複利在經濟體系的根深蒂固幾乎可以媲美利息本身，因此想要一拳擊敗複利，恐怕是白費力氣。

儘管大眾對開放《高利貸法》的呼聲漸高，但美國解讀相關法律的作用卻秉承了古老思想，但至少表示美國對前人的高利貸相關文獻了然於胸。最典型的例子是一八五一年威斯康辛州的R·W·懷特（R.W. Wright）對當時一名主要的高利貸評論員約翰·維普（John Whipple）做出的回覆。在談到廢除《高利貸法》問題時，懷特提出：「英國在十六世紀就試過此做法，到了十九世紀，法律不再限制對金錢收取利息。伊麗莎白執政時期，重新推行《高利貸法》。布萊勛爵（Lord Burleigh）認為，廢除高利貸法並未帶來預期成效；可是，高利貸的高額費用成倍增加，讓很多人身陷囹圄，也使得國家舉步維艱。」[20]懷特認同孟德斯鳩的看法，後者對高利貸禁令在伊斯蘭世界造成的結果做出了相同判斷。如果禁止，它將躲藏在地下經濟中，為了補償由此增加的風險，利率將會更高。

紐約廢除《高利貸法》的努力引發了爭議。不過，如果對當時美國的政治和金融體制不甚熟悉，一定會覺得此番爭辯莫名其妙——正反雙方的焦點是金錢的本質。此問題似乎早在兩百年前的英國就有定論了，不過紐約的討論卻關係到華盛頓流通的金幣、銀幣以及內戰之前各州銀行發行的紙幣。既然所有的金錢問題及其價值都關乎政治，那麼限制借貸價格的決策難道就與政治無關嗎？

紐約商會（Chamber of Commerce）提議在一八五四年撤銷《高利貸法》，該提議得到了所有銀行全力支持，是當時的熱門話題，媒體和商界對此建議議論紛紛。曾有位評論員為《紐約每日時報》撰文寫道：「這種錢要被法律法規認可的主要問題在於，它是否合法？是否得益於政府行為？其目的是否為了公眾？其創造和價格都能一如所願為大眾服務嗎？」[21]如果答案是肯定的，那麼就應當維持高利貸限制。

紐約州州長米隆・克拉克（Myron Clark）贊成保留《高利貸法》。一八五五年，他提出：「即使受制於《高利貸法》的束縛，金錢的力量也已經不容小覷了。」他還進一步補充道：「如果窮人仍必須不時被冷酷無情的夏洛克式追債人的『無情尖牙』撕肉飲血，那麼這類事情應盡量減少；如果還是有人膽敢割肉，就只有讓睿智機敏的波西亞為這塊肉稱斤算兩。」對於超過上限的利率，他的解決辦法簡單明瞭：「彩票購買者和兜售者都應該受罰，同理，如果出現非法利率，借貸雙方都應該受罰。」[22]州長都支持《高利貸法》，於是一群商界人士聯名向州議會提交公開信，希望可以保持罰款措施，但取消入獄處罰。

---

19 一八二八年版的《韋伯斯特詞典》收錄了「anatocismus」一詞，然而這是最後幾部能找到該詞的美國詞典之一。一八九四年版的《帕爾格雷夫政治經濟學詞典》還收錄了該詞。《牛津英語詞典》保留了該詞。

20 約翰・維普：《嚴苛的高利貸法：艱難時代的最佳辯護》，第5頁。

21 《紐約每日時報》，一八五四年十月五日。

22 約翰・維普：《嚴苛的高利貸法：艱難時代的最佳辯護》，第9－10頁。州長的立場得益於較新潮的研究。請參考霍華德・伯登霍恩：《高利貸上限和銀行借貸行為：來自十九世紀紐約的證明》，國家經濟研究局工作文件11734（2005），以及休・洛克夫：《浪費與投影：美國高利貸法的經濟史——從殖民時代到1900》，國家經濟研究局工作文件9742（2003）。

一八五四年以後，美國反對廢除《高利貸法》的行動在羅德島州的約翰．維普幫助之下占了上風。維普出生於一七八四年，曾是普羅維登斯（Providence）的律師與羅德島州議會議員。他撰文為《高利貸法》辯護，指責當時的自由貿易思想。他的《嚴苛的高利貸法：艱難時代的最佳辯護》（*Stringent Usury Law: The Best Defence against Hard Times*）於一八三六年首次出版，並於一八五五年再版，許多州當時對廢除問題的爭辯已經進入白熱化。該書惹來不少反對意見，但幫助了維持《高利貸法》的辯方成功勝出。維普抨擊廢除主義者的立場：「如果自由貿易學者說得沒錯，如果撤銷了所有《高利貸法》將能讓利率下調……。但事實是，貸方本身很害怕自由貿易體系，當然他們不會表露出這種顧慮。他們怎麼會希望利率下降呢？」[23]

內戰之前，美國廢除《高利貸法》的運動最終沒有成功，紐約繼續保持了《高利貸法》，而其他州則是重新恢復了《高利貸法》。不過，這場戰鬥並未休止。反對者意識到《高利貸法》將會長期存在，於是要求紐約的監管至少須將問題與分析具體。他們以紐澤西州為例，每個州都應該有自己的高利貸上限。農業地區（絕大多數是北部區域）應該維持上限7％，而華爾街和紐約市可以制定更高的上限，以表現高風險證券經營的本質。其實，這和一八五四年之前英國時不時提出的論點大同小異。廢除派希望能比照倫敦的成功經驗，以消除高利貸上限。

儘管各州的《高利貸法》多處相似，但一旦涉及跨州依舊非常棘手。紐約法庭曾處理過一個案子，案中貸方原本在明尼蘇達州借出一筆貸款，利率為26％並立有合約。他在紐約遭到了起訴。紐約法院於一八六二年裁決，儘管該利率較高，但紐約無權干涉另一州簽署的合約。[24]看起來，此原則似乎順應了時代潮流，不過後來又遺失了數十年，直到一百年後才又重新復甦。

二十年前同樣發生在紐約的另一起案子則截然相反，那是一八四六年美國乾碼頭公司（American Dry Dock Company）與美國人壽保險和信託公司（American life Insurance and Trust Company）的案子。乾碼頭是一家銀行機構，在一九三七年的恐慌中，它的財政遭到了破壞。為了恢復財政實力和硬幣支付，乾碼頭向人壽保險公司申請了一筆貸款。人壽保險公司同意貸款，將貸款轉入倫敦銀行，並在過程中向乾碼頭收取利息。紐約衡平法院（Chancery Court）的裁決是該案件屬於其管轄範圍，人壽保險公司所收取的利息屬於高利貸。法院因此否決了兩家公司的合約，因為該合約約定的利率超過了7％，在貸款實際發生時就已經採用了4％的折現。此判決絕對是四十年前羅伯特·莫里斯翹首企盼的。極具諷刺意味的是，被告的保險公司副總裁是威廉·杜爾的兒子約翰·杜爾（John Duer），他原本指望能從此交易大賺一筆。在貸款合約推翻前不久，他撰寫並出版了一本有關航海保險的著作。這部作品在未來數年裡成為美國該領域的標竿。杜爾在引言對保險做了全面介紹，特別是將航海保險視為國際公法應有範圍。他寫道：「此概念借鑑自羅馬法學家，國際公法等同於道德法，或等同於部分現代學者偏愛的詞彙：自然法。」[25]

紐約的銀行家向來是反對《高利貸法》的先鋒，他們不斷要求廢除《高利貸法》，以吸引外國投資。華爾街及美國都需要並依賴外國資本，而取消利息上限無疑釋放出敞開胸懷吸引資金的訊號，其實高利貸上限對市場利率的作用微乎其微。可是法律依舊存在，於是銀行家認為《高利貸法》將責任推給各州地方

23 約翰·維普：《嚴苛的高利貸法：艱難時代的最佳辯護》，第35頁。
24 喬叔亞·巴莫·V·亨利·沃伯格案件，1862年。
25 約翰·杜爾：《海上保險的法律與慣例》（紐約，約翰沃西斯出版社，1845），2。

銀行，要它們自行應對海外資本的可能流入，這將會導致經營不善，就是因為這類問題才導致了一八三七年的經濟恐慌，華爾街和紐約市因此受到重創。

這個觀點並非完全基於所謂的原則。事實上，由於法定存款準備金制度在華爾街的普遍實施，存款者的資金被借給短期拆借市場，因此，提高貸款利率能為貸方帶來巨額差價。在銀行看來，流動資金不穩定是十九世紀數次經濟恐慌的共同因素，取消利率上限將成為吸引國內外存款的有力手段，而具限制的《借貸法》毫無益處。

取消《高利貸法》運動的背後，還掩藏著另一個較不明顯的動機。美國內戰之前，由於國內勢力各據一方，浮動管理成了一種極具藝術的手段。當時的訊息流通仰賴信件，不少人發現其中的時間差，讓完成銀行交易的這段時間裡能有利可圖。聯邦制度和各州自治權幫助銀行家利用各地差異，而且如果少了他們的協助，美國財政部恐怕不可能在華盛頓哥倫比亞特區以外的地區產生影響。

一八六四年，美國國會通過了《國家銀行法》（National Bank Act），從而推出了國家層級的《高利貸法》。但是由於管轄區的問題，國會對於制定全國標準略感無力。這部法律規定了國家銀行的類別，還設立了貨幣監理部門，銀行必須到該部門註冊。出於法律目的，國家銀行與州特許銀行有所區別。國家銀行不得違背所在州的利率上限。依照法律規定，如果不存在上限，國家銀行能收取的最高利率是7%；如果超過上限，將沒收該筆貸款的所有利息。[26]

由於是否成為國家銀行完全出於自願，因此，許多銀行都不願於貨幣監理部門註冊。換言之，各州依然是各自《高利貸法》的仲裁，除非與沒有《高利貸法》的州出現管轄權的衝突。更重要的是，7%成為房地產的最高抵押利率。由於抵押物是不動產，如果收取的利率超過此上限，就違反了《高利貸法》。此標準大約維持了一百年，之後才被成功取消。

十九世紀對信貸的需求不斷提高，加上紙幣混亂不堪，使得銀行面臨巨大的壓力，它們既要為客戶提供信貸評估，也須擅長辨別假幣。一八三〇年代末期和一八四〇年代早期的金融動盪使得不少小企業紛紛倒閉。這次恐慌對推行標準程序以保護貸方提出了要求，其結果是路易斯．塔潘（Lewis Tappan）於一八四一年在紐約市創立了首家信用評級機構，首次為貸方提供了他們曾經必須自行取得的資訊。這家商業徵信所（Mercantile Agency）主要專注於信用報告，為潛在貸方收集商業資訊。它以中立的合約方身分，利用律師等人際網絡獲取關於公司持有人的金融和個人資料，收入來源是收取的徵詢費用。

該機構最早的業務範圍為紐約市及其周邊地區，後續培養出了涵蓋各州的全國資訊網絡。該機構的成功提升了該行業的競爭，八年後，約翰．布萊德斯奇特（John Bradstreet）建立了布萊德斯奇特機構（Bradstreet Agency）。起初，兩者的差異在於布萊德斯奇特對公司進行評級，接著發布後世稱為「參考書」（Reference Book）的結果。這類評級書也成為行業的標準做法。後來，羅伯特．鄧（Robert Dunn）從布萊德斯奇特接手了公司，改名為鄧白氏（Dun and Bradstreet）。公司業務在美國內戰之後迅速膨脹，一九〇〇年，該公司評級的公司數量多達一百二十五萬家。

其他評級機構在十九世紀相繼成立，它們都依照某種字符數字代碼對企業進行評級，以幫助潛在貸方與後來的投資者判斷某家公司的信用度。公布評級結果讓公司的財政狀況更透明，因而成為標準做法。貸方和投資者以評級預測企業及商業的風險。此過程不再是臨時起意，而是成為一種標準化的分析和方法，

26《國家銀行法》，1864年，第三十節。

以客觀的視角看待經濟體系中的不同企業。這一點尤其重要，因為許多公司都是私人性質，貸方要想了解其財政情況，這是唯一的方法。不過，這些評級都是關於企業或商業，個人的信用評級尚未出現。

賣債券的庫克

十九世紀，債券形式的債務成為美國的主要投資方式，與一百年前的英國如出一轍。儘管股票市場備受關注，但未支付的債券金額大大超過了現有的股票價值，結果造成人壽保險基金和資本投資大幅上漲。隨著美國國力和地位的提升，提高個人股票和基礎設施投資已是大勢所趨。難以預測的償還計畫讓位給了更穩定牢靠的金融規劃和投資。

自滑鐵盧之後，英國政府發行的不少債券取得了成效，投資者因此對英國債券垂涎三尺。它們不少是屬於統一公債或「長期債務」，後者沒有贖回日期，換言之，債務是永久的。美國債券較明確，少了些冒險性，但有特定的贖回日期，還有息票。聯邦政府、州政府和市政府都發行債券，不少甚至賣給外國投資者，尤其是歐洲投資者。債務漸漸成為一件光榮的事，不過反對債務的宗教道德批判依舊存在。

一八五三年，根據美國財政部長的估計，外國人持有波士頓和紐澤西市60%的債券與紐約市25%的債券。這些數字超出了外國人持有的股票數。一些機構（尤其是銀行）非常受海外人士的追捧，外國人不僅持有紐約銀行大約10%的股票，而且還購買了不少大型人壽保險公司的股票。[27]企業債券相對較少，不過內戰之後，鐵路債券逐漸受到歐洲投資者的青睞。然而，讓債券投資更普遍的根源為戰爭。

美國共和制初期的幾十年，負債和超額貸款的爭議依舊持續。一八一二年戰爭以後，人們對合眾國銀行（Bank of the United States）的角色定位議論紛紛。對於銀行家以發行債券或幫助財政部組織債券發行而獲利，絕大多數人民持負面態度。借錢並支付利息是標準做法，但人們無法接受須為此過程向銀行付錢。但是，務實最重要。華盛頓為了打仗發行了巨額債券，吸引了不少儲戶和投資者。他們投資利息最高的債券，一方面為了顯示自己的愛國情操，一方面出於金融的考量，而且此利息也是《高利貸法》所允許。對大規模債券的成功管理無疑彰顯了財政部的實力，他們不但控制了持續上揚的國家債務，而且避開了歷史上各種戰爭融資逃不掉的譴責和謾罵。

對於銀行家在債務環節中的角色，人們依舊滿腹狐疑。曾有一位銀行家為墨西哥戰爭融資時，凸顯了人們對政府債務和推動人士所抱持的矛盾心理。一八二〇年代，美國首批證券公司之一的S. and M. Allen and Co.建成，主要經營彩票和證券。伊努·克拉克（Enoch Clark）到該公司費城分部就職時才十幾歲。幾年後，他被派去羅德島普羅維登斯開設分行。一八三七年經濟恐慌，公司倒閉，克拉克回到費城，在其妻舅愛德華·道奇（Edward Dodge）的協助下，創辦了自己的公司。之後的一百年，這家公司一直以克拉克的名字命名。

除了股票、債券、商業匯票和商品交易之外，克拉克和道奇獲益最高的業務是紙幣和金條。當時美國有各式各樣的紙幣，新公司的特色之一就是意識到不同紙幣的價值差，因此，為客戶辦理紙幣業務的利潤尤其高。此業務融合了信用分析、辨別真偽及商業常識，是克拉克在前公司工作時學會。絕大多數聲譽較

27 美國參議院，《一八五三年六月三十日，美國財政部長應對參議院呼籲在歐洲和其他國家持有美國證券數量決議的報告》，第四十二號行政文件，第三十三次國會第一環節，1854年。

好的私人銀行都能辦理紙幣和黃金綜合業務。當銀行機構要發行自己的紙幣，就必須維持一定量的黃金供應，才能穩住自家紙幣。

克拉克和道奇開始在其他城市拓展業務，短短兩年就在聖路易斯、紐奧良、紐約、波士頓、春田（springfield）、伊利諾（Illinois）、伯林頓（Burlington）和愛荷華（Iowa）設立了分行。這家公司在美國中西部非常成功，因此分行發行的匯票都成為該地區的主要貨幣之一。唯一的陰影在於美國吞併德州（Texas，譯註：此地曾分別屬於法國與墨西哥，還曾獨立為共和國，直至一八四五年才加入美國並成為美國第二十八州），並與墨西哥的戰爭一觸即發，這使得人們更加憂心。如果戰爭真的爆發，克拉克及道奇公司（Clark, Dodge and Co.）將處在戰爭融資的風口。一七九〇年代及後來的一八一二年戰爭期間，融資者靠著幫助美國籌集資金而打響了名號。同理，美墨戰爭無疑能幫助克拉克與道奇公司鞏固其融資地位，而且後來因為成為最保密的銀行而獲益豐厚。

儘管這場戰爭持續時間不到兩年，但財政部仍需要私營行業的資金。華盛頓哥倫比亞特區非常知名的科克蘭及里格斯（Corcoran & Riggs）銀行機構與克拉克及道奇公司共同為政府籌資。政府以債券共籌集了六千萬美元，為大眾提供的利率為6%，這是當時絕大多數州通行的利率上限。不過兩家機構銷售債券的動機並不單純為了獲取手續費，他們透過各分行的「浮動」資金所賺取的錢遠遠超過手續費。這種做法讓不少人頗有微詞，因為這是在利用捉襟見肘的財政部。

克拉克察覺分行網絡擁有自己的優勢，尤其是在處理和清算資金方面。各分行之間的浮動資金能為公司帶來穩定現金，不過不容易操作。依照法律規定，財政部必須將銷售債券的收入存進財政部在各地的特設分局；合眾國第二銀行倒閉後，為了確保財政部分散管理資金，特別設立了財政部分局。克拉克在聖路易斯的分行接受墨西哥運動的存款，然後郵寄給紐約分行並從總金額收取利息。由於郵遞速度緩慢，匯票需要幾週才能送到。接著，從紐約分行取出的資金再送回聖路易斯。此地的克拉克及道奇公司分行其實就扮演了財政部特設分局的角色。

整個交易過程完成後，公司將賺取起初銷售債券所獲手續費的兩倍之多，此為後來所謂的「浮動」資金（行為）。由於美國財政部鞭長莫及，一切便都是絕對合法。一位名叫傑克・庫克（Jack Cooke，暱稱傑庫克）的年輕僱員曾在這些交易中發揮了重要作用，他在回憶錄寫道：「我們公司在聖路易斯設有分行，而且在費城和紐約以非常可觀的利率兌換貨幣，大概是2.5％至3％。郵件往來常須花上十到十五天，除了利息，我們還能從兌換費用大賺一筆，甚至會超過貸款盈利。」[28]

儘管當時社會不乏批評聲音，庫克的職業生涯可能仍然是十九世紀銀行業和愛國情懷的最佳寫照。庫克於一八二一年八月十日出生在俄亥俄州的桑達斯基（Sandusky）。一八三九年，開始在克拉克及道奇公司工作。一年之內，他就成為優秀員工，被稱為「偽幣專員」。就像之前的克拉克，他在辨別偽造紙幣方面很有一套，眼光犀利，因此自一開始，他就是克拉克及道奇公司不可或缺的人物。

南卡羅萊納州從美國十三州聯盟退出時，庫克當機立斷，決定成立自己的公司，並主營最擅長的業務：為政府機構發行債券。三十九歲時，他成立了傑庫克公司（Jay Cooke and Co.），並在華爾街有了一席之地。不過，他在整個職業生涯一直保持著費城銀行家的身分。他在融資方面的天賦及強烈的愛國主義讓他注定要在艱難年代籌募資金。戰爭嚇跑了很多原來的海外投資者，庫克意識到此時的集資來源主要是

28 艾利斯・帕克斯頓・奧博霍爾茨：《傑庫克：內戰的金融家》（費城，喬治・W・雅各布斯出版社，1907），81。

國內投資者。

戰爭開始，賓州急需資金。機會來了。合眾國第二銀行倒閉時，市場出現了波動，賓州等很多州在市債券危機欠債，從而引發了一八三七年的恐慌。在此期間，賓州名聲掃地。

內戰之前，一位英國學者嘲諷地寫道：「我們都知道美國人很會打仗。他們的勇氣毋庸置疑。我腦海裡不禁浮現浩瀚的賓州平原，一群群人整裝待發，密密麻麻的『破產輕步兵』、若干團的『債臺高築騎兵』、數營的『死不認帳抵賴者』，還有幾旅的破產者，他們都高舉著寫上『死不還錢』的橫幅。」[29]很顯然，英國不是美國十三州聯盟開戰的資金來源國。倫敦許多銀行家和政治家都覺得美國人說穿了就是賴皮的騙子。

賓州為了防守南部邊界線免受攻擊，委託庫克籌集三百萬美元的資金，對於一個已經欠債四千萬美元的州來說實在艱難。賓州任命當地頗有聲望的銀行機構德雷塞爾公司（Drexel and Co.）與庫克共同擔任此次債券發行的代理。庫克使盡渾身解數，最終成功推動了債券銷售。

林肯執政期間，財政部長薩蒙・蔡斯（Salmon Chase）負責為這次全國戰役籌集資金。庫克希望能為融資做些貢獻，於是到了華盛頓。兄長將他引薦給了蔡斯。庫克把握了這次拜見部長的機會。一八六一年，庫克參與了財政部一個小型債券的銷售活動。該債券原本銷路不好，但庫克最終成功將其售出。無疑為將來的合作鋪平了道路。當然，這絕非僅是幸運的巧合。庫克親力親為，蒐集財政部債券並交給蔡斯。部長不禁驚嘆這位費城銀行家居然能夠在債券銷售方面如此遊刃有餘。戰爭不止，債券發行量越來越大，於是蔡斯委託庫克銷售債券。蔡斯原本意圖招攬庫克為財政部副部長，但庫克婉拒了。顯然，庫克認為效忠國家的最佳管道並非成為政府官員，而是銷售債券。他繼續販售債券。第一次牛奔河戰役（Battle of

Bull Run）之後，財政部的無力越發明顯，而庫克的重要性也與日俱增。美國十三州聯盟潰不成軍，突如其來的消息使整座城市震驚。庫克擔心美國南部聯邦（Confederate）會在不久後推翻這座城市，因此更竭力地四處籌錢，因為政府急需資金壓住叛亂。

在此背景之下，蔡斯必須發行巨額債券。十三州聯盟如一盤散沙的財政必須統一。然而，戰爭爆發之初已禁止了硬幣支付，所以投資者對政府債券不感興趣，他們更希望穩固的資產，而非僅是政府的誓言。發行巨額債券以及確定價格絕非輕而易舉之事。但是蔡斯無所畏懼，他希望能以銷售「5-20s」債券籌集五億美元。這些債券的實際利率為6％，二十年後到期，且五年之後就可贖回。這符合當時州《高利貸法》的普遍標準，即規定6％為利率上限。蔡斯原本計畫在一八六二年按照面額售出，可是世事並非盡如人意。他不願折扣銷售，因為會提高實際利率，於是請教成功銷售過賓州及財政部各類債券的庫克。

一八六二年秋天，應蔡斯的要求，庫克開始銷售這些債券。銀行家和商人不願投資，庫克只能轉而吸引小型投資者購買債券。這是美國史上規模最大的債券銷售，必須全力以赴。庫克一如既往地不遺餘力，而他的努力最終為華盛頓的獲勝增加了籌碼。

庫克從商界各層級招募代理，人數最多時超過兩千五百人。這些代理人絕大多數來自幾個大型北方城市和州。雖然他的銷售團隊沒有大銀行家，但不缺小鎮銀行家、保險銷售員和房地產經紀人。戰爭爆發之前，他在華盛頓設立了辦公室，以電報協調覆蓋整個國家的銷售。這讓傑庫克公司成為首家「電信化證券公司」，也就是以電報確認全國證券買賣情況，從而從某個中心點協調銷售，而不是像以前那般雜亂無

29 「要麼不付錢，要麼死。」艾利斯・帕克斯頓・奧博霍爾茨：《傑庫克：內戰的金融家》，第104頁。

章。

《費城報業》（*Philadelphia Press*）評論庫克：「他成功推銷了金額龐大的『5-20s』債券，如今大家對債券趨之若鶩，爭著將貨幣換成債券。他現在的煩惱反而是如何滿足突然激增的需求。」[30]不過按照庫克自己的計算，他並未從「5-20s」債券的銷售獲得暴利，他最終拿到的薪酬約為二十萬美元，這點錢還無法彌補他所面臨的風險。不過他因此成為美國最知名的商業銀行家。

當然，並非所有人都認為庫克是為美國十三州聯盟無私奉獻。他從銷售「5-20s」債券所拿到的薪酬是委託金額的1％，雖然比以前低，但鑑於發行總金額十分可觀，薪酬也不是一筆小錢。債券最初的日銷售額就達到了兩百萬美元，而最後總金額達到了五億美元，換言之，除去成本，總薪酬為三百五十萬美元。但庫克卻說自己淨收入只有二十萬美元，這個數字令人生疑。一八六三年，紐約報社《世界》（*World*）毫不留情地指責庫克：「然而，假設傑庫克公司依照1％的一半收取政府所有債券回報，就能看出為何這家公司如此不遺餘力地幫助銷售債券。」這家報紙沒有為讀者計算答案，但金額著實巨大。如果是五億美元的0.5％，那麼庫克的淨收入就達到了兩百五十萬美元。不論成本多少，大眾肯定會怨氣衝天。《世界》還提到：「我國人民似乎樂意被欺騙玩弄。我們軍隊虛報勝況，大家泰然……。財政部欠債不還的伎倆讓人不得不信，遭人欺騙這份福氣，恐怕只有含冤入獄、戰火蹂躪、苛捐雜稅以至於民不聊生才可媲美。」[31]

參議院對庫克做出了類似抨擊，斥責他從財政部的經費賺取了上百萬美元。蔡斯是光明磊落之人，有些抨擊讓他坐立不安。他堅信庫克所做的一切全是為了國家，於是站出來為自己的代理人辯護，這才終止了「5-20s」債券引起的紛爭。庫克是民族英雄，最後只是積累了小小的一筆財富。後來有些憤世嫉俗的人說，戰爭一結束，庫克就開始打造夢寐以求的豪宅，此奢侈工程預計耗資一百萬美元。不過，融資尚未結束，還有更多債券等著庫克。

指控庫克的行為，和數十年前針對羅伯特．莫里斯的批評如出一轍。蔡斯也遭受非議，說他居然聘請名不見經傳的費城銀行家代理財政部。庫克的成功讓許多人眼紅，由此也招來不少詆毀。眾議院和參議院都研究分析了庫克和財政部的關係，希望能找到幕後詐騙或貪汙的罪證。但最終調查結果是，庫克承受著巨大的風險，而真正的補償實在很低，於是調查馬上終止了。顯然，庫克表裡如一，是位真正的愛國人士，國會覺得起訴他不是明智之舉。

儘管庫克清白，但下一輪的債券發行蔡斯沒有再僱用他。結果，這輪發行以慘敗收場。蔡斯意識到自己的失誤，趕緊請庫克銷售「7-30s」債券。這支期限為三年的債券依照7.3%的利率支付利息。該債券在紐約發行，而紐約的《高利貸法》允許利率上限是7%，而非6%，使得額外利率成為可能。蔡斯給庫克的報酬比之前的「5-20s」債券更加豐厚。但是，為了保護自己及財政部的利益，蔡斯提出了兩個要求：第一，除非收到支付，否則沒有票據；第二，整個發行過程，他可以在任意時間中止庫克的代理人合約。後者是為了防止庫克在發行過程進行浮動管理，克拉克就是以此手法在墨西哥戰爭的債券銷售大賺了一筆。讀了蔡斯的條件後，庫克表示：「部分信中的段落似乎更適合愚蠢或狡詐的代理人，而不是值得相

30《費城報業》，一八六三年四月八日。

31《世界》，一八六三年五月二十日。

信、艱苦努力、能夠託付數百萬美元的代理人。」[32]但是，一八六五年一月，他依然開始組織此次債券的銷售了。

庫克在銷售「7-30s」債券時維持了一貫的水準。他在全國開設「上班族存款銀行」，其實就是夜間銷售辦公室，方便上班族在下班後購買債券。購買人能以最低五十美元的面額購買債券。代理人依照庫克的吩咐，只在士兵發放薪水當天才向他們銷售債券。任何潛在目標都逃不過庫克的法眼，他眼中也沒有小型投資者。這種新型行銷策略讓「7-30s」債券的發行量遠遠超過了「5-20s」債券。

一八六五年四月，戰爭結束了，但政府依舊缺錢，而且比戰爭時期有過之而無不及。庫克原計畫賣出超過五億美元的債券，最終銷售總額高達八億美元，成為美國有史以來金額最大的債券。銷售過程中，曾有部分代理人為了刺激銷售，便將債券打折出售，蔡斯和庫克為此大怒。於是，庫克申請並獲批成立了平準基金（stabilisation fund），透過該基金，庫克將依折扣出售的債券全部買回來，從而維持債券價格的穩定。

有人批評美國財政部無力承受過高的債務壓力，庫克根據自己對國家債務的解讀，贊助出版了一本書，以支持債券的銷售。書名為《國家債務如何變成國家福音》（*How Our National Debt May Be a National Blessing*）並發行於一八六五年，其中提到：增加國家財富的最佳方法是保持債務的永久性；以英國為例，只要支付利息，本金就能充實國家財政，因為這可算是一筆財富；還清債務毫不現實。「保留債務本金，只支付利息，此舉能防止逃避自身義務，將利於國家千秋萬代。世上沒有徹底還清國家債務的萬全之策，只能是一代又一代人永無止境地分攤利息。」[33]該書認為債券安全可靠，是「寡婦和孤兒」最無懈可擊的投資產業。

雖然庫克頗有聲望，但他關於國家債務的觀點並沒有多少說服力。一家俄亥俄州的報紙評論：「費城顯然已經將班傑明．富蘭克林的記憶拋到九霄雲外。我們不再依靠勤勞的工作致富，而是靠陷入債務富興。」[34]這類批評的原因之一是，庫克提出國家不應該完全償還債務，他銷售債券時便是抱持此態度，但在贖回債券時卻不願意這樣做了。評論家意識到，這種做法的收益很有限。

售出金額如此龐大的債券無疑為瓦解美國南部聯邦提供了幫助，但也間接摧毀了傑克．庫克。庫克總是與這麼多錢打交道，而且往往是在短時間受委託銷售巨額債券，他因此覺得做生意應總是一帆風順且立竿見影。然而，戰爭一結束，如此龐大的金額不再是常態，生活也開始恢復正常。不過，「7-30s」和「5-20s」債券的未支付金額依舊很龐大，庫克可以說是首位融資超過十億美元的金融家，這對當時金融界來說是相對新穎的標準。

戰爭結束後，庫克和夥伴們開始計算在戰爭中賺了多少錢。不過好景不長，成功的經驗讓庫克鬥志昂揚，進一步進行鐵路融資，結果在一八七三年北太平洋鐵路公司（Northern Pacific Railway）倒閉時，庫克變得一無所有。

一八七三年的經濟恐慌是必然的。庫克的銀行及其他數家銀行都被迫關門歇業。庫克淡出了大眾視野，但故事仍在傳頌。在推行債券投資和支持永久國家債務方面，庫克的貢獻無可取代。儘管他的觀點出

32 亨利塔．拉森：《傑庫克，私人銀行家》（劍橋，麻薩諸塞州，哈佛大學出版社，1936），165。

33 山繆．維爾克森：《國家債務如何變成國家福音》（費城，勞克林兄弟出版社，1865），10。

34 《無視民主黨》，一八六五年七月二十二日。這家報紙將該書的實際作者山繆．維爾克森稱為庫克花錢僱來的「波西米亞藝術家」。

於個人利益的考量，但即使是在鐵路投資失敗之後，他的形象也沒有受損。在未來的數十年裡，新生男孩最流行的名字就是用他的名字「傑」；到了二十世紀兩次世界大戰期間，人們依舊仿效他的銷售方式。

《高利貸法》再起波瀾

戰爭結束，反對《高利貸法》的運動重新開始。

在麻薩諸塞州，有人提議推行新法律，取消利率上限，如果能夠證明利息過多，則將利率還原至補償損失的6%官方標準。之所以要求取消6%的官方利率，原因之一是，紐約的利率為7%，這無疑會造成資金競爭。投資者和商人能夠在華爾街或波士頓證券交易所（Boston Stock Exchange）輕易地找到更高的回報率，如果能將利率上調一個百分點，將有望吸引更多資金，抵押借貸也不至於乾涸。從長遠來看，這個理由非常成功。

要求廢除舊法律的支持者之一是小理查．亨利．達納（Richard Henry Dana Jr.），其為律師、社會運動家與麻薩諸塞州立法機構成員。一八六七年，他在立法機構的一番發言有力地支持了他所稱的「自然利息」或市場利率，同時抨擊了古老的高利貸上限，這是捍衛市場利率最著名的演講之一。達納引用了大量文獻，包括亞里斯多德和邊沁，演講中特別將矛頭對準約翰．維普。達納在演講表示維普是借用前人觀點的前人：「毫無疑問，在維普眼中，只要羅德島州依照查理二世憲章的政治體制和安妮女王法律的財政體系，就一定能成為美國聯邦的榜樣。」[35]但這些古老的辯詞已經失效，時代進步，羅德島州原來的《高利貸法》被更仁慈寬容的取代，這在達納看來恰好代表《高利貸法》的落伍。立法辯論之後，麻薩諸塞州採用了類似的法律。官方上限取消，不過如果借貸雙方出現法律爭執，則仍採用6%的利率，如同羅德島州。在羅德島州，除非借貸雙方合約訂定另一利率，否則一律採用6%的利率。

廢除之後，《金融紀事報》（*Financial Chronicle*）就其影響採訪了波士頓貿易委員會（Boston Board of Trade）主席。當被問及廢除之後利率是否會上漲這個普遍關注的問題時，主席回答：「我不認為會上漲，而且等長時間執行過後，人們幾乎不會意識到其影響。不過最終是用7%替換了原來抵押和銀行貸款6%的利率。」[36]與紐約保持一致性至關重要，因為這能讓投資者和貸方輕鬆調動可放貸資金。貿易委員會還努力讓其他已經將《高利貸法》納入立法討論的州能夠了解其觀點，尤其是俄亥俄州和康乃狄克州。

為了不讓麻薩諸塞州搶占先機，紐約人再次討論廢除《高利貸法》的可能性。一八七三年一月，差不多在麻薩諸塞州立法機構提出廢除的同一時間，紐約州州長約翰．亞當斯．迪克斯（John Adams Dix）在年度演講表示，鑑於周邊數州都已廢除或正在考慮廢除《高利貸法》，紐約州也必須考慮此問題。此問題的焦點就在華爾街。他說：「在紐約市，遵守法紀、謹小慎微的資本家們顯然皆忐忑，他們不願違法收利，金錢使用需求巨大，在狀態下的巨額利息恐怕一天都難以維繫。」[37]

徹底廢除《高利貸法》恐怕有些異想天開。雖然每個州對待高利貸的態度不同，不過普遍都制定了利率上限，只有當借貸雙方要求賠償損失時才會採用該利率。貸款協議合約所規定的利率一般不涵蓋在

35　小理查．亨利．達納：《麻薩諸塞州眾議院的演講》，一八六七年二月十四日，《廢除高利貸法》（紐約，麥克盧爾出版社，1872），20。
36　《世界》重印版，一八七三年三月四日。
37　《紐約時報》，一八七三年一月八日。

內，《高利貸法》僅適用於未簽合約、只有口頭協議的情況。至於究竟判了多少起這類案子就是另一個問題了，有人懷疑數量微乎其微，各州保持了高利貸犯罪條款，不過只有原告才有理由前往法院要求賠償。內戰之後，美國的《高利貸法》體現了對高利貸各式各樣的態度，然而這些態度不一定會落實。例如，商界已經將《高利貸法》拋至一邊近數十年了，而且今後依舊我行我素。和中世紀、文藝復興和啟蒙時期的英國與歐洲《高利貸法》不同，美國的法律充其量不過是民事準則，類似於早已過時又惹人厭的法規。不過，影響力還是廣泛存在。沒有哪個貸方想遭人指控為企圖「以鄰為壑」。這有損商業名聲。

重新包裝的唐提氏養老金

英國早在廢除《高利貸法》之前，唐提式養老金就退出舞臺了，但是這種養老金卻在美國內戰之後繁榮起來，但已不再稱為唐提式養老金。它有了一個更具技術性的名字，不過本質上換湯不換藥。

美國內戰讓人壽保險異常熱門。一八六〇年共有四十三家公司推出人壽保險，未支付總金額約為一億七千三百萬美元。一八六七年，公司數量超過一百家，總金額達到十一億六千八百萬美元。[38]此現象的部分原因是唐提式養老金的推出，這在當時的美國保險業還是一個較新的概念。這些計畫的投機成分很吸引這個剛剛經歷手足相殘之苦的國家。就像英國，《高利貸法》再度潛伏在暗處。

一八六八年，位於紐約市的公平人壽公司（Equitable Society）推出了唐提式養老金。公司總裁亨利·海德（Henry Hyde）希望把握人壽保險的浪潮，將自己的公司打造為美國頭號保險商，他認為唐提式養老金將有助於實現此宏願。但是，他並未採用「唐提式養老金」一詞，而是採用了更符合技術標準的「延期分紅保單」。一八七〇年，公平人壽公司至少開出了一萬五千張保單。投保人並不直接獲得分紅，而是把所有資金作為共同儲金留到將來，與兩百年前的做法如出一轍。

讓絕大多數投保人興趣盎然的原因在於，這些唐提式養老金計畫向投保人承諾，能在投保人有生之年為他們支付高出平均回報的利息。海德的保險銷售員在向顧客推銷保險時總會攜帶手冊，上面列出了預期收益，成為未來數十年保險推銷員的標準做法。紐約其他知名的保險公司也決定以類似的產品搶占市場。一八七七年，紐約對保險行業進行了一次調查，不過海德和他的養老金產品並未受損。保單的內容複雜難懂，但在未來一個世紀，這類產品卻源源不斷，直至最後被法律禁止。

就像一百五十年前在英國，這些唐提式養老金在美國也十分流行，原因在於各州的《高利貸法》。雖然各州的《高利貸法》沒有徹底廢除，但已經自由化了。不過，它們終究為零售消費者和小儲戶制定了上限，而市場利率則是面向富人和投資機構。延期分紅在沒有利息的條件下從投保人借到資金，並承諾在未來的某個時間償還。此舉相當聰明地為保險公司占盡了現值優勢，而身體依舊康健的投保人則可以獲得潛在的高回報。由於小投資者不會在股票投機市場產生大規模影響，因此唐提式養老金成為未來可能獲得高回報最便捷的方式。和以前英國唐提式養老金不同的是，在美國還可以轉為政府債券，而不只是依靠未來的稅收進行支付。

內戰之後的一段日子裡，《高利貸法》只和小投資者或個人儲戶有關，與華爾街及商界幾乎毫無關係。在零售領域，《高利貸法》依舊在保護個人免遭剝削性借貸的傷害；而在大規模方面，有些州已將這

38 美國歷史數據，表CJ 713-722。

些法律自由化，以吸引大型投資商為抵押和銀行貸款帶來流動資金，且不用擔心被借方指控違法。平衡協調並非永遠有效，漏洞仍確實存在，唐提式養老金再次印證了這一點。然而，越發明顯的是，很多人認為，為了將來獲得更高的回報，即便失去保險分紅也值得。

金融服務業發展迅速，高利貸問題仍舊困擾著理論和現實，不過爭議的焦點不再是高利貸的效率或公平問題，而是它在原本便不平等的社會中的根本作用。從根本來看，高利貸不再是被控有罪的行為，而是幫助資本家奴役工人階級。從經濟的角度來看，高利貸是最古老的金融做法。從更根本的社會主義角度出發，它則是壓迫的象徵。

馬克思的高利貸觀點

從文藝復興到工業革命，絕大多數對《高利貸法》的批評核心是出於現實，鮮有例外。人們認為法律難於執行、監管不力或落伍過時。如果從歷史角度批評，那麼往往就挑挑揀揀了。亞當．史密斯與過往的學者一樣以過去描述現在，不過語氣沒那麼犀利惡毒。然而，當馬克思撰寫《資本論》（*Capital*）時，高利貸終於進入了歷史語境，如果馬克思是如邊沁或李嘉圖等主流學者，高利貸恐怕很快就會打入地獄。

馬克思將高利貸置於宏大的歷史背景，從他所稱的社會「前資本主義關係」開始算起。他以歷史辯證認為，社會經濟財富的掌控者壓迫農民階級，而高利貸在其中扮演了核心角色。受壓迫的農民和士兵最終演變成了奴隸制，古羅馬尤甚。壓迫的主要工具就是高利貸。這個循環對查理大帝是如此，對羅馬人也是如此。簡單地說便是「僅僅死了一頭牛就足以讓小農民無力恢復先前的生產規模。於是落入放高利貸者之手，一旦陷入如斯境地，休想再度脫身。」[39]論斷基礎有著明顯的悲觀態度，認定農民無力面對將來。一朝為奴，終生為奴。

高利貸在前資本主義時期施展妖術的方法到了資本主義時期依舊延續，部分須歸咎於利息的收取。收取利息和放高利貸者的資本有所區別。前者需要資本，而且是用於資本主義生產模式，後者則更為傳統一些；放高利貸者從下層階級以租金或支付等方式收取利息，放高利貸者的唯一目標就是維持現狀，從而確保這種收入源源不斷。馬克思提出，這兩種資本後來融為一體，並肩同行。收取利息的資本按照資本主義生產模式使用，而放高利貸者的資本則保持著消費貸款的傳統。「在資本主義生產模式相對發達的國家，這類高利貸不僅持續存在，而且擺脫了先前的法律約束，更加肆無忌憚。在人類或階級關係上，收取利息的資本保持了高利貸者資本的形式……。富裕的敗家子借錢奢侈，生產者是諸如小農民或手工業者等非資本主義生產者。」[40]亞當．史密斯和法蘭西斯．培根應該能一下子就聽出言外之意。

馬克思與亞里斯多德的高利貸觀點吻合的程度很高。亞里斯多德的金錢不可自我繁衍，到了馬克思轉為小偷觀念，然而兩人均認為收取利息不符合道德及實際。馬克思意識到，透過高利貸，金融資本家能籌集大筆資金，繼而投資及剝削，無產階級永遠辦不到。到了十九世紀，此觀念仍被不少實業家和金融家銘記在心。

39　卡爾．馬克思及佛里德里希．恩格斯，山繆．莫爾及愛德華．阿夫林翻譯，（莫斯科，進步出版人出版社，1971），3：599。

40　卡爾．馬克思及佛里德里希．恩格斯，《資本論》，3：600。

武器般的債務

十九世紀和歷代最顯著的差異在於對債務的創造性利用，尤其是在美國內戰之後。就企業或大宗層面而言，人們不再像以前那樣對債務退避三舍，而是將其視為獲得盈利的另一利器。基於製造業和海外貿易的資本主義朝著金融資本主義的方向迅速發展，較之以前，它更加依賴債務。

十九世紀的華爾街清楚地顯示了個人債務和大宗貿易債務之間的巨大差異。尤其是內戰之後，搶占和爭奪股票市場的競爭越發激烈，絕大多數情況下，在金錢市場獲得資金是成敗的關鍵。控制信貸機制是將債務變成武器的重要措施。

自證券交易誕生之日起，保證金交易制度就制定了，賒帳購買證券已是普遍做法。投機者按照實際價格的很小比例支付保證金，即可購買某公司的股份。貸方非常樂意支付現金，因為他們獲得的利息將遠遠超過日常放貸。某些中西部州發現，由於無法將資本從紐約的金錢市場吸引過來，因此要想吸引紐約的貸方和投資者異常困難。

從一八三〇年到內戰爆發之前的這段時間，美國金錢市場利率經常會超過絕大多數州制定的高利貸上限，往往會達到5至18%的額度，最常見的是低於10%。高額利率能夠吸引貸方放貸給股票市場的投機商。這讓《高利貸法》的反對者有了更充分的理由，他們宣稱人為操縱的低利率將使資金轉入風險更高的放貸領域。這種觀點先前就有，然而潛在回報還是讓不少貸方不顧一切地衝進了十九世紀的牛市和熊市。除此之外，很多股票市場的操作者都是名聲在外的投機者，而在那個年代，名聲對放貸至關重要。

其中一種股市操作盈利頗豐，那就是將股票出借給看跌的市場操作者，他們會將股票賣空，再借錢以更低的價格支付（購買）股票。另外，出借者也會出借給看漲的人，他們賒帳購買，等待股票價格上漲。不過，對於不精此道的觀察者而言，很難把握股價看跌或看漲。成功完成一支或多支股價看跌的操作，唯一的障礙就是能借到多少錢以支付空頭。如果現金不足，導致無法支付空頭，市場將會出現混亂。

倫敦《泰晤士報》解讀了其中一種操作，以此警告英國投資者遠離紐約證券市場。文中提到：「上週紐約大陪審團起訴各類華爾街經紀人和放貸者，他們違反《高利貸法》，收取利率高於法定7%的上限。放貸者已被逮捕，還告上法庭，眾人無不感慨，紐約大陪審團突然奇蹟似地說起倫理道德。」然而仍四處不見倫理道德。這次逮捕的起因是股市看漲一方指控看跌一方，認為後者為空頭頭寸以高額利率借錢，雖然保住了自己，但也付出了高昂的代價。報導總結道：「因此，大陪審團哪裡可算是法治？同理，華爾街的投機商和操作也算不上是高效。」[41]

華爾街對《高利貸法》的存在視若無睹，因為這些法律壓根兒是在妨礙賺錢。華爾街的老油條亨利．克魯斯（Henry Clews）早在一八八八年就說過：「原因很簡單，這些法律在現實中一無是處，然而下有對策……。避開這些法律的手段多如牛毛，現實社會幾乎沒有什麼能對利率劃下限定，除了貸方的良心，但良心往往是變幻莫測。」[42]

銀行家們掌控著金錢市場，很大程度也控制著股票市場的操作。如果股票看漲一方能搶奪股票看跌一方的保證金，那麼空頭交易就會流產，股票看跌方就一敗塗地。只要看漲方控制資金不流入金錢市場，他

---

41 《泰晤士報》，一八六九年八月四日。

42 亨利．克魯斯：《在華爾街的二十八年》（紐約，歐文出版社，1888），99-100。

們就能得償所願。顯然，時機一變就又是一番截然不同的景象，因為此過程的關鍵是拆款。十九世紀看漲看跌之爭充斥著這類故事，而借入資金則是市場操作的核心。未來一個世紀還會看到更多借款的創意使用。

高額市場利率將錢從小額借方吸走。美國內戰之後，小額借方沒有多餘的可貸款資金。需要低於五十美元消費貸款之人能找到其他管道，不過利率往往偏高。美、英兩國皆是如此。消費貸款能讓人安度一段日子，直至下一個還款日。至於以個人購買大量商品和服務，從而刺激經濟的現代觀念，在當時尚未進入經濟理論。當時，消費還是為了維持生計，而不是出於享受。

「貸款鯊魚」的崛起

美國內戰之後，隨著國家銀行體系的發展和信貸的誕生，對待高利貸的傳統觀念似乎與現實脫節，但此術語並未消失，因為高利貸依舊如同數世紀以來的公開進行。問題的根源並沒有改變——個人的消費貸款雖然金額不大，利率卻奇高。市場利率是為公司和政府而存在，它會根據供應變化進行正常的調整，從而使利率保持在合理標準。

和古代或中世紀的歐洲一樣，美國也有大量人口無力承擔日常生活開支，有時不得不求助於小額貸款。此問題到了十九世紀越發嚴重，因為不論是歐洲或美國，城市發展往往以農村為代價。大量農村人口湧入城市找工作，便需要更多現金支付開銷。農民變成了貧困的工人階級，但從經濟角度出發，數年以來，他們的窘境並未出現實質變化。從前，農民依靠地主貸款，現在則是向城市裡某個匿名的貸方借錢。新型的城市貸方和馬丁．路德筆下借給農民一隻鵝的地主不同，和耶利米．奧卡拉漢管轄下借給窮苦農民種子的教區居民也不同；一旦對方拖欠還款，他們可不會寬容仁慈，更不會懊悔不已，而是嚴格地依照高額利息貸款的條款辦事。透過社區或家族血脈結成的關係讓位給更冷漠的放貸業者。

在英國和美國，一部分放貸問題能以雙邊協會或合作社解決。這些機構將成員的存款借給其他需要資金的成員，這能保證借方有強大的動力準時還錢。這類組織絕不剝削和傷害本組織成員，某種程度上來說，這是城市版的家族部落。因為是地方機構，內部成員之間彼此比較了解。這類為特定目的而存在的組織中，典型代表包括英國的建築協會和美國儲蓄放貸協會，主要目的是提供消費貸款和住宅購買貸款。它們不屬於商業貸方，因為不提供資本投資或企業營運資本貸款。但是，這些組織不足以滿足消費貸款的需求，於是轉而向工人階級放貸私人資金或股東資本的貸方以填充不足。這些私人貸方包括貸款社和惡名昭彰的「貸款鯊魚」（loan sharking，譯註：專指美國一八八〇年代游離於各州《高利貸法》限制之外的放貸者）。私人貸方的做法和雙邊協會及合作社頗為類似，不過有一點非常不同：他們的主要目的是以高額費用和高額利率實現「以鄰為壑」，千年以來，他們的形象從未有過實質改變。

從表面來看，信貸已為消費貸款所用，但是代價極高。英、美兩國的各家報紙刊登著放貸者的廣告宣傳。英國廢除《高利貸法》之後，貸款似乎變得唾手可得，不過小額貸款業務不斷出現剝削醜聞。小額貸款合約要求三個月之內還錢，卻在合約版面留下空白，貸方因此能輕易地更改有效利率，例如將一先令（shilling）改成多個先令（shillings），英鎊也能如法炮製。曾有一名律師投信《泰晤士報》批評這種做法：「如果約定利率是每年75%，不用動腦子就能想出三個月之後會變成多少。」[43]儘管有人提出相反理

---

43 《泰晤士報》，一八六八年十月十五日。

論，即利率會自我調整到自然合理的標準，但高利貸依舊存在，高額利率依舊我行我素。

「貸款鯊魚」往往和組織犯罪密不可分，不過在十九世紀，這不過是另一個藏在合理放貸暗處的商業行為。放貸業務繁忙，尤其是對於工人階層（但絕不僅限於此）而言，他們經常因為急需用錢而遭人剝削。「貸款鯊魚」為窮人和時運不濟者提供貸款，商界對他們不屑一顧，而他們也沒有遭到社會的排斥。畢竟發揮的作用勉強可以接受，大家也就睜隻眼閉隻眼。說穿了，他們就是有著數百年歷史的放高利貸者。不過在美國，這類人不屬於任何宗教或種族。他們是一群沒有種族歸屬、違背公正的投機貸方。

「貸款鯊魚」的存在是嚴重的社會問題，他們剝削貧困的工人階級和深陷財務困境之人。但社會對此並未形成共同理解，許多中產階級對「貸款鯊魚」造成的問題知之甚少。底特律某家信用聯盟的創始人之一曾說：「絕大多數生活小康的人對『貸款鯊魚』的罪行幾乎一無所知。」大多數口碑良好的放貸協會創始人都認為，每月收取1或2%的利息，肯定好過收取更高利息且沒心沒肺的放貸機構。其更進一步表示：「但是，當我們為了讓立法機構了解，每月收取1、1.5或2%的利息怎麼都稱不上高利貸時，我們真是費了九牛二虎之力。」[44]一九〇七年，提高利率上限的法案遭否決，一九〇九年才終於通過批准。

關於「貸款鯊魚」的消息隨處可見，許多小型金融公司以貸方身分公開宣傳自己。在貸款給借方之前，他們經常向潛在借方收取一定金額的貸款評估費，一旦決定貸款給對方，還會附加更多費用，最後疊加在約定利率之上。貸款必須有抵押，而且其價值須超過貸款本身。分期付款一般以週為單位，缺繳一次都會導致抵押物被沒收，除非貸方同意對方延期償還，延期將會加在利息上，增加借方的還款額度。在這些情況下，實際利率往往會超過40%。

十九世紀出現了一種油水豐厚的貸款：提前工資貸款，也就是今天所說的發薪日貸款。某個工人在發薪水之前需要一筆貸款，貸方同意為他提供貸款，並獲得其工資的一部分作為回報。到了約定還款日期，一般是週末，貸方會收到全額支付。這類業務的利率很高，平均大約為25%。儘管以各種角度而言此做法都屬於高利貸，但工人沒有其他選擇，因此貸方在無人干預的情況下大賺一筆。一九〇九年提高利率上限後的四十年，紐約市市長菲奧雷洛·拉瓜迪亞（Fiorello LaGuardia）依舊忍不住抱怨這些放貸者，可是「貸款鯊魚」始終逍遙發展，因為源源不斷湧入的勞動移民和貧困的工人階級仍需要高利息的貸款。

儘管借錢在十九世紀變得越來越普遍，而且大眾普遍反對《高利貸法》，但在地方，高利貸仍舊被視為公訴罪行，一旦有人報案，政府一定會追究責任。一八九四年，美國哈林區（Harlem）一名年邁的男人向紐約市市長投訴自己是「貸款鯊魚」的受害者。市長將案子交給當地檢察官，檢察官又轉給助理。於是，這位助理檢察官控告放貸者違反《高利貸法》，並傳喚此人至辦公室。這位遭指控的放貸者前來，向助理留下一個裝有十五美元的信封，說自己願意給老人一些補償。但是，這名助理忘了把錢轉交給老人，事情曝光之後，助理引咎辭職，以免因收賄之名玷汙上司的清譽。儘管金額不高，但高利貸罪名和後續監管無疑反應了紐約「貸款鯊魚」的新聞價值。

十九世紀末期，由於缺乏提供消費貸款的放貸機構，於是放貸業界出現了很多非盈利團體，以幫助低收入工人。一八九五年，紐約市聖巴多祿茂教會（St. Bartholomew）的牧師在接到無數援助請求之後，推出了向教區居民放貸的服務，計畫以合理的利率提供五十美元以下的貸款，但前提是非房地產抵押（動

44 全國救助貸款協會聯盟，《簡訊》，1（1912）：20。

產抵押）。當時的平均年工資為四百三十八美元。[45]貸款利率為每年6%，以月分期還款。此服務大受歡迎，才推出九個月，借方的貸款額度就高達三萬美元。當教會決定長期推行此服務時，已經收回貸款一萬兩千美元。牧師表示：「來這裡的很多人都深受放貸者之害，高利貸者和所謂的經紀人在放貸時總是收取高額利息，他們要求動產抵押為擔保，小額貸款的年利率甚至高達160至200%。」[46]

該教會的放貸業務越來越大，而收取的利息越來越低。起初有抵押的貸款利率為每月1.5%，後來降至1%。早期的6%是借方支付的實際利率，不過不是約定的年利率，因為多數人會提前償還貸款。該教會成立不過十年，年平均貸款額度約為三十萬美元，而拖欠率只有0.625%。[47]雖然有了這些進步，但對需要高額保證金放貸的現金供應而言，小額貸款仍舊供不應求。該教會等其他慈善貸款協會將部分放高利貸者趕出了所在城市。不少其他城市類似的機構也都帶來了相同效果。

十九世紀末，芝加哥也面臨「貸款鯊魚」和發薪日貸款的問題。該市及其他城市的商人意識到，如果僱員落入「貸款鯊魚」之手，就會開始偷取商人的東西，以維持收支平衡。《第蒙日報》（*Des Moines Daily News*）在一篇社論批判道：「賺取他人血汗錢的『貸款鯊魚』最是惡貫滿盈。」於是，僱主聯合籌集資金，並以合理的利率向僱員提供貸款。同行的僱主為後世所謂的信用合作社創造了雛形。未來一百年裡，信用合作社將不斷發展，成為主要消費貸款供應方。家族觀念終於後繼有人了。

儘管絕大多數州還保留利率上限，但是貸方透過設計貸款，規避各類限令。依照法律，房地產是不可侵犯，因此動產抵押依舊保持了數世紀的生命力。一般而言，除非嚴重拖欠或根本無力償還，否則不得不求助於「貸款鯊魚」的借方不會有怨言。即便如此，仍舊難以估測究竟有多少無力還債的事件是由貸方引起，也難以估量他們對國家收入的影響。這一直是個未知數。

雖然英、美兩國試圖廢除《高利貸法》，但其定義仍舊是棘手的問題。麻薩諸塞州和羅德島州等地區聲稱已經廢除《高利貸法》，可是在出現法律糾紛時，仍以6%為標準利率。英國的法院也意識到，雖然標準可變通，而且取決於具體案件的實質，但一旦利率跨過某個門檻就會變成高利貸。高利貸爭辯並未隨著一八五四年英國廢除《高利貸法》而結束。此詞語仍舊活躍於商業術語，不過道德批判之聲消止了。這個世紀後來出現的幾件案子中，焦點在於雙方談不攏，因此須限制貸方合約或利率。某些地方的《高利貸法》已經壽終正寢，但法庭上還是會提起。儘管這些官方法律已經退出舞臺，但關於《高利貸法》的爭辯仍未休止。

英國國會於一九〇〇年通過了《放債人法》（Money-Lenders Act），希望能夠解決在《高利貸法》廢除之後貸款的高額利息問題。新法律賦予法庭權力，可以處理貸方對借方的指控，從而將利率或與利息相關的賠償依照原來5%的利率計算。法律通過之後，法院接到很多案子，無不聲稱對借方收取的利率「苛刻過分」。上議院便接到了一件有高額利息問題的案子。詹姆斯勛爵（Lord James）評論道：「單是高額利率本身就足以說明交易的苛刻過分……。至於何為高額利率則由具體經辦的法庭決定……。一旦確認是高額利率，貸方要想辯駁高額利率本身並不足以證明合約的『苛刻過分』就必須提出證據。這是他的責任。」[48]

45　非農業工人。美國歷史數據，表Ba 4280。

46　《世界》，一八九五年一月二十七日。

47　亞瑟・H・漢姆：《動產借貸商業》（紐約，羅素塞奇基金會出版社，1909），37。

48　薩繆爾・V・紐伯德案件，引自喬瑟夫・布利奇斯・馬休斯及喬治・佛雷德里克・斯皮爾：《放債者法案》，1900（倫敦，斯威特馬克斯韋爾出版社，1908），4-5。

但是，如何定義高額利率頗為麻煩。這部法律規定相關的闡釋交給法院自行解決，而這種闡釋須視具體情況而定。在某個案件中，一名男子需要一筆貸款，貸方要收取每年75%的利息。借方是名年邁的老人，主管一家每年收入一千英鎊的公司。他出示的資產包括房屋、家具和藝術品，總價值為一萬英鎊，現在他需要一筆貸款支付給自己的債權人。法官接到案子後，裁定合約是公平、公正，因此老人必須還錢。其他一些案件也面臨同樣的境地。陷入這類案子的借方目瞪口呆，從此再也不能喊冤說自己被高利貸欺騙了。[49]由此可見，利率標準並非絕對，而是取決於借方的處境及貸方的所作所為。

《放債人法》通過之後，一位法官在後來某個案子中提出：「這部法律的初衷是幫助陷入財務困境的人，他們為了擺脫財務窘境不得不借錢，而不是協助有能力和放債者公平地討價還價的人。」[50]市場利率雖然流行，但是如果借方能夠證明自己被貸方剝削了，法院就會出手相救。《高利貸法》存活三千年，種種基本原則仍舊生機蓬勃。高利貸被定義為處於優勢地位的貸方以收取高額利息占盡借方的便宜。不過，借貸雙方的協議依舊以借方自願簽署為假設前提。

美國國會於一八〇〇年、一八四一年和一八六七年通過的《破產法》迅速被全部廢除，於是相關法律出現了真空。一八九八年，國會再次努力推出新《破產法》。美國的《破產法》遭遇和一八五四年之前英國廢除《高利貸法》經歷一樣曲折跌宕。一八九八年的《國家破產法》（National Bankruptcy Act）是該國首部涵蓋個人和企業的長久法律，其中規定了自願和非自願破產，其條款執行了四十年之後才有了實質性修改。

根據這部法律：

除了企業機構，凡是欠債者均有權依照本法律宣布自願破產……。除受薪者或主要依靠農業耕作為生的人，凡是以製造、貿易、印刷、出版或商貿為主要從業領域的任何自然人、任何非公司制企業及任何社團，如果所欠債務達到一千美元以上，在沒有公平審判的前提下，可歸類為非自願破產，將受本法律條文約束，並有權享受該法律規定權益。私人銀行，不包括國有銀行及州或地區法律公司制銀行，可歸類為非自願破產。[51]

條文之所以須涵蓋私人銀行，是鑑於其私營性質，它們不受監管和公共會計約束。

《破產法》的通過可謂恰逢其時，下一個世紀將成為利息和債務歷史的里程碑。雖然債務革命花費了數十載才發展起來，但二十世紀無疑是絢爛的一章，因為放貸長久以來備受譴責的消費貸款，一躍成為新時代繁榮發展的領路人，不過它不再以債務偽裝，而是穿上了另一件更朦朧的外衣：信貸。

49 喬瑟夫．布利奇斯．馬休斯及喬治．佛雷德里克．斯皮爾：《放債者法案》，1900年，第8－9頁。

50 L．J．沃根．威廉姆斯法官，彭西翁．V．西金斯，引自喬瑟夫．布利奇斯．馬休斯：《過去、現在的金錢借貸史：英格蘭高利貸簡史》（倫敦，斯威特馬克斯韋爾出版社，1906），36。

51 J．阿德里安斯．布希：《1898年全國銀行破產法案》（紐約：銀行法出版公司，1899），63。

〔第五章〕

新債務革命

近期的調查得出一個定論：凡是人口超過三十萬的城市，每五千至一萬人中，就有一個是從事施放高利貸；而在製造業僱員數量龐大的城市中，此類人物大幅增加。

——《紐約時報》，一九一一年

❖ 導讀

一八九九年，托斯丹・凡勃倫（Thorstein Veblen，譯註：一八五七至一九二九年，制度經濟學派的創始人）出版了一部名為《有閒階級論》（*Theory of the Leisure Class*）的著作，完美展現了十九世紀之後人們對債務的新態度。托斯丹在本書描述了在過去數十年間逐漸富裕的新消費階級，評議了「鍍金時代」創造出奢侈品需求的當代顧客。他這樣寫道：「高調消費昂貴物品是有閒紳士的身分象徵」，他們的目標是模仿其他富人，追求社會地位和奢侈生活。在過去數世紀，《禁奢法》費盡苦心試著讓這類行為降到最低，不料到了『鍍金時代』，人們非但不再譴責，反而大肆鼓勵仿效富裕的銀行家和實業家之行為。不過，無論如何，這對經濟是有好處的。

英國廢除了《高利貸法》，美國也在嘗試廢除，高額的放貸利率還是存在。絕大多數消費貸款並沒有受到影響，依舊保持了數百年以來的原貌。儘管商業貸款遵從了市場現實，但實際利率超過100%的消費貸款仍然非常普遍，支付最高利息仍是貧苦和弱勢的借款人。購房互助協會和友好協會的確提供了許多利率合理的貸款，可是大部分人不具備成為會員的資格，仍舊必須面對高額的利息。

複利計算早就成為普遍行為，但人們對其潛在的破壞力仍心有戚戚焉。英國經濟學家凱恩斯（John Maynard Keynes）認為，忽視社會發展和全民福祉已成為社會問題。達爾文的發現及馬爾薩斯發出的人口警告全被拋至一邊，取而代之的是金融計算。但願進化論的益處能和人口增加的可怕預測相互協調，從而帶領社會走向幸福。不過，凱恩斯認為現實與此願望背道而馳，事實上人口增長率和科學利益早已分道揚鑣。第一次世界大戰結束後不久，他便寫道：「十九世紀緊盯著種種令人炫目的複利好處時，遺忘了物種的繁衍能力。」[1]金融注定了對政治和經濟施展魔法。

複利禁令早已不復存在，僅剩的爭議圍繞法律展開，關於是否以及何時應該收取複利的大多數討論都與《合約法》有關。大西洋兩岸都出現了大量文獻，論述複利計算在合法合約中的作用，這和查士丁尼時代對受益權和高利貸的爭論別無二致。收取複利將受到密切監督，尤其是合法監護人和法庭的監督，以確保借方或未成年人不被貸方或其他中間人剝削。

二十世紀為信貸和債務引入了很多新奇的觀念。人口激增對金融機構造成了普遍壓力，它們必須更快速提供更好的信貸。信用合作社、互助會、購房互助協會繼續繁榮，不過還是趕不上人口增速，大部分人仍須依靠私人貸方解決借貸需求。提供高利率貸款的專業金融公司和發薪日放貸者業務繁忙，而且服務需求量越來越大，但面向中小型帳戶的工人階級和普通公民之放貸機構卻嚴重欠缺。「貸款鯊魚」依舊是全國性的問題。利率為50%以上的貸款資源非常充足，而低於該利率則少得可憐。此情況對經濟造成的危害難以計算，因為在一九二〇年代之前，美國並沒有對個人信貸進行任何統計。

1　約翰・梅納德・凱恩斯：《和平的經濟後果》（波士頓，哈考特布雷斯和豪爾出版社，1920），21。

「二戰」之前，人們討論的焦點是消費貸款，或我們今天所說的消費者貸款的合理利率。一九二〇年代，為工人階級提供小額貸款的信貸機制確實有進步，但離所需的金額和低利率的目標仍然相去甚遠。一九〇三年，瑞典經濟學家古斯塔夫・卡索（Gustav Cassel）寫道：「由於市場體制的瑕疵，或市場出現特殊情況，尤其是遭遇風險而難以存活時，貸方要求的剩餘價格就是高利貸。」換言之，正是因為市場信貸存在結構性缺陷才導致了高利貸。他進一步提出，「高利貸只不過是利用市場體制缺陷的眾多強盜行為之一」，並得出結論：

> 主要問題在於，如何保證每一筆合法貸款，都能存在於理想市場結構，又能考慮所有情況，且能達成一致利率。不難得出結論，救治之法是一個能向所有人證明其信用度的信貸組織。這不但關乎創建合作社等為弱勢農民與手工從業者提供貸款的組織，而且，在推廣此類基礎商業知識時，亦能預防借方糊塗地簽署合約，還能一定程度地幫助借方理解市場條件。[2]

美國信貸市場似乎聽到了現實的呼喚，銀行體系開始出現更多分支，將在接下來的四十年裡提供消費者信貸。

工業國家，尤其是美國，在經歷了早期基礎設施及其他資本計畫的建設之後，開始意識到消費對國內經濟的價值。製造業和服務市場要想發展起來必須仰仗人口，只有今天所謂的「消費者」購買各種新產品，才能維持工業革命之後的繁榮。這是和過去的一道分水嶺——從羅馬時代到伊麗莎白時代的各社會都推行《禁奢法》，要求民眾量力而為，切勿痴心妄想，忘了身分。希望節節高升的現代工業社會，必須以更民主的概念取代腐朽的「位高權重」思想。因此，必須鼓勵，而不是遏制新時代的消費者。

若欲發展消費者市場，並且讓普通人民也能購買琳瑯滿目的商品，社會就必須改變原來的「量力消費」的基石，還要擴大消費者的消費支付空間。傳統上，唯一可用的信貸是商人和消費者之間一對一的業務。如果消費者無法當場支付，商人往往會同意對方延遲一、兩週再支付。絕大多數情況下，消費者會當場給錢；如果某件商品無法立刻支付，那就是買不起。抵押購買房屋是例外，儲蓄和放貸機構一般會同意十年的支付期限。「一戰」以前，商業銀行極少從事此類業務，包括私人銀行在內的大銀行絕大多數只提供商業貸款與證券承銷，專為富人服務。未成氣候的零售銀行也主要面向社會前10％最富裕的人群。進入新世紀，賈尼尼（Amadeo Pietro Giannini）在加州創立了義大利銀行（Bank of Italy），後來更名為美國銀行（Bank of America），自此，商業銀行開始積極從事零售業務，消費者浪潮有了體制支撐。「一戰」之後，大型銀行開始服務普通民眾，因為這股消費者快速崛起的力量，顯然能為貸方帶來利益。

一九一三年，美國首次推行永久性個人所得稅，雖然對於普通工人階層來說，稅率絕不算高。受影響最大的是高收入人群。一九〇九年，美國首次推行企業稅，「一戰」期間稅率還會上調。自推行之日起，企業和個人的利息支付都可享受減稅政策。個人的汽車和房屋利息還可獲減免，此做法一直延續到一九八〇年代。不過，在二十世紀前十年，這類稅項還是新玩意兒，當時許多人認為它們阻礙了經濟進步。

富人階級總能享受高生活水準，因為他們有資產，不論是房地產或股票等無形資產。工人階級就沒這麼幸運了，許多人每月薪資都會用盡，很少有存款或財產。即使年利率已經高達120％，發薪日貸款依舊是

2　古斯塔夫·卡索，《利息的本質和必要性》（倫敦，麥克米倫出版社，1903），181。

工人階級的主要信貸來源。現代金融很快就衝垮了這些障礙。一般大眾希望能過上富人的生活，可是囊中羞澀，解決辦法就是構思新方法，取代已經有幾百年歷史的當場支付做法。因此迎向二十世紀金融革命的第一波浪潮。結果令人興奮，一九二九年的消費量便占了美國國民生產總值的三分之二。

戰爭、債券和賠款

就像過去一樣，二十世紀，戰爭為固定收益類投資提供了一個名正言順的理由。美國內戰的借貸經驗證實，政府債券是極佳的投資選擇，因為拖延風險最小。

當美國財政部需要為「一戰」籌集資金時，銷售新債券可以說是相當順利。人們不禁回想起了傑克·庫克。購買戰爭債券是一種流行又能彰顯愛國情懷的投資方式。戰爭貸款的廣告投向小額儲戶，進一步喚醒了許多移民的記憶，他們為了人身安全漂泊到美國。最流行的宣傳海報之一，就是畫著自由女神的影子落在艾利斯島（Ellis Island）。廣告行銷實為必要。從一九一七到一九一九年，財政部推出了五項「自由貸款」（Liberty Loan），總價為令人咋舌的兩百一十五億美元。這是截至當時為止，美國史上金額最高的一次融資。

財政部把債券發給紐約聯邦儲備銀行（Federal Reserve Bank of New York），該銀行再分發給其他銀行和經紀人，然後向客戶銷售。財政部親自負責監管銷售，未讓以往經常參與債券銷售的華爾街投資銀行插手。此次債券仿效五十多年前傑克·庫克使用的銷售技巧，面額較小，平均約為一百美元，起初進度緩慢，但後來供不應求。

各路投資人購買「自由貸款」的原因皆同：此類債券免交聯邦所得稅。在所得稅落實的數年裡，稅率居高不下，因此債券需求量大幅上漲。投資界可不會放過這次機會。上百萬人都購買了債券。投資銀行估計戰前購買債券的人數僅三十五萬，並在一九一四年後激增。[3]金融推銷的目標很快便對準了個人投資者。個人的持有量不足為道，但整體潛在市場不容小覷。國民城市銀行（National City Bank）執行長查爾斯・米歇爾（Charles Mitchell）喜出望外：「我國出現了一支龐大的投資隊伍，他們從前可能對附息票債券一無所知，但未來他們有望成為儲戶和債券購買者。」這無疑是「自由貸款」銷售的終極犒賞。[4]

除了財政部債券之外，自治區、公司、外國政府和外資公司也推出了債券。鐵路債券慢慢讓位給工業公司發行的債券，不少自治區利用債券市場籌錢，以提供需求不斷增加的城市服務。很多外國政府和公司也利用債券市場尋找資金，陌生借方越來越多。借方國家既有東歐和西歐，也有拉丁美洲。

一九一五年，JP摩根公司（J.P.Morgan and Co.）協助組織了當時規模最大的單支債券，該債券被戲稱為「一九一五盎格魯法蘭西貸款」，其收益用於支持德國的敵對國。所有主要銀行機構都受邀參與發行，不過和「自由貸款」的做法不同，承銷費分給了各家銀行。戰爭期間，摩根為美國財政部承擔了大量金融工作，在凡爾賽宮會議之後的和平談判中，摩根可以說發揮了最大影響。摩根的搭檔控制了全球政治銀行界。其中，湯瑪斯・拉蒙特（Thomas Lamont），會議期間（始於一九一九年），他成為美國總統威爾遜（Woodrow Wilson）最信賴的顧問。最終，德國收到的賠款協議總金額超過三百五十億美元。曾擔任威

3 美國財政部，《年度報告》，1918年，第70頁。
4 《華爾街雜誌》，一九一七年六月九日。

爾遜戰時工業委員會（War Industries Board）主席的伯納德·巴魯克（Bernard Baruch）不無豔羨地說，會議上到處都是摩根的人，這裡儼然成了他們的秀場。

凱恩斯在一九一九年出版的《和平的經濟後果》（*Economic Consequences of the Peace*）中指責了此做法。作為英國財政部金融代表，凱恩斯參加了凡爾賽宮會議，親歷了談判。他反對向德國提出的賠償條款，然而反對無效。戰爭之後，戰勝國人民報仇情緒高漲，提出的條件自然苛刻。凱恩斯在他的著作闡述了複利對賠償的影響。支付是在會議之後一定時間內完成，他指出，支付計畫不僅對德國是沉重的負擔，很可能會威脅到未來的和平。當時提出的賠償總額是概數，凱恩斯的計算結果比聯盟的估算略高。他寫道：

> 根據我的計算，總債務為四百億美元。假設利率為5%，那麼不算攤銷（amortization），年支付額為二十一億五千美元。按照5%的複利，本金總額將在十五年後增加一倍。假設德國在一九三六年之前無力完成每年七億五千美元的支付⋯⋯。不算利息情況下的兩百五十億美元，將上漲到五百億美元，年利息達到二十五億美元⋯⋯。如果德國某年年末支付未達到該金額，那麼欠款將會更高。[5]

複利顯然使賠償問題更加惡化。德國從未全部支付賠款，就在大環境的諸多狀況下，高度通貨膨脹和「二戰」終於還是爆發了。賠償債務中採用了複利，凱恩斯因此如坐針氈，同時也證明這是戰後相對普遍的政治權宜之計。德國出現的問題恰好和理查·普萊斯於十八世紀末期在英國提出的觀點截然相反。現在人們利用複利收取賠款，讓德國國家債務雪上加霜。最初的償債基金構想此時已完全顛倒。

借錢消費的新浪潮

一九二〇年代，基於戰後的繁華和生活水準提高，這時的美國人比任何時期都容易獲得信貸，消費產品的種類也更為豐富。在這樣的氛圍下，人人借錢消費，而且越借越多。羅伯特·華萊士的早期樂觀精神超越了湯馬斯·馬爾薩斯的悲觀主義。信貸開始民主化，以切合人口增長和改善生活的需求。

即使再加上戰前時期，借錢消費的浪潮其實也才盛行了數年，人們已經對新誕生的消費主義感到彆扭。有人擔心消費者支出太多，將導致儲蓄太少或甚至戶頭一空。與這種恐懼同時出現的還有對酗酒和烈酒消費的顧慮，尤其是在工人階層，最終衍生出禁酒令。不過，就像是長期存在的高利貸禁令，由於人們總是違反禁酒令，因此形同虛設。

「一戰」期間，各個階層都在倡導「節約行動」（thrift movement），並督促美國人民盡可能地存錢。政府希望人民能將資金用於政府戰爭債券。郵政儲蓄銀行成立，服務之便捷讓許多儲蓄銀行和信用社望洋興嘆。威爾遜提出，為戰爭債券投入一美元就意味著政府籌款少了一點競爭。儲蓄成了舉國上下的愛國義務，也相當成功。這筆現金令貸方垂涎三尺。

美國和消費者信貸長期存在的密切關係真正始於一九二〇年代。購買力的變化及影響顯而易見，於是，信貸開啟了蓬勃發展的一頁，直到一九二九年股票市場崩潰才劃上句號。自此，生活標準反過來永久地改變了生活方式，以及人們未來對債務的態度。一九二〇年代，消費者債務增加了不只一倍。一九二九

5 約翰·梅納德·凱恩斯：《和平的經濟後果》，第165–166頁。

年市場崩潰之前，消費者人口約為六千萬，債務約為六十四億美元，換句話說，每人擁有約一百零六美元的債務，大約相當於年人均收入的8％。[6]第二抵押品開始變得普遍，因為一棟房子已經無法滿足某些房屋所有人日益膨脹的購買慾望和渴求。人們曾經認為債務是負擔，但在貸方積極的解讀之下，此概念被拋至九霄雲外。現在，債務是信貸的拓展，潛臺詞積極正面，而不再像數世紀前一樣消極。《紐約時報》於一九二三年做出評論：「實有必要在信貸和債務之間劃分界限，但分界點著實難以尋找。」

到了一九二五年，分期信貸公司的數量超過了五百家。信貸機構發展了起來，商人和貸方為帳戶持有人提供手寫帳單。這些機構發現，顧客總是挑選自己方便的時候償還貸款，而不是嚴格遵守還款時間表。這一點特別重要，因為由於拖欠而再次占有抵押物品的情況時有發生。和過去一樣，消費者貸款需要抵押。

即使這類新興的購買活動大多依靠信貸提供的資金，但仍和「二戰」之後發展起來的信貸大有不同。雖然當時出現了信貸機構，但是並未大範圍地普及，大部分人仍舊在必須時才購買商品和服務，絕大多數人並未接觸銀行機構。一九二〇年代信貸現象中特別引人注意的是大約只有10％的人會使用信貸。一九三〇年，二十世紀基金會（Twentieth Century Fund）估測，街上約九成民眾都沒有接觸過信貸。零售銀行統計數據顯示，實際發生的消費資金來源主要是借錢。擁有銀行帳戶的消費者往往會尋找儲蓄債務協會、信用社或儲蓄銀行，而不是商業銀行。因此，大蕭條一開始，商業銀行就削減了自己新建立的零售業務。

絕大多數商人貸方允許顧客定期存錢，以供他日消費。商人會將商品放在一邊，直到收到款項全額才將商品交給顧客。換言之，放在從前，消費者必須先儲蓄後支出，而如今的做法則是先支出後儲蓄償還。從技術層面而言，這種「餘款付清交貨措施」（lay-away plans）是為了將來消費準備資金，而不是償還已有的消費債務。金融的馬車以此方式滾滾前進，直到世紀末被顛覆。

這種餘款付清交貨做法將盛行數十年，但後來被新型分期信貸搶了風頭。後者的概念簡潔明瞭，在當時頗有超前之感。消費者在購買時必須支付首次交款，之後依照等額分期支付餘額。一九一一年，西爾斯·洛布克公司（Sears, Roebuck and Co.）推出了消費者信貸業務，這是首批設立該業務的零售店。以此方式購買的頭號大件商品便是汽車。一九一六年，馬克斯韋爾汽車公司（Maxwell Motor Car Company）成為首間允許信貸買車的製造商，要求首次支付50％，餘額則均分成八次支付。其他汽車公司紛紛仿效。大宗商品是分期信貸的首批對象，僅僅十年之內，信貸覆蓋了所有商品。

抵押仍然是放貸的前提條件，只是不再那麼直接。當某位顧客想申請住宅抵押，正常情況之下須尋找有儲蓄業務的購房互助協會。一般來說，申請抵押的顧客必須在小銀行擁有儲蓄帳戶並購買住宅之後，帳戶必須保持使用，如此銀行就能依照自己的最大利益計算，以確保客戶能夠承擔得起抵押支付。從銀行角度出發，顧客必須為貸款保有小額補償性餘額。當時的抵押條款可沒有「二戰」之後那麼慷慨大方。一九二〇年代中期，正常抵押貸款必須在三到五年之內還清，購房互助協會和儲蓄銀行提供的條款更慷慨一些，能延至十一年七個月。實際上，絕大多數抵押融資結合了初級抵押和二級抵押，從而延長了還款期限，但當時清償期很少會超過十五年。小型貸方顯然比大型同行更有優勢，因而占據了住宅抵押市場的較大占有率。

普通公民以巧妙的融資獲得了第二件大宗現金購買的消費品，於是人人有車開。戰爭一結束，製造商

6 美國商務部：《美國的歷史數據：從殖民時代到一九五七年》（華盛頓，哥倫比亞特區，政府印書局，1957），X系列，第415–422頁。

立即意識到必須擴大對顧客的信貸。一九一九年，通用汽車公司（General Motor）創立了通用汽車金融服務公司（General Motors Acceptance Corporation，GMAC），為經銷商和顧客提供貸款。該公司生意陡升，三年之內借出的消費貸款超過兩億兩千七百萬美元，成為此浪潮中最大的分期信貸公司。[7]之後，福特汽車公司（Ford）於一九二八年成立了自己的信貸分支，誓言盡力以最低成本讓舉國上下人人擁有一輛福特汽車。福特宣稱此舉絕不是為了謀利，而是要為購買者提供資金。福特旗開得勝，兩年之內，福特為八十萬名「分時」購買者提供了四億兩千五百萬美元的資金。當時，最廉價的汽車價格略微低於普通工薪族一年的總收入。接下來的十年裡，工資從原來的一千一百美元上漲到一千五百美元。[8]

分期信貸非常普遍，很多主要放債人甚至在一九二六年聯合成立了貼現公司（譯註：貼現公司向商人購進承兌匯票，又出售給銀行，從中獲取利差），這就像一種後盾，透過貼現購買它們的票據，從而保證流動性。結果顯而易見。一九二〇年代末期，分期信貸成為最流行的貸款模式。每年的貸款總額度約為六十四億美元，其中約有一半屬於分期信貸，[9]緊跟其後的貸款來源是「未授權放債人」和當鋪，年貸款額分別為七億五千萬美元和六億美元。這表示消費者放貸雖然有了發展，但社會仍舊非常依賴過去較普遍的貸款來源。「未授權放債人」包含著多種來源，而最知名的來源已經迫害美國社會數代之久，那就是「貸款鯊魚」。

向「貸款鯊魚」宣戰

「一戰」之後，美國被兩大嚴重的社會問題所困擾：酗酒和高利貸。兩者可謂關聯密切，不過人們顯然認為酗酒更猖狂，因此推出了禁酒令。禁止製造烈酒是美國最像《禁奢法》的法規，但是嚴格來說，禁酒令認為罪魁禍首是製造商而非消費者。

戰後，「貸款鯊魚」和有組織的犯罪勾結起來，為有需要之人提供現金，利率之高絕對可稱為高利貸。其中一項典型事件遭到了曝光。一九三三年，暴徒杜奇・舒爾茲（Dutch Schultz）飲彈身亡，《紐約時報》評論道：「自古以來的高利貸紛爭，加上現代黑幫的打殺，應是導致昨日槍殺案的主要因素。」舒爾茲是惡名昭彰的「貸款鯊魚」，紐約政府透露，不知內情的借方被他訛詐金額的利率每年高達1042%。顯然，如此高昂的利息永遠償還不了。一九二〇年代末期和大蕭條反而刺激了消費貸款需求，若是貸款管道不是銀行，則會無奈地身陷悲慘境地。

一九二〇至三〇年代，組織犯罪爬上了頭版頭條。一九三〇年代末期，暴徒犯罪由原來的禁酒時期違法生產烈酒，讓位於「貸款鯊魚」。「貸款鯊魚」依舊有市場，主要是因為大型銀行不願為低收入的小儲戶辦理業務。經濟艱難刺激了貸款需求，許多小商人和個體如果需要貸款，都會尋找「私人」放債者。「貸款鯊魚」早在二十世紀前幾十年就是主要社會經濟問題了。高利率阻礙了倒楣的借款人享受真正的經濟進步。但是，收取高額利息依舊有其他方式，例如在貸款之前就開始徵收利息。並非所有「貸款鯊魚」都身穿黑色雨衣、躲在暗處做生意。絕大多數都是未授權的貸款公司，剝削缺現金的受薪人士。他們揚

---

7 《紐約時報》，一九二二年五月一日。

8 《美國歷史數據》：蘇桑・卡特、司各特・蓋特納、邁克爾・海尼斯、艾倫・奧姆斯泰德及理查・蘇奇編輯（紐約，劍橋大學出版社，2006），D系列，第603－617頁。

9 美國商務部：《美國的歷史數據：從航海時代到一九五七年》，X系列，第415－422頁。

言，自己是為傳統銀行機構沒有服務到的人提供信貸。許多不願參與零售放貸業務，而主要處理大規模金額業務的銀行十分偏愛這番言論。「貸款鯊魚」無疑是對當時高利貸法律的嘲諷，也成為高利貸立法的靶心。

一九二〇年代，消費者信貸因兩股力量而蓬勃發展。鑑於「貸款鯊魚」問題之嚴峻，人們開始為小額消費者貸款提供更多可能性。慣常而言，「小額消費貸款」是指個人貸款金額為三百美元以下，或不超過平均工資的15%。很多州計畫修改利率上限，允許貸方從貸款收取更多利息，因為高利率能吸引更多合法貸方，減少「貸款鯊魚」。此做法大受歡迎，尤其是幾間大型放貸機構決定進入小額貸款市場之後。羅素·塞奇基金會（Russell Sage Foundation）成功遊說了幾個州的立法機構放開對小額貸款的利率上限監管，結果是除了美國銀行，還有兩家大型商業銀行也進入該市場。兩家機構都在紐約市，分別是國民城市銀行和合眾國銀行。一九二八年，兩家銀行皆推出了小額貸款業務。國民城市銀行首先宣布消息。該行執行長查爾斯·米歐爾表示，銀行意識到曾遭大型銀行忽視的小額顧客需要資助，而他們都將得到資助。這番話反應出：該銀行不習慣與普通受薪顧客打交道，不過銀行還是信誓旦旦，「透過與此階級人民的接觸，我們堅信，他們每一位都正直可信。我們絕不是鼓勵所有人都要借錢消費，除非是情不得已，不過我們有信心，在崇尚節約精神的背景之下，我們提供的貸款能得到償還。」[10]

幾個月之後，合眾國銀行進入市場，不過並未停留太久。一九三〇年，銀行高層挪用顧客存款從事股票投機，事情敗露後，銀行被迫關門，為當時美國史上最大的銀行倒閉事件。一九二九年市場崩潰後，銀行遭受重創。很多儲戶都是新移民，他們的存款盡數化為烏有，最終紐約州介入，恢復了部分存款。

一九二二年，美國五十八州有四十三州都制定了《高利貸法》，不過並不完全統一。部分州規定了貸方能向借方收取的最高利率，而部分州則較寬鬆，旨在遏制所謂的「道德高利貸」（moral usury），即向顯然無力承擔的人收取高額利息，而且沒有書面貸款合約作為保障。換言之，貸方剝削身陷經濟困境的借方。這些條文乍聽完美無瑕，可是執行異常困難，尤其是道德高利貸。極具諷刺意味的是，道德高利貸和最早的「以鄰為壑」觀念頗為類似，但是很難具體定義。

許多州的法定利率為6至12%，具體視貸款類型而定，抵押利率屬於此範圍的較低標準，而定期消費貸款的利率則屬於較高標準。貸款合約會註明法定利率。在二十世紀，「民間」高利貸和「犯罪」高利貸的區別越發明顯。這些術語比起「道德高利貸」更容易理解，處理方式也大有不同，犯罪高利貸一旦被證明屬實，放貸人就會受到嚴厲懲處。判斷各州放貸是否合法的標準是憲法規定的最高利率（如果依舊存在的話），由於該利率絕大多數情況之下都符合抵押利率，因此易於監管。如果貸款合約未註明具體利率（倘若真的有這樣的合約），則使用法定利率；如果沒有註明具體償還計畫，則須依此利率完成貸款貼現。該利率還適用於消費者貸款和定期貸款，但抵押除外。相較於採用長期合約利率的貸款，法定利率適用的貸款類型條件較差。人們意識到，儘管有《高利貸法》，但條件較差的貸款必須收取較高的利息，因為如果這類貸款沒有一定額度的風險保證金，貸方一定會退避三舍。自一九二〇年代中期到末期，這些貸款的利率一般能高達18%。

法定利率易於監管，而消費貸款的合法利率就更加棘手，往往還會導致「道德高利貸」的模棱兩可。這類高利貸幾乎無法評估，因為它取決於借方據理證實自己遭受不公平對待。如果與機構性貸方打交道，

---

10 《紐約時報》，一九二二年五月一日。

並且能證明貸款收取的利率超過法定額度，則結果倒是可行。但是，如果對方是私人貸方或「貸款鯊魚」，即使並非絕不可能，也絕對是難如登天。這種規定當然也適用於諸如杜奇・舒爾茲之類的放債人，然而，麻煩在於借方必須提出法律訴訟。「貸款鯊魚」罪犯經常使用暴力手段，加上利率過高，導致許多僱主成立了共同協會，最初目的就是讓手下僱員能以更合理的利率借到錢，減少對自己和僱主的傷害。

一九一五年，貨幣監理部門提出，兩百多家全國性特許銀行收取的利率等同於高利貸，此話一出，震驚了整個金融界。《高利貸法》已經執行了數年，為何相關討論還是能引起眾人公憤？一戰時期爭議的核心是長期的政治問題，在下一個世紀仍將數次浮現。內戰期間通過的《國家銀行法》要求聯邦特許銀行必須遵守國家利率上限，出發點是州立銀行在遇到拖欠情況時，可以採用該上限利率。然而，州立銀行並未對大型聯邦特許銀行馬首是瞻。兩支派系競爭不斷，對司法管轄和可收取利率爭執不休。監管部門抱怨管轄下的銀行為所欲為。全國性銀行依舊推出了更高的利率，州立銀行也樂得依樣畫葫蘆。《高利貸法》和實際放貸之間由來已久的緊張局勢，再度進入大眾視野。

美國除了指出全國性銀行的《高利貸法》之外，實際上還有一套存在近五十年且誕生於大蕭條時期的非官方《高利貸法》。一九三三年，國會通過了《格拉斯—史蒂格爾法》（**Glass-Steagall Act**，譯註：該法案禁止銀行包銷和經營公司證券，只能購買由美國聯準會批准的債券），規定美國聯邦準備理事會（**Federal Reserve Board**，簡稱聯準會）有權行使Q條例。為了保證各銀行間公平且良性的競爭，該條例授權美國聯準會為成員銀行設定最高存款利率，如此一來，便不會為了吸引存款而哄抬利率。在接下來的四十七年裡，最高存款利率大多時候都沒有超過6%，有時甚至更低。這限制了銀行的主要資金成本，並且有助於圍繞存款率的特定範圍制定放貸利率。這種差價銀行業務易於維持，因為銀行只為顧客提供了兩種帳戶：儲蓄帳戶和支票帳戶。銀行為最佳顧客提供的貸款利率往往比存款利率高出幾個百分點。消費者貸款利率當然更高一些，不過如果放貸利率過高，將會出現超過限額的問題。美國聯準會一方面捍衛資金成本，一方面又對高額利率大為不滿。Q條例與各州利率上限完美吻合，從而在存款利率和貸款利率之間劃出了一個被廣泛接受的範疇。

一九二八年，羅素．塞奇基金會推估商業銀行收取的貸款利率約為13至35%，小型貸款公司為42%，授權當鋪為60%，而無處不在的「貸款鯊魚」居然高達480%！該機構自一九一二年首次發表高額放貸利率調查結果以來，一直進行跟蹤研究。[11]一九二〇年代，儘管當鋪收取的實際利息奇高，但依舊沒有受到任何譴責。應當承認，工人階層在這個消費社會過度消費，而當鋪便成為他們最後一絲希望。如果沒有這類機構，窮人和手頭拮据的工作者走進資本主義之路恐怕非常困難。[12]大蕭條開始之後，「貸款鯊魚」及其收取利率急遽升高。當時全國信貸緊縮，能借到的錢少之又少。消費貸款利率在無人煽風點火的情況下，自己調整到了接近20%，人們於是只好默認，由於經濟和商業的普遍發展，出現高額利率是自然而然之事。

各州《高利貸法》的措詞中，能夠找到一些與上述情形產生矛盾的解釋。法律規定，書面貸款合約的利率不得高過規定的最高值。凡有書面協議，任何人不得向他人收取高利率，但如果沒有書面協議，那就是另外一回事了。人們普遍認為，合約有效期限一般為一年以上，例如抵押，協商的利率必須遵守《高利

11　亞瑟．漢姆：《反對貸款鯊魚運動》（紐約，羅素．塞奇基金會出版社，1928）。
12　溫迪．A．伍爾森：《典當行：從獨立時代到大蕭條時期的美國典當業》（芝加哥，芝加哥大學出版社，2010）。

貸法》。但是，牽扯到個人目的或消費計畫的短期貸款，利率則須根據較短時限（一般為幾個月）制定。此時，利率可以按月制定，一般都低於年高利貸上限。如果月利率是1.5%，換算年利率則為18%，當然，實際年利率並沒有明確點出，此情況直到一九六八年《誠實借貸法》（Truth in Lending Act）推出後才得以改變。如果借方能在三個月之內償還貸款，則實際利率為4.5%；如果採用複利則會略高一些。如果是長期債務且採用了法定利率上限，借方能否向法院申請減免則是未知數，除非實際利率高得離譜。

另一種逃避高利貸指控的常見辦法是「薪資支付」（salary buying），這是發薪日貸款的委婉說法。貸方會要求員工簽名同意將一週的薪水轉讓給自己，然後再貸款給員工，如此便能逃過嚴苛的規定。他們聲稱這不屬於貸款，只是提前服務，因而不受《高利貸法》限制。不論以什麼名稱，利率高是事實，最常見的情況是，員工將自己一筆二十五美元的薪水移交給「貸款鯊魚」，以獲得二十美元的貸款。

發薪日放債人收取極高的利息，但自十九世紀以來，對它的打擊成效可以說是微乎其微。紐約市市長菲奧雷洛·拉瓜迪亞發現，該市普通工人每週的平均收入為四十美元，可他們為了提前拿到現金，甚至願意支付10%的週薪，對此他勃然大怒，「我早就推行了政策，保護我市勞工階級免受『貸款鯊魚』和放高利貸者的剝削。」但是毫無效果。「一戰」爆發以前，這個問題已經無可救藥了。一九一一年，依照威廉·傑·蓋諾（William Jay Gaynor）市長的吩咐，紐約市針對「貸款鯊魚」做了一項調查。特派員雷蒙·福斯迪克（Raymond Fosdick）發現，每五位該市僱員中，就有一位會不時求助「貸款鯊魚」。市長認為此現象不可姑息，而在調查過程中，福斯迪克委員披露了不少讓問題越發嚴峻的事件。其中一件是關於某位城市消防員，他的孩子在五個月之內死了五名，於是借了一百美元支付安葬費。他還了十美元，兩年之後，他的欠款金額達到了兩百美元，還清貸款的可能微乎其微。當時紐約州通過了一部「貸款鯊魚」法律，不過該法律唯一能做的，就是要求欲從事私人財產貸款業務的貸方必須登記註冊。[13]

極具諷刺意味的是，在一九二〇年代，即使分期信貸已經非常普遍，最古老的放債者還是獲得了不少尊重。當鋪依舊是全國最大的貸方之一，僅次於分期公司和未授權放債人。它們的業務和普通放債人區別不大，貸款都需要抵押，如果當鋪得到所在州的授權批准，則收取的利率理論上也受監管。不過，當鋪主要還是地方事務。這些人從未聯合組成全國性公司，一直保持小商人身分，其業務也是子承父業代代相傳的形式。當普通公民達到信貸額度上限時，若急需現金，當鋪就是最後的希望。一九二八年，一家當鋪老闆表示，有時出現突發情況，普通居民甚至掏不出一百美元的現金，只好向他求救。「一戰」以前，據傳法國只有一家此類機構，收取的年利率約為8%。但在一九二〇年代的美國，此類機構比比皆是。

很多州都著手調查「貸款鯊魚」的問題。一九二八年，波士頓一名商人愛德華・費倫（Edward A. Filene）指出，諸如信用社這類信貸機構的增加，正是應對高利貸問題的最佳妙方，他在一次廣播新聞中說道：「紐約和我國其他地區對高利貸問題的調查是強而有力的挑戰，我們必須根除這種社會不公正。」他還認為，很多信用社非常成功，它們甚至允許工人借錢，而利率和大型機構相比，也富有競爭力。[14]

紐約對高利貸的調查始於一九二八年，主要針對「貸款鯊魚」和發薪日貸款，後者在紐約已然登堂入室，因此成為重點關注對象。購買者聲稱，他們提前支付的現金並非貸款，而是對某筆薪水的折現（譯註：又稱貼現，指將未來收入折算成等價的現值）購買。州立法機構提議制定小額貸款法案，這與全國性

13 《紐約時報》，一九一一年七月十六日。
14 《紐約時報》，一九二八年四月二日。

《高利貸法》的推崇者提出的版本如出一轍，要將小額、無保障貸款的最高利率限定為每月2.5%，與已經採納該觀點的州保持一致。發薪日貸款將被視為一種放貸行為，並且必須納入法律。

與此同時，紐約州檢察長數次召開會議，討論紐約州小額貸款的利率問題。調查發現，小額貸款的利率從30至1000%不等，貸款幾乎全是面對需要流動資金的工人階層。有人提議須逮捕有嫌疑的「貸款鯊魚」，政府也進行了幾次高調的逮捕行動，但這些案子並沒有人積極跟進。檢察長阿爾弗雷德·奧丁格（Alfred Ottinger）指出，紐約州每年損失兩千六百萬美元，全部落入「貸款鯊魚」的口袋，而且絕大多數出現在紐約市。這種「年度詐騙」金額逐年遞增，督促了立法機關推出適用於各州的小額貸款法律。[15]

許多小額貸方迅速做出反應，趕緊離開了紐約州。紐澤西州意識到此危險，趕在貸方人潮穿過哈德遜河（Hudson River）之前組織了「貸款鯊魚」調查。但紐約州的問題可不好解決。活期貸款市場對小額借方能獲得的金額數額也有重要影響。如果股票市場貸款（保證金）的借款利率偏低，貸方就會為更小額的借方提供更多信貸；如果活期貸款利率較高，情況則恰好相反。資金不過是為了更高的回報而從某一領域轉到另一領域。活期貸款不受紐約州《高利貸法》的約束。活期貸款和定期貸款產生了競爭，如果活期貸款較高，定期貸款就必須提高利率。根據《紐約時報》報導：「這促使經紀人哄抬定期存款，以吸引甘願面臨高利貸指控的人。外幣瞬間消失了，貸方面臨本金利息雙損失的風險。」[16]

在一九二〇年代的進步派中，面向投機者的貸款也是譎詭，此現象在被東部貼上「草原民粹主義者」（Prairie Populists）標籤的人身上表現得尤其明顯。邊際效率（譯註：邊際效率是以馬歇爾為首的新古典經濟學派中心理論之一，又分為投資的邊際效率和消費邊際效率，都具有遞減性）吸引貸方為股票投機者提供貸款，從而消耗了消費者可能的低利率資金，由此導致衝突不斷。進步派認為美國聯準會難辭其咎，因為它沒有為儲備金向成員銀行支付利息。結果，銀行借錢給市場，以獲得更高的利息收入。進步派認為，總體而言利率偏高，但華爾街卻享受著低利率，普羅大眾則被迫接受高額利率。這番爭論直到大蕭條時期才算告終，因為在其他經濟問題面前就顯得無關緊要了。

但是，紐約州和紐澤西州的措施並未緩解事態。家庭金融公司（Household Finance Corporation）是為商業和個人提供小額貸款的重要機構之一，其發言人說道：「紐約州小額貸款法律規定，除了額外費用，月利率固定為2%，實際上月利率大約為2.5%，這部法律毫無實際可操作性。去年，本州從事該業務的（放貸）授權機構只有十七家。比起透過非法管道收取高額利率的需求金額：未償付貸款金額不值一提。「河對岸也出現了類似問題：這個問題在紐澤西州扯上了政治，去年執行的利率為每月1.75%。最終的結果是，除了一家機構，其餘授權公司都撤出了紐澤西州。」[17] 雖然部分放貸會被貼上「高利貸」的標籤，但小額借方能獲得的資金越來越少，只有實質地放鬆法律監管才能吸引有信譽的貸方進入市場，並保證利率能補償他們的預測風險。

倫敦一部話劇刻畫了人們對放高利貸者和「貸款鯊魚」的不滿情緒，這部來自倫敦西區的話劇於一九二八年夏季在紐約上演。觀眾看完《放債人》（*The Moneylender*）後五味雜陳。這部戲講述了一名猶太放債人山繆·列維（Samuel Levy）和一名英國淑女莉莉安·魯特萊爾（Lillian Luttrell）的複雜婚姻，這場

---

15 《紐約時報》，一九二八年五月十九日。

16 《紐約時報》，一九二八年四月二十八日。

17 威廉·J·摩根，引自《首府時報》，麥迪遜威斯康辛州，一九三一年五月二十八日。

婚姻當時被視為異族通婚。新娘的父親在倫敦設立了一間放債機構，不過她的家人對此一無所知。由於雙方的宗教和金融觀念，這場婚姻最終落空，兩人分道揚鑣。話劇原名為《典當之戀》（*Love in Pawn*），微妙地談及了典當商的宗教信仰。

一九二八年，在羅素·塞奇基金會和家庭金融公司（五十年前便創立）的帶頭下，各州開始採用《統一小額貸款法》（Uniform Small Loan Law），以提高《高利貸法》的靈活性。國會無法廢除面向全國銀行的《高利貸法》，因此各州開始引入這部法律。個人的居家物品貸款最高為三百美元，擔保就是物品本身。一九二八年，共有二十八個州採用了小額貸款法律，基於所有消費者貸款利率最終都將下降的假設，《高利貸法》因提供更高利息而被捨棄。許多州都接到意見，要求將貸方能收取的月利率由1.5％上調至3.5％，換言之，年利率從18％上升到了42％。人們普遍認為，利率雖高，但出於不得已，因為必須藉此吸引合法放貸者提供消費貸款，尤其是針對勞工階級的貸款。相較於200％或更高的貸款利率，40％已經較好。但是，並非所有人都認為市場力量最終會干預利率。威斯康辛州州長就曾斷言道，《統一小額貸款法》是為高利貸煽風點火。可是局勢已如脫韁之馬。許多州相信當範圍拓展至全面，利率就將自行下降，於是推出了各自的法律版本。結果這一年，家庭金融公司決定擴大零售放貸業務，還到了華爾街融資，而它成為其中的最大贏家。

美國的債務帝國

為消費者提供的信貸麻煩不斷，而在企業世界則恰好相反。即使股票市場備受關注（尤其是一八三七年之後經濟崩潰或恐慌接連上演），但債務仍是整個十九世紀美國最鍾情的融資形式。沒有人會擔心企業欠債，相反地，即便發行債券的企業財務狀況令人堪憂，企業債券一直是投資者的心頭好。

自一八七〇年到一九二〇年代初，美國正值信用建設的巔峰時期，而隨著人們對債務（與證券相反）的認識漸漸增加，槓桿借貸（譯註：指部分私募公司透過向金融機構貸款，以高額舉債的方式收購資金流穩定的公司）成為打造巨大工業帝國最慣用的手段。人們曾經對債務和利率避而遠之，此時卻為了獲得市場主導地位而大肆利用槓桿借貸。從商品供應與生產、鐵路、製造業到公共事業，為了鞏固地位、擴大市場，各行各業都是債臺高築。許多人發現企業債務和消費債務一樣都是雙面刃，既能幫助企業拿下大片市場占有率，也能使債務人死無全屍。

大型公共事業控股企業的發展無疑敲響了一記警鐘，人們意識到，以大肆槓桿借貸實現企業掌控力，這種所謂的高效手段存有風險。「一戰」期間及之後，基於地域的擴展，公共事業不斷發展，尤其是在南部和西部，那裡的長期債券收益低於6％。為數不多的幾家企業為廣闊地區發電，隨著地位的鞏固，漸漸形成了巨大的帝國。反壟斷監管部門開始審查大型控股公司，看看是否違反了《謝爾曼反壟斷法》（Sherman Act）或《克萊頓反托拉斯法》（Clayton Act）。絕大多數公共事業控股公司，其本質都是組織嚴密且能為自身擴張提供資金的銀行家團體。這些團體若不是與摩根大通關係密切，就是毫無瓜葛；後者的代表之一就是山繆．英薩爾（Samuel Insull），執掌位於芝加哥的公共事業公司。

英薩爾是中西部公共事業領域的龍頭，掌控中西公共事業公司（Middle West Utilities）。山繆．英薩爾於一八五九年出生英國，就讀於私立學校，為了幫助家計，十四歲就開始在辦公室當雜工。他還兼職雜誌《浮華世界》（*Vanity Fair*）編輯的速記員，在這段期間對政治和時局有了一定認識。他的第二份工作結識了愛迪生在倫敦的代理人。年輕的英薩爾非常崇拜愛迪生，後來受邀前往美國擔任愛迪生的私人秘書。一八八一年，他移民至紐約，並開始了漫長的商界生涯，未來將成為商界的巔峰人物。

英薩爾在紐約市擔任愛迪生的秘書，從而進入金融界。愛迪生在紐約市的第一位商業客戶是約翰・摩根，摩根從愛迪生位於珍珠街的一家小發電站買電。摩根以其豐富的人脈關係在不少領域享受內部待遇，發電就是其一，他也在最初充分利用了此機會。只要愛迪生在電力公司占據主導地位，英薩爾的工作就是相當穩固。然而，摩根最終吞併了愛迪生電力公司（Edison Electric），並創立了通用電氣公司（General Electric Company）。失業的英薩爾只能另謀出路。他看上了芝加哥，因為這裡的公共事業領域不像紐約這般競爭激烈。一八九二年，他成為芝加哥愛迪生公司（Chicago Edison Company）總裁。

英薩爾告別了愛迪生電氣公司副總裁的職位，這次遭遇讓他堅信華爾街的銀行家都是烏合之眾。他發誓，今後絕不尋找紐約的投資銀行籌集資金，任何情況下都只信賴芝加哥本地的銀行。起初，一些頗有地位的銀行不願和他打交道，於是轉而尋找痴痴等待業務的小型債券商。投資英薩爾的主要銀行家後來建立了芝加哥哈塞・斯圖爾特公司（Halsey Stuart Co. of Chicago），該公司總裁哈洛德・斯圖爾特（Harold Stuart）和英薩爾可謂英雄所見略同，他們都認為，中西部的公共事業就該由中西部人自己管理和集資。紐約的財團不屑與中西部的中小型公共事業企業打交道，因此，拒絕紐約的銀行業精英在當地既是一種自豪來源，也是一個盈利管道。

哈洛德・斯圖爾特是一九二〇年代繁榮的領導者之一，他以令人咂舌的速度在芝加哥銷售債券，作法與查爾斯・米歇爾（Charles Mitchell）及國民城市銀行在紐約如出一轍。這些債券多數是為了英薩爾的企業。大蕭條來臨之時，許多芝加哥人對斯圖爾特和他的公司怨聲載道。這家公司除了部分行銷策略之外，還僱用了芝加哥大學英文教授大力吹捧債務投資的好處，用極具感染力的語調左右聽眾。人們後來發現，這些行銷文字的撰稿人其實是斯圖爾特，那位教授對債券投資知之甚少，甚至可以說是一竅不通。[18]

帝國的崛起主要是透過兩大控股公司，即是一九〇七年重組後的聯邦愛迪生公司（Commonwealth Edison Company），以及成立於一九一二年的中西公共事業公司，後者主要由英薩爾管理。英薩爾堅信，壟斷集中是消除破壞性競爭的必然手段。他認為公共事業屬於「自然而然的壟斷」，這一行必須集中在數人手中，以確保服務的高效率。他的口頭禪是「特定地區的所有電能生產必須出自一人之手」。他說到做到，成為美國中部大片區域的主要電力供應商。他以控股公司聚攏旗下各公司，並兼併其他更小型的營運商。在一次閒聊中，他向某位哈佛大學教授透露手上正管理著他人十億美元的資金。

英薩爾工作效率極高。他的發電廠電力價格不到對手的一半，於是業務拓展非常迅速。他經營的控股公司沒有多少普通股票，絕大多數都是控制在上層主管手上。其餘資本來源則是借錢。因此，少數人就能透過金額不高的投資控制巨大帝國。英薩爾曾購回股票，並分給僱員。此慷慨之舉確保公司依舊掌握在本地人手上，而不至於落入居心叵測的饕食者之手。

然而，當局勢一變，帝國卻迅速地瓦解了。英薩爾的中西公司、JP摩根於一九二八年成立的聯合公司（United Corporation）、覆蓋全國各海岸長達三十年的電力債券股票公司（Electric Bond and Share Company），這三家公司幾乎控制了全美國50%的電力生產。英薩爾的公司主要為絕大多數西部州和幾個加拿大省分供應電力，他旗下公司的產量占全國總電力約12%。電力的聚集被稱為「電力壟斷」。電力壟

18 邁克爾・帕利諾，《華爾街惡魔》（紐約，企鵝出版社，2010），124。

斷形成迅速，並且很有可能演變成類似上世紀的鐵路壟斷。在短時間內，他們甚至比當年的鐵路大亨更強盛，不過一九三〇年席捲而來的大蕭條將為他們短暫的壟斷繁榮劃上句號。

英薩爾身為一名大不列顛移民，同時因此受到尊重，也招致非議。富蘭克林．羅斯福的顧問之一哈洛德．伊科斯（Harold Ickes）曾描述英薩爾為「美國舞臺上偉大而多彩的人物……，對我國經濟發展和本國憲法都是一種威脅」。而英薩爾曾形容哈洛德．伊科斯為「委身於金錢的失敗報紙記者」。不過，英薩爾的企業名聲響亮，效率又高，從而讓某些人刮目相看。

由於英薩爾的存在，芝加哥常被戲稱為「英薩爾之市」（Insullopolis）。一九二〇年代中期，公共事業行業備受詬病，因為它們利用競選捐贈影響政客，從而左右政界。英薩爾既是企業領袖又是外籍人士，儘管他為芝加哥勞心勞力，這樣的雙重身分依舊招致不少罵名。

芝加哥在英薩爾手中長達二十年有餘，早就不適應競爭。英薩爾帝國的資本結構吸引了企業狙擊手塞勒斯．伊頓（Cyrus Eaton）的注意，他發現相對小額的未支付股票無疑更容易達成吞併。伊頓以迅雷不及掩耳之勢以洲際股票公司（Continental Shares Corp.）為投資管道購買股票，英薩爾對此大感意外。伊頓的主要目標是聯邦愛迪生公司和中西公共事業公司，儘管徹底掌控這些公司看似僅是美夢，但伊頓為了兼併依舊投入了大量資源。

不出所料，英薩爾趕緊購買股票以抵禦伊頓。他在這場對決動用了不少個人財產，並籌集更多資金新建立了兩家投資公司：英薩爾公共事業投資公司（Insull Utility Investment Inc.，IUI）和企業證券公司（Corporation Securities Company）。兩家公司都為了籌集資金而大肆借錢。此時，伊頓再次透過洲際股票公司籌資予以反擊，兩人開始正面對決。英薩爾額外籌集了三億美元，使公司股票創下新高。這場購買戰爭持續到一九三〇年，伊頓親自登門拜訪英薩爾，主動提出退出這場戰鬥，但條件是他以每股四百美元的價格賣出自己的股份，這是針對當前市場價格的加價。英薩爾還價每股三百五十美元。最後，一九三〇年六月，兩人達成協議，伊頓以每股三百五十美元的價格賣出持有的英薩爾公司十六萬份股票。價格高出當時市場價格六百萬美元。由於這筆交易過程不尋常，完成後的數月，聯邦貿易委員會（Federal Trade Commission）便著手調查此事，但最後沒有什麼結果。伊頓的投資公司在此次英薩爾投資事件賺了一千九百萬美元，在整個美國陷入大蕭條之際，這筆金額實在可觀。[19]

英薩爾暫時安全了，然而更多麻煩接踵而至。他打造的控股公司金字塔由於債臺高築，已經奄奄一息。一九三〇和一九三一年，他自掏腰包幫助芝加哥走出財政困境，芝加哥因此不用宣告破產。股票市場崩潰之後，由於尚未波及其公司，他還啟動了其他幾個資本計畫，在經濟每況愈下的當時，這些舉動都是高風險。一九二九年市場崩潰之後，股票融資已經行不通了，英薩爾轉而透過債務融資以獲得所需資金。僅僅在一九三〇年的一年之間，他旗下公司的債務就增加了10%，債務總額逼近兩億美元。[20]此時，英薩爾的兩家信託機構不得不四處借錢以抵禦伊頓。芝加哥當地銀行無力提供貸款，為了拯救自己的帝國，英薩爾只能破釜沉舟地從紐約州數家銀行籌集了40%的資金，貸款的抵押物則是旗下幾家大公司的股票。負責銷售債務證券的是英薩爾的當地投資銀行。

一九三〇年五月，在芝加哥證券交易所（Chicago Stock Exchange）的一次發言中，英薩爾把紐約銀行

19 馬庫斯．格萊瑟，《塞勒斯．伊頓的世界》（紐約，A．S．巴恩斯出版社，1965），43。

20 福斯特．邁克唐納德，《英薩爾》（芝加哥，芝加哥大學出版社，1962），287。

家罵得狗血淋頭，他強烈譴責紐約一手遮天，呼籲發動「一場反對華爾街的金融解放戰爭」。[21]當時他的帝國正面臨萎縮，這番言論顯得格外尖銳刺耳。一九三二年，在赫伯特・胡佛（Herbert Hoover）的要求下，參議院著手調查英薩爾。當英薩爾的兒子小山繆（Samuel Jr.）被問及英薩爾公共事業投資公司和企業證券公司的本質時，他坦然承認，兩家投資信託機構的目的就是維持對公共事業帝國的掌控。發問者是調查委員會顧問費迪南德・佩科拉（Ferdinand Pecora），小山繆還說：「如果大眾對經營管理有所認知，就能理解這些投資公司不可或缺，需要足夠多的股票作為防禦，當然還有大眾支持，從而抵制任何企圖鳩占鵲巢的勢力。」[22]兩家投資信託機構明顯就是用於抵制伊頓的武器。

英薩爾以借錢防禦伊頓的吞併，現在為了保持帝國運轉還須借錢，情況相當不利，他從華爾街借來的錢中，有數百萬來自國民城市銀行和通用電氣公司。當時通用電氣公司的掌舵者是摩根的盟友歐文・楊（Owen Young）。後來，楊向佩科拉的委員會表示：「我必須說，我相信山繆・英薩爾先生是盤根錯節計畫的受害者，精明如他，卻無法看透此局。」[23]英薩爾的支持者則表示反對，聲稱這不過是摩根派系杜撰的謠言，以此詆毀英薩爾。

對於英薩爾而言，投資信託是抵抗惡意吞併的防禦手段，而不是像許多投資銀行家或證券商僅單純為了累積資本、推高股價。不幸的是，一九二〇年代創建的所有投資信託都難逃相同命運——價格狂跌，投資者損失動輒上百萬。一九三〇年代初期，由於槓桿借貸和連續投機的壓力過重，英薩爾費盡數十載心血建立起來的龐大帝國瓦解，並登上報紙頭版頭條。這位英國外鄉人被指控傷害大眾利益，芝加哥法院還定下了一長串的重罪。在帝國崩潰的現實面前，帝國究竟如何瓦解已經顯得沒那麼重要了。中西公共事業公司的解體令芝加哥愁雲慘淡。

英薩爾為了抵抗伊頓而採取的融資行為可說是壓死駱駝的最後一根稻草。紐約投資銀行要求的抵押股票價值約等於英薩爾貸款的一半。一九二九年經濟崩潰，股票交易一落千丈。英薩爾的公司最終落入銀行家之手。一九三二年秋天，他倉皇逃往希臘。赫伯特．胡佛收到消息，英薩爾正在義大利，於是要求義大利當局扣留此人，但是並未成功。英薩爾最終抵達希臘，並在那裡待了三年半。這段時間，美國政府數次企圖引渡，但總是以失敗告終。最後，富蘭克林．羅斯福（Franklin Roosevelt）新民主黨政權再度向希臘政府施壓，希臘不得不驅逐英薩爾。一九三四年，英薩爾決定返回美國。最終，聯邦和州都宣告無罪，年近暮年的他依舊希望在金融界重振雄風。一九二九年爆發的債務危機中，他恐怕是最家喻戶曉的受害者。

一九二九年之後，許多債務問題紛紛顯現，二十世紀初的債務擴張時期裡，幾乎從未預料到此情形。除了英薩爾危機之外，還有以瑞典金融家伊法．克魯格（Ivar Kreuger）擔任主角的另一起事件。克魯格是歐洲最知名的金融家和工業帝國龍頭之一。絕大多數其控股公司都以生產火柴、硫磺和各類化學品為核心。最著名的兩家控股公司是瑞典火柴公司（Swedish Match Company）和克魯格托爾公司（Kreuger and Toll）。前者是他的核心企業；後者主要是融資機構，先從紐約債券市場借錢，再將收益轉借給外國政府。一九二七年某筆債券收益就借給了法國政府以穩定法郎。這次交易讓克魯格成為摩根大通永遠的眼中釘。摩根大通在德國賠償發揮了一定作用，於是往往被視為政府的頭號顧問。此事不過是戰後為發展歐洲

---

21 福斯特．邁克唐納德，《英薩爾》，第287頁。

22 美國參議院，《股票交易實踐報告》參議院報告1455，參議院銀行委員會，第七十三次國會第二環節（1934）：《小山繆．英薩爾證詞》，一九三三年二月十六日，第362頁。

23 美國參議院，《股票交易實踐報告》，1515。

金融業的數次融資事件之一，但無疑讓克魯格成為許多歐洲政府的心中首選，紛紛依賴其作為與美國資本市場打交道的中介。

為了回報克魯格的貢獻，許多政府授予其火柴生產壟斷權。瑞典火柴公司除了是他的至寶，也讓他的名字在全球家喻戶曉。克魯格從不公開財務報表，而是依靠與政府往來的信譽記錄讓一切盡在不言中。一九二三年，克魯格創建國際火柴公司（International Match Corporation），在美國市場賣出價值一億五千萬美元的股票。兩年之後，該公司及波蘭分公司將兩千五百萬美元的收益，轉入了克魯格的個人帳戶，這筆費用再未見過天日。他的美國銀行家似乎從未領悟他的業務本質，再加上眼光也不夠犀利，沒能看出詐騙本質。他的做法不過是內戰之後的老伎倆——以高利率借入大筆資金，接著用收益支付旗下公司普通股票的股利。股市繁榮時多賣，如此反覆進行。一九二三年崩潰之前，這種融資手法相當普遍。只要市場保持繁榮，便不會有人注意。然而，在大蕭條早期，克魯格旗下的國際火柴公司等數家企業紛紛倒閉，導致借入拖延。人們這才發覺，克魯格為美國債券發行承諾的抵押，在銷售完成之後已偷梁換柱，換成了劣質抵押，後來變得一文不值。這類行徑迫使美國國會於一九三九年通過了《信託契約法》（Trust Indenture Act），強制要求抵押物，以此保護債券持有人。後人又稱之為「克魯格規定」。一九三二年破產後，克魯格眾多腐敗交易大白於天下，不久便自殺身亡了。

大蕭條和美國夢

在一九二九年的風暴中，股票並不是唯一的受害者，許多企業以及打著「安全投資」名號銷售給無知大眾的外國債券，都不僅風險巨大且一文不值，例如英薩爾和克魯克的債券。這些債券承銷人急匆匆地發行債務證券，以至於將新證券帶入市場時，往往忽視了一些最基本的金融訊息。這種疏忽為日後埋下了隱患，進而導致市場崩潰。

向美國投資者銷售的外國債券是這場崩潰的主要受害者之一。大多所屬買方都不是大型機構，而是小額投資者，不少人甚至曾經購買過「自由債券」。許多拉丁美洲政府債券也都損失慘重。幾乎所有拉丁美洲國家都陷入嚴重的金融困局。秘魯債券是最廣為人知的受害者。坊間盛傳，一位任職於紐約某家投資銀行機構的銀行家賄賂了秘魯總統的兒子，讓他對秘魯令人憂慮的財政狀況視若無睹，堅持發行債券。經濟開始衰退，債券價值自然下跌，面額價值跌至名義價值的5%。《紐約時報》刊登一篇描繪債券價格從神壇一路狂跌慘狀的報導。

國民城市銀行的分支國民城市公司（National City Company）承銷了另一支債券，這支債券在經濟崩潰之後也引起了軒然大波。一九二八年，該銀行為巴西密納斯吉拉斯州（Minas Gerais）發行了價值一千六百萬美元的債券。僅在安排好發行事宜之際，密納斯吉拉斯州已經難以向現有債券持有人支付兌現。但國民城市公司未因此狀況受到阻礙。這次債券發行，國民城市公司並未履行所謂「盡職調查」的責任，或許可算是最知名的案例。密納斯吉拉斯州的債券銷售文案，幾乎可稱為天花亂墜，而一無所知的投資者開始購買。

幾乎在同一時期，財政部長安德魯．梅隆（Andrew Mellon）蒼白無力地試圖勸阻投資者在股票市場投入過多現金，他在一九二九年說道，投資者或許更應該專注於債券，推動債券市場，而不要涉足標價過高的股票。國民城市公司相當樂意盡可能在市場發行新債券。距離「一戰」發行戰爭債券之時不過十二年，公眾對債務投資的熱度並未發生實際轉變。真正的改變是所購買的債券，消費者從不可靠的借方手中購買債券，誤以為投資銀行已經對這類債券精挑細選，因此冒了更多風險。信用評級機構的業務仍舊局限於為對方風險提供公司及個人的評級，債券信用評級尚未成為標準做法，一直到一九三三年《證券法》推出後才有了改變。

一九二〇年代，固定收入研究也出現了明顯的進步，之後成為一部分投資的有機組成。經濟學家爾文・費雪（Irving Fisher）揭開了實際利率的面紗，利率相關討論首次擺脫了宗教、倫理和意識形態的束縛。數世紀以來，人們總是從名義或絕對視角描述利息，卻忽視了如影隨形的通貨膨脹率。費雪將實際利率描述為名義利率減去通貨膨脹率，換言之，名義利率是實際利率加上通貨膨脹率。實際利率衡量經濟體在某段時間的實際增長，是透過其經濟購買力而實現，並非單憑未做調整的名義利率增長。此概念對固定收入投資領域乃至整個企業金融界都帶來了顯著影響，同時也讓人們的態度發生了實質改變。費雪提出：「從一九二三年八至九月，德國處於高通貨膨脹時期，即威瑪共和國（Weimarer Republik）時期，實際利率下跌到令人咋舌的負99.9%，這意味貸方不但失去了所有利息，所有資本都血本無歸；接著，價格突然下跌，實際利率飆升至正100%。」[24]這是解釋通貨膨脹破壞力的另一種解釋方式，而不再是單純依靠通貨膨脹率這個天文數字（這個數字每兩小時就能讓物價增加一倍）。

費雪的研究為固定收入理論另一座里程碑埋下了伏筆。一九三八年，弗雷德里克・麥考利（Frederick Macaulay）出版了關於債券存續期間（bond duration）的研究成果。[25]他指出，債券到期並不是衡量利率風險的最佳指標，但是，「存續期間」的概念可以反應債券對市場利率變化的敏感性。這種敏感性通常以年衡量。從根本而言，相較於面額利率較低的債券，面額利率較高的債券對利率變化不太敏感，價格變動的百分比也更小一些。希望避開利率波動的投資者便應該購買面額利率較高的債券，因此增長了從風險更高借方購買債券的信心，此現象可說是無心插柳柳成蔭。此基本研究為後來數十種固定收入分析方法的應用和變化，奠基了良好基礎。但這項研究也常被用來誇大高息票債券的優勢，口碑更好、利息較低的債券則遭人冷落。

廣告行銷也改變了消費者對債務的態度。一九三〇年代，麥迪遜大道（Madison Avenue）受到動機研究專家的啟發，開始為銀行和其他放債人設計廣告，強調信貸，忽視債務。銀行與其他放債人對零售貸款（譯註：指商業銀行以個人為對象發放的貸款）投以新目光。初期的一大成就是說服銀行為支票帳戶提供透支服務，如此一來，即使消費者沒有足夠的餘額，也能繼續消費。[26]背後傳達的訊息不言而喻，而且令人心動。貸方利用提供信貸，選擇相信借方的還款能力，而且為借方的將來投資。「今朝購買，他日付款」的觀念慢慢滲入美國消費者的腦中。

同樣是在一九三〇年代，最長生不老的行銷術語之一誕生了。作家詹姆斯・亞當斯（James Truslow Adams）在雜誌發表的一篇文章提到了「美國夢」一詞，以此描述在大蕭條中失落的田園式理想。美國人民的「房夢」、「車夢」與超越從前的「黃金夢」，都因為大蕭條而黯然無光。「美國夢」之前從未出現，但在大蕭條期間迅速風靡流行。人們大範圍且高頻率地提及「美國夢」，表達了成為快速崛起的中產階級

---

24 爾文・費雪，《利息論》（紐約，麥克米倫出版社，1930），第一部分，第二、四章。

25 弗雷德里克・麥考利：《一八五六年以來美國的利率運動、公債利息及股票價格啟發的理論問題》（華盛頓哥倫比亞特區，國家經濟研究局出版社，1938）。

26 勞倫斯・R・山繆：《麥迪遜大街的佛洛伊德：美國的動機研究和潛意識廣告業》（費城，賓州大學出版社，2010），36ff。

行列之渴望。失業率居高不下，消費者信貸來源緊縮，夢想被暫時擱置。「二戰」之後，經濟復甦，「美國夢」才又重見天日。背負消費者債務成了實現夢想的代名詞，最終引發了第二輪債務革命。

戰爭和繁榮的重現

美國有史以來規模最大的經濟擴張，始於「二戰」之後。與一九二一年頗為相似，當時的環境有利於消費者信貸的復甦。被抑制的消費者需求再度瞄準了消費商品，起初不少交易是透過到期的財政部債券所完成。各領域的發展可謂齊頭併進。消費者金融公司注定將獲得創紀錄的收益。意氣風發的美國人民將歡慶戰爭結束，他們樂意為經濟繁榮出力，並且成為後代榜樣。

由於一九二〇與三〇年代許多債券損失慘重，「二戰」期間，各路投資者再次湧向財政部債券。這次因戰爭而勢在必行的大規模借貸，由富蘭克林．羅斯福政府的財政部長小亨利．摩根索（Henry Morgenthau, Jr.）主導。和「一戰」時期一樣，這次也安排了宣傳，主事者使出渾身解數，向儲戶和投資者銷售債券。最終，銷售總額達到了大約兩千億美元。這是史上最輝煌的戰爭行銷。羅斯福政府和華爾街素來不睦，且可一路追溯到一九三三年，不過摩根索成功繞開了華爾街的銀行和經紀人，他沒有委託他們承銷發行債券，而是沿用了內戰期間傑克．庫克的做法，選擇以直銷方式。銀行和經紀人早已習慣從私人領域依照籌集金額百分比收錢，然而，此時卻不得不安於蠅頭小利。

《高利貸法》依舊是消費者信貸最基本的絆腳石，如果金融要為經濟發展提供不可或缺的需求，就必須避開《高利貸法》。貸方不願意依照《高利貸法》發放小額貸款，於是，許多消費者慘遭無處不在的

「貸款鯊魚」摧殘。不過，儘管「貸款鯊魚」在戰後仍然存在，但隨著中產階級的崛起，消費者變得更加富裕，而且得益於貸方的增加，信貸變得更容易一些。許多人被迫進入消費者貸款市場，因為他們擔心再不加快步伐就要落於人後了。和以前一樣，逃避《高利貸法》並不是難事。針對「貸款鯊魚」的大多數指控，都是關於他們利用賭注經紀人和收債代理人進行組織犯罪。信貸的便捷化最終迫使傳統的「貸款鯊魚」地下化，並在未來以更合法的方式重出江湖。

相較於一九二〇年代，一九五〇年代的銀行業務更精簡，重點更明確。在一九二九年大崩潰前後，受房地產和股票市場崩潰的影響，上百家銀行紛紛倒閉。由於業務的單一化，在壞帳和市場的雙重壓力下，它們一蹶不振。一九二七年的《麥克法登法》（McFadden Act）禁止銀行跨州經營，因此，銀行業務主要是地方或區域事務。這部法律更引發了州特許銀行與全國性特許銀行之間的惡戰，戰火斷斷續續綿延到下個世紀。另外，它也間接增加了人們在解讀現有《高利貸法》的疑惑。唯一的全國統一《高利貸法》依舊是一八六四年的《國家銀行法》。極諷刺的是，該法律適用於全國性特許銀行，但它們的零售業務要少於州特許銀行。企業貸方根本不把州《高利貸法》放在眼裡，因為這些條款往往不適用於金額超過二十五萬美元的企業貸款。

一九五〇年代是住宅建設、汽車生產、普通製造業和美國外貿擴張的十年。各領域都需要大量信貸。住宅建設創下了歷史新高，一九五四年美國新建住宅戶數首次達到一百萬戶，這是一九二〇年代年平均數的兩倍。諸如紐約長島萊維敦（Leviton）等郊區有了不錯的發展，人們買得起住宅了。很多退伍士兵以抵押方式購買這些地方的住宅；這是一種補助貸款，由美國退伍軍人事務部（Veterans Affairs，VA）支持，為參戰服役士兵提供補償。戰後，事務部授權美國聯邦國家抵押貸款協會（Federal Mortgage

Association，Fannie Mae）購買抵押，以此保證了該計畫的擴大。成為「住宅熱」的基石。

戰後十年的消費者信貸數字也反應了這股浪潮。從一九四六到一九五六年，分期信貸持續膨脹，由八十三億美元上漲到四百五十二億美元，增幅超過40％。同期，非分期信貸從四十二億美元增加到一百一十一億美元，代表許多美國人正購買耐用消費品。正如一九二〇年代，雖然快速還錢的做法仍舊流行，但消費者依然需要時間償還貸款。汽車金融公司未支付額度居然飆升了1500%，由原來的九億八千一百萬美元上漲到一百五十四億美元。汽車需求的猛增是這股浪潮的表徵之一，而修繕高速公路、建設大型購物中心、汽油價格下跌亦推波助瀾。[27]

戰後，金融服務業快速擴張，保險和退休產品的需求也大幅提高，不過唐提式養老金早已是明日黃花。個人購買的人壽保險和養老金越來越多。分期信貸的熱度一如往日，不過人們償還貸款的方式漸漸面臨挑戰。一九四〇年代，旨在提高便捷性的新型行銷概念問世。由於此概念簡單明瞭，從未有人想到，此將引發消費習慣的革命。一九四六年，布魯克林區銀行家約翰・畢金斯（John Biggins）推出了所謂的「記帳」（Charg-It）業務，這是人類史上首張信用卡的雛形。這項服務必須是當地商人，同時也須是他的銀行客戶。創立於一九五〇年的大來國際（Diner's Club，譯註：主要提供簽帳卡服務）的服務範圍更廣一些。起初，這些卡只發給了紐約市數十人，持卡人可以在接受該卡的餐館支付飯錢。但很快地，持卡人數就超過了兩萬。幾年後，美國運通（American Express）進入市場，並提供了自家卡，按照條款，客戶收到帳單時必須支付所有欠款。就信貸而言，這些卡是非常簡單的支付方式。信貸再次延長之前，必須先還清所有欠款。如此看來，它們和企業還貸的做法大同小異，只是金額少了很多。

一九五二年，富蘭克林國民銀行（Franklin National Bank）發行了首張信用卡，如同前輩們也屬於支付卡（Payment card）。一九五八年，美國銀行推出了「美國銀行卡」（BankAmericard，一九七六年更名為VISA），為該行業帶來了新氣象。銀行允許客戶延期支付欠款，但須收取欠款期間的利息。許多州允許消費貸款收取更高額的利息，因為《統一小額貸款法》允許貸方為此類服務依照相對較高的利率收取利息，一般情況之下接近18%。當時，這類卡的服務對象是高收入人士，同時提供他們便捷服務，又為其帶來備受尊榮之感。數十年來，眾多發行信用卡公司一直推動此行銷策略。美國銀行卡誕生的第一年，持卡人數達到六萬名，零售商達到三百位；一年之內，人數分別上漲到兩百萬和兩萬五千名。[28]

儘管信貸公司推銷循環信貸和分期信貸業務時宣稱，將為四十五歲以下的受薪中產階級家庭提供便利，然而，自兩項業務誕生之日起就出現了不少問題。一九六〇年代末期和七〇年代早期，拖欠率最高的就是信用卡最初的服務對象，即平均收入為一萬至一萬五千美元之間的中產階級家庭。使用分期信貸的家庭，平均欠款更多，為稅後收入的17%。[29]未來數十年裡，這類數字反覆出現，反應了深陷債務的美國中等收入家庭的平均收入標準。在接下來的四十年裡，類似的警鐘將數度敲響，到了二〇〇七至二〇〇八年，債務危機終於爆發。

27《美國的歷史數據：從航海時代到一九五七年》，Cd系列153－263。

28 羅伯特・曼寧，《信用卡國度：借款上癮的後果》（紐約，基本圖書出版社，2000），85。

29 大衛・卡普洛維茨：《陷入麻煩的消費者：違約債務人研究》，紐約，自由出版社，1974年。

債務革命的學術種子

數世紀以來，關於利息和債務的爭辯，主要集中在消費貸款和利率標準。當貸方一直頑固堅持，利率就會居高不下，尤其是消費貸款，因而被譴責為高利貸。不過，企業層面的爭辯之聲有所減弱，因為收取利息被視為做生意的基本風險之一。此領域的論述主要圍繞在公司負債和公司股票的相對關係，或者說槓桿借貸。比起需要支付的利息，負債權益比（debt／equity ratios，譯註：也稱為債務股本比，是衡量財務槓桿的指標，為公司資產資金來源中股本與債務的比例）和資產負債額更重要。此時，人們開始從理論和實證角度思考基本概念。

某篇學術期刊的文章，支持債務本身沒有好壞之分。此時，各公司已經開始捨棄古老的債務戒律，青睞大規模槓桿借貸，關鍵是應該如何應用。文章作者法蘭克．莫迪利安尼（Franco Modigliani，譯註：經濟學家，一九八五年諾貝爾經濟學獎得主）和默頓．米勒（Merton Miller，譯註：經濟學家，一九九〇年與兩位學者共獲諾貝爾經濟學獎）指出，相較於某企業的利潤，其欠債額度並不重要；只要在維持債務的同時提高盈利，該公司的財務結構在盈利面前便無足輕重。

這篇文章與後來陸續發表的文章衍生出人們熟知的「ＭＭ定理」（Modigliani-Miller theorem）。在他們的論文中，米勒和莫迪利安尼提出了資本結構對公司價值的影響。[30]理論上，只要公司盈利超過資本成本，其資本結構便不會影響公司價值。換言之，如果盈利增加，債務也可增加。此新概念非常吸引人，尤其是在一九五〇年代末和六〇年代初，股票持有人的股票和市場利息創歷史新高，此概念讓人們認為靈活運用債務可以使盈利增加。學術界很快就接納了這種說法，並且立即傳給下一代金融經理和首席財務官。

三十年後，莫迪利安尼被授予諾貝爾經濟學獎，瑞典學院（Swedish Academy）如此評價他和米勒的研究：「一九五〇年代末期之前，尚未出現有關投資、債務與稅收等確實可行的企業融資理論，直到莫迪利安尼和米勒提出了他們的定理，該領域才迎來更為嚴密的理論思辨。」相關文獻文章發表約三十年後，對於美國企業的貢獻越漸顯著。債務不再令人生畏。並開始演化成朝向消費者傳遞此概念。

「MM定理」透過在當時越發受到尊重與重視的商學院廣為流傳。三十年間，相關概念便深植於好幾代的金融經理腦海裡。古老的金融依賴的是空洞的概念和未經證實的理論，例如簡單的投資組合多樣性，而今，金融已經遠離了原來的會計本質，變成了一門極其複雜的學科。多數企業管理碩士（MBA）在教授「MM定理」時運用了許多數學知識，於是此定理在碩士生間廣為流傳。這些概念推動了整個時代的進步，對於青睞企業發展的共和黨政權尤其具有吸引力。「MM理論」孕育出芝加哥大學的芝加哥經濟學派，該校的科學研究發展一直名列前茅。三十年後，米勒可以無比自豪地說：「就理論層面而言，我們是時代的贏家。」

在金融改革的道路上，莫迪利安尼和米勒並不孤獨。芝加哥學派金融研究者還包括哈利·馬克維茲（Harry Markowitz），他提出了投資組合選擇性和多樣性理論，成為投資理論的基石，他也因此贏得了一九九〇年的諾貝爾獎。他的理論是基於傳統的多樣性投資原則，「別把雞蛋放在同一個籃子裡」的古老諺語不僅得到了提煉，還有了實證研究的支持。多種股票投資組合取代了單一股票投資，投資者應該根據自

---

30 法蘭克·莫迪利安尼和默頓·H·米勒：《資金成本、公司財政和投資理論》，載於《美國經濟評論》，48，1958年，第261–297頁。

己能承受的風險和期望回報，持有多種股票。

馬克維茲認為，傳統投資組合的股票選擇依靠的是投資品質。他的基本觀點是，投資者會規避風險，相較於單支股票，多支股票構成的組合更能長時間保護投資者。他以數學驗證自己的理論，並提議投資者對投資組合的選擇應該基於整體風險回報特性，而不僅是各個單支股票的簡單加總，因為每支股票都有其令人心動的風險回報特性。[31]

該理論的局限之一在於該如何具體衡量風險。一九六四年，威廉・夏普（William Sharpe）提出了另一個廣為人知的理論，即資本資產定價模型（Capital Asset Pricing Model，CAPM），並因此與馬克維茲、米勒共同獲得了諾貝爾獎。夏普以馬克維茲的理論為出發點，將風險分為兩種，即系統風險和非系統風險。系統風險是指持有「市場投資組合」的風險，市場變動，所有的資產都會受到影響，因此任何資產都躲不開系統風險。非系統風險特別針對單一資產的風險，即股票投資所稱的特定風險，這是可分散的風險。而市場風險則無法分散。[32]

根據資本資產定價模型，特定風險可以分散，而市場風險無法逃避，但可以謹慎選擇。市場投資組合中每個單獨資產都有特定風險，但是如果投資者謹慎選擇而合理分散風險，淨曝險（net exposure）就變成了投資組合的系統風險。系統風險能夠利用β係數估算，此係數是一種用來衡量個別股票或股票基金相對於整個股市價格波動情況的風險指數。雖然該理論本質而言是關於股票風險，但轉用在債務方面也並非難事。正常情況下，習慣了持有高利率債券的投資者可以也應該提高先前認為違約風險更高的債券持有量，因為收益增加將提高回報邊際率。

債務應用的增加也可以在另一個誕生於一九六八年且更實用的理論上。愛德華・阿特曼（Edward

Altman）所提出的「Z得分」為破產風險做預測。阿特曼以一道多變數公式代表，將某企業的財務數據填入他的權重公式，就能計算出兩年之內的破產機率。「Z得分」將讓投資者了解該企業的償付能力，鑑於債務融資應用的比例增加，該理論無疑是舉足輕重的貢獻。時間也證明，「Z得分」實際準確率約為75%。[33]

無論是「MM理論」或馬克維茲和夏普提出的概念，都在發表論文之後經過了其他同事和後輩的修進。資產不再獨立看待，而是納入了投資組合，看重的不再是單一品質，而是組合品質，這是最早的思想種子。之後的三十年裡，債務概念悄無聲息地轉變成為信貸，深陷債務是負面形象，而手握信貸則有更正面的意義。雖然信貸的概念在「一戰」之後就出現了，但直到此時才變成金融理論與實踐的標準要素。在這方面，將債務人視作信貸公司投資組合一部分的想法絕對功不可沒。

「MM定理」與馬克維茲對多樣性組合的強調，為債務革命打下了學術基礎。夏普的資本資產定價模型理論也說明，股票市場越是動盪不安，越是發行債務的好時機，因為債務成本在傳統上低於使用股票的成本，部分原因是利息的減稅本質。這些理論無意中推動了將公司視為市場投資者而非單純生產者的想法轉變。即便是純屬生產者的製造商，也多少會選擇多樣化，因此更類似於投資者而並非傳統意義上的供應者。通用汽車公司和福特汽車公司就是實證：它們一邊製造汽車，一邊以設立信貸分支提供購買貸款服

31 哈利．馬克維茲：《組合證券投資組合》，載於《金融雜誌》，7，1952年，第77－91頁。

32 威廉．F．夏普：《資本資產定價：風險狀況下的市場均衡理論》，載於《金融雜誌》19，1964年，第425－442頁。

33 愛德華．I．阿特曼：《財務比率/差別分析以及對公司破產的預測》，《金融雜誌》，24，1968年，第589－609頁。

務，從而大獲成功。

強勢攀升的信用卡

第一批信用卡踏出進入無現金交易社會的第一步。它們和分期貸款一起，在新舊購買支付方式之間搭起了一座橋梁。新型交易方式讓消費者在決定支付金額和時間時有更多選擇。然而，在信貸歷史上，信用卡真正的革命性本質是無抵押貸款，當借方無力償還，貸方的最終手段是從借方的資產總額尋找補償，而且，在這種情況下無須回購協議代理人。

人們很少談及的是，信用卡也為銀行創造了新空間。循環信用卡是美國對各類可調整利率的首次實驗，成功是必然的。當時，只要市場條件有保障，這是唯一可以靈活調整放貸利率的銀行工具。一旦意識到這種靈活性，循環信用卡的發展就健步如飛。銀行向消費者大力宣傳，生活將因信用卡而變得便捷，即使利率上漲，也可以獲得信用卡。儘管監管者私下對此顧慮重重，依舊不見任何人反對，至少不會公開譴責。無論如何，誰都不希望自己被扣上阻礙推動國民生產總值67%引擎發動的大帽子。「消費貸款」已經從金融詞彙消失了，取而代之的是「消費主義」。然而，在新的信貸環境下，比起原來的抵押消費貸款，拖欠信用卡貸款的個人風險將更大。如果未能支付信用卡貸款，法院將會出面判決，消費者的房屋或其他資產可能會一去不返。信用卡引起具諷刺意味的結果是，數世紀一脈相承的現象——擔保貸款成為窮人專屬。潛在風險更高的無擔保貸款，則對準了中高層收入人群。信用卡公司將具有數百年歷史的放貸改頭換面，貼上寫著「便捷、安全和榮耀」的標籤，向年輕一代消費者大力推銷。

透過信用卡，利率有了循環基礎，不過在此做法盛行之前，美國國會於一九六八年制定《誠實借貸法》出面干預，該法隸屬於更廣泛的《消費者保護法》（Consumer Protection Act，權利I）。消費者第一次有了貸款支付知情權。通過Z條例（即《誠實借貸法》），美國聯準會負責監督誠實借貸，要求貸方在消費者申請信用卡時，必須一字不漏地解釋信貸業務的本質，以及基於實際年利率的金融費用。這部法律的關鍵在於「消費者信貸」一詞，它只適用於對象為個體、「家庭目的」的分期貸款和循環信貸，不可用於企業信貸協議或其他相關抵押貸款。

這部新法律的制定耗費了數十年。許多貸方故意在表面提出較低利率，但實際利率卻高得出奇。定期貸款和分期貸款都出現了這類情況，每當此時，新法的誕生就會多一股動力。而信用卡的出現，則讓此問題變得更為迫切。向參議院提出該法案的是威斯康辛州民主黨人威廉・普羅克斯邁爾（William Proxmire），他指出：「該法案的核心目標是讓消費者在獲得信貸時，能像購買商品一般權衡利弊。」[34]

《誠實借貸法》是當時應對消費者利率（consumer interest）問題的唯一一部聯邦法。從某種意義上而言，這是繼一八六四年《國家銀行法》之後，國會通過最接近全國性《高利貸法》的立法。起初，法案將消費者利率限定在18%以內（與更古老的一九二〇年代的高利貸上限一致），不過這條規定並未進入最後投票階段。那段時間，消費者流行的口頭禪是「借款人須自己留意」，法案就是在這樣的背景下通過。立法者自然意識到，各州的《高利貸法》各自為政，聯邦法休想取而代之，因此乾脆要求貸方清楚無誤地說明各自的條款，至於最高利率是多少便交由各州自行決定，消費者至少可以自主選擇貸方。因此，充其量

34《紐約時報》，一九六七年十二月十八日。

不過就是一部資訊公開法案，如果貸方收取的利息過高，消費者完全可以選擇利率更低的貸方。

這部法律帶來的最終結果是，貸方必須將利率以書面形式告知借方，包括名義利率和實際利率。早期的書面通知揭露了高利率，尤其當高達36％的利率曝光之後，民眾怨聲載道。這些資訊的公開讓加州一家報紙如此感嘆：「『誠實借貸』確實有用，它把狡猾的數學翻譯成了簡明的英文。可是，知道自己被合法地『收取利息』，並沒有讓美國消費者避免被收取不合理利息、『服務費』和『金融費』。」[35]儘管人們恍然大悟，並且義憤填膺，但信用卡在接下來四十年間依舊存在相同問題，各種隱性利息費用已經深植於消費者信用卡之中。

十年後，美國國會在一九六八年新增了《公平債務催收作業法》（Fair Debt Collection Practices Act）。自信用卡推出之後，收債人變得越發無法無天，這部新法律旨在保護借款人免受收債人的傷害。依照法律，消費者有權舉報收債人的過分行為，例如半夜騷擾債務人，或透過債務人上司等第三方收債。和《誠實借貸法》不同，負責監管這部法律的不是美國聯準會，而是美國聯邦貿易委員會（Federal Trade Commission），而且很快地，這部法律成為後世所稱的消費者權利法案不可或缺的一部分。

信用卡在誕生後的三十年間，因受到消費者的熱烈歡迎而發展神速。然而，當利率上漲到美國歷史新高時，《高利貸法》的問題再度浮現。一九八〇和一九八一年，由於保羅・沃爾克（Paul Volcker）為首的美國聯準會推行限制性貨幣政策，導致利率上升至兩位數。銀行的收益曲線呈負面下滑，短期利率收益高於長期利率。商業票據利率很快超過15％，甚至16％，已經高出紐約高利貸上限4％。金錢市場的借貸並未受到影響，但對信用卡公司造成了不小的壓力，尤其是紐約信用卡行業，因為該州最高放貸利率比市場利率低。花旗集團在羅德島州設有信用卡分支，此時陷入了兩難。銀行利潤縮水，吉米・卡特（Jimmy

Carter）在一九八〇年暮冬特意推行信貸管控，一九八〇年十一月，正值總統大選，卡特的舉動讓事態越發嚴重。

這次管控是卡特政府對高額市場利率和部分信貸模式監管空缺所做出的回應。沃爾克為首的美國聯準會除了聽任之外別無他法，因為自身尚陷入與通貨膨脹奮戰之中。政府提高了對銀行儲備的要求，同時針對信用卡貸方（如果他們超出特定限額）也制定了更高的儲備要求。此舉是利用壓制信用卡公司遏制購物者使用信用卡。管控措施很快就喊停。一九八〇年暮冬的一年之後，循環信貸（譯註：指銀行承諾提供不超過某一最高限額的貸款協定，此承諾具有法律效力。客戶在限額內可循環使用貸款資金）下滑，為循環信貸誕生以來首次下滑，接著平穩了一段時間，而後再次上升。

一九八〇年，國會制定了《存款機構解除管制與貨幣控制法案》（Depository Institutions Deregulation and Monetary Control Act，DIDMCA），解除了Q條例，規定銀行有權制定市場儲蓄存款利率，從而改變了自一九三三年以來必須遵守美國聯準會上限的做法。各州的《高利貸法》暫時退出了舞臺，以防止與新展開的大規模解除發生衝突。但是許多州投票要求重新恢復《高利貸法》，以秉承悠久的傳統。雷根政府上臺不久，國會便於一九八二年通過了《存款機構法》（Depository Institutions Act），存款利率和其他銀行利率監管全面解除。

《高利貸法》的暫時中止促使許多銀行提高了抵押利率，而利率的普遍高漲導致住宅抵押市場出現了衰退。銀行宣稱，只要《高利貸法》的「中止」變成「終止」，就會出現更多抵押資金。花旗銀行在紐約

35 《奧克蘭導報》，一九六九年八月三日。

市宣布，一旦取消利率上限，該行將為住宅所有人提供十億美元的住宅抵押貸款。部分當地其他貸方紛紛效仿。某銀行發言人表示：「只要我們有權掌管市場利率，花旗銀行的資金就永遠等著您。」[36]

一九六八年《誠實借貸法》頒布之前，信用卡公司一直在尋找提高透支利率的方法，同時又要做到避人耳目。過往的經驗證實，提高信用卡費用能名正言順地以「行政管理成本增加」為由，發卡公司提高費用是為了讓消費者避免將來更多不良成本。除此之外，如果消費者每月及時還款，實際上是減少了發卡公司的收入，因為收不到透支利息，也就是說，信用卡透支越多，發卡公司將來的收入就越多。可見，延長還款期限對利潤大有好處。懷著這兩項目的，年費和最低還款額由此誕生。

年費是在客戶欠款之外的費用，一般收取十五至二十美元，最直接的結果便是提高了實際收取的利息，尤其是在當時，欠款和信貸額度都比現在低。假設一張信用卡一千美元的信貸額度收取客戶18%的利息，如果再收取十五美元的年費，便相當於增加利息1.5%，換言之實際利率變成了19.5%。如果該利率超過一九八〇年之前的高利貸上限，公司一定會聲稱這不是利息，而是一次性收費。而且是現值收費，信用卡公司不必坐等數月才收到錢。

最低支付解決了部分信用卡還款時間相對較短的問題。信用卡欠款不再被看作要在三年之後償還的分期貸款，最低還款額的設立，既能讓客戶保持信用良好，又能使客戶的實際還款金額少於三年後的一次性還款金額。如此一來，欠款時間延長，實際利率變得更高。一切都是合法，因為最低還款旨在「幫助」減輕客戶每月償還的壓力。實際上，卻延長了客戶的背債時間，但只要欠款還在，這對信用卡公司來說不算什麼。因此，最低還款額可謂一舉多得。

利率和高利貸上限的結合促使花旗、大通（Chase）等大型銀行構思新策略，以應對新局勢。十多年來，花旗銀行一直積極投身於零售銀行業務。針對首次借貸的五百美元，紐約的消費貸款最高利率為18%；貸款金額增加，利率就變為12%，消費者因此能夠享受短暫的歡愉。當時，花旗銀行的企業客戶基礎利率超過17%。這導致了套利問題，消費者以信用卡借錢，如果信貸額度足夠高，他們的還款利率就能低於市場利率，因此，很多人拿這筆錢購買財政部債券，收益還能高於4至5%。這是信用卡和循環信貸所造成出人意料的問題之一。

在高額利率的背景下，花旗銀行聲稱，雖然《存款機構解除管制與貨幣控制法》暫時放鬆了《高利貸法》，但信用卡業務依舊損失了一億美元。最後，該銀行向持卡者徵收了十五美元的費用，相當於將利率上調到19.8%。此外，銀行還要求，凡是欠款過七百二十美元的客戶，最低還款額為欠款的1／36（即二十美元），在此之前客戶只須支付五美元。對最低還款額的調整無疑反應了花旗銀行之前的顧慮。

但是，各類費用的增加仍無法徹底彌補收入的流失。一九七八年，美國高等法院接到一案件，大大推動了信用卡運動。內布拉斯加州一家銀行在貨幣監理部門註冊後，成為國家性質的組織，其向明尼蘇達州的客戶收取的利息超過了該州的高利貸上限。因此，位於明尼阿波里斯市（Minneapolis）的馬奎特國家銀行（Marquette National Bank）聲稱，「美國銀行卡」供應商奧馬哈第一服務公司（First of Omaha Service Corporation，譯註：隸屬於內布拉斯加州）必須因收取高額利率受到法律制裁，但遭到了最高法院否決，理由是一八六四年的《國家銀行法》只要求「國家性質」的銀行遵守原籍州的《高利貸法》（如果有的

36《紐約時報》，一九八〇年二月五日。

話），和客戶用卡的地點無關。[37]換言之，供應商受制於內布拉斯加州的《高利貸法》，無須服從明尼蘇達州的《高利貸法》。

該案之後，花旗銀行為信用卡業務找到了新空間。紐約同時也心知肚明，於是開始為花旗銀行在羅德島州拓展信用卡業務絞盡腦汁。此舉將關係到兩千多人的就業機會。州長休・凱里（Hugh Carey）意識到此問題，並表示：「我們時刻關切法律是否會失效。」然而，州立法的前景一片黯淡，議會成員也坦誠，雖然有心幫助銀行，但廢除《高利貸法》的進程不甚樂觀。儘管實際行動像是反對花旗銀行廢除《高利貸法》的呼籲，但紐約州立法機構依舊取消了消費者貸款的利率限制。嚴格地說，民事的高利貸上限已經部分廢除，但貸款利率超過25%時仍會被定為犯罪。花旗銀行對依舊存在的刑法提出了反對，因為實際利率很有可能會繼續上升，最終引發一系列刑事訴訟。

儘管紐約州的法律有所放寬，但花旗銀行仍堅決地計畫移至他州。最終，花旗和大通曼哈頓（均為全國性機構）等銀行，紛紛跑到更友好的州購置地產。銀行以往的經驗果然十分有用，信用卡不是銀行的核心業務，金融和信用卡分支可以設在美國國內任何一個歡迎它們的地方。不久，這些銀行就發現，很多州都表現殷勤，即使這種行為看似對東部的金錢利益卑躬屈膝。

花旗銀行在最意想不到的地方找到了歸宿。南達科他州雖然有高利貸上限，但該州表示，只要花旗銀行願意到此投資，就可以廢除高利貸上限。花旗銀行覺得機不可失。於是，該州立法機構迅速地廢除了所有上限。一九八〇年，該州在一次立法會議上宣布採用新銀行法，允許其他州的銀行控股公司獲取當地銀行特許權。一九八〇年年末，花旗銀行同意在該州蘇瀑市（Sioux Falls）成立業務基地。這裡的勞動力充足，沒有企業或個人所得稅，而且比起其他城市化的州，勞動力成本並不昂貴。

極力吸引銀行機構的不只有南達科他州。大通曼哈頓等其他幾家銀行雖不像花旗銀行出走千萬里，但也成功說服德拉瓦州（State of Delaware）廢除了《高利貸法》。選擇此地並不出人意表，因為這個小州為了吸引大型企業，使出渾身解數，它的破產法庭和自由化公司程序早已名聲在外。一九八〇年，大通開始遊說該州廢除《高利貸法》，可是受到冷漠相待，直到接觸了該州幾位資深生意人，情況才有所改觀。一年後，該州通過自己的銀行自由化法律，允許其他州的銀行在不得從事零售銀行業務的情況下展開業務，以此保護本地銀行。作為交換，該州的稅率極低，當信用卡分支收入超過三千萬美元時，實際稅率已經降至2.7%。

其他消費者金融企業抓住機遇，沿著大通的足跡，開始尋找信用卡業務基地。不少零售連鎖店也創立了信用卡中心，從而加入了此隊伍。由此看來，廢除《高利貸法》能夠帶來盈利，於是，一些小型銀行也仿效花旗和大通，要求各自所在的州廢止《高利貸法》。明尼蘇達州的雙城儲蓄貸款公司（Twin City Savings and Loan）就要求該州廢除，以在此地提供信用卡服務；同時，不再須要向該州持卡人收取二十五美元的費用（用於補償《高利貸法》的監管）。花旗集團的論調再度出現。

麻薩諸塞州的情況略有不同。該州兩家大型銀行採用屢試不爽的老策略，威脅該州如果不撤銷18%的利率上限，它們就要將自己的信用卡業務移到他州。該州本地銀行所面對的問題很簡單：儘管花旗集團等機構並未在麻薩諸塞州設立基地，卻在該州積極推廣信用卡，然後向客戶收取19.8%的利息，充分利用州外分支規避了當地的《高利貸法》。該州本地銀行也希望如此，卻被較低的官方利率上限囿限。一九八五

37　明尼阿波里斯市馬奎特國家銀行V．奧馬哈第一服務公司案件，編號77-1265，一九七八年十二月十八日，439，U.S.299。

年，麻薩諸塞州修改了《高利貸法》，採用了以市場為基礎的極具靈活公式，計算出的高利貸上限是九十一天國庫券利率（當時是8%）的兩倍。

很多州《高利貸法》的最終廢止是因為其本身的漏洞。試圖推翻過時法律的人將尋找漏洞當成家庭手工般精工細作。花旗銀行行長約翰．瑞德（John Reed）接下了沃爾特．瑞斯頓（Walter Wriston）的職位，他指出自己因為鑽研漏洞的現象頗感不安，不過又說：「我們生活在法律漏洞俯拾皆是的世界。」他還暗示，當金融機構發現漏洞，監管者通常會鼓勵他們充分利用。[38]金融機構一馬當先，監管部門默許鼓勵，這股制度改革浪潮漸漸席捲美國，未來更是洶湧。

消費者信貸浪潮受到了幾方勢力的共同推動，其中包括《破產法》的修改。消費放貸者盡全力提供更多無擔保信貸，國會通過了比以前更自由的《破產法》，從而大大推動了債務革命。以往宣告破產是為了保護貸方不要因為借方拖欠而受損，新法律的宗旨則是保護借方，直到他們拖延還款後恢復信貸。這將產生深遠而顯著的影響。

一九七八年，美國國會一鼓作氣地修改了破產條規，旨在讓現行法律更加靈活。原本的《錢德勒法》（Chandler Act）修改於一九三八年，被認為過於複雜而難以實施。一九七八年的修改中，一個引人注目的部分是增加了「第十一章」，規定在某些特定情況下，公司可以經法院同意重組，而不必依債權人之意讓公司解體。某種角度而言，此舉是為了精簡破產過程。按照以往的做法，將案子遞交到法院，法院再出面解決，所需時間過於漫長；而且，如果某人在出庭之前就宣告破產，案子結果就定為破產。

一九七八年《破產法》的支持者認為，雖然略有瑕疵，不過在制度改革的道路上邁出了良好的第一步，然而反對者卻不這麼想。新法律為企業和個人都提供了類似的解決方案。法院可受理兩類破產。企業參考「第七章」和「第十一章」，個人則參考「第七章」和「第十三章」。

依照「第七章」，法院免除的無擔保債務，公司或個人可透過資產清算償還。這無疑是嶄新的開始。根據「第十一章」或「第十三章」，公司或個人的資產將被凍結，債權人不得迫害公司或個人，同時經法院同意，公司和個人可制訂重組計畫。一般要求在規定年限內支付債務，然後從債務正式減除。後兩章讓批評者相當不滿。

一九七八年之前，破產訴訟不斷攀升，法院忙得焦頭爛額。法院允許重組，其實是給予有希望的企業或個人充足的時間，在保住資產的同時重整旗鼓。批評者提出質疑，法律過於自由化，有人會利用「第十三章」逃避其不願償還的債務。而在這些反對聲浪的背後，美國的信貸越發唾手可得，因為破產者能在很短的時間內恢復，而不用擔心受罰判刑。

破產案最常見的就是債務過多，對消費者而言是指消費債務過重。僅僅在一九八六年之間，個人破產案總數就超過四十萬件，是十年前的兩倍。[39]批評者認為，這是新推出的靈活法律直接造成的惡果，他們更有理由相信這是肆意揮霍的消費者們不願面對債務所帶來的後果。

一九八三年之後，經濟復甦，家庭可支配部分收入的消費者債務開始增加。信用卡強勢攀升，刺激了經濟復甦的步伐。為了提高收益，信用卡公司為高風險群體（例如大學生和低收入人群）提供有限額的信

---

38 《紐約時報》，一九八九年四月二日。

39 特麗莎・蘇利萬、伊麗莎白・沃倫及傑・勞倫斯・維斯特布魯克：《當我們原諒債務人：美國的破產和消費者信貸》（紐約，牛津大學出版社，1989），76。

貸。乍看之下，新《破產法》和便捷的信貸似乎沒有明顯增加信用卡的拖欠率，[40]如果一直如此，那麼邊緣群體將獲得更多的信貸，只不過年利率更高。

此趨勢說明，消費者貸款行業已採用的組合觀念，推動了信貸的民主化。但是，隨著信貸形式的豐富化，要想保持信貸增長，就需要創新融資技巧。一九八〇年代，銀行的首要宗旨是盡可能保持資產負債表乾淨。一九八三年，股票市場出現牛市，至於能否長久？銀行對資本的需求是否會持續？在當時都難有定論。銀行專注於減少債務，並探尋賺錢的新途徑。銀行需要更多創新。銀行業務繼續繁榮，直到所有消費者的貸款開始爬上它們的資產負債表。

銀行的新利器：證券化

隨著債務工具的投資組合概念被接受，投資者對作為貸款抵押的債券借貸之興趣也漸趨鮮明。雖然這類借款在華爾街擁有傳統，不過仍相對新潮。當組合概念應用於消費者貸款時，消費債務革命進入了成熟期。按照新做法，借方和貸方不再如同數百年前般必須熟知彼此底細，而貸款便很快地「彙集起來」。

這股新浪潮來自政府贊助企業（government-sponsored enterprises，GSEs）。政府國民抵押貸款協會（Government National Mortgage Association，Ginnie Mae）主要提供住宅援助，之前隸屬財政部（現在也是），宗旨是幫助低收入人群獲得城市住所。聯邦國家抵押貸款協會（Fannie Mae）則負責所屬借方援助計畫，繼續購買聯邦住宅管理局（Federal Housing Administration）、美國退伍軍人事務部等機構同意的抵押，旨在幫助社會特定人群。聯邦住宅抵押貸款公司（Federal Home Loan Mortgage Corporation，Freddie

Mac）是聯邦住宅貸款銀行委員會（Federal Home Loan Bank Board）的貸款分支，該委員負責掌控全國所有聯邦特許儲蓄機構。這些機構的建立旨在幫助住宅融資。

自一九七〇年代早期，在尚未有私人公司嘗試的情況下，這三家抵押貸款援助機構便成功將住宅抵押證券化。比起抵押品，機構本身是更好的信貸風險投資。如果抵押貸款無力支付，機構將出面干預，並補上短缺，也就是大家所知的必要時刻「補缺」債務，用債券「補缺」債券。若是機構也無力支付，財政部會出手相救。在此類機構將債務證券化的初期十五年裡，此邏輯得到了驗證。證券化將抵押貸款從貸方挪至支撐債券的資金庫中。[41]

抵押貸款援助機構和近三百年前的南海公司有著驚人的相似之處。大西洋兩岸的組織都想以培養自身貸款實力，從而緩解各自政府的債務重擔，它們都是和政府平起平坐的融資部門，有著各自獨立的財務決算。從本質而言，它們是不同歷史時期的重商主義公司，都有相對短暫的企業宿命，最後都慘淡收場。[42]

上述三家機構起初均隸屬政府，但其中兩家後來私有化了。因為它們的資產負債表上的數字越來越大，如果依舊保留政府身分，將導致政府債務上漲數倍。而從私有化和證券化道路，它們由原抵押貸款人購買的抵押債務，變成債券投資者的抵押，而不是機構資產。它們的大獲成功，讓銀行窺見了機遇。

---

40 傳統上，如果信用卡違約沒有超過總欠款的3－4％，信用卡公司會認為其整體放貸風險為最低程度。

41 證券化如今已成為一種模式，不論是何種資產的證券化，基本過程都一樣。貸方將近期的債務聚集，賣給集資者，集資者以此作為債券抵押。源自貸款集合的現金流將支撐債券利息和本金支付。

42 最早提出這一觀點的是湯瑪斯．H．斯坦頓：《政府贊助企業：現代社會的重商主義公司》（華盛頓哥倫比亞特區，AEI出版社，2002）。

商業銀行將證券化視為擺脫財政困境的一大利器。一九八〇年代初期，貸款利率偏高，銀行的處境並不樂觀，儘管也有部分優質貸款，資產負債表大多數時候都顯得黯淡無光。就在此時，機會自己現身了。投資者往往排斥銀行債券本身，但如果將優質貸款證券化，他們就會購買以此為基礎的債券。不過，在此過程中，銀行首先要將部分優質資產剝離出來，這是二十世紀債務革命的另一新氣象。

銀行開始將信用卡應收帳款和汽車貸款等短期資產證券化。只要投資者願意將其視為抵押物，證券化適用於任何一種金融資產，資產擔保證券（asset-backed security，ABSs）只將金融資產作為抵押，例如飛機或機車的租賃權，或財產抵押權，而非真正的不動產。換言之，組合投資者對財產本身毫無興趣，他們只關心貸款能否帶來收入。

一九八〇年代開始的一連串過程後來稱為「資產證券化」（asset securitisation）。一九八七年，首支信用卡資產擔保證券問世。理論上說，新型資產擔保證券是幫助銀行消除債務的不二法門。然而，投資者將有何反應？亦或新債券的市場表現如何？均是未知數。人們須小心謹慎的理由之一就是銀行投資者本身。很明顯，銀行是在提高流動性，並清理資產負債表，以展開更多的業務。可是代價是什麼呢？一位承銷商言簡意賅地總結道：「賣掉最佳資產，現下持股人只能守著殘羹冷炙，我們這麼做或許是剝奪現有股東的權利。」不幸的是，二十年後次貸危機爆發，權利喪失的不僅是持股人，還有一群愁眉苦臉的債券投資者。

起初的二十年間，信用卡資產擔保證券以信貸資產為基石，而這些資產意在支撐債券。計畫實行證券化的銀行或金融公司會創建某種特定用途的工具，這就是信託，以發行債券並以應收帳款為抵押。由於此時資產已經脫離了原貸方的資產負債表，信託被解讀為「遠離破產」，換言之，即便銀行或金融公司破產，債券也將獨立存在，由信託負責支付。

自信用卡誕生以來，證券化對信用卡市場的改變不同於其他任何一個創新設計。一九八九年，在所有證券化消費者的債務中，約有11%是循環性；截至二〇〇九年年末，比例上升到43%。[43]貸方不再是銀行老標準下的傳統貸方了，他們成為打包債務並將其從帳面清除的代理人。這些「債務打包者」和傳統銀行協作，成為影子銀行系統（譯註：指在銀行監管體系之外，可能引發系統性風險等問題的信用中介體系）的一分子，此系統不像受監管的銀行般透明。一旦傳統銀行參與影子業務，金融系統將發生改變，它將快速遠離審慎監管，以支撐高速發展的信貸產物。

證券化在銀行間盛行起來，人們盛讚其為雙贏局面。原本債務從帳面清除之後，銀行能夠自由創造新的信用卡債務。投資銀行家有了新的承銷和大批費用來源，消費者也能夠更輕易地得到貸款。因此可以說，銀行獲利、華爾街承銷商獲利，而消費者也獲利。然而，缺陷也確實存在，且在銀行體系埋下了風險的種子。不過，消費者正在享受輕鬆獲得貸款帶來的好處，因此多數風險都被拋諸腦後。

證券化將信用卡公司推入了創造信貸的過程，此過程超出了美國聯準會的監管範圍，因為只要能獲得廉價的資金來源，任何金融公司都可以展開信用卡業務。非銀行機構此時也全心地投入信貸業務，而銀行批發業務也包括信貸。在短期商業貸款中，非銀行機構和銀行鬥得你死我活。它們的資源不是儲蓄，而是商業票據。這項業務雖不及信用卡的盈利多，但是打理成本也低得多。銀行業逐漸迎來了超出監管者能力範圍的新成員。影子銀行體系以債務證券為基石建立起來了。

43 美國聯準會委員會，《統計報告》，G.19，www.federalreserve.gov/release。

證券化的最終效應是讓銀行向客戶提供信貸時能更加從容。如果應收帳款一直留在信用卡分支機構的帳面上，銷帳將會成為信用卡業務的絆腳石，因為銀行不得不重新評估對無擔保貸款的政策。但是，如果銀行能將它們和其他應收帳款合併，那麼，其投資組合特徵比信貸品質更為重要。信用卡應收帳款總計一億美元，其中或許包括針對學生或受薪窮人的一千萬美元信用卡欠款，這群人也許不是最值得信賴的支付者，不過值得一試，因為這筆資金的邊際份額收益或許更高，從而有望提高整體收益。

《國家銀行法》原有條款、Q條例和Z條例，外加各州《高利貸法》，各項勢力聯合控制了固定利率的住宅抵押貸款利息，因為長期債務包含在長期合約中。與此類似的其他貸款也受到保護，但是更新的金融工具（尤其是信用卡），看起來不太像定期貸款，倒更像是收費或約定利率的貸方服務，而且利率和收費加在一起，還會提高實際利率，極易突破《高利貸法》上限。一九六〇至七〇年代，這只是瞬息變幻的金融業一部分變遷，理論和實際在此時期交相輝映，迎來自一六九〇年代英格蘭銀行成立之後最引人矚目的金融革命。然而，即使背景更迭，消費者貸款仍舊和抵押債務脫節。住宅要遵守法定低利率，而家具裝修等其他消費的代價明顯更高。在接下來的數十載光陰裡，此方程式將發生實質變化。

〖第六章〗

老古董和新玩意兒

小債務引出借方，大債務招來敵方。

——阿拉伯諺語

❖ 導讀

一九七〇年，新版《欽定版聖經》出版，這是《聖經》英文譯本在一六一一年問世之後的首次修訂。新版英文譯本是眾多知名專家通力合作的結晶，彙集了當時最先進的知識。此版使用了當代語言，讓文本更符合潮流。然而，該譯本在描述《舊約》某篇關於高利貸的文字時，絕非僅僅複述原文，而是帶有明顯的時代解讀痕跡。

《利未記》（25:36）一段關於高利貸的描述，反應了十七世紀初期之後新譯本對此概念的新想法，其中也包含了當時已知的訊息，不過在原版並未出現。《欽定版聖經》的初版英譯本對該段文字的翻譯是：「不可收其高利貸，亦不可增。須持敬畏上蒼之心。兄弟姐妹與你同在。」然而新版中的這段文字改頭換面：「你不能向他收取債務利息，既不能預先從資金總額扣除，也不能在信貸資本的償款增加。」其他幾篇提及高利貸的原文則沒有實質性改變，包括《申命記》（23:19）及《詩篇》（15:5）。

新版本明顯篡改了原文的概念，多出了從資金總額扣除與欠債到期時增加利息的做法。利滾利再次抬頭，不過初版譯文並未以任何形式提及複利或貼現利息。而新版《聖經》卻明顯可見，最早的高利貸淺顯概念仍舊與後世的實際應用難以區分，從而反應了延續數世紀的學術難題。事實證明，新版《聖經》的出版時間純屬偶然，原因不一而足。西塞羅反對複利的古老訓斥在二十世紀仍舊言猶在耳。並且不久將再度變成重要經濟議題之一，然而隨著現代成分的添油加醋，人們最終將其拋至九霄雲外，沉浸在現代經濟辯論中。

對金融市場產生最深遠的影響之一發生在一九七一年。那年夏末，理查．尼克森（Richard Nixon）中止了美元與黃金的直接兌換，與二十五年前的布列敦森林會議（Bretton Woods Conference）的規定背道而馳，於是，與美元和黃金掛勾的貨幣瞬間崩潰。主要貨幣匯率相繼浮動，互相對抗，這又為整個金融市場帶來了新的波動。《布列敦頓森林協定》（Bretton Woods Agreement）最初的目的為防止一九三〇年代讓大蕭條雪上加霜的單邊貶值，主要簽署國都是工業化國家。掛勾制度讓每個主要貨幣能夠緊盯著美元，從而保持固定價值。一旦少了這項制度，各國得以自由制定貿易政策，但是不久後，這些政策便被批判為沿襲重商主義時代的「以鄰為壑」。

布列敦森林體系的崩潰使得美元大幅貶值，許多石油出口國的國際購買力受到重創。一九七三年，以色列和埃及爆發贖罪日戰爭（Yom Kippur War，譯註：又稱第四次中東戰爭，戰爭起源是爭奪西奈半島〔Sinai Peninsula〕和戈蘭高地〔Golan Heights〕），中東石油生產國將每桶油的價格由原來的五點五美元上漲到十一美元。漲價的部分原因是，石油生產國的購買力因美元貶值而受損，新價格既能幫助自己，也能拯救世界其他地區的生產商。石油和商品生產國一躍成為世界貿易中的新貴，現金流通速度加快，甚至迎來了繁華盛景。

這些國家不少是開發中國家，一夜致富令其一時不知所措。同樣地，部分身為借方的他們也不知如何是好，他們不習慣從銀行借錢，面對信貸市場一籌莫展。「二戰」之後，流入開發中國家的資金，絕大多數是發達國家政府的海外援助或國際組織的貸款，條款一般很優惠。由於此前未有欠債不還之事曝光，於是許多銀行家信心滿滿地宣稱，實體主權絕對不會欠錢不還。他們意識到，實體主權拖欠的機率微乎其微，因為一旦有任何國家因無力償還貸款而違約，其信貸市場生涯可謂告終。它的海外資產可能會被債權人據為己有，雖然不太現實，但從法律而言有可能。此種論斷聽來相當自大，卻為二十世紀前所未有的放貸膨脹奠定了基礎。

貸方除了能削減債務國未來的信用限額，還能採用其他措施保護自己避免被實體主權拖欠，但是做法過於繁雜，幾乎從未被採用。最有名的例子是沒收一國的海外資產，尤其是在港口的船隻或正等著卸貨的出口商品。不過這種霸占資產的方式很容易燃起政治火焰，絕大多數時候，這只是一種對借方的威懾。

現金流入許多開發中國家，由此提高了國家基礎設施開支，並刺激了國內需求。逐漸增加的餘額讓不少國家開始減少對世界銀行及其他地區發展銀行的依賴，同時開始接觸商業銀行家，而這些銀行家正翹首期盼把錢借給收入增多的實體主權。外部市場成為開發中國家中期資金的主要來源。借貸貨幣只能是主要貿易貨幣，最常用的依然是美元。銀行向第三世界國家借出大筆資金，形成了一個重要的放貸市場。此市場是新產物，最早僅能追溯到一九六〇年代末。

利息差價和現值遊戲

隨著現代銀行的發展，傳統貸方成為主流做法。銀行家按照一定利率接受儲蓄，然後以更高的利率放貸給借方，兩者之差就是所謂的差價。借方的可信度決定了差價程度，相較於信譽好的借方，風險高的借方須還更多錢。因此，比起高信譽借方，高風險借方能為銀行帶來更多盈利，但是出於謹慎的考慮，大家更偏愛前者。銀行家也會在債務中採用組合概念，這是沿用了「二戰」之後的分散模型。

一九九〇年代之前，美國的銀行業極大部分都屬於各州事務，銀行家創建組合時，混合了不同經濟領域和地理區域的貸款。商業貸款以零售貸款（信用卡和個人貸款）和抵押貸款作為補充，有時還有針對其他國家的主權貸款。主權貸款是唯一跨越國界的貸款，它們源自銀行的海外分支，而非本土部門。換言之，一家銀行可以向外國提供貸款或參與貸款業務，但不能跨越國界從事零售貸款或小型商業銀行業務。信用卡貸款是避開各州銀行約束的辦法之一，在一九七〇年代，主權貸款也加入了這支隊伍。但是，真正點石成金的魔法更關心如何利用利息差價創造收益。

自十九世紀起，美國各家銀行披上了商業銀行的外衣。他們大多向企業提供短期貸款，資金成本差價不大，盈利不算豐厚，風險也低。不過銀行覺得，自己能在較短時間裡獲得收益。一九二〇年代初期，銀行家們開始試探地展開零售業務，貸款時限拉長，收益也須等到貸款時限結束時才能收回。十七至十八世紀的英國銀行家非常熟悉，如果客戶的一筆五年貸款可以在未來年限中計算年收入，那麼收益會增加五倍。簡而言之，如果貸款最初是依照固定利率計算，在貸款時限內利率提高，那麼，堅決不從事傳統商業放貸業務的銀行家就要面臨時間風險和可能的機會損失。

一九七〇年代，這類銀行模式飽受壓力。利率上漲而外匯匯率波動，這不僅對當期利潤造成了更大的壓力，也削弱了長期固定利率貸款作為行業標準的地位，因而使得金融服務公司陷入了更不利的商業環境。銀行開始尋求傳統貸款的替代品，希望能收穫更多盈利。起初，它們找到兩種替代品，即銀行聯合貸款（Syndicated loan）[1]和收費銀行業務，銀行聯合貸款更像是某種投資性銀行業務，而收費銀行業務則如同某個投資銀行概念——當下獲得盈利，不用等到將來。

投資銀行業務比商業銀行業務盈利更豐，原因之一在於，投資銀行選擇的是現值，對未來的現金流動關注較少。投資銀行家收取一定的勞務費用，但本身不持有所承銷的證券或債務。鑑於其資本面臨風險的時間較短，這筆費用極易取得。如果某位投資銀行家承銷了價值一億美元的五年期貸款，從中收取2%的費用，那麼，兩百萬美元的費用在當前會計期內就能獲得。相反地，如果某家商業銀行承銷了一億美元的貸款，其盈利則來自資金成本差價。如果差價是2.75%，那麼未來五年的年收益為兩百七十五萬美元，不過若依照現值（折現），此結果就不那麼明顯了。[2]商業銀行的收益來源當然優於投資銀行的收費，但貸方面臨的風險也是顯而易見。如果利率上漲，固定利率貸款便須面臨機會損失，而且借方本身也有拖欠的風險。投資銀行家一年可以承銷五筆這類貸款，而不必遭受相關損失。商業銀行自然會眼紅地打量著投資銀行。

如此的妒忌，再加上絕大多數貨幣中心銀行（主要城市的最大銀行）對進入美國投資銀行界的渴望，促使部分機構在海外展開業務。他們等待時機，一旦國內取消監管，便盡快將業務移回家鄉。一九三三年，《格拉斯—史蒂格爾法》嚴禁企業從事投資銀行活動，不過，透過銀團貸款市場和歐洲債券市場的承銷，許多銀行幫助企業發揮了部分功能。這些業務不會直接觸犯《高利貸法》，銀行也期待有朝一日可變利率貸款能成為美國零售市場的標準做法。下文將說明銀行聯合貸款市場如何奠基於倫敦銀行同業拆放率（London Interbank Offered Rate，LIBOR，譯註：相當於交易商願意賣出的利率）。人們認為，待到美國國內市場足夠靈活時，銀行聯合貸款將成為絕佳做法。

歐洲美元的春天

二十世紀末，高額利率的問題依然困擾著銀行和零售貸方。花旗銀行為了避開紐約州的《高利貸法》，故意將信用卡業務搬到南達科他州，這代表如果當地對《高利貸法》太過嚴謹，即使放貸龍頭也會覺得芒刺在背。南達科他州和德拉瓦州能夠成為後起之秀，多虧了其他州嚴苛的《高利貸法》，可見相較於吹毛求疵且過時落伍的觀念，就業機會和地方投資才是王道。信用卡放貸以令人越發眼花繚亂的方式向未付欠款收取複利。不過，自一九七〇到一九八〇年代初期，銀行最大利潤來源不是採用複利模式的貸款。事實上，貸款看似採用了單利模式，實則與快速攀升的利率交相呼應，從而為銀行創造收益，同時也將許多借方逼得瀕臨破產。古代「以鄰為壑」的詭計再度亮相，相關銀行卻聲稱這不過是特殊背景之下，另一起放貸脫軌事件。

始於一九七〇年代的放貸膨脹誕生於離岸市場，也就是後來所稱的「歐洲美元」（Eurodollars），即存放在美國境外的各國銀行，主要是歐洲和美國銀行分行的美元。這些存款不在美國銀行監管者的管轄之內。十年間，歐洲美元就成為獨樹一幟且不可小覷的放貸力量。離岸市場的源頭是政治。一九六〇年代末期，俄羅斯希望儲存一筆美元，但出於冷戰因素，俄羅斯希望能避開美國銀行。一家法國銀行同意接受這筆儲蓄，於是形成了首筆歐洲美元存款。為了從這筆存款盈利，實須創造出美元貸款，於是，歐洲美元業

1 是由獲准經營貸款業務的一家或數家銀行為首，多家銀行與非銀行金融機構聯合採用同一協議，依照商定的期限和條件向同一借款人提供融資的貸款方式。

2 出於比較目的，相較於高利率，以低利率將未來的現金流折現會帶來更高的現值。

務很快便問世了。

「二戰」之後，美元是主要的儲備貨幣，由此保住了市場的繁榮。銀行顧不上本國的貨幣，一旦監管部門允許它們在正常的國內業務之外展開對外業務，它們便能義無反顧地開始接受美元存款。美國的銀行正忙著逃避龐雜的高利貸上限，此時又新加入一大群外國銀行，於是它們聯手在全球展開美元借貸業務。客戶都是企業和政府級別的組織機構。這股浪潮中還有不少國際機構和跨國公司，它們都想從中獲得利益，或試圖抵銷始於一九七〇年代國際石油危機造成的不良影響。

新的放貸模式以主要國際銀行在倫敦宣布的利率為基礎。一系列短期儲蓄利率和放貸利率分別被稱為倫敦銀行同業拆借利率（London Interbank Bid Rate，LIBID，譯註：相當於交易商願意賣出的利率）和倫敦銀行同業拆放率（London Interbank Offered Rate，LIBOR），銀行將此作為基礎利率。機構儲戶遵照拆進利率（譯註：表示銀行或金融機構願意借款的利率），機構借方則遵照拆出利率（譯註：表示銀行願意貸款的利率）。另外還有體現信貸風險的差價（差價越少，預測風險越低，反之亦然）。這些利率完全取決於每天的美元供應。[3]

銀行占據了優勢地位，這種利率結構（亦稱歐洲美元利率）不受任何美國國內監管部門的控制，自然也不受限於《高利貸法》，更重要的是也不受美國聯準會的監管，因為這些銀行不在美國國內。除此之外，這些利率也不受所報國的國內地方法限制，因為它們不用當地貨幣報價。新誕生的倫敦銀行同業拆放率借貸模式大受歡迎，不久就成為美元標準放貸利率。

要將倫敦銀行同業拆放率作為基準，銀行首先必須從某個海外分支（一般設在倫敦）拿到貸款。借方是企業和政府，其中包括美國企業。《高利貸法》只適用於某個州自身，很少被提及到國家，《高利貸法》

適用於官方指定的全國性機構，且只針對抵押利率。這些全國性機構涵蓋了美國大多數最大型的銀行，不難預測，此隊伍後來成為最大的歐洲美元貸方。離岸操作讓銀行徹底獲得了自由，不必再受制於《高利貸法》的殘餘勢力，尤其是避免了被氣急敗壞的借方成功指控為高利貸犯罪的情況。境外儲蓄和放貸將銀行業成功帶入了無人監管的領域，不過對於絕大多數牽涉其中的銀行而言，結局並沒有這麼討喜。

更重要的一點是，以倫敦銀行同業拆放率為基礎的貸款是可變利率貸款的雛形。一筆利率超出倫敦銀行同業拆放率1%、時限為六個月的貸款，意味每六個月須調整一次利率，使其高出當前拆放利率1%。銀行喜歡這種調整方法，因為它們的資金成本（拆進利率）總是低於拆放利率，而它們向借方收取的差價高於拆放利率。不管利率如何變化，都有利可圖。而遵守高利貸上限的地方銀行可就沒有這種好處了。可變利率貸款出現之後，倫敦銀行同業拆放率的重要性越發明顯。

這些銀行貸款和債券有頗多類似之處。由於金額巨大，貸方很多時候不願把全額記在帳上。就像債券一樣，貸款匯聚起來；初始貸方把貸款分為數塊，邀請其他銀行拿走一部分放在各自帳上。有些貸款收費，需要預先支付，大約是所借金額的2%。如果貸款金額為一億美元，期限五年，那麼放貸銀行在貸款正式支付時能分到兩百萬美元的費用。

借入的金額往往沒有擔保，尤其是當借方是實體主權或隸屬於實體主權時。銀行迫不及待地提供盡可能多的貸款，因為當時國際債券市場鮮少出現主權債務違約事件。第一輪石油價格衝擊之後，銀行業務源

3 利息以拆進和拆出為基石，以分鐘記錄變化，倫敦各家銀行的儲蓄交易商報價。這類利率屬於貨幣市場利率，而非諸如美國優惠利率等銀行放貸設定利率。

源不斷。

隨著石油價格的飆升，不少非石油生產的開發中國家出現了貿易逆差，因為它們的主要出口產品價格尚未上漲，至少沒有立刻上漲。並非所有的石油生產國都隸屬石油輸出國組織（Organization of Petroleum Exporting Countries，OPEC）。一九七〇年代，諸如墨西哥等國家生產和出口的石油增加，但仍被石油輸出國組織排斥在外，絕大多數西方銀行將其視為低度開發國家（LDCs）。結果，低度開發國家聯合起來，涵蓋了石油生產國和產品出口國。而另一端，諸如波蘭、南斯拉夫和朝鮮等開發中國家則沒有任何實質性的商品交易。

源源不斷地放貸被委婉地稱為國際收支差額放貸，為逆差國家提供資金。資金來源是石油生產國在倫敦等歐洲市場銀行中心的儲蓄。大型銀行成為此過程的中間人。放貸浪潮的出現時間尤其利於美國的銀行。信貸市場的新進步對傳統業務造成衝擊。尤其是一九六〇年代末和七〇年代初發展的商業票據市場，直接吸引了許多企業客戶進入貨幣市場，此過程完全沒有銀行的插手之處。信用卡業務發展欠佳，銀行積極探尋新的利潤中心。境外放貸業務應時而生，其潛力巨大，大多是借錢給主權借方，而且不受國內監管。

一九七〇年代出現了亙古未有的放貸浪潮。許多低度開發國家借方如履薄冰，因為面對國際收支逆差，他們不得不透過借錢捍衛匯率。在這個脆弱的方程式中，石油是關鍵的定價指標。石油價格上漲會推高商品價格，不過各種價格不會同時變化。商品價格變動往往滯後於石油價格變動，兩者的時間差對於許多國家的金融狀態至關重要。石油價格上漲之後，商品價格如果緩慢上漲，就意味著當眾多低度開發國家意識到商品收入增加時，它們的狀況已經變得很糟糕。另一方面，商品價格下跌後，石油價格最終也會下降，這將導致相同的結局。同樣一前一後的現象也出現在石油價格和短期利率的關係上。石油價格和商品價格是利率上漲的首要根源，但真正的問題是，當通貨膨脹週期結束，利率是否會隨之降低？

一九七〇年代，借貸膨脹成了全球性事件。工業化國家在銀行聯合貸款市場的借入金額從一九七〇年的四十二億五千萬美元，上漲到一九七七年的一百七十二億美元。非石油輸出國組織的低度開發國家的借入金額由一九七〇年的四億四千六百萬美元，上升到一九七七年的兩百零八億五千萬美元，而同一時期，石油輸出國組織成員國的借款從一億四千六百萬美元增加到七十四億美元。蘇聯及其衛星國的借入金額從三千八百萬美元上升到三十四億美元。國際債券市場也出現了類似的膨脹，所有實體的借入總額度增加超過了800%。[4]不過，最顯而易見的是，低度開發國家的增加額度是一九七〇年的四十五倍，它們的銀行聯合借入創造了最大收益，遠超過倫敦銀行同業拆放率和最高收費。銀行找到了新的收入來源，但很快便成為二十世紀最大虧損的根源。

飆升的巨額債務

從一九七〇到一九八二年，歐洲市場缺乏監管，加上為了超越傳統的商業銀行模式，銀行家費盡心機，由此創造了放貸熱潮。監管者和政治家因此憂心忡忡，因為自布列敦森林體系崩潰之後，國際金融體系已然發生變化，原本互不相干的市場如今正以出人意料的方式聯繫在一起。

4 摩根信用擔保公司：《世界金融市場》，1978-1979年；世界銀行：《世界債務表彙編》，1980-1981年。

低度開發國家的高額借入行為讓不少政策制定者焦慮不安。一九七七年，美國聯準會主席亞瑟・伯恩斯（Arthur Burns）批評商業銀行在向第三世界放貸時，承擔了太多風險，他指出：「商業銀行和投資銀行必須慎重監督海外放貸，銀行監管者必須保持高度警惕，不要為某個國家提供太多貸款。」[5]

一九八〇年代初期，能源價格和利率的上升，使得向石油和天然氣開採公司提供放貸的兩家銀行受到了影響。這些小型石油和天然氣開採公司的主要業務都在美國，商品價格的上漲使得它們規模提升。兩家銀行其一是位於奧克拉荷馬州的中型地區銀行賓州廣場銀行（Penn Square Bank），另一家是全美第七大銀行位於芝加哥的伊利諾大陸國家銀行與信託公司（Continental Illinois National Bank and Trust）。前者的失敗撼動了整個金融市場，後者的崩塌則直接殃及整個銀行體系。

一九八二年，由於貸款收不回，賓州廣場銀行倒閉，致命的是其他銀行有參股，其中包括伊利諾大陸國家銀行。當這些銀行身陷困境，美國聯邦存款保險公司（Federal Deposit Insurance Company，FDIC）不得不出面，向賓州廣場銀行的儲戶伸出援手。這次失敗對伊利諾大陸國家銀行是一次重創，虧損導致該銀行財政和名聲兩失。比起同行，伊利諾大陸國家銀行極少從事大眾零售業務，因此，它能為機構提供高利率的貸款與高額儲蓄利率，例如，當最優惠利率為20％時，該銀行為機構提供16％的優惠固定利率貸款，令不少不敢冒上如此風險的競爭者瞠目結舌。[6]然而，一九八一年夏天，石油價格下跌，由於該銀行與石油和天然氣行業牽連甚廣，所以受創最重。一年之內，它開始嚴重依賴歐洲美元儲蓄作為資金來源，此策略風險極高，因為倫敦銀行同業拆放率波動極大。不僅如此，該銀行不少機構客戶開始察覺該銀行和信用評級問題。謠言四起，人們開始質疑其繼續經營的能力，許多機構儲戶要求取出現金，不願續存即將到期的存款。銀行儲蓄流失，陷入流動資金危機。財政部不得不出面救助，於是成為有史以來第一個「大到不能倒」的最佳案例。該銀行一旦崩潰，對經濟的影響難以估量，因此絕不能倒。

一九八〇年，石油價格和美元利率開始上漲，低度開發國家的最大慘劇也拉開了序幕。原油價格從一九七九年的每桶二十五美元，一躍漲到一九八〇年的三十七美元，一九八一年維持在三十六美元的高點。一九八二年，價格下滑到每桶三十二美元，一九八三年再度下跌至二十九美元。這次價格下跌讓進口國多少鬆了口氣，製造國卻憂心如焚。同一時期，期限為六個月的歐洲美元利率由一九七九年年末的14.28%，上漲到一九八〇年的17.82%，一九八一年下滑至14%，一九八二年繼續降至9.72%，一九八三年年末穩定維持在10.26%。[7]兩組數據變化趨勢大同小異，不過石油現貨價格先是抬高利率，後來又壓低利率。但是，石油價格的百分比變化明顯超過拆進和拆放利率的百分比變化。從一九七九到一九八〇年，石油價格上漲約50%，利率只上浮25%，這讓石油生產借方能夠輕鬆支付利息。從一九八〇到一九八一年，石油價格下滑約3%，利率下滑21%。然而，從一九八一到一九八二年，石油價格下跌9%，利率保持平穩。兩個數據最後一次的滯後代表兩家銀行和低度開發國家帶來經濟難題。

銀行聯合借方的問題在於，僅是基礎利率其實無法完全說明經濟困境。它們與拆放利率的價差讓借入成本增加近一百五十至一百七十五個基點（1.5至1.75%）。一九八一年七月和八月，歐洲美元利率達到最高點，這意味只要重新調整貸款，必然會導致年利率漲幅超過20%。絕大多數借方，包括石油生產者在內，

5 美國聯邦存款保險公司：《一九八〇和九〇年代早期銀行業危機檢查》（華盛頓哥倫比亞特區，美國聯邦存款保險公司，1997），26。

6 美國聯邦存款保險公司，《一九八〇和九〇年代早期銀行業危機檢查》，第240頁。

7 《美國聯準會統計數據報告》，六個月倫敦銀行同業拆款利率：www.federalreserve.gov/release。

都無力承擔如此高昂的利率。

一九八一年，波蘭實在無力支付海外債務的利息，不得不進行重組，這揭開了未來難題的冰山一角。起初數年中，銀行曾堅信波蘭等其他共產主義國家不會出現違約情況。大衛・洛克菲勒（David Rockefeller）令大通曼哈頓銀行貸款給波蘭，並表示：「從直接信用風險而言，我們推測部分社會主義國家的政府比非社會主義國家的延續性更牢靠。」洛克菲勒還提到，一九七〇年代末期，銀行對波蘭頗有顧慮，「但依舊迫不及待地放貸給社會主義國家」。[8]這或許是讓波蘭向市場經濟靠攏的一部分宏大戰略，然而計畫藍圖的穩定性令人大失所望，就經濟估算帳目也大錯特錯。

一年之後，高額利率終於發揮破壞力了。低度開發國家的危機始於一九八二年八月，墨西哥財政部長告知美國政府及國際貨幣基金組織（International Monetary Fund，IMF），該國無力支付八月的利息，這筆債務高達八百億美元。其他國家也是如此。一九八三年十月，二十七個國家的欠債總數達到兩千三百九十億美元，此時也許是已經與銀行重新安排還債時間，也許正在商量之中。十六個借方國家來自拉丁美洲，最大的四個國家分別為墨西哥、巴西、委內瑞拉和阿根廷，它們欠了多家商業銀行近一千七百六十億美元，約占低度開發國家未償還欠款總額的74%。其中，三百七十億美元是借自美國最大的八家銀行，約為它們當時資金和儲備的147%。[9]最後，數家全球最大銀行，包括幾家大型美國銀行，例如伊利諾大陸國家銀行，皆面臨嚴重貸款拖欠、資本流失和關門倒閉的危險。

不少國家和放貸銀行協商重組，但從長遠來看，這並不一定有利。墨西哥和巴西是低度開發國家中兩個最大借方，一九八二年未償還債務約為兩千億美元。銀行一開始拒絕承認自己在放貸時未進行妥善考量。美國和經濟合作與發展組織（Organisation for Economic and Development，OECD）的主要成員國向借方國家施壓，於是它們只好再次向銀行貸款，以支付所欠利息。此舉讓許多國家再度背負債務，並早已超出經濟可維繫的標準。眾人心知肚明，此種解決方式治標不治本。許多低度開發國家堅信，自己沒有被告知銀行聯合貸款存在的風險，只是預感到形勢不妙。部分國家則無法平心靜氣地接受債務難題。許多國家反對被強加的條款和條件，並提出了自己的救治方案。秘魯總統阿蘭·加西亞（Alan Garcia）提議秘魯把債務償還限制在國家出口的10%。他的提議非常具有開拓性，本質上是將還債能力與實際收入掛勾，許多銀行都忽視了這一點。他的外交辭令也有舉足輕重的地位。加西亞於一九八五年表示：「我們誠實可信，因此願意還錢，即使我們深知債務的不公平，但我們的人民敢於承擔責任，勇敢承認自己的錯誤。」[10]

銀行界對秘魯的做法頗為不滿。秘魯政府意識到這種不悅情緒，於是當債權人企圖霸占其海外資產，或意圖將資產陷入漫長的法律程序時，秘魯立即將本國價值七億美元的海外儲備和資產調回國內。接下來的數年裡，銀行利用減少對秘魯的總信貸額度反擊。秘魯的應對方式與眾不同，銀行認為沒有多少國家會仿效秘魯，這次他們猜對了。信貸市場的資源太誘人了，實在難以撒手。

國際貨幣基金組織在債務問題方面發揮了關鍵作用。在銀行延長新貸款並協商條件的問題方面，此國際組織扮演了重要角色。銀行及其本國政府都要求國際貨幣基金組織出面干預，借方國家因此必須施行合理的經濟緊縮措施，從而保住國內資源。該組織向欠款借方提出數項條件，其中包括控制工資、價格自由

8 安東尼·桑普森，「哪裡信貸到期，哪裡發放貸款。」《紐約時報》，一九八二年一月十日。
9 美國聯邦存款保險公司，《一九八〇和九〇年代早期銀行業危機檢查》，第246頁。
10 阿蘭·加西亞對秘魯國會的演說，一九八五年七月二十八日，引自傑奇·羅迪克《百萬之舞：拉丁美洲和債務危機》（倫敦，拉丁美洲出版局，1988），169。

化、貨幣貶值，以及讓本地利率上升到「自然的」市場標準。[11]

這類條件被稱為國際貨幣基金組織的「制約性」，組合應用能看出條件分為高、中、低。絕大多數情況下，條件極高。從宏觀角度來看，雖然結果令該組織和銀行喜出望外，但在國內引起了廣泛的反彈，有時甚至反應激烈。控制工資和價格自由化往往會導致原本就處在社會邊緣的貧困工人喪失所剩無幾的購買能力，由此出現街頭抗議。國際貨幣基金組織成為管制主權政府的外部力量，這種情形被許多低度開發國家比喻為二十世紀初期的炮艦外交（譯註：指帝國列強憑藉武力推行殖民侵略的一種外交活動。在當今社會，其核心是霸權主義）。這次危機促使眾多低度開發國家借方聯合遠離美國，拉丁美洲地區尤其明顯。厄瓜多總統奧斯瓦多．烏爾塔多（Osvaldo Hurtado）於一九八三年表示：「相關國家的社會政治和平及民主體系的穩定才是關鍵。」[12]

換言之，此威脅絕非僅針對低度開發國家。一九八〇年代初期，先前低度開發國家約七千億美元的債務岌岌可危，對銀行和工業化國家而言，這都是近在咫尺的威脅。美國聯準會主席保羅．沃爾克指出：「如果管理不善，便化解不了這些壓力，那麼對美國和世界經濟的復甦都將是一次嚴重的打擊。」[13]管理之難在於，包括他在內的所有監管者都必須確保債務人繼續和銀行談判，以保證無人違約；一旦有人違約，銀行的反應或許會造成其他債務人跟進違約，以期獲得利於自身的條件，減少負債。

二十世紀最嚴重的國際債務危機，似乎並非起源於複利。絕大多數銀行聯合貸款都是以拆放利率模式為基石，此模式均以單利為基礎。如果是六個月期限、年利率10%，則在下一次調整之前，該時限的實際利率為5%。利息的計算是基於原本借出的金額，本金和最後的利息支付都是定為到期時間。自然而然，實際利率就高出所定的名義利率，因為中間無須分期付款。換句話說，不存在餘額減少之說，從而也就無法降低應付利息。不過，對於期限為三至五年的中期貸款，中途償還本金也不太現實。

依照市場利率收取單利，代表由於沒有任何形式的利率上限，累加就顯得毫無必要。整個一九七〇年代，利率不斷上漲，並在一九八〇年代初期達到頂峰。很多更微妙的伎倆（例如信用卡公司慣用的每月不只一次頻繁收取利息）[14]，被大筆借貸金額賺取的淨收益所取代。這些高額貸款以實體主權貸款為主，它們是銀行夢寐以求的客戶。這些銀行往往能獲得超過拆放利率基準的高額收益，而且自認這類業務風險相對較小，因為借方是不可能違約的實體主權。這些收益無法幫助低度開發國家償還債務。它們代表了另一套收費，銀行可以立即入帳，有時甚至占借貸金額的2%。不僅如此，還有其他費用開支，都要由借方掏腰包。某次墨西哥貸款簽字儀式間，該國財政部長抱怨，就連簽署文件用的金筆，以及簽字完成之後銀行提供的昂貴慶祝香菸，銀行統統向該國請款。

雖然是單利，但一九八〇年代的貸款本金不斷飆升，低度開發國家面臨的情況恰好是兩千年前西塞羅憤憤不平的問題。儘管人們對利息有了更深的認識，但是貸方依舊做到了「翻倍」，收取的利息直接導致欠款增加一倍。這樣的放貸不僅是為了高額利率，更是出於期望在短期之內獲得收益的強烈慾望，一方面還希望避免一系列糾纏不清的拖欠。從一九八〇到一九八六年，拉丁美洲地區的欠款總額增加一倍，新貸

---

11 傑奇．羅迪克：《百萬之舞：拉丁美洲和債務危機》，第46頁。

12 傑奇．羅迪克：《百萬之舞：拉丁美洲和債務危機》，第48頁。

13 《紐約時報》，一九八三年七月五日。

14 持續利息是指根據計算機或電腦的計算能力，盡可能頻繁地收取利息。一般說來，這意味著利息每日累加。

款的累加使得借方徹底無力償還。[15]進入一九八〇年代末期，新本金欠款成為一大難題。若想力挽狂瀾，必須貫徹更激進的措施。

從美國八家主要貨幣中心銀行，就能看出債務拖欠和貸款增加對金融狀況的影響。從一九八二到一九八八年，所有銀行的信用評級全部下跌，有時甚至連跌三級以上，有的幾乎瀕臨垃圾債券。它們的財務比率、監管資本和儲備全部嚴重受創。一般而言，此類情形會引發銀行監管者採取立即行動，然而一九八〇年代的監管者卻故意放慢速度。於是便出現「監管寬容」的流行語，主要針對大型銀行的當下困境及低度開發國家的過期貸款。某監管部門表示，鑑於美國前十大銀行中，約有七到八家恐怕被視為瀕臨破產，為避免引發經濟政治危機，這種寬容實有必要。[16]人們認為伊利諾大陸國家銀行簡直是「異類」，不過該年代其實任何一家美國銀行都有可能會陷入類似的浩劫。

一九八〇年代，大眾幾乎緊盯低度開發國家的債務問題不放，但整體而言，資產負債表上的債務仍巨幅飆升。一九八〇年代初期苟延殘喘的股票市場在借方和投資者依舊熱衷債務的情況下，推動了新一輪股權融資。債務累積額度讓許多華爾街的分析師如坐針氈，他們的謀生手段就是分析整個信貸市場。華爾街分析師亨利·考夫曼（Henry Kaufman）察覺，美國所有債務總和已經由一九七四年的二點四兆美元，上漲到一九八四年的七點二兆美元，他認為傳統債務的激增會帶來危險，這還不包括部分遮遮掩掩的債務，由於交換合約（Swap）、期權等各類債務衍生品的存在，不少債務並未納入總計。前所未有的債務標準讓華爾街和銀行面對許多過去從未考慮的難題。鑑於消費對美國經濟的作用，美國家庭的私人債務尤其棘手。考夫曼表示，「為了保住信貸的整體性，我們不得不犧牲許多既得利益」，並強調「為保住民主經濟社會，別無他法。」[17]

從一九七七到一九八六年，所欠債務的增加彰顯了此要點。經濟各領域的債務年增長率均在兩位數。在家庭領域，住宅抵押和信用卡債務增加，市政府借入也持續增加。由於預算赤字，聯邦政府的借入也在上漲。然而，值得一提的是金融領域的借入增加額度尤其令人矚目，其年度百分比增長創下最高紀錄，從一九七七年的18.9%，上升到一九八六年的26.2%。「二戰」之後，美國對債務金融的依賴性越來越大。個人消費者利息的扣除一直存在，此舉沿襲了「一戰」後的做法，直到一九八六年《稅收改革法》（Tax Reform Act）將其廢除。但是，一九八七年之後，消費者債務的增長率開始放緩，這和一九九〇年代初期的衰退同步上演。雖然一九九〇年代中期才開始復甦，但是進入新世紀，國內金融業仍舊是債務發行的領頭羊。[18]

墨西哥廢止契約

一九七九年以後，美國聯準會推行新政策，隨之而來的高利率問題讓定息產品市場頭疼不已。美國遭遇了前所未有的通貨膨脹，使得長短期利率上漲至空前位置。通貨膨脹和中短期利率問題讓財政規劃舉步維艱，尤其是養老基金和保險公司，兩者都因為市場的不確定性而難以應對未來的財務支付。市場愁雲慘

15 世界銀行：《世界債務表彙編》，1990-1991年。
16 美國聯邦存款保險公司，《一九八〇和九〇年代早期銀行業危機檢查》，第207頁。
17 《紐約時報》，一九八五年一月十八日。
18 美國聯準會委員會：《資金流程表》，表D.1，Z.1，二〇一〇年十二月九日。

淡，於是投資銀行推出了新金融產品，以期徹底改變定息產品市場，並為潛在的金融危機提供解決方案。

這次創新打響了所謂「金融工程」的第一槍，後世稱之為「結構融資」。債券交易商意識到，許多機構投資者仍須從債券投資獲得現金，但因為不斷上漲的利率，他們對債券價值狐疑滿腹。此上漲會降低債券本金的價值。最後，幾位交易商實驗性地將息票（coupon，譯註：是債券利息票券的簡稱，為附息債券定期支付固定利息的憑據）從債務本金拆分出來，創造出所謂的「零息債券」（zero coupon bond）。說穿了，此新工具無非是一系列年金支付，只不過是在未來某個時間一次性支付完成。零息債券不支付利息，通常在到期日依照面額支付債券持有人，主要銷售給希望能在未來某時間一次性獲得資金的投資者。

這類新產品特別受到投資者青睞。很快地，美國財政部發現，此創新之舉能幫助傳統債券在艱難的市場環境中生存，於是正式批准拆分自己的債項。[19] 這是自兩百年前理查·普萊斯在英國推廣償債基金之後，對債務工具的最具開拓性的使用。但受益者是投資者，而非美國財政部。投資者能夠明確地計算投資的現值和終值，這是其他任何一種金融產品都難以做到的，財政規劃也因此受到力道強大的推動。這種確定性也將幫助解決第三世界的債務危機，部分原因是二者所處的市場環境相同。

尋找危機解決的關鍵，並不在於陷入困境的低度開發國家，而在於舉步維艱的銀行。貸款造成的損失及隨處存在的風險，讓國際性貨幣中心銀行的資產負債表不容樂觀。由於債務巨大，這些銀行的資本比率急遽下滑。美國銀行就因為與墨西哥牽連太深，而處於岌岌可危的境地。一九八六年，墨西哥再次幾乎完全違約。墨西哥亦不斷思量：究竟誰的困境更重要？自己、美國銀行還是其他美國放貸機構？若想要控制銀行的損失，各方必須相互妥協，並重新規劃低度開發國家的債務，換言之，如欲延長債務期限、減少年度償還額，須同時減少債務利率。然而，執行不易，因為債券市場願意向投資級別高的借方放貸，而不是瀕臨拖欠的低度開發國家。

一九八八年，布雷迪債券（Brady Bonds）發行。該債券以美國財政部長尼古拉斯．布雷迪（Nicholas Brady）命名，旨在幫助重組墨西哥債務。該債券借用了數年前才發展的零息債券，具體包括調整了償還時間和利率，並要求銀行折扣，銀行必須接受自己的損失。墨西哥已有的債務用新債券交換，後來還發展到其他欠債國家。這類新債券被戲稱為「阿茲提克債券」（Aztec bonds）。它們是以支付利息的資產替換總是被拖欠的貸款。銀行要想參加此計畫，就必須免除某國30%的債務以換取債券。這種債券是以美國財政部零息債券為抵押，以讓貸方放心，因為期限一到本金擁有保障。就本質而言，免除30%的債務後，相關國家可以用這筆錢大幅折價購買零息債券，而在未來償還時，依照新債券的面額抵押，或者說「作廢」（defeasing）。

這種用墨西哥新債券抵押本金的做法，是新型金融工程的典型之一，法律術語稱為「作廢」。不過這算不上新潮，因為該詞在英國法律已經存在了數百年，如今只是成功地運用到美國市政債券市場當中。此詞的定義是：未償還債券或債務的預先再融資。也有人將其理解為某種行銷手段，即讓有抵押的債務看起來更加誘人。兩種觀點都對。在美國市政債券市場中，許多小型債券發行被稱為「再融資發行」，換言之，借方必須購買一定量的美國財政部債券，根據記入撥出，以保證本金和（或）利息在未來能按時支

---

19 一九八四年，國會正式通過一部名為《註冊證券本金和利息分離交易計畫》（簡稱STRIP）的法案之後，財政部允許債券拆分。不過，財政部不可新發行零息債券。國家債務的資金仍然源自傳統息票債券，此時可以透過美國聯準會認可的官方主要證券商將其拆分。

付。託管抵押讓墨西哥能以較低的利率借到錢，如果沒有美國財政部的干預，單靠墨西哥本身，恐怕會出現相反的結局。

「作廢」一詞由來已久，但幾乎在金融界絕跡，直至布雷迪債券出現此詞才得以重生，不過人們很少提起。「作廢」概念可追溯到都鐸王朝。在亨利八世制定的法令中，「作廢」和《高利貸法》同時出現。顯然新的債務問題透過更古老的法律手段解決了。

在當代，「作廢」曾經是（現在也是）表外融資（off-balance-sheet financing，譯註：指不須列入資產負債表的融資）的一部分。如果債務證券作廢，就不會以負債形式記錄在借方的資產負債表上。聯邦國家抵押貸款協會（Fannie Mae）、聯邦住宅抵押貸款公司（Freddie Mac）和政府國民抵押貸款協會（Ginnie Mae）所發行且以抵押支撐的證券都是同樣的道理。它們的證券化債項從資產負債表消失了，因為它們擔保的抵押是債券持有人的資產，儘管這類抵押的安全性不及美國財政部的債項。第三世界債務危機前夕所推出的眾多衍生品都屬於此類。儘管操作上存在差異，但都有共同性，即難以在財務報表發現它們。總之，「作廢」意味著徹底難覓蹤影。

把優質償還債項當作抵押，以收回低品質的債券，這不禁讓人回想起一九二〇年代的伊法·克魯格（Ivar Kreuger），當時，支撐其債券的抵押品出了狀況。而現在，低度開發國家同樣以這種方式發行債券，並且布雷迪債券成功地解決了危機。不過，徹底完成這項工程花了近十五年的時間。另一種債務市場手段也強勢抬頭，那便是證券化，而且讚許為「改變市場的債務創新」，但是，在二〇〇七年之後爆發的信貸市場危機中，它將飽受爭議。

墨西哥採用了布雷迪債券以後，另有十幾個國家紛紛仿效，其中包括阿根廷、保加利亞、巴西、奈及利亞、菲律賓和委內瑞拉。發行這類債券的條件之一是，債務國必須遵守由國際貨幣基金組織和世界銀行為首的債務重組。國際貨幣基金組織的制約性在不同地方再度彰顯，許多債務國對於自身被強加的種種限制頗有不滿，但為了減輕之前的債務負擔，只能默默忍受。不過，作廢並不能解決所有低度開發國家的債務問題。一九八〇年代末期，許多低度開發國家債務的標價均大大低於面額。這些價格的計算是以新市場為背景，銀行處心積慮要將問題債務清除，於是造成了不良債權（指公司企業的資金與技術等租借到其他公司，但是面臨無法收回或僅少量收回的現象）。結果，眾多債務的銷售價格不及原始貸款價值的50%。市場很活躍，多是以折扣價買入，因為銀行必須用損失將其銷掉。市場有利於貸方，然而，真正的問題在於誰才是這些不良債權的真正買家？

投資者的本質受到政界質疑，低度開發國家更是經常對他們指指點點。眾多企業買入債務，然後以此換來低度開發國家當地業務的普通股，大多時候所在國是感激涕零。所在國償還債務，鼓勵外國到本國直接投資，並希望能因此創造更多就業機會。從經濟角度出發，新市場帶來了一些看得見的好處，同時或多或少緩解了債務問題。然而，評論員對新的不良債權市場牢騷滿腹，因為他們認為這是為了外國商業利益出賣自己，顯然是助紂為虐，剝削本地居民。

債務的新面貌

一九八〇年代初期，除了零息債券和證券化之外，債務市場還見證了其他顯著的發展。在低度開發國家危機爆發之前，它們當中就有好幾個因其貨幣和債券市場的高利率而引人注目。一九八〇年代的危機不過是讓它們在銀行和投資商出現更響亮的名聲而已。

低度開發國家的危機為發展債務衍生品和其他各類表外融資工具創造了推動力。十年危機過後，位於瑞士巴塞爾的國際清算銀行（Bank for International Settlement，BIS）是已開發國家商業銀行的國家性監管組織，它強制要求銀行必須維持較高的資本標準，將資本適足要求定在8%。[20]當時不少銀行經營不善，部分只能將預防資本維持在3%。此規定迫使不少銀行不是透過銷售新股票，就是透過減少資產，以提高資產負債表上額外的資本。證券化簡直與第二種手法完美契合——以債券借入為貸款抵押，進而從貸方的資產負債表上清除，以達到強制的資本要求。如果銀行不能減少帳面上的貸款（資產）額度，就要尋求無須放貸的新業務了。

銀行推出各類型的交換合約（swap，為當事人之間簽訂在未來某一時間段內相互交換彼此認為具有相等經濟價值資產的合約），然後積極交易，從而在帳上無貸款的前提下創造收入。互換協議被歸入「或有負債」（Contingent Liability，表外融資），並在所有者權益後的附註載明。因此，倘若某位客戶與銀行協商利率支付或貨幣交換合約，在協議完結之前，交換合約的名義金額將成為雙方的或有負債。結果，銀行樂得從交換合約當中獲得收入和費用，而且不必維持貸款的8%資金要求。乍看之下此為另一種金融商品，然而隨著交換合約越發普遍，它們開始改變傳統商業銀行體制的本質。二十年間，商業銀行更類似於投資銀行或對沖（譯註：指專門減低另一項投資風險的投資）基金，反而離傳統貸方漸行漸遠，它們與企業客戶自由互換，而承擔的風險對於銀行機構來說相對陌生。

銀行家堅稱這些新舉措非但沒有風險，反而屬於對沖工具，可以幫助機構客戶管理各類風險。然而，多數情況之下銀行承擔了客戶竭力緩解的風險。於是乎，原本應該透過交換合約抵消的風險全倒向銀行，並且隨著交換合約越來越普及，這類風險也與日俱增。一九八〇年代以前，銀行要面對利率風險、貨幣風險、同行風險及客戶的信用風險。進入一九九〇年代末期，風險數量翻倍，其中還包括非客戶的信用風險、股票市場風險、商品風險及突發事件風險。[21]銀行不再是單純的銀行了，它們很快就成為半保險公司式的機構，只要有人出價，就很樂意為任何已知金融風險簽字擔保。

即使是在部分華爾街分析師和監管者的眼中，未來也都是凶多吉少。很多人開始意識到，交換合約不過是一種偽裝，實質是擴大對公司或其他機構客戶的信貸，而且銀行的放貸標準必須堅決執行。紐約聯邦儲備銀行行長傑拉德．科里根（E. Gerald Corrigan）於一九八五年表示，交換合約令他產生「一絲不安」，它們過於複雜，而且可能遭人濫用。另一位聯邦官員也認為：「任何時代，如果銀行發展如此迅猛，又沒有接受逆境考驗，沒有系統性監管或評估其各種做法，這一切著實堪憂。」[22]

低度開發國家危機之後，新型期貨市場似乎正中銀行下懷。貸款不再是銀行唯一的收入來源，透過與對方達成交換協議，銀行不必記錄貸款，但仍舊能獲得收入，從而為資產負債表留出空間，並且能在當下季度賺取收入。它們提供的服務似乎比借錢給低度開發國家更加可靠。交換合約的設計是作為對沖工具，因此銀行聲稱，它們幫助客戶避免了利率或貨幣風險，而此舉所承擔的風險原本將會依次光臨其他銀行和客戶。

20 此要求依照銀行賬面資本占貸款百分比進行計算。
21 事件風險指一次性事件對債券借方的信用評級，構成負面影響從而引發的風險，例如接管計畫、不可預見的法律訴訟或其他各種超出預期的負債。
22 《紐約時報》，一九八五年二月七日。

在期貨市場的發展初期，絕大多數交易不是貨幣，就是利率交換。到了後期，機構客戶和銀行同意依照時間就某筆名義金額交換現金流。一般而言，一個利率固定，另一個則根據倫敦銀行同業拆放率有所浮動。假設期限為三年，固定利率支付方給另一方支付固定金額，而浮動利率支付方則根據交換合約每三個月或六個月支付重新調整的金額，其中差價雙方分攤。作為支付基礎的名義金額無關緊要，除非一方或雙方出現拖欠行為。支付浮動額度的一方將面臨這類協議，亦即普通利率交換合約（plain vanilla swap）的最大風險。如果利率上漲，支付金額也會增加。相反地，如果交換合約是安排謹慎的對沖，風險將降至最低。

交換合約市場的發展與低度開發國家危機同時進行。一九八〇年代中期，美國和英國的利率波動劇烈，交換合約很快就風靡各地。然而，在任何一個出於對沖目標的市場當中，投機永遠陰魂不散。如果市場崩潰出現端倪，肯定是投機在暗中搗亂，而它就是對沖的天敵。

一九八七年首次公開出現交換合約醜聞，當時，某位審計員在倫敦漢默史斯密—富勒姆區（Borough of Hammersmith and Fulham）發現數額超乎尋常的交換合約。該自治區當時的預算為八千五百萬英鎊，交換合約總計一億一千萬英鎊。兩年之內，未支付總額飆升至六十億英鎊。[23]該地區明顯有良好管控預算。後來發現，它主要是基於倫敦銀行同業拆放率的浮動利率支付方，一九八〇年代末期，英國利率上漲，因此遭受損失。更令人瞠目結舌的是，它的主要角色是銀行和其他自治地區（或當地委員會）的中間人，後者的市場信用和口碑一塌糊塗。該地區除了為中飽私囊進行利率投機，還一馬當先地協助其他地區和銀行打交道。當地部分委員會是被數家美國銀行拒於門外的惡名昭彰左翼機構。

審計員將該地區告上法庭，這件案子便在法院裡層層遞進。下級法院的判決令銀行大為不滿，因為法院認為交換並非對沖，而純屬投機，於是在一九八九年宣布其無效。上議院對此案非常關切，並於一九九一年支持初級法院的判決。最後，法院宣布交換合約超出了委員會範疇（越權行為），因此徹底無效。交換合約的損失全部推給了銀行，銀行只得忍痛吞下。四家涉案銀行的損失預計為七百至五千萬美元不等，對銀行而言不過是小數目。然而，此案造成了廣泛影響，因市場中受牽連的當地委員會多達八十幾家，損失將因此飆升。

上議院的判決令數家相關美國銀行牢騷滿腹，因為依照美國的做法，客戶出現交易失誤必須自行承擔損失，而不是由提供服務的中間人或金融服務公司承受。幾年之後，第二次交換合約醜聞在美國爆發，這種差異越發明顯。

當漢默史斯密—富勒姆區的問題首次曝光時，人們推估交換合約帳面數目應高達一兆美元。儘管聲名狼藉，可是鑑於交換合約的複雜性，難以引起大眾討論。交換合約的複雜深奧特質備受銀行和公司歡迎，於是越發欣欣向榮，這些機構希望藉此作為對沖。十年之內，一兆美元將增加一百倍，二十年之內，這個數字再度翻倍。反正對於銀行而言，交換合約不是債務，也不是企業負債的一部分。然而，僅僅是未支付的額度就足以證明，即使形勢一片大好，要想支付這筆數字絕對是任重道遠。

23 由於須申報，帳面的交換額度被列為或有負債。雖然名義額度只能用作假設性本金額度的實際現金流，但此為申報交換本身最終風險的唯一可靠途徑。

橘郡與交換合約

與交換合約市場牽扯不清的絕非只有漢默史斯密—富勒姆區。眾多美國自治市也借用該市場提高現金流，主要是透過浮動利率中的固定方。較大型自治市同意小型自治市參與自身的交換合約組合中。小型主權實體可以購買一小部分組合，並承擔相應風險，而較大型自治市就收取服務費。當時出現了好幾個大型衍生商品集合。最大一支是由加州的橘郡（Orange County）自治政府管理，並命名為橘郡投資組合（Orange County Investment Pool）。

一九八〇年代末期，各類公司和自治政府都進行著衍生商品應用，許多還因此出現損失，這是人盡皆知之事。橘郡對外宣布，該地累積數年之久的巨額衍生商品組合出現巨大損失，引起一片譁然，許多人預言的定時炸彈終於在美國本土爆發，威力即刻撼動整個國家。

從各角度而言，此地經濟都堅不可摧。一九九三年年度國內生產總值達到七百四十億美元，超出葡萄牙、以色列和新加坡。單獨而言，它是全球排名第三十位的最大經濟實體。[24]該縣主要為共和黨當道。一九七八年，加州立法機構通過《第十三號提案》（Proposition 13）。人們普遍認為，這是全國抗議高額賦稅的一部分，此提案主要針對高額財產稅。法律限制提高財產稅，因此須依靠其他方式彌補收入短缺，而諸如橘郡投資組合等投資產品乍看應時而生，一開始自然大獲成功。媒體多次重複報導，因為橘郡投資組合的後援力量來自地方對強勢政府的不信任，但偏偏又自相矛盾地要求政府提供高品質的服務。

橘郡同時還為其他州的小型地區打理財務，因此受損失的不單只是加州。由於剛開始幾年盈利頗豐，讓部分其他自治政府讚歎不已，於是也投入了一定的資金。但當地納稅人可沒有做好準備接受橘郡公布的這些損失。橘郡透過當地債券市場的借入金額超過十億美元，這是正常融資需求的一部分。交換合約基金是獨立且平等，如果交換合約與該郡預期相違背，則必須還錢。一旦交換組合出現損失，債券的利息支付立刻變得岌岌可危。

衍生商品資金總額約為八十億美元。據估計，損失金額約為十五億美元。麻煩事很快就露出端倪，因為連該郡請來的專家及法庭派來的監督員，在面對此組合商品時都如入五里雲霧。部分是投資在緊盯外國利率而非美國利率的衍生商品，此舉著實難以用對沖角度解釋。一九九〇年代初期，該郡開始了一系列激進的投資行為，資金都是透過債券借來。該郡購買了為期五年、數額達上百萬的政府機構債券。在某筆交易中，該地的投資銀行為學生貸款保障機構 Sallie Mae 新發行六億美元的債券。橘郡以略低於面額價格的售價全數買進。債券發行當日，據某家金融服務公司計算，其市場價格低於該縣支付價格整整四個點。銀行在這筆交易中賺進了數百萬美元。[25]交換合約市場新誕生的現金流已經讓該郡對市場價格視若無睹了。

投資策略此時遠遠尚未結束，這才剛剛開始。接著，該縣以債券保證金借入，再用收益聚攏衍生商品組合。藉此，它控制的未支付投資額度增加三倍。此舉著實高明，因為單是在衍生商品投資不被允許，但和債券相呼應的做法就有理有據了。不幸的是，這種技巧沒有多少投資成分，純屬賭博。說穿了，該郡面臨的利率變化風險增加了三倍。

組合（名義）中的衍生商品份額如果與債券相加，價值將高達兩百億美元。此組合還牽扯到其他投資

24　菲利佩．喬倫：《失策的豪賭：金融衍生商品和橘郡的破產》（聖地亞哥，學術出版社，1995），2。

25　菲利佩．喬倫：《失策的豪賭：金融衍生商品和橘郡的破產》，第102頁。

部門。實際上，其自身的投資僅占總數約37%。其他投資實體還包括全國各類學校、交通、衛生和水資源部門。參與的地方機構超過了兩百家。表面上而言，這似乎非常合理地分散了所有權。但問題在於，對於不少小型機構而言，此資金是它們唯一的投資。任何損失都有可能面臨無力翻身。

該組合嚴格遵循的利率模式是基於倫敦銀行同業拆放率。這是浮動利率票據和債券定價的標準參考。倫敦銀行同業拆放率為參考利率，而定期利率則是依照相對較高的特定百分比，與銀行聯合貸款大同小異。由於倫敦銀行同業拆放率存在波動，以此為公式的利息支付對借方而言無疑風險重重，因為在貸款期限中，利息通常為一年重置兩次。橘郡受短期浮動利率的影響，負債情況變得複雜得多。不僅如此，該郡還多跨了一步，以至於須面對今天所謂的「消極浮動」（**negative floaters**）。

橘郡投資組合絕大多數是基於「**15-LIBOR**」或「**10-LIBOR**」公式。所謂「**10-LIBOR**」是指風險暴露相當於10%減去歐洲美元利率，「**15-LIBOR**」則等於15%減去兩倍歐洲美元利率。不論屬於哪種情況，投資者都將面對短期利率上漲慣常結果的對立面。不管採用何種公式，歐洲美元利率上漲都將導致對外支付的利率下降，反之亦然。

利率較低，則橘郡投資組合收益較高，當市場利率僅為4至5%時，收益有時就能達到8%。然而，一九九四年，美國聯準會上調利率，此舉完全與市場預期背道而馳，於是情況發生翻天覆地的逆轉。當時，投資組合的收款多數是基於使用「**-LIBOR**」公式，因此，收到的款項有減無增。一九九四年冬天，短期利率上浮，削減了組合收益，曾幾何時，能享受高回報的橘郡，最終慘淡收場。早在其宣告破產之前，收益就已經一落千丈。如果它能一直採用傳統浮動式的倫敦銀行同業拆放率，其回報或許能不出意外地維持增加。

大家對橘郡投資組合的狀況知之甚少，但是熟知此情形之人看到它暴露在上漲的利率之下時，頓時感到沮喪絕望。該縣財政領導的競爭對手在一九九四年的地方選舉中表示，這個組合是「在熊市押注牛市……。當局對該組合的構建是基於利率會繼續下跌的假設」。[26]鑑於此人對如此複雜的風險的認知，說好聽是略知皮毛，但此評議或許有些誇大其詞。然而，加州創造形勢為不諳此道且財力有限的自治區大賺一筆，使一切顯得如同上蒼恩賜。

現代煉金術

債務衍生商品的發展將債務和負債的傳統定義徹底改變。債務的基本特徵之一是債務人承認自己欠債，如果未能償還之前所欠債款，則不得再次負債。簡而言之，欠債必還，如果做不到這一點，本質而言便是有違規矩。相反地，債務衍生商品讓合約方支付利息，卻無法要求其立即償還，簡而言之，這是真正的債務。這時出現了新的債務形式，即「或有負債」（譯註：指因過去的交易可能導致未來所發生的事件而產生的潛在負債），它完全受制於衍生商品合約有效期內會否出現的各類因素。

債務衍生商品合約讓人們忽略了對合約利息的關注，如今眼裡只有交換合約雙方的淨現金流。交換合約的複雜特質模糊了債務人、債權人及債務本質之間的關係。今日，倘若在交換合約有效期內利率發生改變，付款方都能變成收款方。到了下一階段，此情況還可能再次逆轉，也許在合約終止以前還會來回擺

---

26 菲利佩．喬倫：《失策的豪賭：金融衍生商品和橘郡的破產》，第9頁。

盪。債務的確定性和緊迫性淪為某種機率，許多風險管理者則自認能夠準確預言。

早在交換市場高度發展之前，漢默史斯密—富勒姆區和橘郡就已經顯露出交換合約帶來的棘手問題：這和債臺高築、借方無力償還的窘境別無二致。交換合約的出現是為了對沖，然而婦孺皆知的失敗已經證實交換合約常被用作投機。早期，交換合約各方看到的是積極淨現金流，如此誘人而難以抗拒。該市場的辯護者堅稱，任何對沖市場都需要投機者提供流動資金。身在只有對沖的市場就別想高枕無憂。與此同時，如果對風險缺乏認知，流動現金問題和市場濫用將不可避免。交換合約市場成功將交換的本金或名義金額趕出了債務爭論，從而將債務納入偏愛淨現金流的背景之下。

低度開發國家的危機席捲而來，銀行對浮動倫敦銀行同業拆放率的優勢越發深有體會。利率對交換合約市場而言已經至關重要，很快地，銀行希望在國內使用銀行同業利率的夢想將成為現實。就在債務危機拉開序幕之時，美國住宅抵押對浮動利率的使用日益廣泛。自一九八〇年《存款機構解除管制與貨幣控制法》推出以來，可變利率的抵押貸款首次出現。美國希望抵押利率隨利率變動，這是國內企圖避開《高利貸法》最明目張膽的案例之一。此創新之舉為抵押貸款的《高利貸法》敲響喪鐘。

此舉循序漸進，要將控制銀行利率上限的Q條例徹底廢除，並計畫在六年之內連根拔起。兩年之後通過的《存款機構法》（Garn-St Germain Act）允許銀行和儲蓄機構提供具競爭力的存款利率，從而加快了根除步伐。各州對抵押貸款的高利貸上限也被廢除，同時，銀行等各類機構的支付利息上限也遭廢止。不過仍有例外。新的高利貸條款計畫於一九八三年失效，除非各州在此前重新恢復法律。結果，許多州廢除《高利貸法》只是暫時之舉。法律允許體制解除管制，然而，各州最終對最高利率的關注仍舊是關鍵。《存款機構解除管制與貨幣控制法》的通過是因為美國長久以來居高不下的實際利率，這已經對金融體系構成了消極影響。它也是國會有史以來批准過最龐雜的法律之一。一九八三年之後，抵押可調整利率發展道路的障礙已經掃清。可是，收益曲線依舊免不了積極下滑，因為如果可調整利率高於長期利率，恐怕無人願意以基於貨幣市場利率的可調整利率借入資金。除此以外，可調整抵押利率不得違背所在州的高利貸上限。這些潛在問題的解決之道非常簡單：可調整抵押必須明文規定上限（最高利率），從而為承押人提供一些可能的減免。如果可調整市場利率出現新情況，有可能超過該上限，則抵押持有人有權不支付超出上限利率的費用。這類上限令眾多低度開發國家的財政部長相當不快。如果過去基於倫敦銀行同業拆放率的定期貸款也以此照辦就好了！美國聯準會、國際貨幣基金組織和世界銀行對主權債務的上限討論已有數年之久，絕大多數銀行家持反對意見。或許，如果當時各方談妥，遂了低度開發國家的心願，也許債務危機就能避免了。

幾年之內，可調利率抵押貸款（ARMs）在住宅持有人之間變得異常熱門，因為它們能夠取代極高的固定利率抵押貸款，有的逼近15%。雖然早期的可調利率抵押貸款大約為12%，然而和所有抵押貸款一樣，利率有望重新下調。一旦諸如聯邦國家抵押貸款協會和聯邦住宅抵押貸款公司等抵押援助機構開始購買，市場將由此打開，可調利率抵押貸款可望占到自一九八〇年代之後所有抵押的50%，更何況此時利率仍然居高不下。一經推出，可調利率抵押貸款將有助於抵押和住宅業減少慘不忍睹的損失。一九七〇年代末期和八〇年代初期，高額利率最終在一九八一年引發儲蓄貸款業的首次危機，大量有限業務銀行不是倒閉，就是被大型銀行機構吞併。

可調利率抵押貸款將風險從銀行轉到業主身上。如果短期利率上漲，那麼抵押貸款應付金額也會增加。利息的增加將由業主承擔。如果利率超過上限，風險又轉回到銀行。相反地，如果低於下限，業主便須承擔風險，所支付的利率甚至高出市場利率。下限和上限的差價就是所謂的利率上下限，相較於證券化和可變放貸利率出現之前，銀行須承受可能會低於現行市場利率的抵押，這種利率上下限對銀行而言更易於管理。

可調利率抵押貸款的普及推廣也為很多州的《高利貸法》敲響了喪鐘。傳統上，法律的制定是為了保護財產所有人免受高額利率的迫害，但可調利率的措詞和條款將這些保護擊得粉碎。就高額短期利率而言，即使強制規定了上限，可調利率還是極容易違背絕大多數州古老的高利貸上限。一九八〇年代，很多州撤銷了《高利貸法》，雖然只是個別現象，然而過去也都是如此。但是，絕大多數情況下，人們並不認為可調利率抵押貸款違反了延續至今的法律，理由是利率每年都會重新調整。此時，業主不再受制於某個高額利率，因此也說不上是高利貸。

話雖如此，可調利率抵押貸款的出現，就是為了將不斷飆升的利率風險從貸方轉移給業主。這違反了原本《高利貸法》的精神，然而評論者卻爭辯道，這些法律落伍了，跟不上現代金融的步伐。但是，重新調整的期限及利率上下限均顯示，可調利率抵押貸款的設計初衷，就是為了大範圍地逃避《高利貸法》。少了這些，許多業主將暴露在浮動利率的風險之下，無從抵禦可能的損失。

「二戰」之後，英國就出現了基於可調整模式的抵押貸款利率，並以英國各家銀行的基礎利率為基石，這與美國的優惠利率大同小異。如此一來，可調利率並未直接與市場利率掛勾，而是連結上公布利率，因此貸方也不必將其與極高的市場利率扯上關係。但是，理論上，由於缺乏特定的市場上限，英國利率在可比較抵押貸款方面會超過美國利率。但是，根據英、美兩國的案例，一九八〇年代之前不遠的過去，利率從未上浮太高，以至於基於兩種類似銀行利率的貸款飽受爭議。

垃圾債券與槓桿收購

美國和其他已開發國家的債券市場特別歡迎信用度高的借方，評級機構將它們列入投資級別。低於此標準的公司往往須透過股票或銀行貸款才能籌到資金。這和以前借錢給評級高的借方、避開評級低的借方或透過銀行收取更高額利率的傳統做法大致相同，過去的銀行通常只會進行短期或中期放貸。若是公司想獲得低利率資金，財務業績才是關鍵。對於絕大多數投資者而言，放貸給評級較低的公司有違傳統策略。

與此同時，有的公司曾經達到投資級別，但當資產東流便落得降級。很多時候，機構投資方願意銷售這一類的債券，因為它們不屬於投資級別領域。[27]價格下跌，收益上漲，它們難以獲得新的信貸。部分投機性投資者開始在二級市場進行此類債券的交易，希望能重現價格上升的景象，已經拖欠很久的古巴債券曾推動過價格和收益。這類情形之下的機會更大，市場將能迎來美其名的「墮落天使」。信貸市場可以識別出這些公司所陷入的困境。

「二戰」之後，債務革命緩解了對待負債累累的態度。雖然理論和實踐都有了發展，但直到一九七〇年代才出現了針對低於投資級別債務的獨立初級市場（譯註：指資本需求者將證券首次向大眾出售時形成的市場）概念。「墮落天使」市場仍舊是二級市場，不過在經濟衰退時期，曾經口碑好的借方遭遇收入減少，償還現有債務的能力減弱，信用評級也因此受影響，於是乎該市場增添了不少新成員。當面向這類低評級債券的初級市場真正出現，從而與二級市場互補，嚴格定義上的革命才正式開始。

27 信用評級為ＢＢＢ或更高。低於此標準的債券則被認為是「高收益」或垃圾債券。

如果做到這一點，任何一個新「墮落天使」債券市場都需要體制支持。鑑於其有違正統的本質，「墮落天使」二級市場幾乎僅限於華爾街的二級投資銀行。名聲顯赫的大型銀行只專注於傳統的投資銀行業務，換言之，承銷企業證券及兼併交易。新市場要求銀行敢於接受未經證實的理念。結果，一家已成立的公司和華爾街的新成員結為連理，最後孕育出高收益的市場，或可稱為垃圾債券市場。德雷塞爾與費爾斯通公司（Drexel, Firestone and Company）和班漢姆公司（Burnham and Company）於一九七一年聯合成立德雷塞爾與班漢姆公司，並迎來一百年間債券市場最大膽激進的創新之舉。

德雷塞爾與班漢姆公司進入所謂的垃圾債券市場的主要動力，是源自剛剛從商學院畢業的麥可．麥肯（Michael Milken）。該公司絞盡腦汁為讓這次兼併發揮效力，麥肯關於不良債券的辦法似乎頗有希望。換做是歷史久遠的老派公司，也許不會像一九七〇年代這些公司能如此乾脆地接受此提議。一九七七年，雷曼兄弟（Lehman Brothers）為頗有名氣卻陷入困境的企業，向市場發行四支高收益債券。垃圾債券從此誕生，不過雷曼兄弟涉足快，退得也快，從而為德雷塞爾與班漢姆公司和麥肯掃清道路。

德雷塞爾與班漢姆公司承銷的首支垃圾債券屬於德州國際公司（Texas International），這是一家急需新融資的小型石油和天然氣公司。由於該公司在投資者之間沒有什麼名氣，所以麥肯為此次債券發行設計了能快速引來關注的利息支付。該債券息率為11.5%，比起優質債券高出數百個基點，而原定債券總額為三千萬美元。[28]此次發行是與其他六十家企業聯手，德雷塞爾與班漢姆公司自己的承銷額度為七百五十萬美元。該公司從此次交易獲利近一百萬美元，而其中35%落入麥肯的個人腰包。有了這次成功經驗，該公司於一九七七年又進行了六次交易，承銷費用占發行額的3至4%。自從雷曼兄弟退出之後，華爾街知名企業幾乎沒有參與市場競爭。

一九七〇年代末期和八〇年代初期，垃圾債券的需求大大超出眾人預期。知名銀行終於醒悟，而後起之秀德雷塞爾與班漢姆公司已經成為該市場最知名的機構。麥肯還推出了主要以高收益債券為基礎的共同資金，透過分散以減少投資者風險，於是市場又向前邁進一步。這類基金能帶來的收益遠遠超過投資級別的債務。麥肯透過垃圾債券發起、銷售、交易並創建基金，從而壟斷市場，為德雷塞爾與班漢姆公司帶來巨大盈利。

豐功偉績讓德雷塞爾與費爾斯通公司開始進入華爾街更為傳統的業務領域。不過，這家公司名聲遠播，能吸引被大型投資銀行忽視的外部客戶。麥肯的親密搭檔一語道破該公司的理念，他認為，德雷塞爾與班漢姆公司公然宣稱欲尋找未來的「強盜資本家」，並為他們提供資金後盾。早在七十五年前，德雷塞爾公司就和JP摩根有千絲萬縷的關聯，因此過去就有資助被稱為「強盜資本家」的歷史。他們的手段在於，若是其中某人失勢，讓德雷塞爾的未來蒙上陰影，就一定要避而遠之。最終，該公司依舊在這方面失足。

一九八〇年代初期，德雷塞爾與班漢姆公司將賭場、石油天然氣公司和其他週期性公司列為重點客戶。高收益市場吸引了許多傳統投資銀行不願提供融資的公司。一九八〇年代早期的股票市場陷入困局，債務在企業融資方面越發重要，而德雷塞爾與班漢姆公司的崛起出人意料。新型債券成為公司融資的首選之道。一九八三年，股票市場復甦，頓時掀起一股兼併熱潮，垃圾債券融資繼續繁榮，一度成為時代熱點，對於代表企業狙擊手從事高額負債交易的人來說尤其如此，他們推出了新型債務融資方法，即槓桿

---

28 德州國際公司的債券在十年之後出現違約，當時公司宣告破產，債券跌至原發行價格的20％。

收購。

垃圾債券市場誕生的幾年後，便成為華爾街近期最熱門的市場。一九八三年，新型垃圾債券市場的增加達到了當時已有債券總量的50%，面額總價約為四百億美元。兩筆大型交易進入市場：其一是米高梅娛樂公司，另一則是MCI Communications公司。MCI公司當時正與AT&T公司在長途電話服務權領域背水一戰，此舉將打破後者的壟斷。兩家都不是高評級公司，很快就被德雷塞爾與班漢姆公司吸引。德雷塞爾與班漢姆公司承銷的兩次債券都非常成功，令其大出風頭，成為華爾街新貴。巨額美元交易相對來說是一種新事物，而當時能夠交易成功的全是由知名投資銀行為高評級公司進行。德雷塞爾與班漢姆公司在承銷成績榜單的排名證明它是後起之秀。一九八三年，它已成為華爾街第六大承銷商，利潤高達一億五千萬美元。四年前，它的盈利才六百萬美元。

一九八二年，國會通過《存款機構法》，從而允許儲蓄機構購買企業債券，以此提高資產收益。[29]這部法律為德雷塞爾與班漢姆公司和麥肯提供了巨大推動力。倘若少了這部法律，垃圾債券市場能否在一九八〇年代邁入新階段，難有定論。自一九三三年《格拉斯—史蒂格爾法》推出以來，嚴禁非銀行機構購買企業證券。新法律無疑是銀行史上的一座里程碑。當時，絕大多數的觀察認為，該法將有助於儲蓄業重喚生機。一九八一年之後，儲蓄業經歷了為期數年的跌落，絕大部分須歸咎於利率上漲，以及Q條例對存款機構的限制。雷根總統宣布新律法的簽署，而此時財政部長唐納德·雷根（Donald Regan）站在旁邊，總統認為這部意義重大的放鬆監管的法律將改變銀行業。極具諷刺意味的是，五年之內，這部法律差點斷送了出手拯救的行業。

《存款機構法》成為垃圾債券市場最重要的政治因素。儲蓄機構能夠調用自己部分資產用於企業債券，麥肯很快就跟進向它們推銷高收益證券的好處。投資級別債券的收益固然高，然而垃圾債券的收益也十分誘人，因為後者不僅趕超前者，甚至連住宅抵押貸款的回報（儲蓄機構的常見資產）都難以匹敵。不過，一開始並不明顯，這也是這類債券和普通股票共同的重要特徵之一。鑑於其脆弱的信用評級，經濟只要略有放緩都將是一記重擊，它將成為經濟衰退的首位潛在受害者。

一九八〇年代，兼併如火如荼，同時也讓華爾街出現了數十載未見的現象。德雷塞爾與班漢姆公司的不少客戶都需要資金才能參與這波浪潮。一般來說，投資銀行為兼併提供資金。但是，在一九八〇年代，德雷塞爾與班漢姆公司拿不出資助企業狙擊手所需的資本。它沒有藍籌企業客戶，也沒有大筆資金。但為了從兼併熱潮分杯羹，該公司揚言自己為兼併投入十億美元。它和其客戶將進入的兼併領域是惡意收購招標。慣常做法即是宣布某間目標公司，接著拿出足夠將該公司全部或部分買下的現金，然而，新型收購策略是先宣布對目標公司的意圖，再找尋必須的融資現金。潛在買方往往自一開始就與該公司有利益牽連，消息一出就會推高股票價格。潛在投標人其實並不想購買這間公司，只是希望之後能以更高價格將所持股票賣出，此過程稱為「溢價回購」（greenmail）。套利者伊萬・博斯基（Ivan Boesky）輕描淡寫地表示：「有時，即使沒有其他投標方，管理層也會買下所有惡意股票。如果超出面額，就是溢價回購。」[30]

麥肯的眾多客戶都進入該領域，因為德雷塞爾與班漢姆公司承諾為大家提供資金，但實際僅是故弄玄

29 《存款機構法》對兩年前通過的《存款機構解除管制與貨幣控制法》修訂，大大加快了放寬利率監管的步伐，對於儲蓄機構尤其如此。

30 伊萬・F・博斯基：《合併熱》（紐約，霍爾特、萊因哈特和溫斯頓出版社，1985），90。

虛。那幾十年裡，德雷塞爾與班漢姆公司代表了絕大多數名聲顯赫，或者說惡名昭彰的企業狙擊手。自一開始，該公司的厚顏無恥就已令人震驚。該公司宣稱為兼併業務籌集了資金，於是這筆完全虛構的資金後來被戲稱為「空氣資金」。據該公司某位執行長回憶道，「我們向世人宣布已經為惡意收購籌集了十億美元。但根本沒有這筆錢，只不過是虛張聲勢。收購必須要有資金充足的客戶，而空氣資金恰恰代表我們沒有這樣的客戶。」[31]

一九八七年十月，股票市場巨幅下跌，再次證明高額債務和股票之間的勾結無益市場，經濟和垃圾債券市場都面臨了巨大壓力。緊接著，許多垃圾債券發行人面臨的問題越發棘手，二級垃圾債券市場如一潭死水，此時，不少儲蓄機構絞盡腦汁地賣掉手中的燙手山芋。一九八八年年末，儲蓄危機開始出現端倪，由於垃圾債券和房地產貸款的減少，眾多儲蓄機構因此賠錢。危機升級，許多人開始將矛頭指向麥肯和德雷塞爾與班漢姆公司，認為他們是該市場的罪魁禍首。麥肯的好幾位搭檔和同事被指控從事內線交易，利用可能兼併的消息中飽私囊，此時，事態進一步複雜惡化。除了承擔構陷儲蓄機構於水火的譴責之外，德雷塞爾與班漢姆公司也因為受內線交易牽連而處於不利境地。事態一經觸動，麥肯接受法律制裁不過是時間早晚的問題了。一九八八年九月，長達兩百頁的指控書將矛頭對準麥肯，美國證券交易委員會（Securities & Exchange Commission，SEC）指控其觸犯了內線交易罪和賄賂罪名。

起初，麥肯拒不承認，並聲稱自己終將無罪釋放。然而，此事牽連甚廣。除了證券違法罪名之外，麥肯和德雷塞爾與班漢姆公司可能還要面臨違背《反詐騙法》的指控，宛如對待組織犯罪，後者企圖左右負責跨州貿易的機構。另外，德雷塞爾與班漢姆公司還有其他單獨罪名。公司不願接受起訴，於是同意罰款，金額為六億五千萬美元，創下歷史新高。不幸的是，這筆錢來自公司資本，如同斷送公司的未來。麥肯踐踏欺騙法的罪名多達百條，判處十年監禁，罰款約十億美元。部分罰款源自一九八〇年代他在德雷塞爾工作時所賺的錢。據傳，從一九八三到一九八七年，他從德雷塞爾獲得十一億美元的收入，僅一九八七年單年就賺進高達五億五千萬美元。他在監獄服刑三年。關於麥肯的罪名和最終判決傳得沸沸揚揚，他因為在垃圾債券市場、儲蓄和貸款危機中的行為背上罪名，除此之外，還有實際存在的陰謀罪和詐騙罪。

儘管這些起訴最終讓麥肯和德雷塞爾與班漢姆公司崩毀，但垃圾債券的概念代表所謂「墮落天使」中的投機成分依舊能進入新的債務市場。不過，這絕非一九八〇年代唯一的槓桿收購工具或技巧。大型食品公司貝萃斯（Beatrice Foods）的收購事件，開啟了兼併史上幾樁赫赫有名的交易。私募股權基金ＫＫＲ（Kohlberg Kravis Roberts）精心安排了這次交易，這家專業收購公司利用頻繁高額槓桿收購購買企業，接著將其推入私人領域。混合併購浪潮大約源自二十年前，該公司三位主要負責人是首批參與者。在貝萃斯食品公司收購中，他們以德雷塞爾與班漢姆公司為投資銀行。這家食品公司規模大、業務多，除了食品生產也發展其他領域的業務。ＫＫＲ公司計畫取代該食品公司管理隊伍。此次策略的出發點是，該公司分解後能帶來更多潛在價值。依照策略，ＫＫＲ公司計畫在一九八五年以每股五十美元競標貝萃斯公司的股票，但是德雷塞爾與班漢姆公司提醒此價格太高，垃圾債券的投資者可能產生重重顧慮。重新考慮之後，價格最終下調至四十美元。交易完成，ＫＫＲ公司的成本為五十六億美元，成功兼併這家食品公司，而德雷塞爾與班漢姆公司從這筆交易中也拿到不少承銷費。

ＫＫＲ公司如野火燎原般接連收購了數家知名公司。當它開始啟動進行「二戰」後最廣為人知的收購

31 伊萬・F・博斯基：《合併熱》（紐約，霍爾特、萊因哈特和溫斯頓出版社，1985），102。

事件，也就是競標收購雷諾菸草公司（RJR Nabisco）時，KKR公司已經收購了包含貝萃斯在內數家全國知名零售企業。不過，在那十年之間史上最大的收購事件，依舊要屬雷諾菸草集團。這次事件始於一九八八年，並於一九九〇年落下帷幕。起初，兩家企業兼併是為了幫助雷諾菸草公司在菸草銷售領域多元發展。KKR公司察覺，這家公司最終有望重組。當時，雷諾菸草公司提出的購買價格已經創下兩百三十億美元新高。融資金額龐大，華爾街不少企業和銀行都參與其中。當德雷塞爾與班漢姆公司的法律糾紛首次公布時，它正在為此次交易忙碌。

公司的管理層本身也進行槓桿收購，從而購買實發股本，此類管理收購也時常會使用垃圾債券。KKR公司兼併雷諾菸草公司就是實實在在的收購，具體說來，屬於槓桿收購。所有借入的錢均被用於購買股票，將公司私有化。收購目標的債務與產權比率逼近100%債務。很多建設於一九六〇至七〇年代的大型集團開始將部分兼併放出，而購買這些公司的就是自家公司的管理階層。借入資金成為將公司私有化的一種手段。資金來源是銀行和垃圾債券市場。借入金額如此高昂，償還債務完全不可行，或說有心無力。另外，交易完成之後必須進行的重組一定要帶來夠多的現金，以銷售多餘資產，償還出現的債務和利息。

收購一旦完成，對新兼併公司的經理和員工的管制將非常嚴厲。要想策略發揮長期作用，必須實現各項目標，只有如此才能提高公司效率並實現精簡。某家當時剛被兼併公司的首席執行長表示，如果預期目標沒有達成，他在KKR公司的主管絕不會手軟，他描述：「如果沒有達到目標，任何藉口，像是美元、天氣或經濟全都沒用……。……只要沒實現目標，一定不會有好下場。」[32]儘管公司手段激進，但它仍舊須仰賴銀行的便捷信貸。垃圾債券市場本身無法提供所有所需資金。一九八〇年代見證了收購浪潮，美國聯準會開始注意到所有銀行都將因此陷入可能的危險。一九八九年，美國聯準會要求為收購公司提供貸款的各家銀行，每季向持股人彙報淨部位（net position）。早在幾年前，就有人指責放鬆信貸導致收購貨幣化。

借入的大筆金額再度證實，如果債務是用於所謂前景明朗的企業收購和重組策略，借方對債務根本毫無懼意。他們的終極目標是將私人企業重新賣給投資者，希望最終能獲得盈利。槓桿收購趨勢尚在襁褓之中，不過時間證明，早期交易比後期的利潤更高。比起後來的公司，那些在一九八〇年代初期爆發嚴重通貨膨脹之前就獲得大量資產的公司，更容易成為收購目標，而且價格更高。通貨膨脹之後，能為老資產找到新購買者的話，資產負債表上的廉價資產就能賣個好價錢，盈利更多。此策略在一九八〇年代末期和九〇年代的雷諾菸草公司等收購過程，出現喜憂參半的結局。

槓桿收購是對「MM定理」最具實戰性的考驗。過去認為，只要公司能夠盈利，槓桿借貸便不算什麼，但對於雷諾菸草公司這類規模的收購，這種想法將面臨嚴峻考驗。這次事件不僅能看出交易主角的堅忍不拔，同時也可見投資參與方在巨額債務壓力下的信心滿滿。只要能達成心願或保證盈利，並且管理有方，那麼破產的風險不足掛齒。資產重組成為美國企業的標準，而槓桿收購又對此趨勢推波助瀾。但是，同時期不少低度開發國家遭受的厄運可就不是完全不同了。與處境同樣艱困的企業不同，低度開發國家除了透過商品收入償還債務之外別無他法。如果這些收入減少，實體主權離破產不過一步之遙。

32 喬治・安德斯：《債務商人：美國商業的KKR和抵押》（紐約，基本圖書出版社，1992），179。

主權債務違約

雖然銀行揚言國際銀行主權債務違約的機率微乎其微，但在低度開發國家危機爆發前後，就已經出現好幾個令人側目的案例。實際上，主權債務違約可追溯到一八九〇年代，南美債務危機差點拖垮巴林銀行。但到了現代，只有古巴和幾個邊際借款方（例如葉門、尼加拉瓜和伊朗），由於違約紀錄常被視為「異類」。

一九五九年，卡斯楚（Fidel Castro）推翻了當時的古巴政府，新政權否認古巴的所有外債。卡斯楚還將本國的美國企業全部驅逐出境，當時價值約為十億美元。債務尚未償還，然而古巴又再度借款，主要源頭是迫不及待要和古巴做生意的企業或國家。然而，最初債券此時尚未還清。數年以來，它們零零星星地對債券市場的海外債務進行交易。雖然不少債券早已到期，但還有些交易價值，即使這種情況並不多見。它們的假設價值勝過於零，這種位置讓傳統投資者難以理解。然而古巴債務留給眾人的教訓是，投機勢力會無中生有地創造價值。此前提為這些債券賦予了最低價值，同時也為數十年之後在美國出現的新型低於投資級別的債務市場打開大門。

不良債務由於能吸引一群特殊投資者，因此並不是一文不值。債券價值展現的是一種靈活性，進而超乎預料地出現了嚴重折現價格。不論古今，局勢幾乎都離不開政治。假設古巴重新恢復市場導向，若想再次借錢，就必須先償還自己拒絕承認的欠債。它的後盾俄羅斯在一九一八年也拒不承認俄羅斯帝國（Tsarist Russia）的債務，可是在一九八〇年代末期，俄羅斯重新進入國際債務市場，它不得不象徵性地還上一筆錢。[33]這類情形之下，債務所有人甚至可能意外獲利，他們放出廉價債券，希望在達成某種解決辦法之後，能從面額大賺一筆。結果，貌似一文不值的債務出現靈活的價值，而其前提是對未來事件的預測。

一九八〇年代之後，最嚴重的主權危機發生在一九九八年，俄羅斯官方宣布拒絕償還外部債務。相較其他任何一次國際違約，此次事件影響更大，因為其債務持有人是為數眾多的對沖基金，是國際債務市場相對年輕的貿易和投資參與方。鑑於俄羅斯在國際舞臺的地位，沒人想得到俄羅斯會像「異類」國家及拉丁美洲國家那樣違約欠債。

導致此次違約的因素其實早幾年就已顯露端倪，當時俄羅斯正費盡心力應對蘇聯的剩餘債務問題。一九九七年，環太平洋各國遭受經濟重創，接著迎來經濟復甦和外資流入，進而爆發「亞洲金融風暴」，破壞了地區經濟和口碑，歷時數年才重喚生機。不少組合投資曾經很快就能找到頗有吸引力的回報，此時卻趕緊抽身而退，而當地市場和經濟則愁雲密布。

蘇聯共和國解體之後，俄羅斯遭遇居高不下的通貨膨脹和利率。一九九五年，通貨膨脹逼近250%，短期利率更是超過100%。該國工資水準驟降，甚至超過60%的勞工的薪水無法準時發放。[34]隨著俄羅斯貨幣在外匯市場貶值，國內物價飆升的傳聞不絕於耳。莫斯科快餐店的一個漢堡價格已經超過一個月的平均工資。當時，石油是俄羅斯主要外匯來源，石油價格在每桶二十五美元上下徘徊，到了一九九八年再度下

33 卡門．M．萊恩哈特及凱尼斯．S．羅格夫：《這次不同：八個世紀的金融諷刺劇》（紐澤西普林斯頓，普林斯頓大學出版社，2009），61。

34 阿比蓋爾．奇鐸及麥克．歐陽：《貨幣危機的案例研究：一九九八年俄羅斯違約事件》，聖路易斯美國聯準會銀行，《報告》，二〇〇二年十一與十二月，第11頁。

滑，這讓俄羅斯貨幣危機雪上加霜。最後，一九九八年八月，俄羅斯貨幣貶值，國內銀行不再向外國債權人還款，對外國外部債務的償還也停止。國際貨幣基金組織出手援助，提供兩百三十億美元幫助該國重組。

俄羅斯違約的一起特殊事件掩蓋了整件事情本身的重要性，至少在美國是如此。外部債務中止之後，一家名叫長期資本管理公司（Long-Term Capital Management）的對沖基金崩潰，向銀行請求援助，美國聯準會積極斡旋，此事讓美國財政危機越演越烈，同時也讓人看到金融市場素來陰暗的一角——套利債券（bond arbitrage，譯註：套利債券是市政機構發行的一種債券。發行目的是募集資金以償還已發債券。用新換舊的方法降低資金成本，因此稱為套利債券），進而揭露原本遭人忽視或總覺得無關緊要的金融關聯。

長期資本管理公司透過高槓桿，利用大筆借入資金從事貿易和套利債券。在這起特殊事件中，套利是針對美國與俄羅斯財政部證券。兩者的收益差額相去甚遠，而套利就是充分利用這一點，出發點在於差價會縮小。人們依舊認為實體主權不會違約，而跨市場套利不會像外部看來那般風險重重。然而，俄羅斯違約，債券價格一落千丈，投資者蜂擁購買自認是安全投資的美國財政部證券。但是，該對沖基金買進俄國債券，若是反過來，也許就能從交易中大賺一筆。結果，多頭和空頭部位全部失敗，對沖基金的資本瞬間岌岌可危。

對沖基金採用似是而非的投資理論使得問題再生枝節。公司宣稱多頭和空頭相對安全，據稱是借鑑了兩位諾貝爾獎得主麥倫·舒爾斯（Myron Scholes）和羅伯特·默頓（Robert Merton）的風險管理技巧，兩位都倡導對沖基金。舒爾斯是布萊克—舒爾斯期權模型（Black-Scholes Model，BS）的創始人之一，該模式的問世恰好正值布雷頓森林體系崩潰。自此，最早的股票期權模式便開始拓展到其他金融工具。默頓因其效率市場假說的實證研究而聲名遠颺，這是分析股票市場在資訊不對稱的背景如何運作的主導性理論。

美國聯準會組織了數家銀行（主要是長期資本管理公司的貸方）提供資金以穩定對沖基金，以此確保債務不會向同一家銀行違約。此次救助之後，對沖基金苟延殘喘，人不如前，套利債券秘而不宣的世界揭開一角，不過為期短暫。曾幾何時，人們認定，主權國家不會違約拖欠，而這次崩潰令此想法蒙上了一層陰影，不同於一九八〇年代的低度開發國家，俄羅斯沒有遵循危機前所制定的規矩，而是冒著破壞自己在國際信貸市場中口碑的風險，以捨車保帥的策略，等待日後東方再起。

一九一八年，俄羅斯或多或少算是創下先例，政權更迭往往意味著債務違約，二〇〇一年阿根廷拖欠外部債務則說來話長。雖然一九七〇與八〇年代的銀行自信滿滿，但是其實自十九世紀起，許多主權國家就已經有拖欠債券的情形，尤其是拉丁美洲國家。[35]在絕大多數經濟體陷入衰落週期期間，阿根廷等部分國家就時常違約拖欠，成為重新談判債務的常客。但是，基於歐洲美元的跨國放貸，國際市場為相對創新的計畫，絕大多數貸方都經歷過這段歷史。如此看來，在新的國際舞臺上，主權國家不至於愚鈍無知地刻意拖欠。那些「異類」小國家已經沒其他東西可損失，大不了意識形態越發偏激，矢口否認欠債事實。

低度開發國家危機正盛，阿根廷等國家通過布雷迪債券重組債務。[36]一九九一年，阿根廷設立貨幣委

35　卡門．M．萊恩哈特及凱尼斯．S．羅格夫認為，從一九七〇年到二〇〇八年，拉丁美洲及其他部分中等收入國家的債務拖欠情形，遠遠超乎預期。請參考卡門．M．萊恩哈特及凱尼斯．S．羅格夫：《這次不同：八個世紀的金融諷刺劇》，第23頁。

36　二〇一〇年，阿根廷部分布雷迪債券進行重組，當時政府試圖重組本國部分即將到期的債務，發行新債券，取代舊債券，以此將期限延長十年。

員會（currency board），此舉旨在將本國貨幣直接與美元掛勾。新舉措實現了一定的穩定和繁榮發展，然而亞洲金融危機波及拉丁美洲地區，除了其他各類街頭巷尾皆知的事件之外，巴西貨幣貶值，由於阿根廷公共領域債臺高築，引發了新的貨幣危機。十年之後，阿根廷必須支付給美國財政部債券、以美元計價的債務差價金額巨大。二〇〇一年，該金額已經逼近一千基點（10％）。雖然該國習慣了高額差價，這仍舊是歷史新高，在此之後爆發的數起事件的直接根源就是此事。

阿根廷自一九九〇年貨幣和債務危機開始，便陷入高額利率困局，國內外均是如此。阿根廷貨幣體現了該國的貨幣政策，而該國債務的美元倫敦銀行同業拆放率則反應了其劣跡斑斑的信貸歷史和經濟問題。高額利率引發社會問題，使得阿根廷經濟雪上加霜。該國某知名實業家抱怨，阿根廷貨幣的高額利率導致「部分省分所有居民全部失業……。如此下去，國將不國」，並發問道：「無所事事就可以富可敵國，試問這樣的文明國家能有幾個？」[37]意指許多人無須工作或創造價值，單憑銀行存款就可坐享高額利息。

相較於其他更貧困國家支付的利息，阿根廷支付的美元利率充滿矛盾。國際貸方和國際貨幣基金組織將阿根廷、巴西和墨西哥定位成中等收入國家，它們支付的債務平均市場利率相對更高。貧困國家往往能從世界銀行等其他區域性發展銀行，以補貼利率借到期限更長的貸款，這主要是出於對其國家收入較低和基礎設施欠缺等因素的考慮。如此看來，相較於富裕國家，貧困國家支付金額較低，依靠國際銀行貸款的人對此銘記於心。不過，貧困國家無法長久獲得銀行資金。

二〇〇一年，阿根廷貨幣面臨前所未有的壓力，很多阿根廷人將手中現金換成美元。即將崩潰的阿根廷貨幣使很多人一貧如洗，失業率急遽上漲。銀行業壓力沉重，政府只好在十二月時宣布全國放假，以預防銀行崩潰。聖誕節前夕，阿根廷債務違約，因為的確無力償還貸款。拖欠金額約為八百二十億美元，由此創下拉丁美洲國家主權債務違約紀錄。阿根廷相當聰明地沒有拖欠國際組織的欠款，諸如世界銀行，因為一旦走投無路，這類機構便是救星。

阿根廷貨幣貶值，中止償還利息，這讓阿根廷經濟在未來幾年得以暫時喘息復甦。二〇〇五年，阿根廷總統內斯托爾．基什內爾（Nestor Kirchner）提出以新債券替換舊債務。這次替換導致投資者損失近75%的本金，因為新債券僅為原來的25%。這是一次「不容協商」的交易，當時絕大多數持股人只好接受。部分評論認為，二〇〇五年的違約解決辦法並沒有對該國行徑造成懲罰，這次違約和復甦都沒有什麼國際先例。

對於國際金融而言，主權國家瀕臨違約早已不算新奇，然而，此類事件的頻繁上演，以及潛在違約的危害卻使得債務的普遍觀念開始改變。一九八〇年代，低度開發國家的債務重組，無疑幫助國際銀行避免了崩潰倒閉的命運，也保住了絕大多數相關國家的信用額度，不過代價可觀。在布雷迪債券尚未支付的那段時期，許多國家藉此經歷了一定程度的經濟發展，以收入償還重組後的債務。銀行當然對於這種安排心滿意足，但拉丁美洲國家卻牢騷滿腹，許多國家領袖私下非常認同卡斯楚的看法，不論經濟形勢如何變化，自己總處於不利地位。

鑑於普遍的政治問題和低度開發國家的困境，一九九〇年代，申請國際破產的觀念越發普遍。如果個人和企業可以在美國通過申請破產保護，從而避免債權人的傷害，國家為什麼不能享受同等權利？這種想法頗為新奇，不過人們認為此舉有助於解決國家的經濟事務。在多起重組事件中，債權人對債務的最佳解

---

37 《紐約時報》，一九九〇年二月十三日。

決方案各執一詞，有人同意減少，有人堅持照舊。接下來的談判漫長無望，令人心灰意冷。美國經濟學家傑佛瑞．薩克斯（Jeffrey Sachs）曾在俄羅斯違約之後，為俄羅斯提供建議，他堅持「徹底放手，讓市場主導一切的做法行不通」。[38]但是，國際社會就解決債務問題所達成的權威性一致意見讓很多貸方頗為不滿，他們擔心相較於已經採用數十載的應急式古老體系，任何結構化制度都將遭人濫用。

二十世紀的債務革命證明，對待債務的態度持續改變。債務不斷增加，眾多債務人無所畏懼地以違約拖欠作為要脅，讓債臺高築的傳統觀念徹底落伍。烙印在破產身上的道德印痕早已不見蹤影。此時，債務不過是走投無路之後的另一種選擇。這是美國人的看法，但絕非人人贊同。

38 《紐約時報》，二〇〇二年一月六日。

〔第七章〕

伊斯蘭、利率和小額貸款

小額貸款的時代已然來臨。

——科菲・安南（Kofi Anna），二〇〇三年

❖導讀

「二戰」之後，金融發展多以紐約和倫敦為中心。自一九五〇年代起，新的利率、產品和實踐層出不窮，到了二十一世紀，它們被絕大多數已開發國家以各種方式採納。然而，對於開發中國家，尤其是伊斯蘭世界，數百年來一如往昔。依照西方標準，這些地區的銀行業相對處於原始狀態，和數世紀前一樣，宗教禁令嚴重左右了金融實踐。

到了一九七〇年代末期，高利貸禁令問題在美國仍然懸而未決，不過利用監管性套利倒是能夠避免。如果某司法機構嚴禁高額利率，貸方只須另覓他處從事放貸。人們對《高利貸法》的看法眾說紛紜，有些地區嚴肅對待，有些地區則認為這不過是落伍過氣的絆腳石，必須廢除。新的金融產品讓《高利貸法》成為紙老虎，在龐雜的金融創新面前，這些法律早已無力張牙舞爪。

在更為傳統的社會中，情況截然相反，人們對《高利貸法》畢恭畢敬。許多伊斯蘭教律法（sharia），可以為此佐證。《可蘭經》及穆斯林其他聖典嚴禁高利貸，時間並未改變人們對待高利貸的態度。頗有諷刺意味的是，西方世界的銀行收取利息，而一旦借貸雙方發生爭執，宗教法庭通常會支持借方。在八百年前的西方社會，有關高利貸的爭辯朝學術乃至詭辯的方向進行。伊斯蘭的高利貸觀念很大一

部分須歸因於伊斯蘭之前的阿拉伯人、蘇格拉底、查士丁尼和經院學派做法，它保留了不少古代和中世紀的觀念，以至於難以被現代社會所理解。嚴禁利息是基於社會平等。商業做法必須為相關各方帶來好處，大家也必須風險均攤。因此，關於利息的隻字片語都要接受宗教檢驗。《可蘭經》和聖典徹底反對利息，對現代伊斯蘭銀行家而言無疑是巨大的障礙。隨著伊斯蘭國家對利息的討論漸深，各類金融產品層出不窮。現代伊斯蘭金融試圖折衷處理，但是並非所有人都認為可以事到功成。

伊斯蘭嚴禁利息並不代表絕大多數阿拉伯國家沒人收取或支付利息，只不過，宗教教義和銀行實踐的對立，構成了一道長達數百年的道德鴻溝。伊斯蘭和阿拉伯世界許多區域毫無經濟發展可言，衝突因此越發激烈。利息之爭的結論是：凡收取或支付利息，即踐踏違背聖典。換言之，經濟發展違背真主聖諭。只要這種態度獨占鰲頭，資本投資和固定投資收益都將籠罩在亞里斯多德的精神陰影中，亞當·史密斯的思想只能從旁觀望。

一九七〇年代初期，現代金融最終滲入伊斯蘭世界。一九七〇至八〇年代，經濟動盪不安，由此導致了各方經濟勢力均衡。許多石油產國發現不可計量的財富湧入本國，但國內銀行制度無力應對洶湧襲來的龐大資金。與此同時，伊斯蘭世界及其他部分非石油產國的低度開發國家仍一貧如洗，無法參與石油價格上漲引發的新一輪淘金熱，起初，它們也都採用了西方銀行體制作為貧富之間中介資金的做法，但一九八〇年代，變幻莫測的利率使得低度開發國家更加窮困潦倒，結局顯然令人不滿。

此經濟問題使低度開發國家和歐美銀行連連受挫，也導致商業實踐和宗教法律之間的衝突越演越烈。許多商人堅守著伊斯蘭宗教觀念，但在日常商業事務中不得不與國際銀行打交道，也不得不對高利貸視而不見。

石油收益在很多傳統社會引發了衝突。一九七〇年代初期，石油輸出國組織的石油價格開始提升，對於伊斯蘭的利息禁令構成了有史以來最大的挑戰。眾多成員國的中央銀行外匯儲備都用於以美元計價的國際債券，對於忠於伊斯蘭的投資者而言，無疑陷入了道德兩難；而對於成員國的商人而言，由於須為將來的利益投資，則陷入了宗教兩難。儘管購買債券相對安全，但終究讓人頗感為難，因此，其他選擇出現了，也代表出現了更多的對立、偶然或信用風險，但不包括利率風險。伊斯蘭法律不會禁止盈利本身。自古以來，利用貿易獲得合理收益一直是以物易物與後來的貨幣交易的一部分，只是數百年之後，高利貸變成核心問題。在奧斯曼帝國（Ottoman Empire）當權的十九世紀，在阿拉伯國家眼中的西方銀行模式是陌生的，從外國銀行借錢很稀有。但是，經歷了一九七〇年代的石油價格風波，阿拉伯和伊斯蘭銀行體制推陳出新。正如數百年前的西方國家，金錢必須有回報，而利息是最具安全性和預測性的模式之一。宗教和商業之間顯然出現了極須解決的衝突。

石油價格上漲也包含著政治和報復因素。根據國際貨幣基金組織綱要，任何一個希望利用貨幣貶值解決貿易不平衡問題的國家，都必須向該組織提出申請，透過與主要貿易夥伴協商，對其貨幣執行有序改革。當美國單邊貶值美元，無視國際貨幣基金組織的存在，導致布雷頓森林體系土崩瓦解時，此舉讓很多以美元為主要收入的海外國家購買力驟降，下跌約20%。結果，許多美元資產持有國出現動盪，即所謂的「尼克森衝擊」（Nixon shock）。[1]「石油價格緊接著上漲是相當正常之事。石油生產國似乎一心希望提高石油價格，從而彌補自身損失。之後，伊斯蘭金融的發展出現了重大變革。

大約在三十年後，又出現了一次打擊，並對伊斯蘭金融體制和市場造成了深遠影響。二〇〇一年九月十一日發生恐怖襲擊，伊斯蘭國家的儲戶和投資者在歐美的大筆資金調回國內，因為人們普遍擔心，當權者也許會一口咬定貨幣轉帳是為恐怖分子提供資金，並從中作梗，進而妨礙未來現金和投資的轉移。此情形大大有利於伊斯蘭金融業。前期發展再加上新資金的流入，伊斯蘭市場的規模和重要性大為增強，還出現了新型國際機構，鞏固了以伊斯蘭教律法為基礎的投資，同時還貫徹了市場自由化和中性稅收政策，刺激了跨國投資，鼓勵了外國投資者。結果是，儘管必須遵守基本宗教原則，但伊斯蘭市場依然以獨特的姿態發展迅速。

在伊斯蘭的利息

一九七〇年代，隨著收入提高，許多伊斯蘭國家都經歷了激烈的民族主義運動，銀行意識到一方面必須遵守宗教律法，另一方面須把握大筆資金流入的盈利機遇。伊斯蘭傳統和西方銀行傳統交會，歐洲數百年前關於利息的爭辯因此死灰復燃。結構化金融有助於傳統和現代的融合，這與二十五年前美國住宅金融的情況如出一轍。

《可蘭經》的禁令毫不含糊：「信徒，不可貪圖高利貸，不可兩倍或四倍增加（借出金額）。履行對真主的諾言，輝煌指日可待。」[2] 和基督教傳統不同，在《可蘭經》中，「利息」等同於「高利貸」，因而避

1 有關導致尼克森宣布美元與黃金關係脫離的事件，請參考羅伯特．所羅門：《國際貨幣系統》，1945-1976年，（紐約，哈珀羅出版社，1977），180ff。

2 《可蘭經》3:130，安沃．伊奎巴爾．古里西：《伊斯蘭和利息理論》（拉合爾巴基斯坦，穆罕默德阿什拉夫出版社，1967），42。同一段文字的牛津譯本由A．J．阿伯利翻譯，「喔，信徒，不可貪圖高利貸，不可兩倍或四倍增加，敬畏真主。」

免了對複利的困惑。宗教律法的禁令不容修改，更不容違背。然而，在伊斯蘭教傳入阿拉伯之前，複利對於阿拉伯人而言，簡直就是家常便飯，只不過他們沿襲的是最原始的「翻倍」。

兩個案例可以充分說明在對待利息時，基督教傳統和伊斯蘭傳統的對立。聖伯爾納鐸（Bernard of Clairvaux）初次看到巴黎正在興建巴黎聖母院，他驚嘆道：「財富招來財富……，金錢吸引金錢。」巴黎大主教把放高利貸者捐贈的錢用於教堂建設。在七世紀伊斯蘭教傳入之前，位於伊斯蘭教聖城麥加最神聖的克爾白（Ka'bah）就曾修繕，卻規定不得接受任何以高利貸為基礎的收入捐贈，並明言只能用「乾淨的財富」。換言之，阿拉伯人一早就認為高利貸收入是骯髒汙穢，從事高利貸之人常被稱為「阿拉伯異端分子」。[3]當伊斯蘭教站穩腳步後，高利貸就被徹底禁止了。

一九七〇年代爆發了石油危機，此後，人們一方面譴責利息，一方面又試圖以更合理的管道為銀行儲戶支付固定收益。此矛盾背景拉開了伊斯蘭運動的序幕，其目的是探索和採用不同於西方模式的金融模式。土生土長的銀行出現了，但絕大多數沿用了西方傳統銀行模式，其中包括支付存款利息和收取貸款利息，只有一小部分銀行將伊斯蘭教律法牢記在心。造成這種悖論的部分原因是金融專業技能的缺失，而這是組建並推廣伊斯蘭銀行產品的關鍵。較之以盈利而非利息為基礎的儲蓄，支付傳統利息更為便捷。貸款的收入往往用於支付儲蓄利息，因此當方程式的一邊出現變化時，另一邊也必須隨之改變。當大多數伊斯蘭世界的銀行尚處在襁褓時，如果沒有現代金融伸出援手，這類改變恐怕是白日做夢。

並非所有伊斯蘭地區都認為一定要嚴禁銀行固定儲蓄回報率。在過去一百五十年間，眾多伊斯蘭學者和法學家都對此議題發表聲明與解讀，針對儲蓄的銀行固定收益，有人贊成，有人反對。有人表示，這種固定收益率就是伊斯蘭禁止的利息，有人則認為，支付固定收益（不過從來不使用「利息」一詞）是一種合作夥伴形式，也可說是分享盈利（伊斯蘭語就是mudarabah），由於對方須承擔風險，交易因此合情合理。伊斯蘭法庭和巴基斯坦法學家尤其喜歡譴責任何與利息有瓜葛的行為。不過，二〇〇二年，位於埃及的艾茲哈爾伊斯蘭教研究所（Al-Azhar Islamic Research Institute）發表聲明，支持固定收益，從而扭轉了局勢。由於該機構的學術和宗教威望，這次聲明開始讓部分質疑者相信，支付儲蓄固定收益沒有違背伊斯蘭教律法。

這道特別聲明的發表，緣由是阿拉伯銀行（Arab Banking Corporation）執行長向艾茲哈爾所長穆罕默德·薩得（Muhammad Syyid）寄了一封信件。執行長在信中描述了普通儲蓄交易，並諮詢薩得的意見：「國際阿拉伯銀行公司的客戶將其資金和存款交給銀行，用於合理且合法業務的投資，因此獲得預先確定的盈利分潤，與此類似，分發時間事先也和客戶達成約定。我們想向您請教這種業務的合法性。」[4]這個諮詢的爭議之處在於「預先確定」。交易之前各方就已協商一致的盈利往往等同於利息。薩得站在了銀行一方。他回覆道，「這種形式的交易是允許的，不存在任何不受允許的可能性。這類預先將盈利或收益細分的交易，《可蘭經》或其他先知教規的經典文本都未曾禁止，但前提是雙方一致同意這類交易。」[5]此聲明讓人覺得其包容了利息支付。但是，有人認為這是為利息大開方便之門的伎倆，於是繼續對統治階級口誅筆伐，然而，有些人卻將此視為伊斯蘭銀行實踐精細化發展的新成果。

---

3 安沃·伊奎巴爾·古里西：《伊斯蘭和利息理論》，第xix頁。

4 哈默德·A·艾—蓋瑪：《伊斯蘭金融：法律、經濟和慣例》（劍橋，劍橋大學出版社，2006），140。

5 哈默德·A·艾—蓋瑪：《伊斯蘭金融：法律、經濟和慣例》（劍橋，劍橋大學出版社，2006），141。

更具體地說，利息分為兩種形式：盈餘利息（surplus riba）和信貸利息（credit riba），兩者都屬於銷售交易。前者是指交易中的資本資產增加的一種銷售，交換物是同類；後者則是立即支付，銷售某物換取另一種或截然不同之物，額度超過延期支付。[6]「銷售」一詞暗示了某種盈利。不過在伊斯蘭的思想中，利息和盈利的關係雖不至於對立，但立足之地不同。為什麼可以鼓勵盈利，卻禁止利息？數百年來，銀行認為利息就是放貸的盈利。單就此觀念，就成為伊斯蘭宗教思想的爭議源頭。依照伊斯蘭的思想，禁止利息的原因是貸方沒有為回報承擔相應的風險，而貿易雙方滿足了承擔風險的標準，合作夥伴關係也是如此。

這種雙邊性是伊斯蘭金融產品的發展基石，其中不少仿照了西方產品，但保留了其獨有本色。隨著更多新產品的問世，其他技術和理論問題開始湧現，這對伊斯蘭產品的獨特性構成挑戰，有的甚至質疑其產品不過是其他地區耳熟能詳的金融服務的變體。這些產品的技術大多照搬了西方既定的金融工具，但對自己的道德倫理原則卻堅守不移，因此免不了爭議四起。

伊斯蘭金融業的發展

中世紀時，海洋運輸的合作夥伴關係催生了第一類財產和傷亡保險合約，藉此也避開了高利貸的罪名。數世紀後，出現了唐提式養老金，人壽保險也在之後發展起來。伊斯蘭金融業也全力對付歐美國家所說的人壽保險，因為大多數情況下，人們皆認為此為掩人耳目的利息，所以必須禁止。這道禁令和債券禁令等各種因素聯合發酵，一方面阻礙了財富的代代相傳，另一方面也導致伊斯蘭風險管理越發落後。

保險禁令的另一核心要素在於對待「不確定性」或「風險」（gharar）的態度。沒有共同承擔風險就等於赤裸裸地投機，因此伊斯蘭教律法一定嚴格禁止。對分類信貸和風險的禁止最能簡明扼要地闡釋利息和風險禁令背後的理論。[7]利息的構建並非為了讓信貸交易雙方共享，相應的風險沒有定數，只能讓一方占便宜。起初，同樣的禁令延伸到了其他金融產品，例如被視為屬於風險形式的期貨合約。任何涉及零和賽局（zero-sum game）的金融產品均被歸為賭博。

對人壽保險的偏見在於，保險合約的支付遠超過收取的保險金總額，因此也屬於賭博。由於理論上嚴禁賭博，人壽保險尤其不可姑息。算計一個人的壽命本身就令人不齒，與伊斯蘭教精神背道而馳。除此以外，傳統的保險公司很大程度上依賴債券作為投資收益，因此要想遵守伊斯蘭教律法不切實際，除非某項伊斯蘭產品能為承保人支付收益，又不牽扯利息。

伊斯蘭對待保險的核心思想涉及即雙邊保障（takaful）概念。早在伊斯蘭教傳入阿拉伯世界之前，此觀念已付諸實踐，人們普遍認為這是屬於伊斯蘭本土的保險。提供保險的雙邊保障公司沿用了合作夥伴關係，投保人和公司屬於夥伴關係，分享盈利，共擔損失。[8]這與美國或英國的雙邊保險公司較為類似，不過資本所有權和盈虧共享的概念只盛行於伊斯蘭世界。依照傳統的西方保險模式，投保人支付的保險金是對保險公司的投資，其盈利將分給持股人。但在伊斯蘭語環境下，這意味著雙方的不公平：根據雙邊保

---

6 瓦巴·埃·佐哈伊，《利息的法律意義》，出自阿布杜卡德·湯瑪斯，《伊斯蘭經濟中的利息：理解利息》（倫敦，勞特里奇出版社，2006），28-29。

7 哈默德·A·艾—蓋瑪：《伊斯蘭金融：法律、經濟和慣例》，第62頁。

8 埃布拉希姆·瓦德：《全球經濟中的伊斯蘭金融》（愛丁堡，愛丁堡大學出版社，2000），148。

障，投保人同時也是持股人，因此投保人必須分享任何可能的盈利，他們也是保險資金的所有人。另一個基礎則是古老的責任觀念，伊斯蘭教傳入阿拉伯之前，大家會籌集資金補償被家族成員殺害之人的後代子孫。此觀念後來延伸到其他活動，例如海上冒險，一旦有人有所損失，必須給予補償。這倒與西方海洋保險遺風大同小異，在初始階段，這被視為海外探索和貿易不可或缺的一部分。

伊斯蘭銀行業逐漸發展起來，人們開始改變對保險的態度，尤其是人壽保險。保險漸漸被視為某種有助於商業的風險管理技巧，而不是對生命、死亡或厄運的押注。但是，雙邊保障觀念如影隨形。投保人想要分擔保險基金的盈虧，為了避免利息，沒人能保證固定收益。一旦機制確立，人壽和健康保單就有了市場。任何情況下，都必須遵守共同賠償和共擔責任的原則。

其他伊斯蘭投資模式也極力確保不與利息扯上關係，也不走旁門左道。對於遵守伊斯蘭教律法的銀行而言，諸如儲蓄等普遍存在利息的傳統銀行工具，都要設計成共同基金或單位信託，以基本投資回報的形式為客戶提供儲蓄收益。這也許比傳統利息儲蓄帳戶風險更高，因為基金經理必須為儲蓄找到合適的投資，而且不能涉及利息。除此之外，根據伊斯蘭教律法，基金投資不能參與有違倫常的投資活動，嚴禁投資從事賭博、存在不良行為或產品的公司，包括從事傳統利息業務的銀行。一九九〇年代到二十一世紀，沙烏地阿拉伯的投資者在金融危機時期對美國不同銀行進行巨額投資，其投資面向的是優先股（Preferred Stock）而非債券。這種優先股屬於固定收入投資，支付股利，但沒有利息，從而避開了利息禁令。

有違倫常的投資活動還包括投資從事收取利息、釀酒、豬肉製品、賭博等業務的公司，以及任何一家被華爾街或倫敦金融城市認為從事「罪惡」產業的公司。即使在決定某支股票是否適合投資時，仍須謹慎對待利息問題。除了基本業務外，公司的資產負債表也要接受審查，以判斷該公司的盈利是否包含利息成分。當然，銀行和金融服務公司不在此列，非金融公司則要嚴加審核。審查的最常見分析工具包括將公司的應收款項和市場資本化或總資產進行對照。一般而言，比率超過49%（應收款項與市場資本化之比）就意味，至少有部分收入是源自向他人提供信貸。如果比率是與總資產，則不得超過70%。[9]

一九八三年之後，石油價格下跌，導致石油輸出國組織及非該組織的石油生產國收入下降。自一九八〇到一九八五年，沙烏地阿拉伯收入減少75%。鑑於國家開支依舊，進口保持強勁，但對該國不少國內企業還是帶來了負面影響。不少個人和企業紛紛出現債務違約，銀行業遭受重創。有些銀行含有部分外資成分，因此向借方收取利息。價格下滑所造成的結果遠超出銀行預期。借貸雙方訴求法庭以解決債務爭端，傳統上，即使銀行勝出，伊斯蘭法庭在金融事務總會偏向借方。應付利息從借方的欠款扣除，以此捍衛伊斯蘭教律法。結果，銀行更加不願意提供貸款。某位銀行家表示：「法院基本上就是偏袒借方。」[10]

伊斯蘭神職人員和法學家組成委員會，以確保新型金融產品遵守教法，他們負責監管投資綱領和實踐。這些委員會同時還要協助推廣這些新產品，真正進行產品設計和包裝的是投資銀行，委員會則是銀行的專家顧問。進入二十一世紀，伊斯蘭產品的市場爭論爆發，有人批評這類產品名不副實，或根本沒有遵守教法。伊斯蘭金融機構會計和審計組織（Accounting and Auditing Organization for Islamic Financial Institutions，AAOIFI）是負責制定全球產業標準的監管機構，該組織領袖穆罕默德・塔奇・烏斯馬尼

9 在判斷能否將某支股票納入伊斯蘭股票索引時，往往會擇用兩種辦法之一。《金融時報》使用應收款項與總資產比率，道瓊斯則採用市場資本化。伊斯蘭金融機構會計和審計組織則使用應收款項與總資產比率。

10 《紐約時報》，一九八六年一月二十八日。

（Muhammad Taqi Usmani）表示，儘管有人提出反對意見，但85%的伊斯蘭投資憑證（sukuk，常被誤解為債券）都沒有遵從伊斯蘭教律法。英國國家廣播公司BBC報導：「烏斯馬尼是伊斯蘭現代金融的大老，此番言論相當於亞當．史密斯說自由市場缺乏效率。」[11]

令遵守伊斯蘭教律法的問題更加複雜的，還有推出的伊斯蘭產品總量，以及有資歷掌控其合理性的伊斯蘭教律法學者人數之對比。為了確保遵守伊斯蘭教律法，銀行（多數是在倫敦）不得不大費周章，人們紛紛抱怨，因為發行伊斯蘭債券要多付成本，而且不能從事其他傳統的金融業務。一位伊斯蘭金融專家一針見血地指出：「主要的受益人就是律師、跨國銀行以及自詡能為新型金融產品驗證伊斯蘭正統性的宗教學者。」[12]某新聞機構將這些專家戲稱為「百萬美元學者」，因為坊間盛傳，這些伊斯蘭頂尖學者提供諮詢顧問要收取高額費用。不僅如此，每項結構化的產品都須附有聲明，有人指責聲明的數量之多已普遍拉低了聲明的價值。

伊斯蘭世界以外仍有眾多聲名顯赫的金融商品，然而鑑於利息的禁令，它們無法進入多數伊斯蘭國家，由此也阻礙了這些國家的經濟發展，因為資金的傳統來源，即私人放貸或無息放貸都非常有限。一九九〇年代末期，歐洲開始出現伊斯蘭銀行準則，以此服務當地不斷增多的穆斯林社區。一九九七年，英國一家阿拉伯銀行開始提供符合伊斯蘭教律法的抵押貸款。伊斯蘭將這類產品稱為Murabaha抵押貸款，保留了阿拉伯文名稱，並未翻譯成英文。此名詞指成本加漲價交易。抵押貸款的構成繞開了利息，而偏向盈利。打算賣出住宅的賣方沒有直接將房屋賣給潛在買方，而是把房屋賣給銀行，銀行以更高價格賣給買方。買方依照分期支付多出的金額，此過程謹慎小心地避開了利息，金融家則將價差記作盈利。為了避開繁雜的文書工作，房產購買者被視為交易過程中的金融家代理，事實上，買賣房產都是本人。[13]

如今大多數遵守伊斯蘭教律法的產品，都以Murabaha抵押貸款為基石。此概念運用如此廣泛，以至於有評論稱其為「Murabaha症候群」[14]。這種主要用於融資的框架屬於債務工具，嚴格遵守宗教觀念代表將採用股票合作投資（伊斯蘭稱之為Musharakah），從而體現共擔責任、有福同享和有難同當的精神。對於依賴Murabaha抵押貸款融資模式的實體資本結構造成了長遠的影響，資產負債表上的債務增加，往往取代了股權，揚言忠於伊斯蘭金融原則之人因此自相矛盾。至少從理論說來，債務應該臣服在股權之下，但在伊斯蘭金融債務卻往往占據主導地位。

據估計，二十一世紀初期基於伊斯蘭教律法的金融服務市場價值約為兩千億美元。雖然行業發展迅速，但是伊斯蘭銀行業在絕大多數伊斯蘭國家不成氣候。伊斯蘭銀行在創立之後的二十年間，不斷提高銀行儲蓄額度，不過增長速度較慢，沒有突破性的進展。科威特、約旦和沙烏地阿拉伯是伊斯蘭最古老、最龐大的銀行中心，分別從一九七七、一九七八和一九八八年開始從事遵守伊斯蘭教律法的儲蓄業務。發展情況差強人意。遵循伊斯蘭原則之後，約旦起初的7%儲蓄份額開始下滑，二〇〇〇年百分比維持不變。大約同一時期，科威特從原來的18%下跌到15.5%，而沙烏地阿拉伯則從11%增加到13%。蘇丹沒有石油收

---

11 約翰・福斯特，英國國家廣播公司新聞，二〇〇九年十二月十一日。

12 《每日郵報》，二〇〇八年二月十七日。

13 哈默德・A・艾—蓋瑪：《伊斯蘭金融：法律、經濟和慣例》，第14頁。

14 塔利克・M・尤賽夫：《伊斯蘭金融的Murabaha症候群：法律、機構和政治》，出自《伊斯蘭金融的政治》，克萊蒙特・M・亨利及羅德尼・威爾森編輯，（巴基斯坦卡拉奇，牛津大學出版社，2005），63ff。作者認為一九九〇年代，伊斯蘭銀行中的「Murabaha抵押貸款」約占50%，而所有漲價工具約占75%。

入，到一九九〇年代末期，達到最高百分比，逼近30％。[15]在穆斯林人口最多的馬來西亞，遵守伊斯蘭教律法的儲蓄可說是微不足道，但圍繞伊斯蘭產品的爭辯卻始終不休。儘管反對利息，但相關的爭議仍延續到了二十一世紀。二〇一〇年，馬來西亞某地方報紙表示，「由於缺乏符合伊斯蘭教律法的標準，伊斯蘭金融產品的定價仍舊採用慣用利率，例如倫敦銀行同業拆放率。」[16]沒有合理的參照標準阻礙了伊斯蘭銀行業的發展，對於數代以來早已習慣英、美銀行模式和服務的伊斯蘭商人尤其如此。

表面來看，在所有的伊斯蘭新型金融產品中，最具爭議的要屬伊斯蘭投資憑證（sakk，複數為上文提及的sukuk），一般指的是伊斯蘭世界以外的債券，不過該名詞本身就有問題。就本質而言，債券屬於一種債務工具，附帶定期利息支付。伊斯蘭投資憑證也是如此，但以盈利形式支付，而非利息。此方式得益於吸納西方成熟的金融工具，然後調整以符合伊斯蘭教律法要求。其外部結構是特殊目的投資機構（special purpose vehicle，SPV，譯註：指向國外投資者融資的特殊目的投資機構，發行資產化證券），此與華爾街和倫敦金融城採用的證券化工具別無二致。在伊斯蘭背景下，它還為投資者持有獨立資產。許多早期伊斯蘭投資憑證依靠一系列的聚攏租契（ijara）支付收入，這也被納入伊斯蘭投資憑證結構。

事實上，特殊目的投資機構購買能帶來收益的資產，接著將收益轉給債券持有人，以此取代利息支付。當債券到期，特殊目的投資機構管理人會賣出資產，停止交易，並將本金還給債券持有人。此過程與美國債券市場的資產擔保證券有部分相似，與自治地區債券市場一系列的收入債券做法亦有雷同。自治地區的債券市場是基於特定的當地收入，從而償還本金和利息。較之於單純普遍的債權（同等）債券，對於收入債券而言，借入過程更加複雜，債券品質風險更大。某評論認為，最終產品不過就是「羊」債券披著「狼」外衣，以此討好伊斯蘭教律法。不過，包裝和行銷非常成功。伊斯蘭投資憑證開始急遽增加。

在羅馬和早期基督教思想中，人們對用益權（譯註：指對他人所有物享有的使用和收益權，源於羅馬法）各執一詞，而在伊斯蘭金融得益於其盈利成分，它倒是如魚得水。在特定條件下，伊斯蘭投資憑證可以發行，以獲得某項資產的用益權。租契（ijara）就是其中之一。如果經出租人同意，某項資產的承租人可以依法將資產轉租他人，承租人就能合法提供伊斯蘭投資憑證，將收入轉給債券持有人，該持有人將被視為用益權（投資性質）的所有者。這與Murabaha抵押貸款式的伊斯蘭投資憑證不同，後者收集資金自行購買資產，而且可以將資產賣掉。不論哪種情況，資產所有權清楚無誤，也順應了宗教律法。查士丁尼《法學階梯》對用益權的古老定義得以延續。即使投資者未擁有能帶來收入的資產，他仍舊能從投資成果獲利。

伊斯蘭金融產品屬於週期性質，隨著原油價格起起落落。投資銀行業務絕大部分是在倫敦或中東金融中心完成。二〇〇四年，伊斯蘭投資憑證共發行七十億美元；二〇〇六年，石油價格上漲，飆升至兩百七十億美元；二〇一〇年，新發行金額上漲至五百一十億美元。[17]從一九九〇年代末期到二十一世紀初，發行機構數量持續增加。借方涵蓋了企業、主權國家及伊斯蘭國際金融組織，例如伊斯蘭發展銀行（Islamic Development Bank）。該銀行成立於一九七五年，旨在推動伊斯蘭金融和伊斯蘭資本市場。許多非伊斯蘭借方也利用該市場作為資金來源，借方包括德國某州、日本人、中國人以及英國豪車生產商。

---

15 克萊蒙特．M．亨利及羅德尼．威爾森，《伊斯蘭金融的政治》，第7頁。

16 Allroya，二〇一〇年六月二日。

17 《國際貨幣基金組織調查報告》（IMF Survey），二〇〇七年九月；《金融時報》，二〇一〇年十二月十二日。

德國薩克森—安哈特州（Saxony Anhalt）發行的債券就屬於用益權或租契式伊斯蘭投資憑證。該憑證於二〇〇四年銷售給投資者，以歐元計價，是特別設計的荷蘭信託債項。透過一次性支付，該信託長期租下屬於薩克森—安哈特州財政局的地產。換言之，債券持有人在債券有效期內擁有該地產的用益權。麥加（Mecca）和麥地那（Medina）等沙烏地城市也在房地產計畫採用類似的用益權，從而確保土地所有權掌握在官方政府手中。[18]

不過，非伊斯蘭借方發行伊斯蘭投資憑證也招致不少非議。二〇〇七年，英國宣布，將利用發行伊斯蘭投資憑證，鞏固其在伊斯蘭金融界的主要金融中心地位。英國因此成為第一個有此計畫的西方國家。此次借入將以租契式伊斯蘭投資憑證為結構，將某些政府特定資產租給某家特殊目的投資機構，從而創造收入，並支付給該憑證持有人。憑證到期時，政府將回購資產，償還債務。但是，該計畫面臨諸多阻撓，許多人認為這是對阿拉伯富裕投資商的卑躬屈膝，要將本國利益拱手賣給外人。某家倫敦報紙認為，這將導致「如今屬於英國納稅人的政府建築物等各種資產，轉手給極其富裕的中東商人和銀行」[19]。此項飽受爭議的融資計畫最後被永久擱置。

杜拜主權債務違約危機

二〇〇七年金融危機後，伊斯蘭投資憑證的部分本質風險首次浮出水面。地產風潮和後來的崩潰導致英、美兩國經濟衰退，也對阿拉伯世界造成了相當程度的衝擊。阿拉伯聯合大公國（United Arab Emirates）地價飆升，杜拜（Dubai）尤甚，其源頭就在於高額借債和地產投機不堪自身重負，分崩離析，進而導致伊斯蘭金融界首次出現嚴重違約風險。

進入二十一世紀，由於沒有石油收入，杜拜全力進行地產開發，力圖成為旅遊勝地。大批奢華住宅落成，沿海甚至建造了大量人工島。為了融資計畫，阿拉伯聯合大公國採取了野心勃勃的借入計畫，一系列銀行貸款和伊斯蘭投資憑證總額超過五百億美元。二〇〇七年，信貸市場爆發危機後，全球房地產價格下滑，波斯灣受到牽連，地產價值一落千丈。二〇〇九年十一月，杜拜政府宣布，計畫對杜拜世界（Dubai World）約兩百六十億美元的債務進行重組。這是阿拉伯聯合大公國最大的國有集團之一，該集團旗下的Nakheel為地產公司。另一家名為迪拜海灣管理局（Dubai Ports Authority）則負責全球超過二十四座港口的運行。此次重組計畫的核心在於，杜拜世界申請延期償還Nakheel地產公司的租契式伊斯蘭投資憑證，金額為三十五億美元，而原訂償還時間為二〇〇九年年底。

Nakheel地產公司屬於杜拜世界麾下的房地產分支，發行了三支伊斯蘭投資憑證。其中一支為租契式，該公司將位於杜拜濱水城（Dubai Waterfront）發展區的地產租給某家特殊目的投資機構發行商，最後又回租，成為Nakheel地產公司的實體。Nakheel地產公司實體所支付的租金，將被該投資發行機構用來支付憑證持有人。透過此結構，憑證持有人將享有該憑證資產的受益所有權權益。如果宣布這類憑證等同於傳統債券，債權人自然受益，另外，只要證明此做法符合伊斯蘭教律法屬於盈利分享，那麼發行人也會受

18 哈默德・A・艾蓋瑪：《伊斯蘭金融：法律、經濟和慣例》，第113－114頁。

19 《每日郵報》，二〇〇八年二月十七日。如果「轉手」指所有權的轉移，此論述或許是指「Murabaha抵押貸款式的伊斯蘭投資憑證」，而非「租契」。

益。Nakheel地產公司這次的投資憑證將固定收益定為每年6.35%。二〇〇六年，憑證發行，土地評估價值為四十二億五千萬美元。當房地產價格下跌超過50%，資產價值跟著一落千丈，由此導致違約。儘管這種工具結構縝密，然而這次事件證明，如果完全依賴基礎收入，則會面臨違約風險。

為了解決問題，杜拜世界向法院申請債務中止協議，並提交重組提案。這次憑證所代表的債務之沉重，讓法院不得不面對許多棘手的問題。一位信貸分析師評論：「整個結構的初衷在於，投資者將收到一部分盈利，而非債務的利息──兩者截然不同。人們大可說，發行人不會創造盈利，所以不必支付憑證投資人。」然而，絕大多數銀行都採取了對立之立場，理由是必須採取標準債券市場程序。有人提出：「這是信貸問題，不是伊斯蘭問題。伊斯蘭投資憑證就是債券，發行人必須有借有還。」[20]

某座杜拜友好城市表示贊同。在投資憑證違約之前，阿布達比（Abu Dhabi）政府提供資金，以保證最後一次償還能準時完成。表示投資憑證在債務結構占主導地位。投資者的部分難題及兩個政府面臨的最大窘境在於，這些債項似乎以政府為擔保，是杜拜世界集團的一部分，雖然不是直接債項，但如果沒有支付，違約就有可能澆熄未來的融資熱度。

法律問題也讓事情變得越發複雜。雖然債項遵循了伊斯蘭教律法，但與其他海灣債務一樣，是在英國背景之下發行。阿布達比出面干預，防止宗教法庭對此次投資憑證插手，因為一旦宗教法庭介入，極有可能讓事態更令人困惑。杜拜危機期間，某位伊斯蘭銀行家指出：「即使有資產做後盾，或銷售真實存在，抑或有什麼框架，這類資產的目的是促進發行人的金融交易，而非為投資者提供保障。」[21]

杜拜債項並不是首支瀕臨違約的伊斯蘭投資憑證。一九九〇年代末期，亞洲金融危機之後，幾位馬來西亞借方違約，不過杜拜世界是當時史上最引人矚目的違約。這類債項在二〇〇七年信貸市場危機之後才開始出現，此次事件揭開了一些本質問題。為了遵守伊斯蘭教律法，必須調整債券結構，投資銀行和借方費了九牛二虎之力尋找合適的資產，並獲得用益權。這代表債項取決於支撐它們的資產集合，與美國抵押證券頗為類似。隨著信貸危機越演越烈，此時首批違約的顯然是抵押證券，尤其是銀行包裝的私營證券，因為其根本的次貸存在本質問題。Nakheel地產公司的投資憑證也大同小異，因為在杜拜房地產熱潮中，基礎性抵押出現通貨膨脹。但是，由於投資憑證的結構，其中不涉及金融資產，只有伊斯蘭教律法規定的有形資產。就本質而言，投資憑證只能將有形資產進行證券化，而美國抵押債券可以將抵押而非其所代表的不動產證券化。許多伊斯蘭金融從業人員指出，伊斯蘭金融從來不存在次級債項。

對投資者而言，遵守伊斯蘭教律法的投資業務主要誘人之處在於，它們自稱是民族投資，為希望繞開西方金融和債務投資的穆斯林等各類人士提供另一種選擇。然而，透過特殊目的投資機構及捆綁資產從而支付收益，伊斯蘭投資憑證的推廣者造成的債項，和英、美兩國自一九八〇年代就創建的以資產為根基之債券大同小異。儘管資產擔保證券和伊斯蘭投資憑證的結構與技術差異顯而易見，然而在金融危機背景下，最終的命運一致，各類信貸和對手問題接踵而至。

伊斯蘭銀行和金融的快速發展顯示，借貸雙方之間的資金流轉能夠依賴伊斯蘭原則得以實現，而不是必須仰仗西方做法。並非所有伊斯蘭投資憑證的投資者都是穆斯林，亞洲和中東地區之外許多機構投資商非常偏愛這種遵守伊斯蘭教律法的投資業務本質，因為它們能與歐美民族投資熱潮交相輝映。鑑於該因

20 引自sukuk.me，二〇〇九年十二月十五日。

21 約翰・費利：《被伊斯蘭債券打擊》，《風險》，23，2010年，第90頁。

素，倫敦成為中東以外的伊斯蘭金融中心，採用眾所周知的結構性金融方法，推廣循規蹈矩的投資工具。

借錢給窮人

一九七〇年代風雲驟變之後，採用伊斯蘭原則進行債券融資是自然而然的結果，並與西方結構性金融同步發展。雖然部分批評堅稱，這類結構性交易其實掩蓋了其利息支付的事實，但伊斯蘭金融的某一領域卻不存在任何宗教爭議，這個領域就是針對窮人的貸款，亦稱微型放貸或小額貸款。銀行曾對該領域視若無睹，但隨著此領域的發展，很快就被吸納為銀行和宗教原則中最基礎的一部分。

自十九世紀以來，西方銀行的基本放貸原則便有了規則。評級高的借方能獲得低利率貸款，而評級低的借方則須支付高額利息，因為貸方面臨的違約風險增加，必須有所補償。一旦跨過某個門檻，某些借方還會因為違約風險過高被拒之於門外。人們理所當然地認為，被歸為此類的潛在借方和數世紀之前一樣，是出於消費目的才申請貸款。更為重要的是，此類借方無權申請生產性借貸。窮人要想創業或從事企業活動，雖然不至於毫無可能，但也堪比登天。

華爾街和倫敦金融城的金融發展越發成熟，「二戰」之後，領域略有拓展，部分新的邊緣行業逐漸萌芽，但仍談不上革命之程度。高收益（垃圾債券）市場允許非投資級別的借方進入債券市場。部分不甚知名的行業，例如失效票據市場，就允許求助無門的低評級借方進入短期商業票據領域。曾經未被金融觸及的行業將迎來真正的革命：把信貸提供給沒有信貸記錄，甚至沒有多少前景未來的人們——簡言之就是窮人。

在債務漫長而充滿爭議的歷史上，曾有一個源自歐洲啟蒙時代的基本主題。如果貸方認為借方事業成功且償還貸款的機率較高，信貸機構就可以為其提供生產性（非消費性）貸款。社會逐漸發展，盈利性放貸的機會增多，資本主義開始萌芽。一旦時機成熟，金融的獨創性和創新性將扮演已開發世界最龐大產業之一的重要角色。

但開發中國家的情況則截然不同。西方之外的絕大多數世界裡，包括部分亞洲地區，金融的魔力令人吃驚地鮮有人知。二十一世紀，世界一半人口對銀行和正規借貸程序一無所知。金融進入伊斯蘭世界已經為時較晚，不過一九七二年之後卻經歷了迅速增長，代表西方金融做法能與伊斯蘭教義融合，從而為傳統上「未享銀行服務」之人創建新市場。與此同時，貧富差距拉大。已開發國家從金融創新中獲利匪淺，而須費盡心力解決溫飽的貧困國家只能望洋興嘆。二〇一〇年，美國人均收入約為四萬六千美元，英國為四萬一千美元，而肯亞與孟加拉國分別為七百六十美元和六百美元。也許有人會認為，低收入的開發中國家不需要高度開發的銀行服務，但這些國家同時也缺乏信貸機構，因為零售銀行業務被視為零盈利且高風險。它們的境遇與羅馬衰落之後的歐洲大同小異；當時，生產和貿易一落千丈，信貸機構無影無蹤。利率合理的信貸機構發展受阻，除非道德和經濟環境脫胎換骨。

值得一提的是，公共放貸機構自中世紀末期獲得批准，可以在義大利北部從事信貸業務，歐洲從此出現了轉機。天主教意識到低利率貸款能鼓勵窮人，他們將成為這類機構的最佳客戶，於是，教會一方面為大眾提供一些基礎經濟刺激，另一方面又維持高利貸禁令。這些貸款多數是消費貸款，放貸業務也屬於當鋪性質。商業活動和最終的資本構成都發展緩慢，因為放貸並非基於能夠帶來盈利的創業理念，而是單純為貸方提供合理抵押物。

石油輸出國組織的石油熱潮之後，人們對開發中國家放貸市場潛力的認知終於付諸實踐。在此背景下，將理論在現實中實踐的不是銀行或其他傳統意義上的貸方，而是一位大學講師，他親眼目睹了祖國的貧困。孟加拉國鄉村銀行（Grameen Bank in Bangladesh）創始人穆罕默德．尤納斯（Muhammad Yunus）於二〇〇一年表示：「今天，如果看看全球的金融體系，超過一半的世界人口（超過三十億）不具備從銀行申請貸款的資格。這真是憾事！」當時，他的銀行已經廣泛放貸給亞洲和非洲的窮人。此行為的道德和經濟問題不言而喻，同時又是歷史遺留問題。這類小額貸款是否存在市場？如果有，它與消費貸款有何不同？

尤納斯於一九七六年創建了孟加拉國鄉村銀行，該銀行為非營利性機構，其宗旨是向貧困人口提供貸款。此與傳統金融理論相矛盾。這類貸款提供小額運作資本，從而點燃借方的創業精神。金額從五十至五百美元不等，期限較短。這類貸款卻遵循了伊斯蘭原則，而沒有對傳統金融言聽計從。孟加拉國鄉村銀行成為開發中國家的小額貸款楷模，從亞洲走向非洲和加勒比海，最後抵達美國。該銀行的理念獨樹一幟，在傳統銀行界可謂聞所未聞。「孟加拉國鄉村銀行的初衷在於，信貸必須成為人權的一部分。為此，銀行將建立一種體系，讓身無長物之人獲得最優先的貸款權。銀行採用的方法不是基於對某人物質財富的衡量，而是對其潛能的評估。銀行堅信，包括最貧困之人的芸芸眾生，都有無窮無盡的潛能。」[22] 貧窮的借方還持有該銀行的股權。

尤納斯講述了自己在祖國孟加拉國的一段體驗，這是促使他幫助窮人避開高利貸的動力。他遇到一位賣竹椅的婦人，這位婦人不得不向放貸者借錢購買原料。即使成功賣出竹椅，每天的收入是二十二分，而盈利只有二分，日復一日，她的生活狀況沒有任何改觀，她永遠擺脫不了放貸者。尤納斯從婦人所在的村子蒐集數據，發現四十二位村民欠當地放貸者的總金額約為二十七美元。[23]他自掏腰包，讓他們不再受制於放貸者。這次經歷讓尤納斯察覺放高利貸者會阻礙經濟的發展，啟發他思考直接借錢給窮人。此次事件讓人回想起十八世紀的倫敦，當時仁慈博愛之士幫人還債，讓借方及其家庭能夠從債務人監獄釋放出來。

孟加拉國鄉村銀行的絕大多數客戶都是女性，而且當銀行業務在整個開發中世界普遍盛行之後，女性依舊是主要客戶。孟加拉國鄉村銀行主要從人類學視角（而非政治立場），思考女性在多數開發中經濟體的地位。人們認為，對於自己現實生活的金融處境，女性比男性更加坦誠，改善生活的渴望更加強烈。另外還有一種得到驗證的推測，即女性按時還錢的可能性更高，拖欠違約的可能性更低。很多女性在家族社會中遭受嚴重的壓迫，理所當然地成為該銀行的客戶，因為該銀行一直積極尋找社會最貧困人士作為客戶。孟加拉國鄉村銀行如此定位自己：「傳統銀行是富人的天下，而且以男性為主。孟加拉國鄉村銀行則由貧窮的婦女說了算。」

一九七六年，孟加拉國鄉村銀行透過其他銀行開始放貸；一九八三年，開始獨立完成業務；一九七六年，提供貸款約為七千三百萬美元；二〇〇九年，年度總額已增加到八十七億兩千萬美元，並在開發中國家建立的分支超過兩千五百家，涵蓋超過八萬一千座村莊。二〇〇九年年底，未償還數額僅為七億九千兩百萬美元，換言之，絕大多數貸款屬於短期且都能及時償還。另外，同年年底，銀行儲蓄額達到六億五千萬美元。除了提供生產性貸款之外，該銀行還從事住宅建設專案，一九八四年首次運作，建設房屋三百

---

22 Grameenfo.org。

23 穆罕默德．尤納斯：《窮人們的銀行家：小額貸款和與世界貧困作戰》（紐約，公共事務出版社，1999），49-50。

一十七間，到了二〇〇九年，已超過六十八萬間。女性客戶人數從一九八四年的56%，增加到二〇〇九年的97%，借方達八百三十五萬位。[24]

二〇〇九年，孟加拉國鄉村銀行的貸款違約率約為3.5%。較低的比率關鍵在於要求借方出席每週借方例會，還款時必須本人還給放貸官員，放貸官員會在全村來回訪問。互助觀念讓借方成為銀行的所有人，借方準時償還債務，銀行為他們提供持續性利息。最重要的是，根據銀行的職業綱要，除非借方已經將上一筆貸款還清，否則禁止放貸官員提供下一筆貸款。

如果有人未能及時還錢，懲處措施比傳統銀行相對較輕。《可蘭經》的「翻倍」禁令在該銀行有關債務償還的聲明清楚明瞭：「針對某筆違約貸款，除非有特殊情況，否則傳統銀行不會停止收取利息。根據貸款期限，某筆貸款的利息可能是本金的數倍之多。但是，不管貸款拖欠多久，孟加拉國鄉村銀行的貸款利息總額永遠不會超過貸款金額。如果利息金額與本金持平，則不再收取更多的利息。」[25]

這種伊斯蘭做法是基於類似自然法聲明的商業模式，不論是傳統或其他意義上的銀行，都是前所未有。當借方過世時，債務負擔當然不會留給後代，因為債務的「生命」裡有「人壽保單」，這是對債務人監獄和將未支付債務轉嫁家人的反擊。不幸的是，在其他從事小額信貸的機構裡，保險觀念卻引發了一些令人生厭的做法。

尤納斯的貢獻為他及他的銀行贏得了二〇〇六年諾貝爾和平獎，他「為經濟和社會由下至上的發展做出貢獻」。事後，諾貝爾獎委員會坦誠，在頒發獎項之前，委員會曾仔細調查孟加拉國鄉村銀行和尤納斯，以確保銀行及其原則如外界所傳那般乾淨透明、蒸蒸日上。頒獎之時，貧困國家數百家貸方機構已經引入小額貸款的做法，但並非都抱著幫助窮人擺脫貧困的心願。更令人好奇的是，美國也引入了該做法，該國家一貫與極度貧困毫不沾邊。小額貸款進入已開發國家，其本質發生了改變，以適應更精密且複雜的銀行體制。

小額貸款引發的危機

不論非營利性質的小額貸款模式秉持多高的目標、取得多大的成就，其他一些小額貸款貸方顯然是衝著盈利而來，在開發中國家遍地開花。有了成功楷模，亞洲和拉丁美洲開始仿效。目標崇高的貸方有了大批追隨者，可惜後者是為了收取高額利息。

表面而言，營利性的放貸機構與孟加拉國鄉村銀行的結構頗為相似，都有小組會議、按週償還貸款、借方保險等。放貸員在指派的社區來回尋訪，每週與借方開會收取還款，這些方式在更發達的銀行市場意味著額外成本，而且要由借方承擔。此想法使得小額貸款頗具誘惑力。在投資者看來，小額貸款既做到了大愛無私的利他主義，又能收取高額利息。然而，這種兩全並沒有那麼容易。

小額貸款誕生不久，貸款濫用便出現了。這類濫用問題已有數百年歷史，而其在印度引發的窮人貸款問題成為首次出現的全國性危機之一。營利動機被認為是這類問題的罪魁禍首。二十一世紀的頭五年，私人投資者瞄準了小額放貸，對高收益的渴求很快就破壞了放貸程序。二〇一〇年，一家大型放貸機構在孟

---

24 年度報告，孟加拉國鄉村銀行，2011年。

25 Grameen-info.org。

買證券交易所上市，籌集資金總額約為三億五千萬美元。以傳統銀行的標準來看，總額可謂少之又少，但由於平均貸款額度約為兩百美元，因而能分解成大批量的貸款。

早些年這股浪潮的力道已經不小了。許多主要國際發展銀行進入小額貸款領域，在已經展開業務的國家提供小額貸款。它們也屬於非營利性質，但私人貸方卻成為其競爭勢力。對此感興趣的歐美對沖基金為數有限，而小額貸方手上有充足的貸款資金。印度貧困人口眾多，因而成了最佳市場。安德拉邦（Andhra Pradesh）是印度最貧窮地區之一，吸引了近75%的貸方。數量巨大的窮人是貸方的潛在客戶，最窮的地區當然也是最具吸引力的目標市場。不論依照哪種銀行標準，小額貸方的增加速度都令人眼前一亮。二〇〇六年，小額貸方在印度的分支達到八十家；二〇〇九年，分支超過一千三百五十家。其中，SKS金融公司（上市公司）在同一時期的年增長率為90%。[26]收益之高令花旗銀行眼紅，於是在二〇〇五年也進入該市場。

貸方的慣常做法是收取30%的利息，這完全不是伊斯蘭做法，而是傳統意義上收取利息的貸款。某印度小額貸款貿易組織的主席表示：「絕大多數人認為，此利率對於作為接受者的窮人不會帶來什麼幫助。」[27]許多小額貸方還向尚未償還別家小額貸款的婦女提供貸款，也不管她們是否有能力償還。導致眾多年收入約為兩百美元的婦女，背負該數字五至六倍的債務，因此，她們幾乎沒有償還債務的可能。有關借方自殺身亡的報導層出不窮，他們有的是貸方的投保人。很多時候，貸方會暗示她們，自殺是擺脫困境的出路。若某位婦女被逼得走投無路而自我了結，那麼，貸方就能領到人壽保險金。安德拉邦的立法機構不得不推出法令，以監管小額貸方。法令一出，立即有人抱怨這將阻礙窮人的經濟發展。一九二〇年代，美國提高高利貸上限時，也曾出現過類似的言論。

尤納斯如此評價印度的小額貸款：「印度問題的癥結之一，在於部分小額金融計畫方向有誤。它們將小額信貸視為謀利工具，完全出於一己之私。因此破壞了對此事業堅信不疑之信任。」[28]但是，營利性貸方依舊大量出現，因為絕大多數潛在借方並不了解小額貸款機制。而且，此現象也不局限於開發中國家。二〇〇〇年代末期，美國小額貸方約有兩百五十家，其中包括孟加拉國鄉村銀行美國分部（**Grameen Bank America**），該分部在紐約設有數個辦事處，在內布拉斯加州奧馬哈也有一個辦事處。該銀行在美國的貸款總量超過了其在開發中國家的額度，美國銀行家們因此發現一個長期忽略的事實：本國部分人口很難（甚至根本無法）獲得信貸。

二〇〇九年，美國聯邦存款保險公司發布一份揭露此現象的報告。該報告指出，據估計，美國7.7%的家庭（九百萬戶）為「無銀行帳戶」；17.9%的家庭（兩千一百萬戶）為「未享銀行服務」，人數約為四千三百萬；總體而言，約有25.6%的成年人（大約六千萬名）屬於這兩類，占總人口約20%。[29]在認為美國擁有全球最發達銀行市場的人看來，這些數字高得離譜，超出了預期。這組數據的公開與早期小額貸款的成功幾乎是同步，前者正好可以為後者提供佐證，因為小額貸款正是針對被傳統貸方忽視的人群。

歸類為「未享銀行服務」的家庭使用了其他金融服務，包括發薪日貸款、當鋪、支票兌現服務和退稅

26 《印度商業在線》，二〇一一年一月十五日。SKS公司從美國一間規模更大的對沖基金紅杉資本吸引了一千兩百萬美元的投資。

27 全國公共廣播電台，二〇一〇年十二月三十一日。

28 《印度經濟時報》，二〇一一年三月十七日。

29 美國聯邦存款保險公司，《未享銀行服務和無銀行賬戶成員調查》（華盛頓哥倫比亞特區，美國聯邦存款保險公司，2009），10-11。

預期貸款。其中81％採用了匯票而非支票，16％使用了發薪日貸款和當鋪，30％使用了支票兌現服務。他們多數是低收入人群，來自少數民族或移民社區，許多是年齡不一的單身女性。[30]很多小額貸方都有過往經驗，婦女是小額商業貸款的最大人群，是美國「無銀行帳戶」和「未享銀行服務」人群的重要組成。

美國聯邦存款保險公司的報告並未提及這類替代性銀行服務究竟收取多高的利息。發薪日貸款數十年來總是處於風口浪尖，即使依照「二戰」之後越加自由化的標準，其利率依舊高得離譜，但卻能在絕大多數州的監管之下安然無恙。「未享銀行服務」的群體偏愛發薪日貸款，每年約有11.4％的人使用該服務。「無銀行帳戶」群體則最偏愛當鋪，其中14.3％一年之中至少會光顧當鋪一次，[31]該群體認為發薪日貸款不切實際，當鋪才是窮人最後的救命稻草，這和幾百年前別無二致。

在一九九九年美國放鬆金融監管的影響下，二十一世紀初，證券化和結構性融資開始發展，進而在傳統商業銀行體系之外催生了影子銀行體系。信貸市場危機之後，該體系日漸式微，然而小額貸款卻逆流而上，從而彰顯出體制性市場不具備的復甦能力。信貸緊縮影響了傳統信貸市場，眾多銀行小型企業客戶急需信貸，而鑑於時局慘淡，銀行又不願放貸給高風險借方，因此，小額貸款在落後的金融環境中反而朝氣蓬勃。小額貸款市場似乎無所顧忌，因為相較於傳統企業所有者，其客戶的需求是根本的，並且借錢金額不足以嚇跑潛在貸方。

儘管依照其他商業銀行標準（信用卡貸款或許是個例外），美國的小額貸款利率偏高，但是比起當鋪和發薪日放貸者收取的利息，完全是小巫見大巫。光是如此就吸引了渴望獲得營運資本的小企業創業者。二〇〇七年年末，信貸市場危機襲來，美國小額貸款利率仍舊低於信用卡利率。信用卡往往是小企業的資本泉源，危機升級後，信用卡公司開始提高利率，許多小企業受創，只好關門歇業。

美國的小額貸款很快就演變成小型企業貸款，具體說來，這是指金融機構針對小型企業提供低於十萬美元的貸款。許多貸方都提供此類貸款，但最熱衷於此的是信用社和儲蓄機構。與亞洲小額貸款的急速增加相比，其增長只能算是差強人意。二〇〇八年年中，美國的小型企業貸款總額為一千七百零五億美元，增加了6.8%（約一百零八億美元），但是截至二〇〇七年年中，其增長率為9.4%。總量增加也是多虧了信用卡發卡機構不斷推廣小型企業信用卡。[32]

替代性貸方的普遍性也反應出此類服務的需求量。支持者提出，降低替代性貸方的實際利率會迫使他們退出市場，因為他們無法為放貸風險獲得補償，如此將導致「未享銀行服務」和「無銀行帳戶」的人群遭遇巨大的服務空缺。貸方及其支持者總是提及人數眾多的發薪日貸款客戶，以此說明自己對於該群體的重要性；若是少了他們，貧困的工人階級根本無法獲得信貸。不過，絕大多數發薪日貸方不承認自己的放貸行為，唯恐違反了各州的《高利貸法》。發薪日貸款首次針對貧苦勞工放貸早已是一百年前的事了，但此番論述依舊很有分量，而且他們幾乎從未提及另一項事實，那就是高額利息讓窮人改善困境幾乎是痴人說夢！窮人不可能藉此加入享受傳統金融機構銀行服務的廣大群體中，正因如此，小額貸款在美國銀行業有了立足之地，但是主角仍是消費貸款。

美國的小額貸方提供給借方的貸款額度普遍為五百至三萬美元之間，期限為六個月到五年不等。利率

30 美國聯邦存款保險公司，《未享銀行服務和無銀行賬戶成員調查》，第15－45頁。
31 美國聯邦存款保險公司，《未享銀行服務和無銀行賬戶成員調查》，第30頁。
32 美國小企業管理局：《美國的小微商業貸款》，數據期間：2007-2008年（華盛頓哥倫比亞特區，小企業管理局，2009）。

區間從個位數跨越到約15%，但放貸率相關數據的收集卻零散不一。多數貸款發生在二〇〇七年之後的信貸危機時期，而且並非全部針對低收入群體。很多貸款的主要目標是失業人口，當他們下定決心開拓一方事業，但由於普遍缺乏小型企業信貸，因此無法從銀行申請貸款。除了私人貸方之外，美國小型企業管理局（Small Business Administration，SBA）也居中協調小額放貸機構，為選定的貸方提供資金，然後再由這些貸方貸款給借方。

美國的小額貸款與最初的小額貸款原型之間，存在質與量的差異。該國六百家小額貸方中，儘管許多出於非營利目的，但仍有不少與銀行掛勾的大型機構明顯是為了盈利。美國小額放貸歷史不長，然而比起開發中國家，其違約率更高，貸款額度當然也更大。被認定為小企業家的人群中，只有不到1%是其真正客戶。美國小額貸方也捨棄了銀行與客戶之間的每週私人會議，而這種會議在開發中國家已經非常成功。[33]美國大多機構性小額貸方眼中，四處奔波的放貸員只會增加業務成本，須竭力避免。

發達的工業化社會小額貸款觀念，反應了許多潛在借方在申請信貸時所面臨的困境。信用歷史不足或不甚理想的創業人士需要信貸，起先這有助於推廣小額貸款理念，同時也讓銀行發現小企業貸款大有可為。但是，小額貸款的不少原始做法卻在美國一路碰壁。孟加拉國鄉村銀行等組織改採用的親手實踐式做法，對於美國貸方而言過於蠢笨，成本太高，後者早就習慣了高速交易，且同時和客戶保持一定距離。原始模型在面對渴望貸款的單一窮人時大獲成功，然而面對利潤為先、借方在後（如果還考慮借方的話）的其他機構性貸方，該模式就黯然失色了。

小額貸款原型和其後續變異版本還存有許多本質差異。對前者而言，歷史是一面鏡子，借錢額度一定要務實，須考慮這筆資金究竟能帶來多少收益。借錢償還其他債務不受鼓勵，但難以執行，因為眾多開發中國家的過往紀錄實在不良。透過人壽保險，債務不會留給下一代，如果原借方去世，債務將會終止。這是因為債務人監獄與債留子孫的漫長歷史，讓小額貸款的推動者意識到，若想幫助貧困國家實現經濟現代化並提高生產力，就必須杜絕此類行為。

根據西方銀行模式，歷史無足輕重，現值才是重點。於是，小額貸款及其體制性同行，即伊斯蘭金融，都對西方金融做出了回應。銀行在歐洲已成長了三千年（在美國則相對短暫），然而其悠久的歷史卻往往被扭曲變形，無法回答放貸和利率所提出的許多基礎問題。已開發國家已經有了成熟的信貸，大大改善了人們的生活水準，但也造成了令人瞠目結舌的週期性盛衰變化，經常將先前的經濟進步打回原形。小額貸款的創立者和伊斯蘭金融的創建者們，竭力透過以倫理道德為基石的放貸體系來規避這些問題，從而共擔企業風險，同時遵循宗教原則。而在西方社會，早在兩百年前，面對當時不斷增長的人口，經濟發展不可或缺，金融業就已經在和倫理道德的戰鬥中大獲全勝。

33　M．理查德森：《美國增加的小額貸款潛力從戰略路徑到規制改革》，來自《公司法雜誌》，34，2009年，929ff。

〔第八章〕

消費債務革命

償債能力應該是簡明易懂的金融概念：資產大於負債，便具備償債能力；反之，則有破產危險。

——金融危機調查委員會（Financial Crisis Inquiry Commission），二〇一一年

❖導讀

美國各州《高利貸法》日漸式微，反應出人們自一九七〇年代以來對債務的態度變遷。人們不再對債務避而遠之，消費文化已經用「信貸」取而代之。借方能從貸方獲得多少信用貸款，表現出的是借方的地位。借錢不再被認為是顛倒借方生活方式和未來前景的潛在破壞工具。債務快速積累，代表的是消費者在借錢時對自己將來的收入前景勝券在握，或是購買了自己一無所知的金融產品。

金融理論和政治意識形態協力合作數十載，人們對於絕對利率標準的擔憂已經退居二線，因為實際利率遠比絕對標準重要。根據投資組合理論，低評級債務也能提高固定收益組合的回報，低評級債務登場的一開始便因此變得名正言順。證券化讓信貸一路暢行，尤其是對於傳統銀行界之外的機構，而這類機構被統稱為「影子銀行體系」。透過理論模型預測機構破產已經有了極高的準確度。債務不再是金融原始叢林裡的怪獸，而是一種金融工具。

二十世紀末期和二十一世紀初期，貸款利率不再像過去那樣充滿爭議。在美國，信貸可以說是遍地開花，因此所有人都有信貸額度，代價當然不低。諸如次級信用、發薪日貸款和當鋪貸款這類普遍信貸產品，高額利率在所難免，人們預設借方對收取利息的緣由心知肚明。人們不認為高利率會造成任何傷害，

而是因為信用評級低於標準，讓業務成本增加。高利率對企業融資而言是理所應當，但對不確定性與潛在波動性更高的個人融資而言，則另當別論。

開發中國家對古老的「以鄰為壑」策略一清二楚，美國卻視而不見。「美國夢」以及「釋放住宅股權」等行銷術語在消費者、政府和企業層面引爆了借貸浪潮。基於對未來收入的預期而借錢成為前仆後繼的流行做法。一九二〇年代，貼現未來預期收入首次亮相，之後成為企業慣例，在消費者之間也越發盛行。問題不言而喻：對於許多公司而言，預期未來收入急遽增加或許可行，但對於個人而言，往往會過於樂觀，出現不切實際的高預期。這是因為，絕大多數公司必須將其負債對資本、盈利對利息的比例維持在合理範圍，以保持良好的信用評級，而將便捷信貸視為某種儀式過程的消費者則是另一番景象了。政治對這種思維發揮了不可估量的推波助瀾效用。

一九九〇年代開始出現債務泡沫，英、美兩國都未能倖免。傳統上，這兩個國家對負債的態度大不相同，主要是因為人均收入和財產價值有天壤之別。英國參與信貸博弈的時間晚於美國，英國在一九八〇年代只出現了信用卡及高額抵押槓桿借貸。數據顯示，為了抵押購買房屋，普通英國人的貸款金額是薪水的三倍半，與二〇〇一年之後普通美國人的抵押負債相去不遠。[1]英、美兩國對於信貸自由化的態度有共同根源，幾乎可以追溯到近三十年前，不過當時貸款金額是年薪的二倍半，換言之，兩國人民將兩年的全部收入都投進了抵押債務。

「二戰」之後，相較於美國普通家庭，英國普通家庭的儲蓄率增加，居民債務率下降。到了一九八

1 英國抵押貸款協會：cml.org.uk。

〇年代中期，美國的繁榮變得更加難以捉摸，消費信貸難以申請，抵押下降了20%，支出不再是全民的樂趣。英國的態度有所改變，美國的態度則更加固化，其緣由在於一九八〇年代初期和中期的柴契爾（Thatcher）革命。政治意識形態的重大改變，成為大西洋兩岸政策制定者採取溫和策略的根源。造成消費、借錢和投機出現自一九二〇年代之後的最大漲幅。

一九七〇年代末和八〇年代初，英國陷入了勞動和政治困境，瑪格麗特・柴契爾（Maegaret Thatcher）積極應對。她言簡意賅地描述了自己的經濟和政治理念，號召「人人有自願工作的權利，有花自己收入的權利以及財產權；國家服務人民而非主宰人民，這是英國的遺產」。這些目標與美國雷根（Ronald Reagan）總統所倡導的美國理想大同小異。雷根及其支持者堅持重新推行部分新政改革，政府干預經濟和私人事務。保守黨認為，柴契爾所面臨的經濟窘境，是多年來工黨政府一味迎合貿易工會的惡果，而雷根必須面對的是與上屆民主黨政府的意識形態差異；共和黨堅稱，民主黨政府是利率和停滯性通貨膨脹一路飆升的罪魁禍首。

雷根總統背後的顧問是米爾頓・傅利曼（Milton Friedman，譯註：美國經濟學家，一九七六年獲得諾貝爾經濟學獎），他是總統經濟政策顧問委員會（President's Economic Policy Advisory Board）委員。一九八一年，該委員會由一群政府外部專家組成。傅利曼推崇自由市場經濟，號召以市場自我監管和個人倡議取代強勢的中央政府，頗有名望。這種理念與其他自由市場經濟學家和金融專家的觀點完美契合，不少人的學術思想對債務革命產生了推動作用。一九八〇年代中期，放任式經濟政策已經大行其道，進而刺激了影響深遠的股票和債券市場競爭，也左右了未來二十五年的社會經濟政策方向。自由市場脫穎而出，監管市場黯然退場。

中世紀以來，利息遭受的惡言惡語大多可歸咎於消費或消費者貸款。商業貸款往往不受《高利貸法》的限制，在十九世紀以前鮮少被論及。因此，殖民時期《高利貸法》強制執行，十九世紀人們對此熱議，衝突在所難免。這類限制是針對個人？還是商業貸款？兩者是否採用同樣的標準？企業增長，變成股份有限公司，棘手的問題變得越發緊迫，可是絕大多數都懸而未決，因為許多地方政府不是覺得不足掛齒，就只是對消費者利率說得天花亂墜。

從十九世紀開始，負債和資產市場密不可分，對美國而言尤其如此，但大家對此漠不關心。股票市場一落千丈，但由於企業收入的流失，或無法維繫的市場泡沫等因素，其與債務的關聯被置若罔聞。但是，從威廉．杜爾的時代開始，每次市場恐慌都證明負債潛伏在暗處。投資者認為，債務工具比起股權更加保守，因此，如果連更保守的工具都開始隕落，投機也就為期不遠了。

二〇〇七年金融危機前後數年間的監管，相較於先前數十載比較寬鬆。金融理論的發展與後雷根時代的自由市場意識形態完美契合，為生機勃勃的股票牛市與強勁的債券市場奠定了基石。但是，以往的市場證明，低收益債券資金成本較低，導致許多借方欠債增加。政府、企業和消費者層面的槓桿借貸越發嚴重，這將對資產負債表構成威脅，但由於利率一直處於歷史低點，掩蓋了槓桿借貸的危險。

自《格拉斯—史蒂格爾法》之後，美國的商業銀行和投資銀行各行其道，為金融市場創造了相對平靜的時期。伊利諾大陸國家銀行和賓州廣場銀行等銀行危機雖有發生，但是控制之下並未殃及池魚。一九八〇年代開發中國家所遭遇的危機，充分暴露了銀行監管的缺點，但大型放貸機構安然無恙。它們最緊迫的問題是，哪些手段可以讓遠離商業銀行、更靠近投資銀行，並在繞過《格拉斯—史蒂格爾法》規定的同時，探索盈利更多的非銀行業務？此趨勢所體現的不是危機，而是銀行的靈活性，它們懂得適應不斷變化的市場條件。監管部門出的力道並沒有較少。

一九八七年，艾倫・格林斯潘（Alan Greenspan）擔任美國聯準會主席，自此，投資銀行和商業銀行彼此隔離的狀態漸漸改變。接下來的十年裡，商業銀行只要依照某種程序就可以收購投資銀行，銀行控股公司從投資銀行業務獲得的收入，不得超過總收入的特定百分比。銀行控股公司吞併小型證券商號，這讓《格拉斯—史蒂格爾法》承受的壓力與日俱增。雖然企業證券和控股公司的銀行業務沒有瓜葛，但隨著它對總體盈利的貢獻越來越大，更多人希望廢除《格拉斯—史蒂格爾法》。

到了一九九〇年代中期，法律構建起來的分隔幾乎蕩然無存且不言而喻。但翹首期盼廢除監管之人恨不得將其徹底連根拔起，以提高銀行本質的共同性。此情況與一九二〇年代崩潰前的情形如出一轍。

一九九七年，有人提議兼併旅遊家保險公司（Travellers Insurance）和花旗銀行，此事是《格拉斯—史蒂格爾法》的一大考驗。格林斯潘為首的美國聯準會批准該提案，這是一九三〇年代初期以來，保險、證券和商業銀行業務首次聚首。即使是在兩次世界大戰之間，保險都還不屬於此列，因為各州在一九〇〇年代要求保險和銀行互不干涉。有效地把投資銀行家拒之門外，無法插手人壽保險公司的投資組合，而這類公司是企業債券的主要買方。但在撤銷管制的年代裡，人們認為如果業務融合能提高收益，並成功控制風險，那麼涇渭分明便毫無必要。

美國聯準會給兼併合作各方兩年，好讓其聯合業務能夠成功運作。一九九九年年底，美國國會伸出援手，通過了《金融服務法現代化法案》（Financial Services Modernisation Act），讓銀行「新世界」變得名正言順。該法承認了新型金融控股公司，從而取代了原來的銀行控股公司。新型控股公司可以涵蓋任何一種金融服務公司，將過時的限制一掃而空。新型擴大版銀行可獨自從事傳統商業銀行業務、證券承銷和交易、保險以及自營交易。新型銀行將接受多方監管，這取決於它的業務組合。

和以前一樣，新局勢下的風險依舊顯而易見，但此時它們聚集在同一屋簷下。銀行除了須面臨一直以來的放貸難題，還要顧及股票市場的反覆無常。衍生商品又額外增加了一層風險，因為許多衍生商品基於信貸、固定收益、股權和商品。二十年前，在第三世界債務危機期間，銀行必須控制對某一國家的風險，避免短期放貸重複，嚴重破壞了其資產負債表。此時，過度貸款風險再度現身，且將以任何形式出現，而不是僅限於貸款的信用風險。

一九九〇年代，人們對風險概念的討論比以往更為熱烈。脫胎換骨的銀行面臨更多風險，但人們也越發堅信銀行內部的風險管理人員能高效地控制風險。這種想法如此普遍，以至於眾多銀行和市場業內人士都深信，金融體系本身的災難性風險微乎其微。這就是統計學所說的「肥尾效應」（fat tail，譯註：指極端行情發生的機率增加）。人們認為，儘管任何事情都可能以各種方式上演，但如果超出正常分布（即肥尾，或更常見的說法是「黑天鵝事件」）就完全無法預測了。「二戰」之後，在官方放寬對金融體系監管之前，「黑天鵝事件」鮮少出現，而一九八七年股票市場崩潰之後卻頻頻上演。那次市場崩潰就是一例，幾年前的伊利諾大陸國家銀行隕落也是一例。知名對沖基金長期資本管理公司所遭遇的困境，以及二十一世紀初期安隆公司（Enron）和世通公司（WorldCom）的窘境，都是發生在放鬆監管之後，這就證明曾經的稀罕事變得越來越頻繁了。從大蕭條到一九八〇年之間，這類事件並不多見。

最嚴重的金融危機要屬一九八〇年代第三世界債務危機。歐美銀行資產負債表一蹶不振，國際清算銀行制定了更嚴格的資本適足要求（譯註：資本適足要求規範了銀行或存款機構如何處理資本），也就是巴塞爾資本協定（Basel 1）。根據該協議的要求，銀行資本在其貸款組合所占百分比必須維持在8%。股票和優先債務是基礎資本的主要部分。接下來的十五年間，許多銀行都進行了遊說，希望採用另一種根據風險進行調整的資本計算方法，即風險價值（value at risk，VAR）。資本適足要求將按照銀行某時間段的平均市場風險設定百分比。銀行向監管部門報告各自的負債情況，監管部門則將監控銀行的資金頭寸。較之原來的巴塞爾資本協定，該方法在規定資本程度更加公平合理，因而得到了絕大多數監管者的認可。這套制度被稱為新巴塞爾資本協定（Basel 2）。

新巴塞爾資本協定將多家銀行的資本程度降低至舊協定的一半以下。銀行採用風險管理技術，讓監管者認為正常情形（正常分布）之下，市場發生「黑天鵝事件」的機率微乎其微，大約只有1%。結果資本要求變得更低了。

理論上，一九九九年之後，「黑天鵝事件」不太可能在寬鬆的新金融環境中發生。但是，美國銀行界從未經歷過的一種體制因素將帶來陰影，撼動上述「1%的理論」。類型眾多的銀行和金融服務全部聚集於同一屋簷下，「黑天鵝事件」的可能比率將會增加。抵押市場的各類事件不再孤立，由於交換合約和證券化，衍生商品市場和債務市場都將與抵押市場相互關聯。任何一個市場都存在1%的可能性發生「黑天鵝事件」，而隨著市場界限越發模糊，可能性是否會增加呢？

銀行家的「浮動管理」藝術

針對高利貸禁令的主要批評之一是，如果這類禁令依舊重要，監管者自然會重新貫徹。然而真正的問題在於，美國聯準會管理貨幣的供應，名義利率無人在意，人們認為這種管理比絕對利率標準更重要。這種疏忽使得利率上升到曾被認為是高利貸的標準。

數百年來，關於利率的爭辯往往以政治或道德為中心。曾幾何時，人們認為必須為利率加上種種限制，而十八世紀出現的早期貨幣量化理論為此觀點帶來了衝擊，並提出決定利率的應該是流通的貨幣額度，而非關於公平公正的道德論調。進入十九到二十世紀，高利貸上限面臨挑戰，相關爭辯趨於實際。關於經濟效率、資本獲取以及自由市場理論，都將與高利貸的相關爭論進入無人聞問的角落。金融機構賺了太多錢，且被義正言辭地說利率爭辯大有用處的人看作是利息收入。當中央銀行和監管者決定刺激或壓縮信貸時，他們更依賴的是流通貨幣金額，而非借入利率。如果他們在意供應，那麼需求問題將迎刃而解。相較於信貸供應和總體經濟條件，利率標準退居二線。名義利率的重要性終究不敵實際利率，即使信用卡貸方收取的實際利率超過25%。

此番言論部分內容是以市場為導向。監管者顧慮的是貨幣市場的利率，而非金融機構向散戶客戶收取的利率。只要合理公布利率，客戶就能選擇最適合自己的利率。信貸申請及消費者生活方式都有成本，但與試圖執行任意最高利率的監管者毫無關係。除非涉及到高利貸犯罪，否則市場效率才是關鍵。就連「貸款鯊魚」一詞都與先前的「利滾利」和「翻倍」一樣，漸漸淡出人們的視野。銀行和金融服務公司採用資訊和電腦科學遮掩了實際利率，從而為進入自己口袋的收入蒙上了面紗，非金融服務行業人士對這些技巧幾乎一無所知。

「浮動期」就是其中之一，此專業術語幾乎只有銀行家才知道。早在數百年前，這套做法就為人所知，在墨西哥戰爭的乾交易契約就成功使用過，近來又用於解決國際金融交易。浮動期是指支票簽署和支付兩者之前的時間差。一般而言，浮動期利於支付方，有損於收款方。十九世紀末期，美國運通便成功利用了浮動期。當時，該公司推出旅遊者支票，結果成為許多金融服務公司效仿的楷模。如果管理得當，浮動期可用於貨幣市場並賺取收入，直至提交支付匯票並最終結算。二十世紀末期，支付和結算越加發達，浮動期縮短，但它仍舊有利可圖。如果某筆支付結算延後，哪怕只是滯後一、兩天，仍然可以從中獲得利息。

以更高層面而言，美國聯準會和其他中央銀行政策制定者的一大議題是「聯邦儲備浮動」。聯邦儲備浮動是指，在支票結算之前，浮動金額對貨幣供應造成的影響會一直展現於雙方銀行機構的資產負債表。此類雙重計算會模糊流動的貨幣金額，從而阻礙貨幣政策的貫徹執行。降低浮動成為一項政策目標，並在不同階段得到落實。

現代社會對浮動的管理反應了負債和還債之間的傳統衝突。假設承租人每月的租金須在當月第一天支付，若是恰逢週六，那麼即使支票帳戶沒有充足的資金，依舊可以安排當天支付，因為支票存入房東銀行帳戶最早也要等到下週一，結算恐怕還需要（至少）兩天的時間。這表示這筆資金不必在週三前存入現金帳戶，換言之，支付方有五天的浮動期。從雙方角度而言，承租人希望延長浮動期，而房東則希望盡可能縮短浮動期。

此過程的掌控取決於銀行的體制結構。如果支付方和房東的帳戶在同一家銀行，結算時間將變成零；如果是兩家銀行，且均為美國聯準會成員，此過程要花上好幾天；如果一家是美國聯準會成員，另一家是州特許銀行，所需的時間將更長。浮動管理成為一門藝術，在華爾街尤其如此。證券公司不少散戶從帳戶提取現金時，往往會發現支票來自遠在東海岸的某些小型銀行，一般是中西部或西部地區（採用「交通浮動」）。刻意錯開結算是為了盡可能延長證券公司的資金浮動期。

企業財務部門對浮動期瞭如指掌，但如果個人想利用浮動期支付帳單，則將面臨一項老問題：債務人是否被允許推遲還錢，即使時間極短？非法的「空頭支票」便是出票人明知沒有充足的資金，依舊借助某個暫時交易而簽署支票。簡單地說，該支票不過是一張廢紙。

在各項措施中，數位銀行和電子支付降低了美國聯準會每年須結算的支票數量，對未支付浮動額度的影響最大。直接存款和網路銀行一經推出，就大大降低了浮動，但銀行某一個高利息領域一如往昔，即發薪日貸款依然取決於轉手的傳統支票。此現象再次顯示社會邊緣人民的金融服務仍存在高額利率，而且甚至被偽裝成某種費用。二百三十年前，大衛．休謨就表示，高利率是社會不公平的產物，亞當．史密斯認為，低利率是經濟健康的果實。「無銀行帳戶」和「未享銀行服務」的群體從廣義層面證實了此假設仍舊成立。

為了減少浮動，美國國會於二〇〇三年通過了《二十一世紀支票交換法》（Check Clearing Act for the Twenty First Century）。在剛開始的幾年中，浮動增加，利率作為潛在浮動數字居高不下，個人和機構都企圖延長支票結算從而賺取機會利益。這部法律遵循了近期的銀行浪潮，但大眾使用支票的情況急遽減少，而信用卡和網路銀行的使用卻與日俱增。付款機制快速進入個人操作，美國聯準會的結算開始減少，更多是在私人領域完成。

不過，單憑經濟理念不足以解釋一九九〇年代和二十一世紀初期的債務現象。二十一世紀債務危機爆發之前，貸方將地產貸款和消費者貸款混在一起，跨越了兩者自古以來的界限。接踵而來的問題，為自古以來便沸沸揚揚的利息和高利貸之爭寫上了最後一章。在許多層面中，兩者的結合讓爭辯回到了原地。關於負債的古老思想，歷經三千年滄海桑田，依然被證明是言之有理。傳統戰勝了現代金融，不論如何包裝或推銷債務，使其聽起來不是負擔而是榮耀，但事實證明，債務就是債務。

瘋狂的房屋買賣

我們用一個傳統債務的衍生商品提供一個上述真相的最佳案例。新型債務產品包括房屋淨值貸款（home equity loans，HEL，譯註：即房屋抵押的信用額度）和房屋淨值信貸額度（home equity lines of credit，HELOC）。再加上不斷增加的信用卡債務，引發了前所未有的消費熱潮。從二〇〇四到二〇〇五年，消費對美國國內生產總值的刺激上升到78%以上，換言之，許多錢都用在消費支出，以及支付信用卡欠款。根據美國聯準會一篇有著艾倫・格林斯潘共同署名的報告表示，從一九九六到二〇〇六年，近八億美元的房屋淨值貸款用於支付消費者債務，包括支付信用卡、分期信貸等各類貸款，以及住宅修繕和教育開支。很難計算單一支付信用卡債務的總額，但是二〇〇六年年末，美國總債務額為三兆五百億美元，信用卡債務在欠債總額的百分比有所減少，略微低於3%。[2]此時，謹慎消費將轉變為「食人消費」：利用房屋淨值償還無擔保的信用卡債務。[3]簡言之，用不動產為消費買單。

得益於熱門的住宅市場，消費者充分利用不斷上漲的房屋淨值「兌現房屋資產」（抵押銀行家總是這麼說）。但是，房子的實際淨值百分比並沒有因為二次貸款而增加，反而不斷下滑，被更多的債務取代。本來，只要住宅市場的交易一直上漲，這種策略倒是勉強可行。但是，絕大多數房屋淨值貸款所依賴的基礎都是可調整的，如果貸款利率保持漲勢，或房地產市場裹足不前，這種策略就有可能適得其反。次貸危機爆發時，房屋價格猛跌，許多屋主借錢所依賴的增加淨值便如此遭到侵蝕。

房屋淨值貸款和美國自一九二〇年代就開始採用的二次抵押貸款頗為類似。起初，二次抵押貸款是為了增加傳統住宅抵押，離成熟還有幾年的路要走。原本的二次抵押貸款只用於特殊開支，而且和作為抵押品的房屋有明顯的關聯。房屋淨值信貸額度也是如此。不過，房屋淨值信貸額度不是用於一次性的特殊開支，而是只要屋主缺錢，就可以反覆支取，金額或大或小，每使用一次，房屋淨值就相應減少。高頻率幾乎是毋庸置疑，因為絕大多數房屋淨值信貸額度都扯及信用卡或支票簽發。

看似簡單的信貸管道造成了廣泛的影響。房地產貸款與無擔保的消費貸款混在一起。諷刺的是，高利息且無擔保的債務以更低的利率再次融資，而實際利息支付省下的錢掩蓋了一個更嚴重的問題：債務增加，淨值減少。這表示一旦屋主的抵押貸款違約，房屋就會陷入危險。消費貸款和房地產貸款的直接關聯已經建立起來。交易產生在樂觀主義和實際的利息費用之間：屋主堅信抵押貸款能維持良好的狀態，同時支付高額的消費貸款利息又導致額外的債務。

此現象代表消費者信貸產品首次跨越了不動產投資的界線。個人能獲得本人資產負債表上的淨值，而且還將其作為現金來源。只有當房地產價值不斷增加或保持平穩時，這種平衡關係才得以維持；一旦房地產價值下滑，就會威脅到眾多屋主的資產負債表，也會改變儲蓄和投資的動態關係。

二十世紀末和二十一世紀初的一段時間裡，房屋所有權穩定增加。一九〇〇年，大約47%的美國人

2 艾倫．格林斯潘及詹姆斯．甘迺迪：《房屋股權的來源和用途》，來自《金融和經濟討論系列20》，美國聯準會委員會，2007年，23。

3 「食人消費」一詞首見於查爾斯．R．蓋斯特：《間接傷害：讓客戶為美國負債行銷》（紐約，彭博出版社，2009）。

擁有住宅，一九五〇年增加到55%，二〇〇〇年約為67%。[4]二〇〇〇年之後，稅收優惠讓不少人購入新宅，尤其是免除資本增值稅之後，許多屋主購買房屋是希望快速賣出。進而引發了一九二〇年代之後前所未有的地產投機。納稅法產生了不可估量的推波助瀾作用。房屋抵押貸款一直保持了所得稅減免政策，這也包括房屋淨值貸款利息減免。如果考慮所有因素，那麼地產是「二戰」之後最利於個人的投資。儘管在同一時期，房地產和股票的對比無處不在。但是，絕大多數個體沒有經紀人，對股票市場只能是淺嘗輒止，房地產成為他們主要且往往是唯一的投資。數十年來，房價穩如泰山：它們象徵著一種能帶來住宅、享受免稅，甚至使資本升值的投資活動。

傳統上，房地產借貸是基於成熟的銀行實踐。潛在屋主必須儲蓄20%的房屋首付，抵押為年收入的二倍半。政府贊助企業大力支持，它們對可能從貸方購買的抵押類型制定了自己的標準，對於大多數潛在屋主而言，這是慣常且正統的抵押，意即十五年或三十年的債務，外加固定收益支付。另一個選擇是可調整利率抵押貸款（ARM），它涉及控制利率最高額度和最低額度的上限和下限。這類標準的貫徹代表許多未達標準的潛在屋主，在金融工具的選擇極其受限。

一九九〇至一九九一年經濟衰退之後，抵押市場重整旗鼓。一九九三年，抵押多達一兆美元。一九九四年，該數字下滑至七千五百億美元左右，一九九五年跌至五千億美元左右。[5]到了一九九〇年代中期，部分銀行能提供二十種類型的抵押，十年前的抵押服務僅三種。除了十五年和三十年的慣常抵押之外，還有可變抵押貸款、小額分期抵押貸款以及混合抵押貸款。負攤銷貸款往往和小額分期抵押貸款密不可分，或許五年後，根據某個較低的優惠利率，抵押就能再融資或全部付清；但是，寬限期內增加的利息都要算進未償還的額度中，從而加重了屋主的債務負擔。

屋主不得不面對的最棘手問題是可調整利率。一九九〇年代末期，可調利率抵押貸款聽起來簡單，卻掩蓋了許多將來可能招惹麻煩的特點。週期性調整所依賴的基準利率令人摸不著頭緒。二十年間，抵押持有人的債務須根據期限不同的倫敦銀行同業拆放率、財政部票據利率、商業票據、基於優惠利率的公式等進行調整。最高和最低利率讓消費者能夠預測風險區間。如果抵押利率的上限是8%，下限是4%，那麼屋主就能知道風險範圍，也能估算出支付的美元價值。[6]貸方一如往日地固守著相對嚴格的標準，要求借方支付超過10%的定金，並且對其收入進行核實。抵押援助機構和貸方強制執行等標準為房地產市場帶來了一定的平穩性，可惜只持續了短短數年。一九九〇年代末期，這些標準開始放鬆，附帶了各種新奇的可變利率，再度成為棘手難題。出於政治壓力，潛在借方越來越多。

一九九〇年，數家波士頓地區銀行開始為每戶收入低於兩萬五千美元的低收入家庭提供抵押貸款，由此掀起了一股新浪潮。這些抵押貸款是以固定和可調整利率為基礎。此舉為向社區激進團體俯首稱臣，這類團體為了低收入居民獲得更多的住宅信貸而搖旗吶喊。另外，部分壓力源自被抱怨數年的「紅線」抵押放貸，「紅線」主要在貧困的少數民族社區實行，由於這類住民和低收入情形，銀行通常會將整個社區劃

---

4 《美國的歷史數據》，蘇桑．卡特、司各特．蓋特納、麥克．海尼斯、艾倫．奧姆斯泰德及理查．蘇奇編輯（紐約，劍橋大學出版社，2006），表格Dc653-669——住宅單位，按居住率和所有權。

5 MortgageDaily.com。

6 屋主支付按揭有最高利率（或上限）及最低利率（或下限）。此界限與債券和期權所謂的「利率上下限」，即兩者差額或息差不同。利率上下限是利率之間的不確定性範圍，按揭貸方不受這些利率的影響。相反地，同一時期按揭支付方將面對此範圍的風險。

分到紅線之外，拒絕為他們提供抵押貸款。但此時，貸方臣服於重壓之下，開始為低收入家庭提供抵押貸款，同時也為增加利潤開了一扇新大門，因為相較於傳統的抵押貸款，這類抵押貸款的利率顯然更高。

政治層面，聯邦政府向銀行施壓，必須為所在地區的中低收入家庭提供更有效的銀行服務。一九七七年通過的《社區再投資法》（Community Reinvestment Act）要求聯邦銀行監管者依照固定時間評估銀行對社區的服務品質。因此催生了一九九四年的《瑞格爾社區發展和監管改進法案》（Riegle Community Development and Regulatory Improvement Act）。兩部法律要求貸方盡可能鼓勵少數民族購買住宅，同時要求銀行向聯邦監管機構報告成效。只要放貸者能從各自監管機構獲得高分，至於提供的住宅貸款實際品質如何便無關緊要了。這兩部法律可以說是為二〇〇七年次貸危機鋪平了道路。

二〇〇一年，美國聯邦國家抵押貸款協會與聯邦住宅抵押貸款公司，兩家抵押機構開始購買次級抵押貸款，並將其證券化，之後，證券化發生了出人意料的轉變。前三十年，兩家機構出於證券化目的購買抵押貸款時，一直遵循相對保守的模式。但是，一九九九年末，由於《金融服務業現代化法案》（Gramm-Leach-Bliley Act）的管制放鬆，國會和遊說團體不斷向兩機構施壓，尤其是抵押行業，紛紛要求提供中低收入抵押貸款。政治壓力越漸巨大，決定順從趨勢後，該行業及市場隨後進一步面臨龐大災難。

稅收法規也對抵押熱潮發揮了不可小覷的助長。一九九八年的《納稅人減稅法》（Taxpayer Relief Act）規定，購買房屋時，如果單一納稅人花費的金額達到二十五萬美元，一對夫妻花費的金額達到五十萬美元，則資本收益減免額度將提高。這是有史以來主要住宅所獲得的最高免稅額度，但規定前五年中必須有兩年將其作為主要居所。不少民眾因此項更動讓所納稅額降低，許多人在賣房之前就已經長期擁有該房。對於想著兩年後就能趕緊賣掉房子從而大賺一筆的人來說，這也是一個難以抵抗的誘惑。[7]

萬事俱備，抵押熱潮隨之誕生，直到二〇〇七年信貸危機爆發才偃旗息鼓。納稅優惠、寬鬆的放貸標準以及欣欣向榮的股票市場聯合作用，為美國房地產價格迎來了亙古未有的最高漲幅。二〇〇〇年之後，抵押貸款成倍數增長，人們買賣房屋幾近瘋狂。與此同時，信用卡債務也在增加。截至當時，證券化為住宅型房地產市場帶來了巨大盈利，讓泡沫兩頭不斷膨脹。

政府贊助企業為抵押貸方創造了源源不斷的資金流動，進而將循環信貸概念引入了抵押市場。私營證券化接踵而來，為流動資金注入新血液。傳統上，銀行提供抵押並記在帳上，直到債務還清為止。此時，銀行透過證券化換來現金，而且能提供更多的抵押貸款。唯一能預防銀行在提供抵押貸款時放寬標準的是，住宅援助機構的要求——它們只購買依照自身機構準則所提供的抵押，這些準則涉及定金與抵押保險等。如果這類機構不參與其中或放寬標準，整個過程將面臨巨大壓力。

一旦「面向人人的抵押貸款」概念變成一種體制，循環抵押信貸就會對市場造成災難性的影響。這種傳染病以借方令人質疑的可信度為源頭，直接殃及援助機構和證券商，它們將抵押債券銷售給債券持有人。許多外國投資者，包括歐洲各家銀行、主權財富基金和對沖基金等，都持有這些有抵押債券，因為相較於普通債券收益，這類債券收益之高令人難以抵抗。違約之風席捲而來，所有行業無一倖免。由於可調利率抵押貸款的重置取決於抵押最初的提供時間，因此，這陣風越刮越猛。所以次貸危機光是穿透整個體系就花了數年時間。

---

7 在一九九八年推出《納稅人減稅法》之前，從住宅銷售的資本盈利申請減免的唯一方法是，將收益轉入與原住宅價值等額或更高的新住宅。

二〇〇三年開始出現的另一個主要問題是替代抵押產品（alternate mortgage product，AMP）的廣泛使用。這類抵押極為誘人，首次利息支付偏低，本金償還往往也會推後幾年。替代抵押產品讓抵押持有人認為，自己占了低利率便宜，而不用在之後某個日子重新計算抵押，後者往往會出現令人不愉快的事情。美國政府責任署（Government Accountability Office，GAO）分析了此趨勢並得出結論，「根據抵押統計數據，貸方如今為信用度和財力更低的借方提供替代抵押產品。新誕生的借方中，有人為了避開每月更高額的支付，在再融資或銷售住宅方面將面臨更大困難。尤其當利率不斷上漲，或者每月僅支付最低還款或住宅沒有增值，而導致住宅股本開始下滑時，難度更大。」[8]警鐘雖響，但無人行動。

二〇〇七年八月，次貸危機爆發，在此之前，住宅抵押市場就困難重重。二〇〇七年年中，超過一百萬件的抵押出現違約，該數字還不斷上漲。政府責任署指出，利率上漲是主要根源。大多數受害者是申請某類可調利率抵押貸款的屋主。二〇〇四和二〇〇五年，短期利率的邊際增長對可調利率抵押貸款造成壓力，而之後的重調利率隨之上浮。利率上漲和違約增加也讓人們留意到許多素來忽視的業內做法。政府責任署表示，放貸行為不當、收入審核欠妥或完全沒有審核，以及貸款文件不齊全均是問題根源。[9]責任署還指出，利率問題將在二〇〇七年年末和二〇〇八年引發更多的止贖權問題，結果一語成讖。

證券化影響了信貸市場危機，與隨之而來的金融崩潰，此影響不容小覷。人們公認，一開始很多次級抵押就不應該出現，然而證券化卻敞開大門。窮人沒有收入，僅依靠福利支票餬口，他們如何獲得抵押？為何放貸標準如此寬鬆？對於信用卡，住宅貸款一旦申請下來立即就證券化了。原始貸方不會將它們留在帳上，因此各種利息不過就是轉瞬即逝。由於貸方不必將其列入紀錄，他們也犯不著遵守嚴格的放貸標準。貸款是債券持有人的問題，不是貸方的問題。體系漏洞俯拾皆是，次級抵押在市場先只是站穩腳跟，不久後穩穩紮根。十五年前，新抵押總規模為三千億美元，信貸品質絕大多數有保障。然而，此時的此數字代表的只是市場不良部分。[10]

一旦抵押集合以支撐債券，評級機構便開始以抵押為基礎進行評級。許多債券都能得到高評級，但它們其實主要依靠次級貸款支撐。二〇〇七年夏末，信貸市場危機爆發，眾多債券的價值一落千丈或嚴重降級，換言之，投資者出現虧損或證券滯流。有人質問，為何一開始這類債券能獲得高信用評級，但是看來評級機構和審核抵押貸款的公司一樣，在證券化過程面臨壓力。交易太多，逼得大家選擇捷徑，以跟上膨脹的業務，但捷徑忽視了原本會降低新債券評級的重要訊息。人人盡可能地火速推行更多新債券，最後，監管不力成為信貸市場危機的重要根源。

更令人擔憂的是，二〇〇一年，次級發放在抵押占不到5%，二〇〇七年已超過13%。最大的漲幅出現在二〇〇三至二〇〇四年，該數字增加兩倍不止。次優級抵押貸款發放（中等級別抵押，又稱為等同A級抵押）也出現類似增長。從二〇〇三到二〇〇五年，數量幾乎再翻兩倍。同時出現的還有與抵押相關的債券發行數量，刷新紀錄。機構債券之外，還有擔保抵押貸款債券（collateralised mortgage obligations，CMOs）和擔保債務債券（collateralised debt obligations，CDOs），後者是指由次級和次優級抵押貸款所構成的結構性工具，採用和擔保抵押貸款債券類似的方式，分解成不同分檔。許多投資者都是購買此類產

8 美國政府責任署：《抵押產品替代：違約的影響尚不清楚，但借方的風險披露情況應當有所改觀》，二〇〇六年九月二十日。

9 美國政府責任署：《關於最近違約和取消抵押品贖回權的趨勢，對於房屋抵押和相關經濟以及市場發展影響的消息》，二〇〇七年十月二十四日。

10 MortgageDaily.com。

品，包括銀行本身與外國銀行，它們皆希望能獲得債券帶來的更高邊際收益。儲蓄等機構之所以購買，恰好是因為它們與抵押相關。這些銀行認為此舉是分散風險，但其實並未擺脫抵押危機，而只是遠離了對手風險。

證券化的過程是問題核心所在。政府責任署表示：「根據私營證券化債務的統計數據，從二〇〇〇到二〇〇六年，貸款與估值比例增加（住宅價值除以貸款額度）、利率可變、借方收入或資產紀錄不足或完全沒有、本金或利息延期支付等類別的抵押百分比大幅增加。」[11]但是，並非所有次級抵押發行者都利用私營債券清理各自資產負債表。美國國家金融服務公司（Countrywide Financial）是次級抵押的大型銷售商之一，將大量次級抵押轉給聯邦國家抵押貸款協會，然而，購買此類抵押顯然超出聯邦國家抵押貸款協會的正規業務。

英國的住宅抵押數據則揭露出與美國類似的模式，但時間區段不同。英國的抵押膨脹始於一九九六年，並延續到二〇〇七年。一九九七年，新抵押貸款增加到每年超過一百萬件，截止二〇〇七年，一直處於該標準。二〇〇二年達到巔峰，新貸款多達一百三十九萬六千件。貸款總價值也在上漲，一九九七年為六百零六億英鎊，二〇〇六年超過一千五百七十億英鎊。但與美國相比便相形見絀了，二〇〇〇年年初，美國就已經達到了二十兆美元，截止二〇〇八年年中，保持上漲趨勢。同期，英國總計略高於一萬英鎊。[12]

此時為止，這些貸款的固定利率屬於少數。傳統而言，英國的放貸是以可調利率為基石，固定利率抵押是例外。雖然英國的企業債券市場，在浪潮開始之前的二十年內已經是一潭死水，但證券化仍舊對英國抵押融資發揮了巨大作用。一九九六年，只有19%的抵押採用固定模式，但二〇〇七年已經增加到75%。

這與美國不同，許多住宅抵押貸款的供應方是傳統意義上的購房互助協會，而非商業銀行。所有貸方的前十名中，購房互助協會就占據了六個位置。信貸市場危機也對它們構成重創。二〇〇八年底，其中三家協會被迫與更強大的合作方兼併，或是向英國財政部申請救助。此模式倒是與美國頗為類似，二〇〇八年，美國前三位抵押貸方向監管者請求援助，其中兩家屬於儲蓄機構，它們與購房互助協會屬於同類性質。[13]

英、美兩國市場的相似性主要是大致輪廓，而非功能或規模。較之英國，美國建設新住宅的空間更大。美國的平均住宅單位更大，每平方英尺價格更低。英國每十五年就要遭遇一次房地產盛衰週期，相較而言，自「二戰」之後，美國並未經歷多次衰退，不過一九九〇年代初期是例外之一。英國抵押借入急遽飆升，倒是與美國有了一個共同特徵。英國貸方發現證券化的魅力，於是以報復心態擴大利用。英國抵押貸方充分利用證券化市場，其程度超越其他所有國家，僅美國是例外。[14]從二〇〇〇到二〇〇七年，歐洲各類資產的證券化總額達到二點四四兆歐元。在所有住宅性抵押貸款證券（MBS）中，英國約占75%。歐洲和英國並未出現如聯邦國家抵押貸款協會和聯邦住宅抵押貸款公司等政府機構，因此，證券化市場屬於私營性質。但是，很多債券都涵蓋其中。

相較於歐洲其他地區，以信用卡為支撐的資產擔保證券在英國更為普遍。超過30%的此類證券都是在

---

11 美國政府責任署：《關於最近違約和取消抵押品贖回權的趨勢，對於房屋抵押和相關經濟以及市場發展影響的消息》，第26頁。

12 英國抵押貸款協會，cml.org.uk。

13 次貸危機中，英國諾森羅克銀行成為大西洋一端嚴格意義上的首位受害者，英國財政部不得不出面援助，幾個月之後，美國財政部和美國聯準會也為其美國同行提供資助。

14 歐洲金融市場協會（AFME），afme.eu。

英國發行，信用卡在英國變得越發流行。在利用證券化方面，西班牙和德國緊隨英國之後，分別排名第二和第三，但此時兩國總額仍不敵英國。[15]值得注意的是，其中涵蓋歐洲模式，換言之，這類債券與美國私營證券化不同，它們對原始借方有追索權。

金融管制放鬆對抵押熱潮帶來了直接的影響。二〇〇七年夏末，危機襲來，高利率絕不是主要原因，卻發揮了間接作用，因為風險在利率上漲的同時增加；另外，由於證券化，債券投資者捨棄傳統抵押貸款證券，而選擇收益更高的擔保抵押貸款債券。他們因此鍾情於次級和次優級抵押貸款支撐的擔保抵押貸款債券，即使從歷史看來，這類做法收益相對較低。

在英、美兩國之外，人們也意識到，證券化能對住宅抵押帶來不少好處。二〇〇〇年初期，所有歐洲已開發國家的企業均湧入證券化市場。除了歐盟主要成員國，俄羅斯、土耳其、捷克共和國、烏克蘭和哈薩克的借方，紛紛以不同程度發行證券化債券。[16]俄羅斯是其中最大的發行方。歐洲及非歐洲國家的主要證券化借入領域是住宅性房地產。在部分歐洲和亞洲地區，信用卡影響較弱，發展較慢。

有些還包括歐洲模式，換言之，債券對原始借方有追索權，這是與美國私營證券化的不同之處。它們仿照了十八世紀德國推出的德式附擔保債券（pfandbrief），它以抵押為擔保，但始終會留在借方的資產負債表上，一旦抵押支付方出現問題，借方必須補上所有虧空。儘管德式附擔保債券屬於私人債項，它們卻為政府贊助企業提供了參考模型。[17]不過，非美國地區對抵押貸款證券的使用，並未出現美國所遭遇的消費和住宅債務衝突。

信貸市場爆發危機，住宅違約率比信用卡違約對經濟的影響更為顯著，而瘋狂消費也顯露出一個令人痛心的特徵。為何屋主寧願拖欠住宅貸款，丟下房子不管，仍選擇繼續保持信用卡還債？此行為與過往相反，從前的第一要務為房子，決不會退居最末。消費者似乎對利率上漲的後果一頭霧水，但對如何應對極端逆境倒是心中有數。一般認為，如果抵押出現違約拖欠，貸方對房子有合法的追索權，但對借方其他資產則無能為力。信用卡就不同。如果信用卡出現違約拖欠，信用卡公司對其他資產有追索權。事態情急之時，消費者顯然知道必須死守何種資源。但是，這種大眾認知不一定總是正確無誤。各州情況略有不同，多數情形中，政府為貸方提供補救措施，其中包括差額裁定（亦稱欠款餘額判決），從而獲得借方其他資產以及扣押薪水；換言之，住宅貸款和信用卡欠款拖欠將一視同仁。住宅曾被認為是家庭的堡壘，但依舊不免成為信用卡的另一個受害者，不過與信用卡相比，借方對住宅顯得不夠重視。此現象經久不衰地證明了消費者信貸的強大魅力。

火熱的信用卡市場

從一九九〇年代到二〇〇〇年代，高額利率並未在抵押市場盛行開來，也不是二〇〇七年開始的金融危機導火線。抵押利率遵循財政部證券的收益曲線，因此利率一直偏低，劣質抵押除外。儘管根據低到不切實際的替代抵押產品或外國可變模式進行調整，但其利率在歷史上素來不高。可變抵押也許加快了《高

15 Afme.eu。
16 亞洲證券化論壇，asian-securitization.com。
17 與德式附擔保債券不同，政府贊助企業的借入不計入資產負債表。

利貸法》的消亡，但並不一定就會導致利率居高不下。但信用卡就不是這麼回事了。

一九七五年之後，信用卡越發普遍，信用提供方意識到，消費者對信用卡小心謹慎，除非走投無路，否則絕不拖欠。只要客戶每月還錢，貸方也樂得接受，但在可預測的將來，債務最好無法徹底還清。信用卡首次亮相時，人們原本指望，下一輪支付週期時能全額償還，於是便推出了三年分期償還欠款的信貸條件。每月結算按照三年償還計算所須支付額度，如果客戶嚴格遵守償還計畫，說不定支付時間還會略微低於三年。但是，證券化的要求很快就讓問題蒙上陰影。信用卡公司開始向證券商銷售信用卡應收款，長期限比短期限更受喜愛。如果某債券以三年信用卡應收款為基礎，且客戶略微提前還清欠款，那麼債券持有人將面臨提前還款風險。此風險對於抵押援助機構債項的投資者而言，素來是棘手問題。購買的債券在最後支付到期之前提前還清，有時屋主甚至更早還完抵押。

為了確保信用卡資產擔保證券盡量長久，至少延續至到期日，信用卡公司鼓勵客戶採用每月最低還款額，該金額比三年分期計畫的每月額度要低。減少最低額度能大大延長貸款壽命。例如，假設某位客戶信用卡欠款五千美元，年利率為14％，按照三年分期計畫，每月須還款一百七十九美元（依照年利率14％計算，三十六個月還款額相同）；但是，信用卡公司也許會對該金額設置2％或一百美元的最低額度。這是貸方為保持帳戶良好所要求的最低額度。三年利率而言，該卡欠款的利息為每月五十八點三三美元。然而，如果選擇最低還款額，便只有四十一點六七美元用於償還本金，換言之，將需要更長時間才能還清貸款。利息往往取決於未還金額，因此，客戶只償還最低額度將大大有利於信用卡公司。

如果採用最低還款額，借方須花費三百五十一個月才能還清債務，帳單上的利息增加了六千五百五十五美元。如果利率發生變動，那麼還款時間將會更長。依照16％計算，還款期限將變成四百二十八個月，利息變成九千三百二十八美元。儘管消費者深知支付最低還款額的後果，但令人驚奇的是，除了警告他們欠債未還，對此做法只有寥寥數語的談論。聯邦政府除了要求貸方必須在帳單向客戶說明年利率（實際利率）的百分比數字，此外沒有其他規定控制利率。自從最高法院針對馬奎特（Marquettee）國家銀行案件做出判決之後，州《高利貸法》更加奄奄一息，因為貸方有權選擇地域，而不必遵守州高利貸上限。

自信用卡誕生以來，美國消費者信貸飛速增長。二〇〇八年年末，未支付消費者信貸高達一點四五兆美元，其中信用卡占了八千九百二十億美元。四十年前，未支付金額為八百五十億美元，而循環信用卡的未支付額度僅為二十一億美元。[18]二〇〇八年，大約75%的信用卡債務證券化，而一九六八年則完全空白。信用卡貸方的資金成本（商業票據利率）和向持卡人收取的費用之間，存在巨大差價，使得證券商在銷售以信用卡應收款為抵押的資產擔保證券時更得心應手。相對而言，未支付信用卡的違約利率低於其他消費者貸款（約為3%），貸方往往將這些結餘賣給收債員，又能賺上一筆。

信用卡公司在放貸業務表現的自相矛盾不言而喻。它們一方面讓信貸更便捷，同時希望法律嚴格，以避免掉入自掘的墳墓。信用卡放貸者尤其害怕客戶宣告破產，欠債不還。一九九九年，針對一九七八年《破產法》的改革，貸方不遺餘力地積極遊說。貸方希望減少有資格宣告破產的人數，最終得償所願，阻止國會拓寬現行法律或讓法律更自由化。

二〇〇四年，信用卡沖銷有30%採用了《破產法》的「第七章」和「第十三章」。消費者破產從二〇〇三年的一百六十二萬五千起，下降到二〇〇四年的一百五十六萬起。二〇〇五年，國會對《破產法》

18 美國聯準會委員會：《統計報告》各期，各類來源和貸方類型，federalreserve.gov/release。

進行改革，距離上次改革已經過去二十七年了。一開始，一九七八年法律受到的批評果然不假。法律是用來避免高額信用卡債務。新法律於二〇〇五年十月正式生效，剛開始幾個月裡，個人破產申請暴增，隨之而來的是信用卡違約。法律生效之前，破產申請數量平均每年約為一百六十萬起。法律生效之後，下滑了一百萬起。[19]也許有人認為二〇〇五年十月之前，新法案使得數字增加，然而，新法案生效不久後，數字再度攀升。此現象部分原因在於宣傳造勢。紙媒和電視廣播媒體到處都是新法案的身影，所有主要廣播電視和雜誌報紙紛紛對其「最終登場」瘋狂報導，於是許多債務人意識到了潛在後果，而且由於時間有限，必須立即行動。

二〇〇五年的《防止破產濫用及消費者保護法》（Bankruptcy Abuse Prevention and Consumer Protection Law）要求申請人尋找破產顧問，同時也增加了法庭費用。《尼爾森報告》（Nilson Report）分析了該法律生效前後的破產數量，該數字驗證了評論最大的顧慮。一九七八年的法案被信用卡持卡人濫用，藉此申請破產，逃避還債。新法案問世之前，根據「第七章」申請的破產數量每年約為一百一十四萬起，每起金額約為四萬一千美元，導致貸方損失兩百三十五億美元。新法案執行之後，二〇〇六年，該數字下滑到三十四萬九千起，平均每起金額為五萬八千美元，總損失達一百零二億六千萬美元。[20]

「第十三章」的破產情況大同小異。新法律問世之前，破產平均數為四十二萬八千起，二〇〇六年立即跌至二十四萬八千起。破產平均額度從三萬美元增至七萬八千美元，債權人損失分別為八十四億和一百二十六億美元。根據「第七章」的破產申請制定了經濟狀況審查制度，因此按照「第十三章」的破產申請出現增加也屬合理。之前對破產的不少推測也得到事實驗證。

根據「第七章」申請破產的絕大多數人都沒有多少資產可供清算，因此一筆勾消債務也不會對自己造成多大損失。有的人則更加精明，把資產藏起來，讓庭上債權人覺得沒什麼便宜可占。拖欠信用卡之人似乎對收債機構採取的流程心知肚明。收債員不會猛追失業的拖欠者。當這類拖欠者找到工作後，他們往往會依照「第十三章」提出申請，趕緊保住自己的資產，以免被捲土重來的收債員拿走。

首次亮相的四十年之後，信用卡及其「兄弟姐妹」（預付卡和簽帳金融卡等）成為美國歷史上最成功的金融創新。它們產生的數字令人震驚。二〇〇七年年末，全球各地客戶使用銀行信用卡的購買金額為四點三四兆美元，歐美國家占75%，此以六百四十五億次交易為基礎，美國幾乎占了一半。信用卡數量超過二十三億八千萬張，其中美國囊括了超過十億張。不論實際上是否每個美國人都有信用卡，每個美國人平均都持有三張信用卡。二〇〇八年年中，美國未支付循環消費者信貸達到九千五百四十億美元，非循環信貸為一點六兆美元，總額度為二點五五兆美元。這還不包括住宅股權貸款。據統計，在循環信貸中，當第一張帳單寄達時，餘額循環計算下來，大約60%的信用卡帳單沒有完全支付。[21]

利差交易

「二戰」以來，華爾街和倫敦金融城就對所謂「利差交易」（carry trade）瞭如指掌，並付諸實踐。此

19 MortgageDaily.com。
20 《尼爾森報告》，各期，2006年，Nilsonreport.com。
21 《尼爾森報告》，各期。

交易過程非常簡單：它是指低利率借入和購買高收益資產。二十一世紀初期，許多中央銀行低利率現象普遍，使得此類投資易如反掌。這套手法一般用於國內，然而，當市場變得更全球化，它也登上國際舞臺。只要資金能在國際暢行無阻、快速流動，這種做法就能盈利。

借入資金和資產收益的差價越大，套利盈利就越多。同種貨幣的借入和投資往往是利差交易的慣常做法，然而，二十一世紀初期對沖基金登場，這場博弈相時而變。如果能借入、銷售某個低利率貨幣，然後對另一貨幣進行再投資，而後者又能帶來高回報，那麼利差交易就能輕鬆漂洋過海。二十一世紀早期，冰島債券收益幾乎達到9%，而其他主要貨幣能以1至3%借入。日元的借入成本最低，利差因此能達到8%（八百基點）。

唯一的風險就是貨幣風險。雖然這種差價令人垂涎三尺，但如果貨幣價值發生變化，一切都是鏡花水月。然而，倘若回報是財政部債券平均收益的兩倍，那麼這種貿易風險便是值得。對沖基金開始借入日元，以期透過賣出日元購買冰島克朗（krona），它們將以克朗購買冰島政府債券。當金額龐大便能賺取巨大利益。日本政府不會出面干預，因為日元是在國外借入，所以政府沒有太多干涉動力。

這種策略風光了一陣子，然而在次貸危機時期開始搖搖欲墜。二〇〇八年，對沖基金的利差交易讓冰島財政跌了大跤，國家瀕臨破產邊緣。日元升值，克朗貶值，貨幣迅速撤出冰島，其速度和之前進入冰島時大可媲美。利差交易的關鍵因素在於，借入貨幣一定要維持在同一個匯率標準或貶值。但是，信貸市場危機推高了日元對其他主要貨幣及克朗的匯率，創下歷史新高。一旦貨幣風險明顯威脅到利差交易的盈利，資金就會立刻逃之夭夭。政府債券價格一落千丈，對冰島銀行與工業的投資也不例外，隨著利差交易資金逃離冰島，它們全處在破產邊緣。某家冰島銀行的存款人批評政府對英、美經濟政策亦步亦趨，從而助長了嚴重依賴債務的消費者生活方式：「由於種種事件，如今社會民怨沸騰，我們親眼看到雷根主義和柴契爾主義的隕落。我們必須回到從前的價值觀。自由市場沒有發揮應有的作用。」

信貸市場的崩潰

繼南海泡沫和一九二九年經濟崩潰之後，二〇〇七年的信貸市場危機很快就成為最熱門的市場隕落話題。這次危機常被認為是資產價值膨脹和過度槓桿借貸導致的泡沫，實際上，它是大量債務工具相互疊加的一座金字塔，自一九三〇年代初期英薩爾帝國隕落之後，類似情況未曾再現，然而，此時的規模更龐大也更複雜。這座金字塔的關鍵部分轟然倒塌，整個結構注定一敗塗地。如此看來，它和南海泡沫頗為類似，與一九二九年事件的類似之處更是令人驚異。

金字塔最低端是住宅抵押，其上是消費者貸款，而兩者之上則是金融市場工具，這些工具透過證券化和套利，充分利用住宅抵押和消費者貸款。再往上一級是創造這些工具並從中獲利的金融機構。不少銀行推出了部分工具，並且讓監管者認為，由於它們屬於對沖工具，因此不會對金融體系造成威脅。一旦銀行開始使用自己孕育的高額槓桿借貸工具，並以此作為監管資本，人們很快開始發覺新的泡沫已經出現，而其根基就是低評級的債務和信貸風險套利。

自一九九九年放鬆金融監管之後，其他非銀行監管部門對銀行機構也能施加影響，從而彰顯影子銀行體系的重要性，另外也顯露出監管者能對其產生局部卻顯著的影響。在放寬之前確立的標準方面，銀行監管者絕非孤身一人。美國證券交易委員會也鼓勵放鬆管制，它站在自身旗下的證券商號這一邊，做出了史上最為關鍵的決定之一。二〇〇四年，四家主要投資銀行行長說服美國證券交易委員會，要求將資本要求降低50%，此舉讓四家銀行的槓桿借貸增加兩倍。實際上，四家銀行能藉此將槓桿率從40：1變為20：1，邊際資本將大幅提升。這將有助於投資銀行承銷更多與抵押相關的證券。根據國際清算銀行的綱要，美國聯準會計畫放寬資本適足要求，而此舉在無意之中就與之相呼應，結果證明，它也是信貸市場土崩瓦解的幕後主要推手。

危機初始，某種工具成為通貨緊縮泡沫的首個受害者，不過非金融業內人士對它知之甚少。金融工程師早在幾年前就推出了特別投資工具（special investment vehicles，SIVs），為創造資金源頭的利差交易模式。這類彙集性投資工具的資金源頭是商業票據，收益將用於中期債項（例如擔保債務債券）投資和其他資產擔保證券。平均看來，這類負債屬於短期，而其資產屬於中期。資產購買是根據保證金，提高了彙集工具的收入。這類混搭工具在二〇〇四至二〇〇七年大行其道，資產規模增加三倍。危機爆發以前，特別投資工具機構共有三十六家，持有資產約四千億美元。只有小部分資產用於次級抵押，二〇〇七年價值下跌，投資者開始清算，導致數家機構受到清算或重組，其中還包括貝爾斯登公司（Bear Stearns）打理的對沖基金。[22]影響迅速蔓延。資產貶值，一時無法滿足現金需求，眾多公共養老金基金和僱員基金都面臨清算問題，與二十年前加州橘郡導致的危機大同小異。

特別投資工具引發的問題簡直是對金融危機火上澆油，同時也揭露出一些基本問題。這類工具籌集資金，從商業票據市場購買與抵押相關的資產以及其他固定收益資產，依賴該市場作為長久的資金來源。儘管此市場已經在美國存在了一百五十年，但是從一九七〇年代開始，其普遍是作為一個資金來源。此時，信用卡發卡機構開始以此為源頭，從商人購買信用卡應收款，消費者的信用卡貸款，外加商業票據市場，兩者聯合構成了「二戰」之後影子銀行體系的首個組成部分。這類業務絕大多數不受聯邦銀行監管機構負責。當特別投資機構發展起來，它們須依賴影子體系創造的工具，其中包括擔保債務債券和私營抵押證券。部分擔保債務債券還包括諸如信貸違約交換合約等衍生商品，整個特別投資工具的穩定性須仰仗正常的金融環境，它只能應對極少甚至無法應對任何外部衝擊。如果該體系的穩定遭到重創，這類工具將首當其衝地受到負面影響。

然而，當時關於影子體系孕育出的工具對於銀行機構的影響究竟多大，人們尚沒有什麼概念。二〇〇八年冬天，投資銀行貝爾斯登公司身陷困境，問題開始明朗。正常而言，一九九九年放鬆管制之前，遭遇金融困境的投資銀行會在某種程度上從整個銀行體系孤立出來。然而，在這九年之間，貝爾斯登公司與其他證券公司一樣，投身多種批發性商業銀行業務，同時還包裝行銷私營抵押證券。除此之外，該公司還同時處理了數家對沖基金，將參與權賣給投資者。二〇〇七年夏天，這些對沖基金一敗塗地，它們從回購市場獲取不少短期融資，而此時其回購市場成本開始增加。銀行不得不申請援助，美國聯準會出面干預，這令人回想起長期資本管理公司。中央銀行一直支撐著證券交易商直至找到買家，這還是歷史首例。在這場倉皇匆忙的接管中，摩根大通出手購買這家岌岌可危的銀行股票，此舉也得到美國聯準會同意。美國聯準會主席班·伯南克（Ben Bernanke）後來表示：「我們的觀點是，貝爾斯登公司的隕落將拖垮（回購）市場，將波及其他企業，所以我們必須採取行動。」[23]美國聯準會將該公司視為財政部證券的頭號交易商；

22 金融危機調查委員會：《金融危機質詢報告》（紐約，公共事務出版社，2011），252-253。
23 金融危機調查委員會：《金融危機質詢報告》，第291頁。

美國聯準會透過數家公司從而在貨幣市場貫徹其貨幣政策，貝爾斯登公司就是其中之一。

貝爾斯登公司的轟然倒塌是由於抵押市場的風險暴露。資產負債表上，該公司槓桿借貸嚴重，絕大多數資金都屬於短期性質，導致其深受短期資金需求的影響。金融界對救助方案莫衷一是。有人認為應該讓其倒閉，唯有如此的衝擊才能治癒金融體系的疑難雜症；其他人則要求美國聯準會寬容對待。極少人數認為其所貫徹的措施有理有據。財政部長亨利・保爾森（Henry Paulson）負責指揮應對金融危機，他將銀行的這場浩劫根源推給「黑天鵝事件」。他認為，「對於百年一見的事件，我們沒有應對教材」，相反地，他的重點是財政部有義務解決問題。[24]美國聯準會前任主席艾倫・格林斯潘也曾做過類似評論。人們忽視了危機四伏的市場關聯。

次級抵押違約增加，起初提供貸款的銀行與證券商紛紛感到壓力重重。隨著危機升級，先前遭人忽視的一項事實漸漸明朗。人們往往認為，證券化債券債項，尤其是抵押，倘若整個抵押失效，那麼最早的放貸機構能提供保障。這是聯邦政府為聯邦住宅抵押貸款公司和聯邦國家抵押貸款協會債項所提供的隱性保障。數十年來一直風平浪靜。另一個人們心照不宣的觀念，則是所有證券化債券處於同一法律地位。然而，對於私營住宅擔保抵押貸款債券而言，完全不是一回事。投資者對原貸方沒有追索權。如果整個組合全部或部分違約，損失浪潮打到投資者身上便會停下腳步，貸方沒有責任拔刀相助。

華爾街數年來一直在銷售私營住宅抵押證券，並揚言此類擔保債權「破產不侵」。這強調了投資者風險的一面，即試圖讓投資者放寬心，如果發行人破產，投資者還有擔保。如果原放貸銀行申請破產，由於證券化擔保屬於投資者，不屬於破產機構的普遍債項，因此投資者可以全身而退。但是，此番言論的另一面卻沒有討論清楚：如果組合一敗塗地，原貸方沒有責任出手援助，因為抵押已經不屬於其資產。結構化金融的初衷是利用證券化幫助金融機構剝離資產。這種手段將緩解風險。一旦資產消失，貸方寧願無所作為。有所行動的方式無疑違背了證券化的初衷。美國政府對政府贊助企業的隱性保障是例外：若是少了這種保障，此類機構將永遠沒有出頭之日。美國財政部從來沒有碰到必須救助抵押援助機構的時刻。「二戰」之後，住宅市場的復原力強大到令人震驚。

一旦此類機構開始脫離證券化模式，其資產負債表和收益表就會面臨巨大壓力。金融危機爆發數年前，此類機構就從貸方手上購買次級抵押。止贖權發揮效力，這類機構和投資者都受到危機重創，因為這類機構不得不彌補未支付債券組合中的利息虧損。它們一直從大型放貸機構購買此類抵押，這些貸方是以次級和次優級抵押為專長。國家金融服務公司和華盛頓互惠公司（Washington Mutual）兩家放貸機構，在危機中驟然崩潰。當華爾街議論數年之久的政府隱性保障不再遮遮掩掩，聯邦住宅抵押貸款公司和聯邦國家抵押貸款協會也將難逃同一浩劫。

二〇〇八年夏天，許多金融機構的股票（包括聯邦住宅抵押貸款公司和聯邦國家抵押貸款協會）都遭受巨大壓力，急遽下滑。兩家機構的絕大部分市場資本率付諸東流，只好交由財政部接管，直到財政問題得到解決。二十年前，一場農業危機導致必須重組農業信貸體系，而這次事件成為戰後第三次政府援助企業違約。幾乎與農業問題同期出現的儲蓄和貸款危機，迫使聯邦住宅貸款銀行委員會進行重組。但是，抵押機構營運規模創下聯邦機構百年歷史的最高紀錄。

這類機構的本質也遭人質疑，當人們更清楚意識到虧損程度之時，重商主義者的類比再度搬上檯面。

---

24 《亨利．保爾森在羅納德．雷根總統圖書館的演講》，美聯邦新聞服務，華盛頓哥倫比亞特區，二〇〇八年十一月二十日。

兩家機構雖然已被接管，不過仍舊正常運作，繼續支持住宅房屋市場。它們的借入成本依舊偏低，財政部暗中撐腰保證其能繼續借入，儘管此時它們的股權資本早已灰飛煙滅。財政部的保障也要付出代價，換言之，如果其他機構陷入金融困境，就再也沒有多餘資金了。

貝爾斯登公司的問題倉促解決，人們認為，美國聯準會和財政部應該不會讓主要金融機構在危機中土崩瓦解。此時，「大到不能倒」變成口頭禪，絕大多數市場參與者堅信，資產龐大的機構從技術層面而言不會轟然倒地，因為它們對於經濟舉足輕重。批評之聲浪越發激烈，因為這無疑表示不論合理與否，納稅者都將為機構的放貸政策買單。自一九三三年創建聯邦存款保險公司以來，美國便一直對道德風險爭論不休，而這是對此概念最新的運用。此事件中，道德風險大大超過了儲蓄保值，還包括大型機構的資產基石。

貝爾斯登公司崩潰之後，坊間盛傳，雷曼兄弟陷入金融困境，它是華爾街歷史最悠久、名氣最響亮的投資銀行之一。雷曼兄弟是貨幣市場的積極參與者，也是頭號交易商，另外，它還從事擔保抵押貸款債券的包裝，在交換合約市場中地位顯赫。除了承銷業務之外，雷曼兄弟的房地產市場業務市占率極大。雖然雷曼兄弟努力改善資產負債表，然而，二〇〇八年九月，各種難題達到頂峰，它向美國聯準會申請援助，以期繼續營運。中央銀行延續了之前危機的應對方法：在銀行界為雷曼兄弟尋找買方。

一九九九年放鬆監管之後，雷曼兄弟規模逐漸龐大，資產持有量超過六千億美元。沒有任何銀行願意收購，結果數日之後，雷曼申請破產。這是美國史上最大的破產事件，市場不知所措，因為大家原指望有人救助，或多少能夠成功解決問題。交換合約市場也難逃一劫，尤其是信用違約交換（credit default swaps，CDSs），對體系內的其他銀行造成了間接影響，因為銀行資本含有信用違約交換合約，一旦其價值下滑，許多銀行機構會立即面臨生死攸關之際。

財政部想幫助雷曼兄弟，可是未能成功，之後財政部同意救助保險機構美國國際集團（AIG），此時，固定收益衍生商品市場遭遇更為嚴重的衝擊。這家全球最大的保險機構眼見就要分崩離析，而主要原因便是交換合約市場的業務，這並不屬於該公司的傳統保險業務。眾多銀行廣泛地從事交換合約業務，以此進入保險業，而美國國際集團也透過交換合約不斷拓展業務。兩類金融機構都已涉足無須營運許可的領域。[25]金融危機調查委員會的成立目的就是分析危機根源，該委員會總結道：「聯邦政府先是出手救助貝爾斯登公司和政府援助企業，面對雷曼兄弟卻撒手不管，但之後立即對美國國際集團拔刀相助，政府決策的陰晴不定讓金融市場的不確定性和恐慌雪上加霜。」[26]

危機導致住宅抵押信貸一落千丈。消費者信貸略有下降，從二〇〇七年的二點五五兆美元，降至二〇〇九年的二點四七七兆美元。當時，信用卡的使用繼續攀升，而非循環信貸略有減少。[27]新住宅抵押發行數量從二〇〇六年的二點七兆美元，降至二〇〇八年的一點五兆美元，二〇〇九年恢復至兩兆美元。[28]此趨勢影響了新發行的企業債券數量，因為此時多數在美國證券交易委員會登記註冊的，屬於資產擔保證券。該變化也揭露與抵押相關的證券在資本市場的氾濫程度。二〇〇七年，美國公司新發行的企業債券價

25 從事交換合約業務的銀行為仿效保險公司，卻無須具備保險許可證。從事交換合約業務的傳統保險公司也存在相同的無審批業務拓展，藉此，它們將進入一般而言與保險毫無相關的領域，使業務多樣化。

26 金融危機調查委員會：《金融危機質詢報告》，第343頁。

27 美國聯準會委員會：《統計報告》，二〇〇八年十二月及二〇一〇年。

28 按揭銀行協會：《抵押起始預估》，二〇一一年二月。

值高達二點二兆美元，二〇〇八年降至八千六百一十億美元，二〇〇九年變成九千四百七十億美元。[29]同期，私營住宅抵押證券化一敗塗地，絕大部分市場留給了政府贊助企業的新產品。由於資本市場到處充斥抵押，隨著市場縮小，泡沫從經濟中消失不見，經濟活力大幅縮減。

消費者信貸和住宅抵押信貸都受到危機重創，住宅抵押市場尤甚。抵押止贖數量急遽攀升，從二〇〇八到二〇一一年，每月新增止贖申請達到數十萬。[30]二〇〇八年之後提供的抵押數量掩蓋了一項事實，許多止贖房屋以優惠價格賣給新屋主，而有些屋主則對已有債務進行再融資。

這次危機還為二十一世紀初期掀起的一股浪潮推波助瀾。二〇一〇年，消費者對簽帳金融卡的使用幾乎與信用卡持平，消費者試圖透過購買即時付款從而減少負債，進而免除債務利息。[31]但是，信用卡違約數量仍舊飆升，創下新高。二〇一〇年，違約率接近10%，這是信用卡貸方心中正常數字的三倍。[32]信貸商品化的巨大諷刺之一，便是貸方所稱的「違約率」。依照貿易術語，「違約率」並非未支付帳單的持卡人比例，而是以某種方式違反發卡公司收帳政策之人所收取的利率。如果拖延付款，發卡公司將會把利率提升至30%，以此表示持卡人對公司造成更大風險。公司不會拒絕進一步的信貸申請，但代價更高，然而，即使利率提高，也無法彌補證券化市場崩潰造成的虧損。

二〇〇八年秋天，國會通過應急措施，即所謂的「問題資產救助計畫」（Troubled Assets Relief Program，TARP），批准財政部購買市場上的金融資產，以此穩定資產價格。除此之外，美國聯準會宣布商業票據融資機制（Commercial Paper Funding Facility），從而可以購買市場的商業票據，以此確保利率不再上升而是維持低位，代表機構投資商對貨幣市場狀況疑慮重重，雷曼兄弟瓦解之後尤其如此。隨著危機襲來，許多投資者對商業票據避而遠之，無意中便將消費者信貸供應逼上絕境。此舉支撐了眾多信用卡貸方，為他們的貨幣市場業務籌資，從而保障消費者貸方能繼續獲得短期資金，不過額度有所減少。商業票據的利率一路下滑，間接展現了美國聯準會在危機時期採取的寬鬆性貨幣政策。然而，貸方很快就上調了自己對持卡人收取的利率，宣稱這是因為對手和信貸風險增加。信用卡利率的上漲刺激了立法者和消費者，許多人認為此時理應降低利率，但是貸方卻故意收取高利率。數十年來，高利貸一直躲在金融市場討論的暗處，此時再度浮現，而這次討論的重心是要求放鬆而非強化監管。

最後一次

金融危機揮之不去，高利貸再次糾纏各州政府和華盛頓中央政府。三十四州都有《高利貸法》，將消費者利率上限控制在36%；另有十幾個州的法律則旨在監管發薪日貸方。這類法律絕大部分是一九二〇年代提升高利貸上限運動的遺產。許多《高利貸法》將銀行歸屬例外，而只針對金融公司等其他貸方。對銀行的差別對待原意是希望避免與一八六四年《國家銀行法》設定的高利貸上限發生衝突。實際上，只要牽扯銀行，基本上會遵循馬奎特銀行案件的判決結果。

貸方普遍收取高額利率，促使國會試圖出面干預，規定高利貸上限為36%，所有貸方必須遵守。對

29 美國聯準會委員會：《統計報告》，二〇〇九年十二月及二〇一〇年。
30 RealtyTrac.com，各期。
31 《尼爾森報告》，各期。
32 《尼爾森報告》，各期。

於曾從財政部獲得問題資產救助計畫資金的機構，國會試圖將利率進一步壓低。[33]除此之外，國會計畫根據銀行的市場成本特定差價，壓低最高放貸利率。儘管多次努力，大眾依舊普遍認為，金融危機時期限制利率無益於貸方，甚至會導致市場信貸進一步縮減，此時已經呈現下滑之態，因為銀行對放貸原則極其謹慎。信貸危機促使放貸標準和消費者利率均有所提高。唯有提高利率才能彌補銀行所面對的抵押和消費者放貸市場的違約風險。

住宅止贖權危機，外加信用卡貸方的掠奪性做法，國會不得不推動各項改革，其中包括二〇一〇年通過的《多德法蘭克華爾街改革與消費者保護法》（Dodd-Frank Wall Street Reform Act），除此之外，還新設立了一個消費者保護機構。這部新法案基於先前美國聯準會數次措施，旨在保護消費者避開信用卡貸方急遽飆升的利率，但是，與之前的法案不同，它並未指明可以收取的實際利率。從感性角度來看，高利貸上限當然吸引大眾，可是法案中並未提及。如果美國聯準會之前規定消費者貸款利率，此舉將違背其一貫以來對貨幣供應和浮動的管理，而這種監管是依賴貨幣總量從而控制利率，而非反過來。利率上限似乎還是靜態，只有民粹主義和非市場導向的激進分子才放在心上。

雖然國會等機構試圖重新點燃高利貸上限爭辯，但是《多德法蘭克華爾街改革與消費者保護法》並未禁止收取高額利率。此事件中，自由市場意識形態再占上風，美國聯準會一如往日依照Z條例坐鎮指揮。只要根據一九六八年的消費者放貸法，貸方事先告知消費者究竟要收取多少實際利率，消費者便大可自由借貸。信貸市場危機尚未對古老爭辯產生立竿見影的作用，代表在商品化信貸的世界裡，這種概念沒有立足之地。中央銀行監管者能夠成功掌控貨幣總量的想法讓高利貸成為落伍過時的概念，高利貸犯罪除外。

美國數十年來總是堅持高利貸和美國金融體系毫無瓜葛，《多德法蘭克華爾街改革與消費者保護法》

也僅是隻字片語地略有涉及，然而，在支持者眼裡蜻蜓點水式的提及遠遠不夠。按照法律，沒有國會的專門法案，新法案「無權設定高利貸上限」。[34]此舉旨在維持國家銀行與其他銀行的分界，從而防止各州銀行特權與聯邦銀行法律之間發生司法衝突。全國性高利貸法的通過，只能由國會出面，而且不能以《多德法蘭克華爾街改革與消費者保護法》等改革措施的聯邦機構負責執行。針對法案此部分內容，一家頗有名氣的華爾街法律事務所認為：「有些國會議員說不定正謀算著修改法律，增加一些額外的實質條款。例如，法律對設定全國性高利貸上限的禁止，以及維持全國性銀行對輸出利率的掌控，將來也許會捲土重來，尤其要注意這兩條如今與法律的其他目標背道而馳。」[35]

市場經濟越發成熟，靜態概念諸如「高利貸」被認定比其實用性持續得更長久。但是，「高利貸」一詞的爭辯和使用一如往昔。《多德法蘭克華爾街改革與消費者保護法》包含上百個更當代的術語和實踐，高利貸占據一席之地，代表此概念雖然處在半休眠狀態，但仍一息尚存。曾幾何時，高利貸禁令被視為自然法理論的里程碑，此想法早已煙消雲散，取而代之的是現代消費者社會的五光十色，以及經濟增長的獨占鰲頭，它們才是二十世紀的公共政策。但是，不論名義利率或累加導致的實際利率，高額利息依然俯拾皆是。充滿諷刺意味的是，二〇〇七年之後，金融危機期間向消費者收取的名義利率與布魯特斯收取的利率，以及愛德華三世支付的利率大同小異。市場經濟的發展創造出一套商業和企業利率，恪守著市場的供

33 值得注意的是，二〇〇九年制定了兩部法案。《保護消費者避免不合理信貸利率法》（HR 1608）旨在將36％設定為全國高利貸利率上限；《利率股權法》（HR 1610）則將獲得問題資產救助計畫資金的機構之信用卡利率上限設定為18％。

34 美國國會，眾議院：《多德法蘭克華爾街改革與消費者保護法》HR 4137，第628頁，1027(o)。

35 世達律師事務所，《多德法蘭克華爾街改革與消費者保護法》（紐約，內部出版，2010），187。

需指令，但是，消費者貸款利率從古至今一直是棘手難題。當鋪的長盛不衰始終表示大眾對高利率的默然接受，貸方將它們偽裝成為勞工階層偶爾解決燃眉之急的信貸機構。

據傳，愛因斯坦曾將複利描述為世界第八大奇蹟。理查．普萊斯對此現實瞭然於心，但是在十八世紀，欠缺借用複利完成有意義的公共政治的意願，到了二十一世紀並沒有改觀。漫漫歷史長河裡，儘管計算方法和放貸政策在年年歲歲裡有了微妙改變，然而，消費者利息依舊一如昨日。就長期規劃而言，透過年金和養老金計畫，它多少有了更積極的用武之地。過去三千年間，利息，尤其是累加利息，素來是社會經濟的重要議題之一。但是，除了金融專家和銀行家之外，玄妙深奧的計算方法對於其他人而言總是難解之謎。不同於其他自然法或經濟理論的里程碑，複利行為永遠包含著正、反兩面，最終，反不勝正。中世紀，它成為一種不可或缺的罪惡，一種養家餬口和走向明天的方式。今時今日，此代價值得付出，因為它彰顯了人類社會的朝氣蓬勃和樂觀精神。

利息和借貸是自然法傳統的一部分，這種認識有助於揭開三千年來債務在銀行金融界的重要性和模糊性。數世紀風雲變幻，債務已經成為核心議題之一。雖然金融理論和實踐在現代社會大為改善，然而就像曾經的古代社會和中世紀，債務依舊困擾著現代人。在實踐中，債務改變甚少，不論古今，濫用債務所造成的影響都將引發動盪。二〇〇八年爆發債務危機，在此之前，人們曾經錯認自己能控制並管理高額的借入，一切不會有什麼問題。然而，事實證明，誤算誤斷也是歷史傳統的一部分。

附錄

早期利率表和計算

西蒙·史蒂芬（Simon Stevin）

西蒙·史蒂芬的利率表首次發表於一五八二年，屬於折現或現值表格，其中也包括年金終值。表一的利率為6%，引自出版於一六二五年的《利率表》法文版本。第一欄是時間或年限。第二欄是一千萬單位，根據6%利率的現值。第三欄是複利或第二欄折現值的終值，出發點是基於相同期限的年金（同樣按照6%）。兩欄均除去小數點，折現額度小於1，而複利額度大於1。第二欄的數值全部低於1.0，而第三欄則高於1.0。所有數值均為半年複利或折現。

1	2	3
1	9433962	9433962
2	8899964	18333926
3	8396192	26730118
4	7920936	34651054
5	7472581	42123635
6	7049605	49173240
7	6650571	55823311
8	6274124	62097935
9	5918985	68016920
10	5583948	73600868
11	5267875	78868743

12	4968983	83838436
13	4688390	88526826
14	4423009	92949835
15	4172650	97122485
16	3936462	101058947
17	3713643	104772590
18	3503437	108276027
19	3305129	111581156
20	3118046	114699202
21	2941553	117640755
22	2275050	120415805
23	2617971	123033777
24	2469785	125503562
25	2329986	127833548
26	2198100	130031648
27	2073679	132105327
28	1956301	134061628
29	1845567	135907195
30	1741101	137648296

表一／史帝芬6%利率表

來源：西蒙・史蒂芬，*L'arithmetique de Simon Stevin de Bruges: Reueue corrigee et augmentee de plusieurs traictez et annotations par Albert Girard*（萊頓：De l'imprimerie des Elzeviers，1625）。

詹姆斯・霍德（James Hodder）

圖一是霍德利率表的摹本，取自出版於一七一九年著作的首部美國版本。此處利率為6%。如欲計算20年36英鎊的利息（按照6%的利率），請用20（圖表最左邊）右邊的數字乘以36英鎊，這些數字是3英鎊、4先令、1便士和2法辛。由於英、美兩國直到一七五〇年才使用公曆，他的答案必須每年調整（縮短）10天，才能與史蒂芬表格的類似計

算保持一致。另外，計算的前提條件為20先令為1英鎊、240便士為1英鎊、4法辛為1便士，或者960法辛為1英鎊（譯註：表中l為英鎊，s為先令，d為便士，q為法辛）。

	l.	*s.*	*d.*	*q.*
1	1	01	02	1
2	1	02	05	2
3	1	03	09	3
4	1	05	03	0
5	1	06	09	0
6	1	08	04	1
7	1	10	00	3
8	1	11	01	2
9	1	13	09	1
10	1	15	09	3
11	1	17	11	2
12	2	00	02	3
13	2	02	07	3
14	2	05	02	2
15	2	07	11	0
16	2	10	09	2
17	2	13	10	0
18	2	17	00	3
19	3	00	05	3
20	3	04	01	2
21	3	07	11	2

The Table is ſo plain, that I ſuppoſe it needs very little Demonſtration; I ſhall therefore only give you one or two Examples.

As,

If you would know what 36 *l.* comes to Intereſt upon Intereſt for 20 Years.

Look againſt Number 20 in the firſt Column, and you will find what the Intereſt upon Intereſt of 1 *l.* comes to for that time. Then ſay, by the Rule of Three,

圖一／霍德的利率表

來源：詹姆斯．霍德，*Hodder's Arithmetick*（波士頓：J. Franklin, 1719）。

圖中文字參考譯文：

該表清晰易懂，我認為無須多費筆墨解釋，因此只為讀者提供一、兩個例子。如果讀者想知道20年36英鎊的累加利息，請在表格左邊找到20，你會看到這段時限的1英鎊累加利息。假設按照第三準則，

愛德蒙·哈雷（Edmund Halley）

圖二是一份年金解釋，其中引用了哈雷的表格，出版於早期的《大不列顛百科全書》（*Encyclopaedia Britannica*）。

III. *Life Annuities.*

THE value of annuities for life is determined from obſervations made on the bills of mortality. Dr Halley, Mr Simpſon, and Monſ. de Moivre, are gentlemen of diſtinguiſhed merit in calculations of this kind.

Dr Halley had recourſe to the bills of mortality at Breſlaw, the capital of Sileſia, as a proper ſtandard for the other parts of Europe, being a place pretty central, at a diſtance from the ſea, and not much crowded with traffickers or foreigners. He pitches upon 1000 perſons all born in one year, and obſerves how many of theſe were alive every year, from their birth to the extinction of the laſt, and conſequently how many died each year, as in the firſt of the following tables: which is well adapted to Europe in general. But in the city of London, there is obſerved to be a greater diſparity in the births and burials than in any other place, owing probably to the vaſt reſort of people thither, in the way of commerce, from all parts of the known world. Mr Simpſon, therefore, in order to have a table particularly

ſuited

fuited to this populous city, pitches upon 1280 perfons all born in the fame year, and records the number remaining alive each year, till none were in life.

Dr Halley's table on the bills of mortality at Breflaw.

Age.	Perf. liv.	A.	Perf. liv.	A.	Perf. liv.	A.	Perf. liv.
1	1000	24	573	47	377	70	142
2	855	25	567	48	367	71	131
3	798	26	560	49	357	72	120
4	760	27	553	50	346	73	109
5	732	28	546	51	335	74	98
6	710	29	539	52	324	75	88
7	692	30	531	53	313	76	79
8	680	31	523	54	302	77	68
9	670	32	515	55	292	78	58
10	661	33	507	56	282	79	49
11	653	34	499	57	272	80	41
12	646	35	490	58	262	81	34
13	640	36	481	59	252	82	28
14	634	37	472	60	242	83	23
15	628	38	463	61	232	84	20
16	622	39	454	62	222	85	15
17	616	40	445	63	212	86	11
18	610	41	436	64	202	87	8
19	604	42	427	65	192	88	5
20	598	43	417	66	182	89	3
21	592	44	407	67	172	90	1
22	586	45	397	68	162	91	0
23	579	46	387	69	152		

Mr Simpfon's table on the bills of mortality at London.

It may not be improper in this place to obferve, that however perfect tables of this fort may be in themfelves, and however well adapted to any particular climate, yet the conclufions deduced from them muft always be uncertain, being nothing more than probabilities, or conjectures drawn from the ufual period of human life. And the practice of buying and felling annuities on lives, by rules founded on fuch principles, may be juftly confidered as a fort of lottery or chance-work, in which the parties concerned muft often be deceived. But as eftimates and computations of this kind are now become fafhionable, we fhall here give fome brief account of fuch as appear moft material.

From the above tables the probability of the continuance or extinction of human life is eftimated as follows.

1. The probability that a perfon of a given age fhall live a certain number of years, is meafured by the proportion which the number of perfons living at the propofed age has to the difference between the faid number and the number of perfons living at the given age.

Thus, if it be demanded, what chance a perfon of 40 years has to live feven years longer? from 445, the number of perfons living at 40 years of age in Dr Halley's table, fubtract 377, the number of perfons living at 47 years of age, and the remainder 68, is the number of perfons that died during thefe 7 years; and the probability or chance that the perfon in the queftion fhall live thefe 7 years is as 377 to 68, or nearly as 5½ to 1. But, by Mr Simpfon's table, the chance is fomething lefs than that of 4 to 1.

2. If the year to which a perfon of a given age has an equal chance of arriving before he dies, be required, it may be found thus: Find half the number of perfons living at the given age in the tables, and in the column of age you have the year required.

Thus, if the queftion be put with refpect to a perfon of 30 years of age, the number of that age in Dr Halley's table is 531, the half whereof is 265, which is found in the table between 57 and 58 years; fo that a perfon of 30 years has an equal chance of living between 27 and 28 years longer.

3. By the tables, the premium of infurance upon lives may in fome meafure be regulated.

Thus, The chance that a perfon of 25 years has to live another year, is, by Dr Halley's table, as 80 to 1; but the chance that a perfon of 50 years has to live a year longer is only 30 to 1. And, confequently, the premium for infuring the former ought to be to the premium for infuring the latter for one year, as 30 to 80, or as 3 to 8.

PROB. I. To find the value of an annuity of 1 l. for the life of a fingle perfon of any given age.

Monf. de Moivre, by obferving the decreafe of the probabilities of life, as exhibited in the table, compofed an algebraic theorem or canon, for computing the value of an annuity for life; which canon I fhall here lay down by way of

RULE. Find the complement of life; and, by the tables, find the value of 1 l. annuity for the years denoted by the faid complement; multiply this value by the amount

amount of 1 l. for a year, and divide the product by the complement of life; then subtract the quot from 1; divide the remainder by the interest of 1 l. for a year; and this last quot will be the value of the annuity sought, or, in other words, the number of years purchase the annuity is worth.

EXAMP. What is the value of an annuity of 1 l. for an age of 50 years, interest at *5 per cent.*

```
                                86
                                50 age given.
                                36 complement of life.
By the Tables, the value is, 16.5468
Amount of 1 l. for a year,      1.05
                              827340
                             165468
Complement of life, 36)17.374140(.482615
From unity, viz. 1.000000
Subtract          .482615
Interest of 1 l. .05).517385(10.3477, value sought.
```

By the preceding problem is constructed the following table.

The value of 1 l. annuity for a single life.

Age.	*3 per c.*	*3½ per c.*	*4 per c.*	*4½ per c.*	*5 per c.*	*6 per c.*
9=10	19.87	18.27	16.88	15.67	14.60	12.80
8=11	19.74	18.16	16.79	15.59	14.53	12.75
7=12	19.60	18.05	16.64	15.51	14.47	12.70
13	19.47	17.94	16.60	15.43	14.41	12.65
6=14	19.33	17.82	16.50	15.35	14.34	12.60
15	19.19	17.71	16.41	15.27	14.27	12.55
16	19.05	17.59	16.31	15.19	14.20	12.50
5=17	18.90	17.46	16.21	15.10	14.12	12.45
18	18.76	17.33	16.10	15.01	14.05	12.40
19	18.61	17.21	15.99	14.92	13.97	12.35
4=20	18.46	17.09	15.89	14.83	13.89	12.30
21	18.30	16.96	15.78	14.73	13.81	12.20
22	18.15	16.83	15.67	14.64	13.72	12.15
23	17.99	16.69	15.55	14.54	13.64	12.10
3=24	17.83	16.56	15.43	14.44	13.55	12.00
25	17.66	16.42	15.31	14.34	13.46	11.95
26	17.50	16.28	15.19	14.23	13.37	11.90
27	17.33	16.13	15.04	14.12	13.28	11.80
28	17.16	15.98	14.94	14.02	13.18	11.75
29	16.08	15.83	14.81	13.90	13.09	11.65
30	16.80	15.68	14.68	13.79	12.99	11.60
2=31	16.62	15.53	14.54	13.67	12.88	11.50
32	16.44	15.37	14.41	13.55	12.78	11.40
33	16.25	15.21	14.27	13.43	12.67	11.35
34	16.05	15.05	14.12	13.30	12.56	11.25
35	15.86	14.89	13.98	13.17	12.45	11.15
36	15.67	14.71	13.82	13.04	12.33	11.05
37	15.46	14.52	13.67	12.90	12.21	11.00
38	15.29	14.34	13.52	12.77	12.09	10.90
1=39	15.05	14.16	13.36	12.63	11.96	10.80
40	14.84	13.98	13.20	12.48	11.83	10.70

The value of 1 l. annuity for a single life.

A.	*3 per c.*	*3½ per c.*	*4 per c.*	*4½ per c.*	*5 per c.*	*6 per c.*
41	14.63	13.79	13.02	12.33	11.70	10.55
42	14.41	13.59	12.85	12.18	11.57	10.45
43	14.19	13.40	12.68	12.02	11.43	10.35
44	13.96	13.20	12.50	11.87	11.29	10.25
45	13.73	12.99	12.32	11.70	11.14	10.10
46	13.49	12.78	12.13	11.54	10.99	10.00
47	13.25	12.56	11.94	11.39	10.84	9.85
48	13.01	12.36	11.74	11.19	10.68	9.75
49	12.76	12.14	11.54	11.00	10.51	9.60
50	12.51	11.92	11.34	10.82	10.35	9.45
51	12.26	11.69	11.13	10.64	10.17	9.30
52	12.00	11.45	10.92	10.44	9.99	9.20
53	11.73	11.20	10.70	10.24	9.82	9.00
54	11.46	10.95	10.47	10.04	9.63	8.85
55	11.18	10.69	10.24	9.82	9.44	8.70
56	10.90	10.44	10.01	9.61	9.24	8.55
57	10.61	10.18	9.77	9.39	9.04	8.35
58	10.32	9.91	9.52	9.16	8.83	8.20
59	10.03	9.64	9.27	8.93	8.61	8.00
60	9.73	9.36	9.01	8.69	8.39	7.80
61	9.42	9.08	8.75	8.44	8.16	7.60
62	9.11	8.79	8.48	8.19	7.93	7.40
63	8.79	8.49	8.20	7.94	7.68	7.20
64	8.46	8.19	7.92	7.67	7.43	6.95
65	8.13	7.88	7.63	7.39	7.18	6.75
66	7.79	7.56	7.33	7.12	6.91	6.50
67	7.45	7.24	7.02	6.83	6.64	6.25
68	7.10	6.91	6.75	6.54	6.36	6.00
69	6.75	6.57	6.39	6.23	6.07	5.75
70	6.38	6.22	6.06	5.92	5.77	5.50
71	6.01	5.87	5.72	5.59	5.47	5.20
72	5.63	5.51	5.38	5.26	5.15	4.90
73	5.25	5.14	4.02	4.92	4.82	4.60
74	4.85	4.77	4.66	4.57	4.49	4.30
75	4.45	4.38	4.29	4.22	4.14	4.00
76	4.05	3.98	3.91	3.84	3.78	3.65
77	3.63	3.57	3.52	3.47	3.41	3.30
78	3.21	3.16	3.11	3.07	3.03	2.95
79	2.78	2.74	2.70	2.67	2.64	2.55
80	2.34	2.31	2.28	2.26	2.22	2.15

The above table shews the value of an annuity of one pound for a single life, at all the current rates of interest; and is esteemed the best table of this kind extant, and preferable to any other of a different construction. But yet those who sell annuities have generally one and a half or two years more value, than specified in the table, from purchasers whose age is 20 years or upwards.

Annuities of this sort are commonly bought or sold at so many years purchase; and the value assigned in the table may be so reckoned. Thus the value of an annuity

圖中文字參考譯文：

III · 人壽年金

人壽年金的價值基於對死亡統計表的分析。哈雷博士（Dr. Halley）、辛普森（Simpson）先生和棣莫弗（Moivre）先生對這類計算頗有成就，名聲赫赫。

哈雷博士借用了西里西亞（Silefia）布雷斯勞（Breflaw）的死亡統計表，該地是歐洲各地區的最佳代表，地處核心地帶，遠離海洋，沒有太多走私者或外國人。他選出同一年出生的一千個人，並分析每年有多少人存活，從出生到最後一個人的死亡時間，接著分析每年有多少人死亡，請參照下文表格。此作法普遍適用於歐洲。但是，倫敦市的出生死亡和其他地區差別甚大，主要原因或許是這裡人口龐雜，人們因商貿目的從世界各地到來。因此，為了制定一個特別針對該人口眾多城市的表格，辛普森先生分析了同一年出生的一千兩百八十個人，並記錄每年的存活人數，直到這些人全部過世。

不論這類表格多麼完美無缺，不論多麼適用於各類環境，然而從中得出的結論總有不確定性，最多只能代表某種機率，或是正常壽命的假設，這樣說或許不能算是有失公允。基於這類原則所設定的規定，買賣人壽年金或許只能算是某種彩票或抽獎，相關人士免不了上當受騙。但是，這類推測和計算如今越發盛行，我在此將和絕大多數資料一樣，針對該問題簡要介紹。

根據上文表格，壽命延續和消亡的概率估測如下：

1.某特定年齡人士存活的機率估算，根據預期年齡人數與設定年限與特定年齡人數差額的對比。

因此，如果要計算一個40歲的人多活7年的機率有多大，根據哈雷博士的表格，40歲的存活人數有445人，減去47歲的存活人數377，結果是68，這就是7年裡會過世的人數。這個人多活7年的概率是377：68，約為51/2（原文數字不清晰）比1。但是，根據辛普森先生的表格，機率低於4：1。

2. 如欲計算某特定年齡人士還有多久過世，方法如下：在表格中找到該特定年齡的存活人數，分成兩半，最後結果在表格的年齡欄。

如果問題涉及某位30歲年紀的人，按照哈雷博士的表格，對應數字為531，一半就是265，這個數字介於57～58歲，因此，30歲人士能繼續活27至28年左右。

3. 透過表格就能大致計算人壽保險費用。

因此，根據哈雷博士的表格，某位25歲人士多活1年的可能性是80：1，但是，某位50歲人士多活一年的可能性只有30：1。有鑑於此，前者保費與後者保費應該是30：80或3：8。

問題一：針對特定年齡人士，判斷1英鎊年金的價值。

棣莫弗先生分析了壽命存活機率的下滑，如表所示，從而提出一個代數定理或法則，用於計算人壽年金價值，具體如下：

法則：找出壽命差；根據此數值所標識的年限，在表格中找出1英鎊年金的價值；用1年1英鎊乘以該價值；用該數字除以壽命差；用1減去該數字；用所得數字除以1年1英鎊的利息；最後得出的數字即為價值。換言之，購買年金的合理年限。

例子：某人50歲，按照5%利率，1英鎊年金的價值是多少？

86

50特定年齡

36壽命差

按照表格，價值為　16.5468

一年1英鎊金額，　1.05

827340

165468

壽命差，　36)17.374140(.482615

統一起來，即1.000000

減去　　　.482615

1英鎊利息.05).517385(10.3477，價值結果

透過以上計算，得出下文表格。

個人1英鎊價值表格

上文表格代表一人1英鎊年金的價值，利率依照現行標準；這是此類表格最完善的一份，比其他表格更具優勢。但是，有人認為相較於該表格的特定數據，年金價值應該多一年半或兩年，購買者是20歲或以上尤甚。

這類年金的買賣年限較長，表格所列價值或許可以相應推算。因此，年金價值……

威廉・韋伯斯特（William Webster）

圖三是威廉・韋伯斯特普遍使用的利率表例子，一六三四年首次發表。它使用英鎊和便士而不是使用十進位，因此需要將它轉換為像是史蒂文斯的歐陸表格進行對照。

圖中文字參考譯文：

8%的複利

10英鎊年金的年增長以及任何年金或年支付，按照三十一年期限，8%複利：所有之前費用，如有拖延，必須補償。拆解部分為便士。

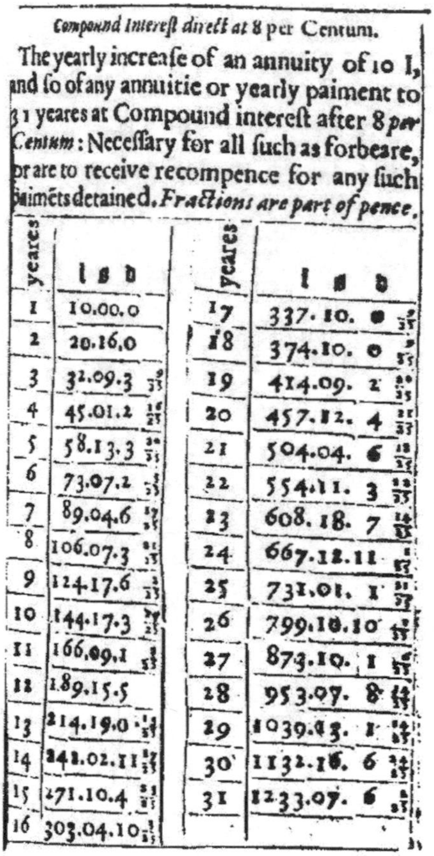

Compound Interest direct at 8 per Centum.

The yearly increase of an annuity of 10 l, and so of any annuitie or yearly paiment to 31 yeares at Compound interest after 8 per Centum: Necessary for all such as forbeare, or are to receive recompence for any such paimēts detained. Fractions are part of pence.

yeares	l s d		yeares	l s d	
1	10.00.0		17	337.10.0	9/25
2	20.16.0		18	374.10.0	9/25
3	32.09.3	9/25	19	414.09.2	20/25
4	45.01.2	16/25	20	457.12.4	21/25
5	58.13.3	20/25	21	504.04.6	18/25
6	73.07.2	3/25	22	554.11.3	22/25
7	89.04.6	17/25	23	608.18.7	14/25
8	106.07.3	21/25	24	667.12.11	1/25
9	124.17.6	3/25	25	731.01.1	21/25
10	144.17.3	[illegible]	26	799.10.10	[illegible]
11	166.09.1	3/25	27	873.10.1	[illegible]
12	189.15.5		28	953.07.8	[illegible]
13	214.19.0	[illegible]	29	1039.03.1	[illegible]
14	241.02.11	17/25	30	1132.16.6	[illegible]
15	271.10.4	21/25	31	1233.07.6	[illegible]
16	303.04.10	3/25			

圖三／威廉・韋伯斯特利率表

來源：*Webster's Tables*（倫敦：M. Flesher for Nicolas Bourne，1634）。

艾薩克・牛頓（Isaac Newton）

圖四為牛頓針對複利提出的問題，首次出版於一七二〇年。如果使用當代術語，它所解決的複利問題應該屬於年金到期收益。這是力圖解決利率問題的早期嘗試之一。

PROBLEM XVI. If an annual Penſion of the [Number of] Pounds a, to be paid in the five next following Years, be bought for the ready Money c, to find what the Compound Intereſt of 100 *l. per Annum* will amount to?

Make $1-x$ the Compound Intereſt of the Money x for a Year, that is, that the Money 1 to be paid after one Year is worth x in ready Money: and, by Proportion, the Money a to be paid after one Year will be worth ax in ready Money, and after 2 Years [it will be worth] axx, and after 3 Years ax^3, and after 4 Years ax^4, and after 5 Years ax^5. Add theſe 5 Terms, and you'll have $ax^5+ax^4+ax^3+axx+ax=c$, or $x^5+x^4+x^3+x^2+x=\frac{c}{a}$ an Æquation of 5 Dimenſions, by Help of which when x is found by the Rules to be taught hereafter, put $x:1::100:y$, and $y-100$ will be the Compound Intereſt of 100 *l. per Annum.*

It is [will be] ſufficient to have given theſe Inſtances in Queſtions where only the Proportions of Quantities are to be conſider'd, without the Poſitions of Lines: Let us now proceed to the Solutions of Geometrical Problems.

圖四／牛頓提出的複利問題

來源：艾薩克・牛頓，*Universal Arithmetick: or, A Treatise of Arithmetical Composition and Resolution*，拉夫森（Raphson）翻譯，（倫敦：J. Senex 出版社，1720）。

圖中文字參考譯文：

問題XVI。如果年度養老金額度為a英鎊，要在未來5年支付，用已有現金c購買，那麼依照每年100英鎊的複利計算，金額是多少？

複利從1到x，錢的額度為x，期限1年，換言之，1年之後，要支付的1錢為x現錢。依照比例，1年之後，須支付的a錢為ax現錢；2年之後，（將價值）axx；3年之後變成ax^3；4年之後變成ax^4；5年之後為ax^5。按照5年期限，$ax^5+ax^4+ax^3+axx+ax=c$或$x^5+x^4+x^3+x^2+x=c/a$，這是五個方面的等式，另外根據下文介紹的定理找出x，放入x:1::100:y，那麼y-100就是每年100英鎊的複利。

給出問題例子，只交代數量比例，不涉及具體定位，現在（將來）就足以說明問題。現在我們來論述如何解決幾何問題。

借錢：從利息、債務到金融商品，2000年的演變真貌
Beggar Thy Neighbor: A History of Usury and Debt

作　　者　查爾斯・蓋斯特（Charles R. Geisst）
譯　　者　蔣小虎
責任編輯　夏于翔
協力編輯　魏嘉儀
內頁構成　李秀菊
封面美術　萬勝安

發 行 人　蘇拾平
總 編 輯　蘇拾平
副總編輯　王辰元
資深主編　夏于翔
主　　編　李明瑾
業　　務　王綬晨、邱紹溢
行　　銷　曾曉玲
出　　版　日出出版
　　　　　地址：10544台北市松山區復興北路333號11樓之4
　　　　　電話：02-2718-2001　傳真：02-2718-1258
　　　　　網址：www.sunrisepress.com.tw
　　　　　E-mail信箱：sunrisepress@andbooks.com.tw

發　　行　大雁文化事業股份有限公司
　　　　　地址：10544台北市松山區復興北路333號11樓之4
　　　　　電話：02-2718-2001　傳真：02-2718-1258
　　　　　讀者服務信箱：andbooks@andbooks.com.tw
　　　　　劃撥帳號：19983379　戶名：大雁文化事業股份有限公司

印　　刷　中原造像股份有限公司
初版一刷　2020年8月
初版二刷　2022年1月
定　　價　550元
I S B N　978-986-5515-23-2

國家圖書館出版品預行編目（CIP）資料

借錢：從利息、債務到金融商品，2000年的演變真貌／查爾斯・蓋斯特（Charles R. Geisst）著；蔣小虎譯. -- 初版. -- 臺北市：日出出版：大雁文化發行, 2020.08
392面；17×23公分
譯自：Beggar thy neighbor : a history of usury and debt
ISBN 978-986-5515-23-2（平裝）
1.高利貸　2.借貸
562.88　　109010967